Allgemeines

Den Rhein entlang

An der Deutschen Weinstraße

Im Pfälzerwald

Im Nordpfälzer Bergland

Text und Recherche:	Stefanie und Ansgar Schmitz-Veltin
Lektorat:	Veronica Schön-El Baioui, Überarbeitung Dagmar Tränkle
Redaktion und Layout:	Annette Melber
Karten:	Hans-Joachim Bode, Carlos Borell, Hana Gundel, Judit Ladik
Fotos:	die Autoren außer S. 22, 159, 161 (Stiftung Hambacher Schloss) S. 189, 275 (Annette Melber)
Covergestaltung:	Karl Serwotka
Covermotive:	oben: Trauben an der Weinstraße unten: Birkweiler zur Mandelblüte (Südliche Weinstraße e. V.) Seite 3: Trifels (Annette Melber)

ISBN 978-3-89953-629-4

 Druck: Stürtz GmbH.

2. überarbeitete und erweiterte Auflage 2011

PFALZ

STEFANIE UND ANSGAR
SCHMITZ-VELTIN

INHALT

RUND UM DIE PFALZ

REGIONEN DER PFALZ

VERZEICHNIS DER KARTEN

Zeichenerklärung für die Karten und Pläne

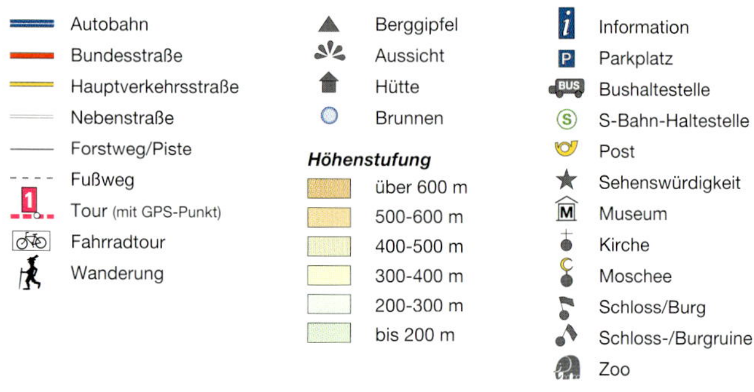

▲ Elwetritsch

RUND UM DIE PFALZ

Die Pfalz erleben

Das größte zusammenhängende Waldgebiet Deutschlands markiert aus der Ferne die Pfalz. Der Pfälzerwald mit seinen unzähligen, weithin sichtbaren Gipfeln prägt die Landschaft zwischen der flachen und dicht besiedelten Rheinebene im Osten, dem französischen Elsass im Süden, dem Saarland im Westen und dem Nordpfälzer Bergland im Norden. Unmittelbar am östlichen Rand des Waldes verläuft die Deutsche Weinstraße durch die traditionsreiche Kulturlandschaft der Haardt.

Schon beim bloßen Durchfahren lernt man viel über die Geschichte der Landschaft, die sich im und am Rande des vor rund 40 Mio. Jahren gebildeten Oberrheingrabens entwickelt hat. Im Osten bildet der **Rhein** mit seinen großen Zentren Mannheim, Ludwigshafen und Karlsruhe sowie der einladenden und stimmungsvollen Landschaft der Altrheinarme die Grenze zwischen der Pfalz und Baden. Seit der Rheinbegradigung im 19. Jh. fließt der Rhein schneller und geradliniger seiner Mündung entgegen. Die zahlreichen Schlingen des einst wilden Flusses bieten indes ein großartiges Revier für Naturliebhaber, Wassersportler und Stechmücken.

Westlich des Rheins folgt das Hochgestade mit seinen fruchtbaren Böden und weitläufigen Gemüsekulturen. Spargel, Salate und Kartoffeln wachsen prächtig auf dem feinsandigen Untergrund und bilden seit Langem die Hauptprodukte der hiesigen Landwirtschaft. Der südliche Abschnitt dieser ebenen, als **Vorder- oder Rheinpfalz** bezeichneten Region um die Städte Herxheim und Kandel gilt als eines der größten Tabakanbaugebiete Deutschlands. Und etwas weiter im Westen ist an der **Haardt** zwischen Pfälzerwald und Vorderpfalz die wohl bekannteste Sonderkultur der Pfalz zu Hause: der Wein. Überall werden die weitläufigen Weinberge gerne als „Rebenmeer“ bezeichnet, an den Hängen des Pfälzerwalds scheint der Begriff aber besonders treffend: dort die steilen Klippen des Pfälzerwalds, hier die Weiten des Meeres. Die 1935 eingeweihte **Weinstraße**

markiert wie eine lange Schnur den Uferbereich. Aufgereiht an ihr liegen die oft schmucken Orte mit langer Weinbautradition. Viele der Besucher kommen wegen des Weins, der hier auf rund 23.000 ha in sanft gewellten Lagen wächst und die Landschaft und die Dörfer mit ihrer Kultur unverwechselbar prägt. Auf den zahlreichen Weinfesten wird er in einen halben Liter fassenden Schoppengläsern ausgeschenkt und in geselliger Atmosphäre getrunken. Vor allem im Herbst, wenn die klimatische Gunst der Region besonders spürbar wird, wenn Neuer Wein und Zwiebelkuchen locken und die Herbstfarben das Rebenmeer in ein wunderbares Licht tauchen, lohnt der Besuch der Weinstraße, die sich – wie andere Regionen Deutschlands – gerne als „deutsche Toskana" verkauft. Tatsächlich gibt es hier neben dem Wein eine Vielzahl mediterraner Gewächse wie Rosmarin, Mandeln, Kastanien, Zitronen und v. a. Feigen: Geschätzte 50.000 Feigenbäume wachsen in vielen privaten Gärten, und die Ernte ist oft so üppig, dass die Früchte im Rahmen der Pfälzer Feigenwochen im Juli/August feilgeboten und in Restaurants verwendet werden.

Wenige Kilometer weiter westlich geht es im **Pfälzerwald** deutlich gemächlicher zu. Zusammen mit den französischen Vogesen bildet er das größte zusammenhängende Waldgebiet Mitteleuropas. Gut ausgeschilderte Wanderwege, endlose Weiten und herzliche Hütten laden Naturliebhaber und Wanderer zu allen Jahreszeiten ein. Davon, dass diese Landschaft einst das Zentrum des Heiligen Römischen Reiches war, dass hier Könige ein- und ausgingen und wichtige politische Entscheidungen rund um die kleine Stadt Dahn gefällt wurden, zeugen die Ruinen zahlreicher Burgen. Erbaut auf den harten Sandsteinen des Buntsandsteins, waren die Anlagen einst vorzüglich gegen ihre Angreifer geschützt. Heute liegt die Region eher am Rande des Geschehens. Ein wenig von oben herab nennen die Vorderpfälzer und die Weinsträßler den westlichen Teil des Pfälzerwalds auch „Hinterpfalz". Nördlich an den Pfälzerwald grenzt schließlich das ländlich geprägte **Nordpfälzer Bergland.** Mit dem Donnersberg überragt hier die höchste Erhebung der Pfalz die hügelige Landschaft, in der sich kleinere Wälder, Felder und Weiden abwechseln.

Highlights

Eiswoog (→ S. 268): An einem heißen Sommertag zum Eiswoog wandern, ins klare, kalte Wasser springen und danach auf der Terrasse des Seehotels Forelle essen, einen erfrischenderen Genuss wird man in der Pfalz kaum finden.

Hohe Loog (→ S. 162): Egal ob man die Pfälzerwald-Verein-Hütte vom Tal, vom Hambacher Schloss oder von der Totenkopfstraße aus erwandert, der lichte Wald und die Aussicht sind herrlich, und die einfache Hütte mitsamt Spielplatz und dicken Leberknödeln ist eine Wucht.

Bratkartoffeln im Weingut Jülg (→ S. 200): In der Pfalz gibt es Grumbeere in Hülle und Fülle. Gekocht, gegart, als warmen Salat oder als Knödel. Wer sie gebraten probieren möchte, sollte im Weingut Jülg in Schweigen vorbeischauen.

Barfußpfad Ludwigswinkel (→ S. 221): Durch feuchte Wiesen ziehen sich kleine Bäche, deren sandiger oder kieseliger Untergrund die Fußsohlen massiert. Schlammlöcher, Wege mit Rindenmulch und ein toller Spielplatz runden das Vergnügen ab.

Madenburg (→ S. 193): Direkt über der Rheinebene befindet sich auf einem großen Plateau die Burgruine mit ihren vielen Treppen und Türmchen. Von hier hat man auch den besten Ausblick über die Südpfalz.

Neustadt (→ S. 141): Zuerst werden die Einkaufskörbe auf dem abwechslungsreichen Wochenmarkt gefüllt, danach gibt es in der nahen Espressobar „La macchina per caffè" die leckersten Kaffee- und Schokoladenspezialitäten der Stadt. Zu einem Ausflug lockt mit dem südlich der Innenstadt gelegenen Hambacher Schloss die Wiege der deutschen Demokratie.

Rhodt (→ S. 171): Der Inbegriff der Weinstraße: sanft geschwungene Hügel, der älteste Weinberg der Welt und die romantische Theresienstraße. Wenn man dann am Schluss des Tages noch einen Platz im traumhaft restaurierten Theresienhof ergattert, ist der Ausflug perfekt.

Speyer (→ S. 64): Der mächtige Dom der Salier, schmale Gassen mit kleinen Geschäften und Weinstuben und eine Vielzahl hervorragender Museen – Speyer ist zu jeder Jahreszeit ein abwechslungsreiches, lohnendes Ziel.

Trifels (→ S. 207): Mächtig überragt die einstige Reichsburg das Queichtal bei Annweiler. Einst saß hier der englische König Richard Löwenherz als Gefangener in den Kerkern, heute erwartet den Besucher eine interessante Ausstellung zur Geschichte der Region.

Dynamikum (→ S. 230): In dem stattlichen Gebäude einer alten Schuhfabrik in Pirmasens kann man heute physikalische Phänomene rund um das Thema Bewegung anschaulich erleben.

Wurstmarkt (→ S. 118): Der Name täuscht! Auf dem seit dem 15. Jh. gefeierten Fest wird v. a. eines angeboten: Wein. Alljährlich im September wird in Bad Dürkheim das angeblich größte Weinfest der Welt zelebriert.

Jupiter

Mandelblüte im März

Naturraum

Der Rhein und der Pfälzerwald prägen das Gesicht der Pfalz. Eine Fahrt vom Rhein nach Westen macht die Abfolge der Landschaften deutlich: Nach den urigen und immer wieder überfluteten Rheinauen kommen die kaum enden wollenden Felder der Vorderpfalz. Am Übergang zur Haardt wachsen Obstkulturen und schließlich – unübersehbar – der Wein. Vor allem im Süden sind die Weinberge geschwungen und abwechslungsreich. Im Sommer geben ihnen Rosenstöcke, die den Winzern frühzeitig den Befall durch Mehltau anzeigen, einen freundlichen Charakter. Weiter westlich erhebt sich der landwirtschaftlich kaum genutzte Pfälzerwald, im Süden abwechslungsreich mit unzähligen Burgen und bizarren Sandsteinformationen, im Norden dichter und einsamer. Im Westen schließt sich der wellige, durch z. T. tiefe Flusstäler gegliederte Westrich an, im Norden das abwechslungsreiche und hügelige Nordpfälzer Bergland.

Geologie

Die Entstehung von Pfälzerwald und Rheinebene ist untrennbar miteinander verbunden. Im **Tertiär** vor rund 40 Mio. Jahren begann sich der **Rheingraben** zu senken, während sich die ihn begleitenden Mittelgebirge gleichzeitig hoben. Die Rheinebene ist die nahezu flache Mitte des großen Grabenbruchs, dessen Schultern Pfälzerwald und Vogesen im Westen sowie Odenwald und Schwarzwald im Osten bilden. Bis zu 3000 m beträgt die Verwerfung zwischen den Flanken und dem Boden des Grabens. Dass die Höhenunterschiede in der Landschaft heute deutlich geringer sind als früher, liegt daran, dass sich im Laufe des Tertiärs und **Quartärs** mehrere Kilometer mächtige Sedimentschichten auf dem Boden des Grabens ablagerten. Die tektonischen Verwerfungen erfolgten jedoch nicht nur vertikal, auch in horizontaler Richtung drifteten die Grabenflanken einige Kilometer auseinander. Im Bereich des Pfälzerwalds wurden die älteren Gesteinsschichten aus dem Buntsandstein nach oben gehoben und durch die nachfolgende Erosion freigelegt. Die höchste so entstandene Erhebung ist mit 673 m die Kalmit bei Neustadt. Am Rande des Grabens bahnten sich vulkanische Gesteine ihren Weg durch die dünne Erdkruste (z. B. Pechsteinkopf bei Forst) und verstärkten das geologische Durcheinander, das durch den Einbruch des Grabens entstanden war. Der Haardtrand besteht aus verrutschten Schollen unterschiedlicher Erdzeitalter. Die damit verbundene Vielfalt an Gesteinen und Böden auf kleinstem Raum lässt die Lage zu einem besonderen Kriterium für den Weinanbau werden.

Erdölförderung

Durch die tektonische Sonderstellung des Oberrheingrabens finden sich schon in geringer Tiefe vergleichsweise hohe Temperaturen. Während der Temperaturanstieg in der Erdoberfläche normalerweise rund 1 °C pro 30 m Tiefe beträgt, braucht man z. B. bei Landau nur 11–15 m, um diese Temperaturzunahme zu erreichen. Seit November 2007 macht sich dies das erste ganzjährig industriell nutzbare **Erdwärmekraftwerk** Deutschlands zunutze und versorgt 6000 Haushalte mit nachhaltig erzeugter Energie. Aus 3300 m Tiefe wird 160 °C heißes Wasser an die Oberfläche gepumpt und hier zur Stromerzeugung eingesetzt. Seit 1955 wird bei Landau auch **Erdöl** gewonnen. Täglich fördern die charakteristischen Pferdekopfpumpen rund um den Stadtteil Nußdorf rund 100 t Rohöl an die Oberfläche. Auch bei Speyer werden derzeit Probebohrungen vorgenommen.

Sandsteinfelsen

Die Sandsteine des Pfälzerwalds sind älter als die Ablagerungen der Rheinebene. Sie entstanden vor rund 250 Mio. Jahren im Zeitalter des **Buntsandsteins** und haben Mächtigkeiten von über 400 m. Damals herrschte in diesem Gebiet ein trocken-heißes, wüstenartiges Klima. Starker Wind transportierte feinen Sand und Staub, durch reißende Wasserläufe wurden Sand und Geröll in die Pfalz gebracht. In Senken entstanden abflusslose Seen, auf deren Grund sich Sande und Schluffe ablagerten. Verwitterung und Erosion haben aus den durch oxidiertes Eisen zumeist rot gefärbten Buntsandsteinschichten bizarre Landschaftsformen gemacht, die v. a. im Süden des Pfälzerwalds zu sehen sind.

Unterhalb des Buntsandsteins liegen die harten und alten Gesteine des **Variskischen Gebirges,** die jedoch nur an wenigen Stellen zutage treten. Die Gneise im Steinbruch bei Albersweiler gehören ebenso dazu wie der Schiefer bei Burrweiler oder am Schieferkopf bei Hambach.

Naturpark und Biosphärenreservat Pfälzerwald

Der touristischen Bedeutung der natürlichen Landschaft war man sich im Pfälzerwald schon früh bewusst. 1958 wurde der Naturpark als einer der ersten in Deutschland gegründet. Der zu 70 % aus Nadelhölzern bestehende bewaldete Bereich, der von den tiefen Tälern der Queich, des Speyerbachs und der Isenach durchschnitten wird und nur dünn besiedelt ist, gehört ebenso dazu wie Teile der touristisch intensiv genutzten Haardt. Aufgrund seines besonderen Modell- und Vorbildcharakters wurde der gesamte Pfälzerwald 1992 von der UNESCO als Biosphärenreservat anerkannt. Es dient – seit 1998 grenzüberschreitend als Biosphärenreservat Pfälzerwald-Nordvogesen – dem Schutz der Ökosysteme und der Erarbeitung nachhaltiger Wirtschaftsweisen gemeinsam mit den hier lebenden Menschen. Der größte Teil des südlichen Pfälzerwalds gehört zur sog. Pflegezone, in welcher der Erhalt der historisch gewachsenen Kulturlandschaft im Vordergrund steht. In ihr liegt am Rande des kleinen Ortes Fischbach das moderne Biosphärenhaus (→ S. 222), in dem Seminare und Informationsveranstaltungen abgehalten werden und eine kleine, ansprechend gestaltete Ausstellung über die Natur und deren Nutzung im Pfälzerwald informiert. Weitere Infos unter www.pfaelzerwald.de.

Klima

Das Klima in der Rheinebene ist warm und niederschlagsarm. Zusammen mit einigen Gemeinden im südlichen Oberrheingraben streiten sich die Orte an der Weinstraße regelmäßig um das Prädikat des wärmsten Ortes Deutschlands. Das langjährige Mittel liegt hier bei über 10 °C, und die föhnartig absteigenden Winde am Ostrand des Pfälzerwaldes führen dazu, dass die Weinstraße häufig von Niederschlag verschont bleibt, während es weiter westlich und östlich regnet. Bis in den Oktober hinein ist das Wetter oft traumhaft. Sonne, Neuer Wein und das gelbe und rote Laub der Reben machen die Landschaft dann besonders reizvoll. Im November kühlen die Niederungen rasch aus, und Nebelbänke legen sich über die feuchte Rheinebene.

Im Pfälzerwald kann man sich selbst im Sommer gut abkühlen. Die Höhe, der dichte Wald und der Wind machen einen Aufenthalt meist angenehm erfrischend. Während der Sommermonate liegt die Temperaturdifferenz zwischen Weinstraße und Berghöhen bei über 4 °C. Im Winter ist sie geringer, dann sind auch die Temperaturen auf den Höhen vergleichsweise hoch, sodass selbst auf den Gipfeln des Pfälzerwalds nur selten Schnee liegt. Im Norden und äußersten Westen der Region, dem Nordpfälzer Bergland und dem Westrich, ist das Klima rauer, und die Temperaturen sind sommers wie winters niedriger als an der Weinstraße.

Flora und Fauna

Besonders eindrucksvoll ist die Vegetation an den exponierten Südhängen des Pfälzerwalds. Auf den nährstoffarmen und sehr trockenen Sandböden dominiert die **Kiefer** das Bild, dazwischen wachsen Heidelbeeren und Heidekraut. Selbst an kühlen Wintertagen entsteht bei Sonnenschein ein würzig-intensiver Duft, der sich ein bisschen nach Sommer am Mittelmeer anfühlt. Nicht selten begegnet man flinken Eidechsen, die sich auf den warmen Sandsteinen sonnen. An weniger sonnigen Stellen findet sich meist Mischwald, mal dicht und dunkel, öfter aufgelockert und hell. Die Bäume der **Esskastanie** *(Castanea sativa)* sind vorwiegend auf den ersten dem Wein folgenden Hügeln zu finden. Die Römer verhalfen dem Baum zum Durchbruch, da sich sein Holz hervorragend für den heute im Weinbau nicht mehr üblichen Kammertbau und für Weinfässer eignete. Mittlerweile sind v. a. die als stachelige Pakete zu findenden Früchte begehrt. Ab Oktober liefern sich die sammelnden Wanderer und die hungrigen **Wildschweine** einen Wettkampf um die nährstoffreichen „Keschde". Wenn man in der Dämmerung unterwegs ist, hat man gute Chancen, auf Mausohren, Abendsegler und Langohren zu treffen. So oder so ähnlich heißen die **Fledermäuse,** die in Teilen des Pfälzerwalds und an der Haardt zu Hause sind. Mit bis zu 40 cm Flügelspannweite sausen sie im Zickzackkurs durch die Luft. Tagsüber schlafen sie in Höhlen oder verlassenen Gebäuden. Besonders eindrucksvoll lassen sie sich bei einer nächtlichen Führung über den Baumwipfelpfad bei Fischbach erleben. Am Übergang zwischen Pfälzerwald und Rheinebene ist auch der **Wiedehopf** zu Hause. Sein Bestand ist in Europa deutlich zurückgegangen, hier an der warmen und trockenen Haardt fühlt er sich jedoch wohl.

Esskastanien im Herbst

Elwetritsche

Nicht nur Wildschweine und Füchse bevölkern die ausgedehnten Wälder des Pfälzerwalds. Seit Jahrhunderten sind im dichten Unterholz und am Fuße steiler Felsen auch die Elwetritsche zu Hause. So recht beschreiben kann man sie nicht, sind sie doch äußerst scheu und zeigen sich kaum in der Öffentlichkeit. Am ehesten noch haben sie Ähnlichkeit mit Hühnern. Und aus solchen sollen sie auch entstanden sein: Einst verirrten sich Hühner, Enten und Gänse im Wald, paarten sich mit Kobolden und Feen und gründeten ihre eigene bunte und lustige Familie. Wo genau dies geschehen sein soll, darüber streitet man sich bis heute. Fest steht, dass den eigenartigen Fabelwesen nicht nur etliche Denkmäler und Brunnen gewidmet sind (v. a. der 1978 von Gernot Rumpf gestaltete Elwedritschebrunnen in Neustadt), sondern dass die vielerorts angebotene Jagd nach ihnen auch eine äußerst heitere und feuchtfröhliche Sache ist.

Am Rhein prägen die urwüchsigen **Auwälder** die Landschaft. An ganz oder teilweise abgetrennten Rheinschlingen wachsen auf feuchtem, hin und wieder überschwemmtem Grund Weiden, Pappeln und andere feuchtigkeitsliebende Pflanzen. Früher war der Bereich der Auwälder größer und wilder, durch die Rheinregulierung wurden sie jedoch stark zurückgedrängt. An einigen Stellen lässt sich die Vergangenheit als „Amazonas vom Oberrhein“ aber noch erahnen. Dazu tragen in feuchten Sommern auch die trotz intensiver Bekämpfung zahlreich vorhandenen Stechmücken, lokal als „Schnaken“ bezeichnet, bei.

Große Teile der Auenlandschaft am Rhein stehen unter Naturschutz

Blick vom römischen Weingut auf Bad Dürkheim

Geschichte

Die Geschichte der Pfalz ist lang und verworren. Viele Kriege brachen über sie herein und bescherten den Bewohnern neben Elend, Tod und Zerstörung v. a. eines: wechselnde Herrschaften. Die Römer brachten den Wein an die Haardt, die Staufer die Insignien der Macht, der Sonnenkönig und Napoleon verheerende Kämpfe und Verwüstungen. Mit der Angliederung an Bayern verlor die Pfalz schließlich ihre Eigenständigkeit, die sie als Pfalzgrafschaft und Kurpfalz seit dem 12. Jh. zu einer wichtigen machtpolitischen Größe im Alten Reich gemacht hatte.

Von Kelten, Römern und Franken

Von den Kelten in der Pfalz ist nur wenig bekannt. Neben Ringwällen und einstigen Städten, die, wie auf dem Donnersberg oder oberhalb von Bad Dürkheim, noch immer Rätsel aufgeben, zeugen v. a. Scherben, einfache Werkzeuge und alltägliche Gebrauchsgegenstände von der Zeit bis 50 v. Chr.

Deutlich präsenter ist die Besiedlung der Pfalz durch die Römer. Sie betrieben hier Weinbau und kultivierten Äcker. Gut erhaltene und sorgsam restaurierte Fundamente zeugen von der Organisationsform des römischen Lebens. Der aus dem Mittelmeerraum hierhergebrachte Wein gedieh vortrefflich im warmen Klima auf kieseligen und lehmigen Böden. Die Produktion mittels Tretkeltern, in denen die Winzer mit den bloßen Füßen den Saft aus den Trauben pressten, mutet allerdings aus heutiger Sicht gewöhnungsbedürftig an. Im 2. Jh. n. Chr. entwickelte sich Tabernae auf der Gemarkung des heutigen Rheinzabern zum bedeutendsten Töpferzentrum nördlich der Alpen. Über 1 Mio. Gefäße sollen hier zur Blüte alljährlich aus flammend roter Feinkeramik entstanden und in weite Teile Europas exportiert worden sein.

Um 400 n. Chr. wurden die Römer durch eindringende Alamannen abgelöst, um 500 kamen dann die Franken an den Rhein und in die ihn begleitenden Berge. Um den Merowingerkönig Dagobert I. (reg. 629–639) und seine Güte ranken sich in der Pfalz sagenhafte Geschichten. Der Tod Karls des Großen im Jahr 814 läutete schließlich auch in der Pfalz das Ende der fränkischen Zeit ein.

Salier und Staufer in der Pfalz

Es waren die Salier, die im ehemaligen Ostfrankenreich das Erbe der Karolinger antraten. Heinrich I. gliederte Lothringen 925 in das ostfränkisch-deutsche Reich ein und legte damit die Grundlage für die zentrale historische Bedeutung der Pfalz. 1024 wurde Konrad II. zum König und wenige Jahre später in Rom zum Kaiser gekrönt und leitete damit gleich zwei Pfälzer Großbaustellen ein: Der Legende nach soll er am gleichen Tag den Grundstein zum Ausbau seines Stammsitzes auf der Limburg oberhalb Bad Dürkheims und den des Speyerer Doms gelegt haben. Beides diente der Demonstration seiner Macht und sollte die Bedeutung des Adelsgeschlechts sichern. Doch die Macht der Salier währte nicht einmal mehr 100 Jahre. Nachdem Heinrich IV., der Enkel Konrads II., seine Krone durch den Gang nach Canossa knapp hatte retten können, wurde er 1104 von seinem eigenen geldgierigen und machtbesessenen Sohn Heinrich V. abgesetzt.

König Rudolf I. in der Vorhalle des Speyerer Doms

Nach dessen Tod 1125 übernahmen die Staufer die Herrschaft in der Pfalz. Unter ihnen wurde der Trifels oberhalb Annweilers zur Hauptburg des großen Reiches. Die Bedeutung der Pfalz wuchs weiter, Hofbeamte und Berater des Königs stammten aus der Region. Markward von Annweiler befehligte das Heer, das im Auftrag Heinrichs VI. 1194 Palermo eroberte und den Normannenschatz auf den Trifels brachte. Sein Nachfolger Friedrich II. liebte die Eroberungen im Süden. Die Pfalz war ihm weniger wichtig, und so konnten regionale Fürsten immer mehr Rechte durchsetzen. Sie erhielten Gerichtsbarkeit und Münzrechte und waren in den von ihnen verwalteten Ländereien kaum Kontrollen unterworfen. 1214 belehnte Friedrich II. das bayerische Haus Wittelsbach mit der Pfalzgrafschaft und leitete damit die Bildung des pfälzischen Kurfürstentums ein. Der Habsburger Rudolf I. wurde als einer der letzten mit der Pfalz verbundenen Könige 1291 wie seine Vorgänger im Speyerer Dom bestattet. Sein Bildnis auf der sandsteinernen Grabplatte gilt als das erste im Mittelalter entstandene lebensechte Porträt.

Die Kurpfalz

Die Jahrhunderte unter Wittelsbacher Herrschaft brachten der Kurpfalz, zu der auch rechtsrheinische Gebiete gehörten, neben einigen Stadtgründungen v. a. eines: Streit. Streit um die Vormacht in der Herrscherfamilie, in der es 1294 zur Trennung in eine bayerische und eine pfälzische Linie kam; Streit um die Territorien, auf die neben den Kurfürsten auch die Grafen von Leiningen (um Grünstadt) sowie die Bischöfe von Worms und Speyer Anrecht hatten; und Streit mit Eroberern von außen und Aufständischen von innen. Das 14. Jh. brachte die Pest, das 15. Streitigkeiten zwischen den Vettern Schwarzer Ludwig (Pfalzgraf Ludwig von Veldenz) und Pfälzer Fritz (Kurfürst Friedrich I.), das 16. den Bayerisch-Pfälzischen Erbfolgekrieg sowie den Bauernkrieg und das 17. Jh. schließlich den Dreißigjährigen Krieg. Am schlimmsten aber kam es für die Pfalz, als Erbstreitigkeiten nach dem Tod von Kurfürst Karl II. dazu führten, dass Frankreich unter dem absolutistischen Sonnenkönig Ludwig XIV. auf eine Vereinigung der Territorien bestand. Mit zuvor kaum beobachteter Brutalität wurden die Dörfer, Klöster und Felder im sog. Pfälzischen Erbfolgekrieg (1688–1697) planmäßig und erfolgreich in Schutt und Asche gelegt. „Brûlez le Palatinat!“ („Verbrennt die Pfalz!“) war die Parole des französischen Kriegsministers François Michel Le Tellier de Louvois, die das Verhältnis zwischen Frankreich und der Pfalz für viele Jahrhunderte empfindlich stören sollte. Das 18. Jh. begann mit dem Spanischen Erbfolgekrieg und der Religionsdeklaration von 1705. Ersterer brachte erneute Zerstörungen, wobei es nicht zuletzt um die Frage der „richtigen“ Religion ging, Letztere ein Zeichen der religiösen Toleranz: Kurfürst Johann Wilhelm garantierte darin die gleichberechtigte Religionsausübung aller christlichen Konfessionen in der Kurpfalz. In allen Orten mit zwei Kirchen sollte die eine den Protestanten, die andere den Katholiken zufallen. Und in Orten mit nur einer Kirche sollte der Chor den Katholiken und das Langhaus den Protestanten zugesprochen werden. Bis heute bestehen entsprechend getrennte Kirchen in einigen Orten.

Er betrachtete die Pfalz als eine der schönsten Regionen seines Königreichs: Ludwig I. von Bayern

Von Napoleons Kriegen zur bayerischen Provinz

Die Zeit der französischen Revolutionskriege gegen Ende des 18. Jh. bescherte den Pfälzern wiederum unsagbare Leiden. Verwüstete Weinberge, Brandschatzungen und zerstörte Dörfer waren die Folgen der heftigsten kriegerischen Auseinandersetzungen seit den Erbfolgekriegen. Nach dem Sieg der napoleonischen Truppen wurde das linksrheinische Gebiet der Kurpfalz, also die heutige Pfalz, französisch.

Die nicht gerade beliebten Herrscher brachten während weniger Jahre zwischen 1801 und 1814 wichtige Neuerungen. Viele der liberalen Grundrechte und gesicherten Rechtsverhältnisse blieben auch nach der Übergabe der Pfalz an die Bayern 1816 bestehen und trugen zur Bildung eines republikanisch-liberalen Nährbodens bei, der den autoritären bayerischen Herrschern nicht nur Freude bereitete. Mit dem Hambacher Fest fand die Demokratiebewegung auf Pfälzer Boden 1832 ihren Höhepunkt.

Mit wehenden Fahnen zum Hambacher Fest

Auch in den Weinbergen hinterließ Napoleon seine Spuren. Nach der Geburt seines Sohnes im März 1811 fanden nicht nur landesweite Jubelfeiern statt, es wurde auch verfügt, dass an den Landstraßen und Wirtschaftswegen beschattete Ruhebänke eingerichtet werden sollten. Bis heute noch finden sich solche steinernen Napoleonbänke – teilweise nachgebildet – an vielen Weinbergwegen der Pfalz. Auch die danebenstehenden Lockensteine dienten der Erholung. Denn während die Winzer ihre Lasten mit Schubkarren von und zu ihren Weinbergen beförderten, trugen ihre Frauen die Lasten auf den Köpfen. Zum Ausruhen oder als Hilfe für das Auf- und Abladen kamen die Lockensteine gerade recht, da die schweren Säcke und Körbe bequem in Kopfhöhe abgestellt werden konnten.

Das 20. Jahrhundert

Das 20. Jh. verlief nicht minder verworren als die Jahrhunderte zuvor. Die Pfalz wurde zu einem Land der Gegensätze. Nach der Niederlage des Kaiserreichs im Ersten Weltkrieg und dem Ende der Pfalz als bayerische Rheinpfalz wurde sie – wieder einmal – von französischen Truppen besetzt. Und während die Pfalz im 19. Jh. zum Vorreiter der Demokratiebewegung aufgestiegen war, entwickelte sie sich nun zu einem äußerst fruchtbaren Nährboden für Antidemokraten. 1940 rühmten sich die nationalsozialistischen Machthaber damit, in der Pfalz den ersten judenfreien Gau Deutschlands durch den populistischen und beliebten Gauleiter Bürckel geschaffen zu haben. Jener trinkfeste Gauleiter war es auch, der 1935 die Deutsche Weinstraße einweihte. Auch als 1938 das größte militärische Bauprojekt an der Westgrenze Deutschlands entstand, schien die Begeisterung grenzenlos: Der Westwall, der vom Rhein bei Karlsruhe bis in die Nähe von Zweibrücken führte, entwickelte sich zu einer gigantischen Baustelle. Die 40.000 Arbeiter, die für den Bau in die Pfalz kamen, wollten versorgt und unterhalten werden. Die Reste der Anlage erinnern noch heute an diese Zeit und die Jahre danach, als auch die Pfalz vom Zweiten Weltkrieg stark getroffen wurde, insbesondere die großen Städte am Rhein.

1946 wurde die Pfalz Teil des Bundeslandes Rheinland-Pfalz. Aus einem Zankball entwickelte sich eine Region, in der die Europäische Integration eine große Rolle spielte. Und mit dem Fall der Grenzen fallen auch die Vorbehalte in den Köpfen. Pfalz und Elsass, Pfälzerwald und Vogesen rücken immer näher zueinander.

Wein und Restaurants in Hülle und Fülle

Kulinarische Genüsse

Die unzähligen Weinfeste in der Region stellen Wochenende für Wochenende unter Beweis, dass der Mittelpunkt des pfälzischen Kulinariums zwar der Wein ist, dass sich dieser jedoch am besten genießen lässt, wenn man dazu herzhaft speist. Saumagen, Leberknödel und Hausmacherwurst sollte man in der Pfalz zumindest einmal probiert haben. In den letzten Jahren konnte nicht nur die Qualität der Pfälzer Weine deutlich gesteigert werden. Quasi nebenbei entwickelte sich die Region rings um die Weinstraße zu einer Art Feinschmeckerlandschaft. Die Fülle an mediterranen Zutaten, hervorragende Weine und die Nähe zum Elsass waren dabei die wohl wichtigsten Faktoren. Und so kommen immer mehr Leute in die Pfalz, um neben Trank auch Speis zu versuchen. Dass sich traditionelle Hausmannskost und Sterneküche dabei nicht ausschließen, wird schnell deutlich. Am augenscheinlichsten vielleicht im Weinort Deidesheim, in dem der Altkanzler Helmut Kohl seine Gäste gerne mit erstklassigen Pfälzer Gerichten verwöhnen ließ.

Das Wichtigste vorweg: der Wein

Was wäre die Pfalz ohne ihren Wein? Nicht, dass es außer ihm nichts gäbe, auch Obst- und Gemüsekulturen gedeihen hier prächtig, doch derjenige, der entlang der Haardt durch die kaum enden wollenden Weinberge reist, auf ein Weingut nach dem anderen stößt und auf Weinfesten die für ihre Geselligkeit bekannten Pfälzer kennenlernt, für den wird sich die Landschaft ganz unweigerlich mit dem Rebensaft verbinden.

Die Römer waren es, die den Wein vor über 2000 Jahren in die Pfalz brachten. Denn auch fernab der Heimat galt dieser als eines der wichtigsten Getränke, auf das man keineswegs verzichten wollte. Der Transport des fertigen Produkts über die Alpen galt als zu aufwendig, und so entschloss man sich zum Anbau in den nördlichen Provinzen. Im klimatisch begünstigten Oberrheingebiet fielen die importierten Reben auf besonders fruchtbare Böden. In den folgenden Jahrhunderten wurden Weine v. a. in Klöstern kultiviert und ausgebaut. Erst nach der Eroberung durch Napoleon entwickelten sich private Weingüter in großer Zahl. Für viele Landwirte war der Wein bis nach dem Zweiten Weltkrieg nur ein Anbauprodukt neben anderen. Erst dann setzten die heute weitgehend abgeschlossene Spezialisierung und die anhaltende Intensivierung des Weinbaus ein. In den letzten 25 Jahren hat sich die Zahl der Winzer nahezu halbiert, heute gibt es in der Pfalz knapp 4000 Weinbaubetriebe.

Der Wein und die Reblaus

Die Kulturgeschichte des Weins ist uralt. Im europäischen Mittelmeerraum, im Nahen Osten und im südlichen Kaukasus entstanden schon vor Tausenden von Jahren die ersten Weinkulturen. Über Griechenland und das Römische Reich schließlich traten die Reben und die daraus gewonnenen Getränke schließlich ihren Siegeszug durch Europa und die gesamte Neue Welt an. Doch als Folge der im 19. Jh. zunehmenden Austauschbeziehungen zwischen Amerika und Europa gab es herbe Rückschläge für die empfindlichen europäischen Gewächse: Echter und falscher Mehltau wurden zwischen 1850 und 1880 von Amerika aus nach Europa eingeschleppt und gefährdeten die Bestände. Eine noch größere Bedrohung legte nach ihrer Invasion 1863 den gesamten französischen Weinbau lahm: Die von der Ostküste der USA eingeschleppte Reblaus hätte der europäischen Weinkultur um Haaresbreite ein Ende bereitet. Drei Jahrzehnte lang sah man der raschen Verbreitung der die Wurzeln der Pflanzen angreifenden Schädlinge machtlos zu. Erst gegen 1900 schließlich zeichnete sich eine Lösung ab: Die traditionsreichen europäischen Rebsorten wurden auf reblausresistente Unterlagsreben aus den USA gepfropft und waren so nicht mehr anfällig. Bis heute werden die Reben so vor der Reblaus geschützt.

Die Zeiten, in denen Pfälzer Wein einzig als billiges Massenprodukt galt und allenfalls jene überzeugen konnte, welche vom Wein und seiner Qualität wenig Ahnung hatten, sind glücklicherweise vorüber. Zu den guten klimatischen Bedingungen und kleinräumig hervorragenden mineralischen Böden kommt seit einigen Jahren ein wachsendes Qualitätsbewusstsein der jungen Winzergeneration. Einst waren es nur wenige traditionsreiche Häuser an der Mittelhaardt, die aus der Masse des Pfälzer Weins herausragten und dieser Region besonders früh den Ruf eines guten Weinlandes beschieden. Im Süden und Norden dagegen gab es wenig, was echte Weinenthusiasten befriedigen konnte. Hier wie da waren es v. a. die Jungen, die nach Lehrjahren und Ausbildungen fernab der elterlichen Betriebe neuen Wind in die Pfälzer Weinkultur brachten. Mit neuen Rebsorten, zeitgemäßen Ausbaumethoden und einer Senkung des Flächenertrags haben sie inzwischen bewiesen, dass Pfälzer Wein durchaus in der oberen Liga mitmischen kann. Entgegen der weitverbreiteten Annahme, dass Winzergenossenschaften schlechte, bestenfalls beliebige Weine produzieren, brauchen sich auch einige von diesen nicht mit ihrem Angebot zu verstecken. Die Vereinigungen in Bad Dürkheim, Ungstein und Wachenheim gehören alljährlich zu den Preisträgern der Deutschen Landwirtschafts-Gesellschaft (DLG). In der Pfälzer Abteilung des Verbands Deutscher Prädikats- und Qualitätsweingüter e. V. (VDP) haben sich die wohl besten Weingüter der Pfalz zusammengeschlossen. Die 27 Betriebe haben sich zu stetiger Qualitätssteigerung, traditionsreichen Sorten und umweltschonendem Anbau verpflichtet. Präsident ist seit 2007 Steffen Christmann, der in Neustadt-Gimmeldingen ein mit vielen Lorbeeren bedachtes Weingut führt.

• *Information* Viel ist über den Pfälzer Wein geschrieben worden. Besonders interessant ist der kompakte Führer von Matthias Mangold („Die Pfalz im Glas", Höma-Verlag 2005, 16,90 €), in dem neben den großen auch einige unbekannte Weingüter vorgestellt werden. Infos zum VDP finden sich unter www.vdp.de und www.vdp-pfalz.de.

Weinbau im Jahresgang: Auch wenn die Arbeit der Winzer zur Zeit der Weinlese am offensichtlichsten ist, erfordert der Wein doch das ganze Jahr hindurch Aufmerksamkeit. Nach der Lese per Hand oder Vollernter im September und Oktober folgt im November die Einlagerung des jungen Weins. Im Dezember ist die Zeit der Eisweinlese gekommen: Wenn die durch Netze geschützten Trauben bei mindestens -7 °C durchgefroren sind, werden sie geerntet und in gefrorenem Zustand gepresst. Das neue Jahr beginnt mit dem Rebschnitt. Während früher mehrere Fruchtruten am Weinstock gelassen wurden, bleibt heute i. d. R. nur noch eine Rute mit wenigen Knospen stehen. Der Ertrag wird dadurch geringer, die Qualität jedoch macht einen deutlichen Sprung. Im Laufe des Februars wird der in Edelstahltanks und Fässern gegorene Wein geklärt und kann nun reifen. Im Weinberg sind die Rebdrähte und Pfosten zu warten, sodass im März die neuen

Fruchttriebe angebunden werden können. Ab Mai werden bereits die ersten Weine des neuen Jahrgangs abgefüllt und bald danach den kritischen Zungen der Weinfreunde übergeben. Besonders junge Weine werden in der Tradition des französischen *Beaujolais nouveau* bereits kurz nach ihrer Ernte Ende Oktober verkauft. Vor allem Winzergenossen folgen diesem Trend. Über den Sommer werden die Reben meist mehrmals beschnitten, damit der Rebstock seine Energie in die Frucht und nicht in das üppig sprießende Laub lenkt. Im August erfolgt die „Grüne Ernte". Noch bevor die Trauben Zucker einlagern, werden sie ausgedünnt und zwischen den Rebzeilen liegen gelassen.

Der Dubbeschoppe

Getrunken wird der Wein traditionell im Pfälzer Schoppen. Einen halben Liter fasst dieses Glas, das bei Festen und beim abendlichen Weinstubenbesuch einst die Runde machte. Passend zur sprichwörtlichen Pfälzer Geselligkeit war es v. a. früher Brauch, sich den Inhalt eines solchen Glases zu teilen. Statt jeder für sich trank man zusammen, einen Schoppen nach dem anderen, bis man letztendlich den Überblick über die abendliche Menge verlor. Die von Hand zu Hand gehenden, zylinderförmigen Gläser glitten den Durstigen auf den Wein- und Schlachtfesten dabei nicht selten aus den Händen. Dürkheimer Metzger erfanden deshalb das Dubbeglas, das sich nicht nur trichterförmig nach unten verjüngt, sondern durch zahlreiche runde Tupfen bestens in der Hand liegt.

Rebsorten: Mit rund 23.000 ha Anbaufläche stellt die Pfalz, die traditionell ein Weißweinland ist, das zweitgrößte Weinanbaugebiet Deutschlands dar. Auch wenn die Anbaufläche für Rotweinsorten in den vergangenen Jahren entsprechend der gestiegenen Nachfrage deutlich zugenommen hat, werden bis heute auf rund 60 % der Fläche Weißweinsorten angebaut. Davon könnte die Pfalz in den kommenden Jahren profitieren, schließlich scheint sich der Trend zu roten Weinen seinem Ende zuzuneigen. Die meisten Weingüter der Pfalz verspüren ein neu entdecktes Interesse an guten Weißweinen.

Mit 24 % der Anbaufläche führt mit Abstand der *Riesling*. Der „König der Weißweine" stellt hohe Anforderungen an seine Lage und genießt sowohl als junger Schoppen- als auch als lagerfähiger Qualitätswein schon lange große Beliebtheit. Dagegen wird der süffige bis blumige *Müller-Thurgau* oder *Rivaner* inzwischen nur noch auf 10 % der Fläche angebaut. Seinen zweiten Rang hat ihm der dunkelrote *Dornfelder* abgelaufen. Als beliebtester Rotwein der Pfalz wird dieser, ursprünglich als Deckwein zur farbgebenden Beimischung in helleren Rotweinen gezüchtet, auf rund 13 % der Flächen angebaut. Ob als fruchtiger, junger Rotwein oder als strukturbetonter Barriquewein, er erfreut sich einer enormen Nachfrage. Nur der helle, angenehm vollmundige und süffige *Portugieser* (9 %) und der anspruchsvolle *Spätburgunder* (7 %) können flächenmäßig Anschluss finden. Ersterer dominierte einst die Pfälzer Rotweine, Letzterer wird zunehmend qualitätsvoll als kräftig-roter Wein mit wenig Säure in Barriquefässern ausgebaut. Flächenmäßig hat in den vergangenen Jahren auch der feurig-gehaltvolle *Regent* an Bedeutung gewonnen. Die Kritiker sagen diesem erst seit 1996 angebauten Rotwein eine ruhmreiche Zukunft voraus.

Zu den bedeutenden Weißweinen zählen auch die überaus beliebten, leichten und fruchtigen *Weißen und Grauen Burgunder,* die sich – meist trocken ausgebaut – als Sommer- und Menüweine eignen. Letztere gab es edelsüß und gehaltvoll ausgebaut schon lange als *Ruländer* auf den Weinkarten. Der vielseitige *Kerner* wird nicht nur in allen Qualitätsstufen vom süffigen Schoppen bis zur trockenen Spätlese angeboten, sondern auch als Sekt. Meist ist der säurebetonte und fruchtige Wein einen Hauch aromatischer als sein Verwandter, der Riesling. Besondere Ansprüche an die Böden stellt der frostempfindliche *Silvaner.* Der meist jung getrunkene Wein passt hervorragend zum Pfälzer Spargel. Der *Chardonnay* gilt als eine der erfolgreichsten Weinsorten der Welt. Nach anfänglicher Skepsis wird er inzwischen in guten Burgunderlagen wie der Südlichen Weinstraße äußerst erfolgreich produziert. Im Barriqueausbau kombinieren sich die fruchtigen Aromen mit feinen Holznuancen.

Auch bei den Kerwe-Umzügen spielt der Wein eine ganz große Rolle

Zu den „kleinen" Weinen, die für die Pfalz trotz nur geringer Anbauflächen von einiger Bedeutung sind, gehört der *Gewürztraminer.* Bei Rhodt befindet sich der älteste sortenreine Gewürztraminerweinberg der Welt. Seit über 400 Jahren werden hier Trauben geerntet und zu aromatisch-würzigen Weinen verarbeitet. Auch die *Huxelrebe* wird ähnlich wie die *Scheurebe* außer in der Pfalz nur in wenigen anderen Weinregionen angebaut. Die edelsüßen, exotisch-fruchtigen Weine eignen sich zum Dessert und Aperitif. Der *Muskateller,* der schon von Friedrich Barbarossa geschätzt worden sein soll, wird in klimatischen Gunstlagen rund um den Ort Gleiszellen geerntet und überzeugt durch sein blumiges Bukett. Während dem Riesling die Folgen der klimatischen Veränderungen eher Probleme bereiten, erfreuen sich Sorten wie *Merlot, Cabernet Sauvignon* und *Saint Laurent* gerade aufgrund der steigenden Temperaturen zunehmender Beliebtheit.

Ein saisonal sehr gern getrunkener Wein ist der *Federweiße,* der auch als *Neuer Wein* bezeichnet wird. Während der Lese wird ein Teil des gekelterten, meist weißen Weins frisch angegoren an nahezu allen Ecken angeboten. Oft wird dazu auch Zwiebelkuchen, der traditionelle Begleiter, verkauft.

Von Lewwerknepp bis Saumagen

Für ihr Essen ist die Pfalz schon lange bekannt. Nicht von ungefähr beschreibt die Mundartdichterin Lina Sommer in ihren Strophen über das „Pälzer Ländsche" die

Pfalz als das schöne und liebe Land, „wo mer mit der Gawwel; in sein Pälzer Schnawwel; stoppt die Läwwerknöpp mit Koppsalat".

Neben **Lewwerknepp** (Leberknödel) mit Sauerkraut lassen sich die Pfälzer auch **Flääschknepp** (Fleischklöße) mit Meerrettichsoße schmecken. Zu beidem passen die tennisballgroßen, in Butter ausgebackenen **Dampfnudeln.** Traditionell gibt es diese in den katholischen Orten freitags mit Wein- oder Vanillesoße. Herzhaft und lieblich passen aber auch bei einer weiteren Spezialität vortrefflich zusammen: **Quetschekuche mit Grumbeersupp** (Zwetschgenkuchen mit Kartoffelsuppe) wird im Spätsommer und Herbst vielerorts angeboten und überzeugt meist auch Nichtpfälzer.

Pfälzer Lewwerknepp

Zutaten: 200 g trockene Brötchen in dünnen Scheiben, 4 Eier, 600 g Leber vom Schwein, 400 g gewürfelten Schweinenacken, 100 g klein geschnittene Zwiebeln, 100 g Lauch, etwas Majoran und Petersilie, Salz, Pfeffer, Muskat, 2 l Brühe zum Kochen.

Zubereitung: Die Eier verquirlen und über die dünn geschnittenen Brötchen geben, beides zusammen rund 1 Std. ruhen lassen. Anschließend mit den übrigen Zutaten vermengen und durch den Fleischwolf lassen. Danach abschmecken und zu gleichmäßigen Knödeln formen. 30 Min. in kochender Brühe ziehen lassen. Als Beilage passen Kartoffeln und Sauerkraut.

Größere Vorbehalte müssen indes beim **Saumagen** gebrochen werden. Tatsächlich wird diese Pfälzer Spezialität im Magen von Schweinen zubereitet: Schweinebauch und -schinken sowie Kartoffeln werden in kleine Würfel geschnitten, mit Eiern, eingeweichten Brötchen und Bratwurstbrät vermengt und in zuvor gereinigten Mägen mehrere Stunden im Wasser gegart. Dazu gibt's, wie fast immer und überall in der Pfalz, **Sauerkraut.** In Landau wird alle zwei Jahre der beste Saumagen der Welt gekürt. Wer sich dafür nicht erwärmen kann, kann auf Weine aus Kallstadt ausweichen, wo eine Lage den Namen Saumagen trägt. Im Kallstadter Weinhaus Henninger gibt es beides: Weine und das Gericht nach dem Rezept der Großmutter. Und kann man sich auch dazu nicht entschließen, dann sollte man zumindest die groben Pfälzer **Bratwürste** versuchen.

Handkäse auf dem Handkeesfescht in Lustadt

Zu vielen Gelegenheiten wird in der Pfalz kalt gegessen. **Leber- und Griebenwurst** nach Hausmacherart gehören ebenso auf einen Vesperteller wie **Schwartenmagen** und **Weißer Käs.** Letzterer ist mit Rahm, Zwiebeln, Pa-

Auf den Weinfesten treffen sich Einheimische und Gäste

prika, Pfeffer und Salz angemachter Quark, der auf vielen Weinfesten und in den Hütten des Pfälzerwald-Vereins großen Absatz findet. Hin und wieder findet man auf den Karten auch aus Sauermilchquark hergestellten **Handkäs.** Wird er „mit Musik“ gereicht, dann ist er mit Zwiebeln, Essig, Öl und Kümmel angemacht. Zu diesem Gericht gibt es auch das passende Fest, das „Loschter Handkeesfescht“ in Lustadt.

Zwei weitere Besonderheiten prägen die Pfälzer Küche jahreszeitlich: Im Frühsommer gedeiht der **Spargel** auf den Feldern der Vorderpfalz und wird an Ständen entlang der Straßen zum Verkauf angeboten. Im Herbst sind die **Keschde** (Kastanien) reif und schmecken köstlich zur Martinsgans. Und zu allem gibt es **Grumbeeren** (Kartoffeln): Als Reiwekuche, Gebredelte, Gequellte oder Gereschde runden sie (fast) jedes Pfälzer Essen ab. Nur beim **Zwiebelkuchen,** der im Herbst traditionell zum Neuen Wein angeboten wird, verzichtet man auf die sättigende Beilage. In der Südpfalz schlägt sich die Nähe zum Elsass nieder: Im Holzofen gebackene **Flammkuchen,** klassisch mit Zwiebeln und Speck oder süß mit Apfel und Calvados, gehören hier nicht selten zum geselligen Beisammensein. Als weitere Süßigkeit empfiehlt sich auch der **Kerscheplotzer.** Sein Name rührt daher, dass man die Kirschen in den Teig plotzen (fallen) lässt. Für viele ist der Genuss dieses Kuchens erst perfekt, wenn man zwischendurch die mitgebackenen Steine entsorgen muss.

Essen gehen

Demjenigen, der die Spezialitäten aus Küche und Keller auswärts probieren möchte, wird die Auswahl nicht gerade leicht gemacht. Nicht nur Restaurants und Gaststätten bieten Pfälzer Gerichte in vernünftiger Qualität, auch Weinstuben und Straußwirtschaften gehören zum ausgezeichneten Kulinarium der Region.

Gaststätten, Weinstuben und Restaurants: Neben den urigen Hütten des Pfälzerwald-Vereins, in denen schmackhafte Lewwerknepp, Weißer Käs und Bratwürste zum Standardrepertoire gehören, den Dorfgaststätten, die klassische Speisen in zünftiger Atmosphäre servieren, und den Weinstuben mit ihrem großen Angebot an heimischen Weinen und bodenständiger Küche haben sich an der Weinstraße und in der Südpfalz im Laufe des vergangenen Jahrzehnts einige erstklassige Restaurants positionieren können, so z. B. die Krone in Herxheim-Hayna oder der Schwarze Hahn im Deidesheimer Hof. Daneben gibt es viele kleine Betriebe, die zu angemessenen Preisen eine innovative und qualitativ hochwertige Küche bieten. Nicht selten setzen sie auf regionale Produkte, von denen die Pfalz ein breites Spektrum aufweist. Wein und Gemüse sowieso, aber auch Fleisch von Partnerbetrieben des Biosphärenreservats oder Fische aus Teichen im Pfälzerwald finden zunehmend Beachtung.

Einfache Straußwirtschaften locken im Herbst mit Neuem Wein

Straußwirtschaften: In den Sommermonaten und im Herbst gibt es an der Weinstraße eine Alternative zu Weinstuben und Restaurants: In urig-rustikalen Straußwirtschaften bieten die Winzer neben ihren eigenen Weinen auch einfache Gerichte an. In den entsprechend hergerichteten Wirtschaftsgebäuden der Weingüter sitzt man nicht selten dicht gedrängt an Biertischen. Die Straußwirtschaften haben hier eine lange Tradition. Ursprünglich zeigte ein mit bunten Bändern geschmückter Strauß am Eingang, dass drinnen Speis und Trank angeboten wurden. Vor allem in den Monaten vor der Ernte war die Möglichkeit des eigenen Ausschanks für die Winzer eine gute Möglichkeit, restliche Bestände aus Fässern und Keller an den Mann zu bringen. Heute hat sich diese Form des gastronomischen Angebots längst etabliert: In großen Straußwirtschaften werden immer öfter auch kleine kulinarische Highlights kredenzt, und das in aller Regel zu besonders fairen Preisen. Und wer echte Pfälzer Hausmannskost nach Omas schnörkellosen Rezepten sucht, der ist hier sicherlich am besten aufgehoben. Während der Ernte dann wandeln sich, sofern es die Arbeitssituation zulässt, viele Straußwirtschaften und bieten ihren Gästen ganz frischen Neuen Wein und herzhaften Pfälzer Zwiebelkuchen.

Gute Ausschilderung entlang der Weinstraße

Reisepraktisches

Anreise und unterwegs vor Ort

Der überwiegende Teil der Pfalz-Besucher reist mit dem Auto an. Nicht nur wegen des Weins, der einigen Platz im Kofferraum verschlingen kann, sondern auch aufgrund der Flexibilität beim Wandern ist das Auto keine schlechte Wahl. Häufig sind Ausgangspunkte für Wanderungen nur mit dem Auto zu erreichen, und auch im nur schlecht mit öffentlichen Verkehrsmitteln erschlossenen Pfälzerwald und in Teilen der Nordpfalz gibt es kaum Alternativen zum Auto. Dagegen sind die großen Städte am Rhein (Mannheim, Ludwigshafen, Speyer, Karlsruhe), die Orte an der Weinstraße und Kaiserslautern gut mit dem Zug zu erreichen. Mit Zweibrücken und Karlsruhe/Baden-Baden bestehen außerdem zwei Flughäfen in der Region.

Mit dem Auto oder Motorrad: Die meisten Straßen der Region sind gut ausgebaut und mit Ausnahme der Weinstraße oder während des Berufsverkehrs problemlos zu befahren. Die 1935 zur Steigerung des Tourismus eröffnete, 85 km lange *Deutsche Weinstraße* ist die älteste Touristikroute Deutschlands und verbindet die meisten Weinbaugemeinden an der Haardt. Auch wenn in den vergangenen Jahren in vielen Gemeinden Umgehungsstraßen entstanden sind und v. a. die Autobahn A 65 und die Bundesstraße B 271 wichtige Alternativen zur Reise entlang der Haardt darstellen, sind zwischen Juli und Oktober viele der Weinstraßendörfer überlastet. Liegen nicht wirklich wichtige Gründe vor, dann sollte man entweder die Umgehungen nutzen oder aber sein Auto an den meist ausgeschilderten Parkplätzen abstellen und die Orte zu Fuß erkunden. Viele der kleinen Gassen und urigen Höfe lassen sich ohnehin nur auf diesem Weg kennenlernen. Wer partout nicht auf die

Fahrt durch die engen Ortsdurchfahrten verzichten will, dem sei zumindest eine leider nicht immer selbstverständliche defensive Fahrweise empfohlen. Schließlich leiden einige Orte durchaus darunter, dass sich Gäste wie Einwohner als Fußgänger nicht sicher fühlen können. Weitere wichtige Straßen in und durch die Pfalz sind als West-Ost-Verbindungen die A 6 und weiter südlich die A 8 mit den Verbindungsstraßen B 10 und A 65 zwischen Pirmasens und Karlsruhe sowie die B 9 als Nord-Süd-Verbindung am Rhein.

Für *Motorradfahrer* ist v. a. die mitten im Wald auf 473 m gelegene, kleine Höhensiedlung Johanniskreuz ein wichtiges Ziel. An schönen Sonntagen trifft man hier auf einige Hundert Biker, welche die kurvenreichen Straßen der Umgebung zu schätzen wissen. Die durch das Elmsteiner Tal hierherführende Straße ist allerdings am Wochenende sowie an Feiertagen von April bis Oktober für Motorräder gesperrt. Grund dafür sind die in der Vergangenheit zahlreichen Unfälle mit Motorrädern auf der schmalen, idyllischen Straße. Beliebt bei Bikern ist auch der Donnersberg im Nordpfälzer Bergland.

Mit Bus und Bahn: Zwischen Rhein und Weinstraße sind das gut ausgebaute Netz und die aufeinander abgestimmten Verbindungen im Rahmen des Rheinland-Pfalz-Taktes (www.der-takt.de) durchaus eine Alternative zum Auto. Vom zentralen ICE-Knotenbahnhof Mannheim ist man mit der S-Bahn RheinNeckar (www.s-bahn-rheinneckar.de) zügig in Neustadt (S 1/S 2) und von dort in den Orten entlang der Weinstraße. Die meist halbstündlich verkehrende S-Bahn verbindet auch Neustadt mit Kaiserslautern (S 1/S 2) sowie Mannheim und Ludwigshafen mit Speyer, Germersheim (S 3/S 4) und Karlsruhe (S 4). Wer die Region aus dem Zug heraus kennenlernen möchte, dem seien die *Rhein-Haardt-Bahn* und der *Elsass-Express* empfohlen. Während die Rhein-Haardt-Bahn (Straßenbahnlinie 4) auf ihrer rund 45 Min. langen Fahrt zwischen Mannheim/Ludwigshafen und Bad Dürkheim einen guten Einblick in die Landschaft der Vorderpfalz bietet, verkehrt der Elsass-Express in den Sommermonaten an Sonn- und Feiertagen zwischen Mainz und Weißenburg (Wissembourg) und passiert dabei die wichtigsten Orte der Weinstraße.

An den Wochenenden werden einige Ausflugsziele von Bussen angefahren. Entsprechende Fahrten wollen allerdings gut geplant sein, weil der Fahrplan zu den Ausgangspunkten der Wanderungen oder auf die Aussichtsberge meist vergleichsweise dünn ausfällt. Der Verkehrsverbund Rhein-Neckar gibt u. a. Informationsbroschüren zu Wanderungen im nördlichen Pfälzerwald und rund um Johanniskreuz heraus. Diese liegen ebenso wie wichtige Streckenpläne an den Bahnhöfen und bei den Touristinformationen in der Region aus.

• *Tickets* Die gesamte Pfalz und Mannheim liegen im Tarifgebiet des Verkehrsverbundes Rhein-Neckar (VRN). In dieser Region gibt es ein einheitliches Tarifsystem. Neben regulären Fahrkarten wird das **Ticket 24** für Einzelpersonen und Kleingruppen angeboten. Das 24 Std. gültige Ticket kostet je nach Geltungsbereich 5,20–14 €/Pers., für bis zu fünf Erwachsene und beliebig viele Kinder unter 14 J. 9–20 €. Wenn es am Samstag gelöst wird, gilt es bis 3 Uhr des nächsten Werktages, oft lohnt sich der Kauf schon ab zwei Fahrten. Informationen zu Tarifen und Fahrplänen unter ✆ 01805/8764636 oder www.vrn.de.

Wer neben der Pfalz auch andere Regionen des Bundeslandes Rheinland-Pfalz erkunden will, der kann für 20 (Einzelperson) bzw. 28 € (bis zu fünf Personen) das in allen Nahverkehrszügen gültige **Rheinland-Pfalz-Ticket** lösen. Es gilt werktags von 9 bis 3 Uhr des Folgetages und an Wochenenden ab 0 Uhr im gesamten Bundesland sowie in den Regionalzügen nach Mannheim und Karlsruhe, nicht jedoch in Bussen und Straßenbahnen innerhalb dieser baden-württembergischen Städte. Infos unter ✆ 01805/8764636, www.vrn.de, www.der-takt.de oder www.bahn.de/rheinland-pfalz.

Ermäßigungen

In einigen Gemeinden der Pfalz wird bei Übernachtung Kurtaxe erhoben. Als Gegenleistung erhält der Besucher eine **Gästekarte,** die vor Ort Vergünstigungen bringt. In seltenen Fällen (z. B. in Bad Dürkheim) ist die Fahrt mit öffentlichen Verkehrsmitteln darin eingeschlossen. Im Gegensatz zu anderen Regionen gibt es keine regionale Gästekarte, die Gültigkeit ist meist auf den jeweiligen Urlaubsort beschränkt. Viele Museen der Region akzeptieren den **Oberrheinischen Museums-Pass** (www.museumspass.com), der freien Eintritt in rund 180 Museen zwischen Basel und Mannheim ermöglicht. Als Kurzzeitpass gilt er an vier Tagen innerhalb eines Monats und lohnt v. a. dann, wenn vergleichsweise teure Sonderausstellungen besucht werden. Er ist nicht übertragbar und kostet für Erwachsene 34 €, bis zu fünf Kinder unter 18 Jahren dürfen gratis mit. Zu kaufen gibt es ihn in allen teilnehmenden Museen (www.museumspass.com). Wer statt Museen eher die Parks der Region erkunden möchte (z. B. Holiday Park, Zoo Landau, Wildpark Potzberg), für den kommt **Park-Hopping** infrage: Beim Besuch des ersten Parks zahlt man den regulären Eintritt und erwirbt dadurch das Recht auf einen Preisnachlass von bis zu 20 % beim Besuch des zweiten Parks usw. Um teilzunehmen, sollte man sich vorsorglich das kostenlose Couponheft ausstellen lassen (www.parkhopping.de).

Feste

Feste gehören zur Pfälzer Kultur wie Wein und Geselligkeit und verbinden diese beiden Elemente aufs Trefflichste. Beim Blick auf den alljährlich erscheinenden Weinfestkalender freilich fallen einige Häufungen während der Früh- und Spätsommerwochenenden auf, an denen sich die einzelnen Gemeinden gegenseitig überbieten. Neben der **Kerwe,** die traditionell als Erntedankfest in der gesamten Pfalz gefeiert wird, finden an der Weinstraße inzwischen oftmals noch weitere **Weinfeste** in Form von Weinwanderungen, Höfefesten oder Bauernmärkten statt. Das Muster ist meist sehr ähnlich: Lokale Winzer und die gastronomischen Betriebe bieten Weine und Speisen in unterschiedlicher, meist jedoch durchgängig guter Qualität an. Die Zunahme der Feiern in den vergangenen Jahren hat dazu geführt, dass die Konkurrenz um Weinfestbesucher stetig steigt, worunter auch die Restaurantbesitzer zu leiden haben. Für die Einheimischen gehören v. a. die traditionsreichen Feste am Ort zu einer festen gesellschaftlichen Größe. In einigen Städten existieren gar feste Nachmittage, an denen sich die Geschäftswelt zum Feiern trifft und die Läden geschlossen bleiben. Der alljährlich am zweiten und dritten Septemberwochenende stattfindende Wurstmarkt in Bad Dürkheim ist nicht nur das bekannteste Weinfest der Pfalz, sondern angeblich auch das größte der Welt. Auf dem Ende September/Anfang Oktober in Neustadt stattfindenden Deutschen Weinlesefest wird neben der Pfälzischen auch die Deutsche Weinkönigin gekürt.

Gemütlicher als auf den großen Kerwen und Weinfesten geht es auf den **kleinen Festen der Weingüter** zu. Einmal im Jahr rufen diese ihre Kunden zur gemeinsamen Feier und können in den meisten Fällen auf regen Zuspruch bauen. Zu gutseigenem Wein und einfachen, aber schmackhaften Speisen versammeln sich die Besucher in den oft wildromantischen Gärten, in Festzelten oder in den Hallen der Winzerbetriebe. Die oft viel zu laute Unterhaltungsmusik ist Geschmackssache, kommt bei den meisten Gästen jedoch gut an und sorgt für eine muntere und heitere Stimmung. Zunehmend gehen auch die Weingüter dazu über, den Standard

Im Sommer und Herbst laden unzählige Weingüter zu kleinen geselligen Festen

ihrer Weinfeste zu erhöhen: Ausgefallene und hochwertige Speisen gehören ebenso dazu wie namhafte Musiker. Neben den Festlichkeiten bieten die meisten Weingüter rund ums Jahr Weinproben an. Am schönsten ist der Besuch der urigen Probierstuben in Gruppen. Wer alleine ist, kann telefonisch nachfragen, wann er sich einer Probe anschließen kann.

• *Information* Jedes Jahr erscheint ein zentraler Weinfestkalender für die gesamte Deutsche Weinstraße. Dieser liegt in vielen Geschäften und allen Touristinformationen aus und kann bei Pfalzwein e. V. (Martin-Luther-Str. 69, 67433 Neustadt, ✆ 06321/912328, ℻ 12881, www.pfalz.de) angefordert werden. Über die Weinfeste bei den Winzern informieren Zeitungen und Touristinformationen vor Ort sowie Hinweistafeln und Plakate. Donnerstags erscheint die Tageszeitung „Die Rheinpfalz" mit dem Freizeitmagazin „Leo", in dem viele interessante Tipps zu den jeweils bevorstehenden Festen gegeben werden.

Information

Die Orte entlang der Weinstraße verfügen fast ausnahmslos über eine gute touristische Infrastruktur. Auskünfte erteilen die unter der Woche ganztags sowie – zumindest in den größeren Orten während der Saison – am Wochenende stundenweise geöffneten Touristinformationen, die neben ortsspezifischen Angeboten auch Material über die gesamte Weinstraße bereithalten. Ein Großteil der Rheinebene wird durch die Touristinformationen des Kreises Germersheim und der Stadt Speyer abgedeckt. In den weniger erschlossenen Teilen der nördlichen und westlichen Pfalz sind die Touristinformationen teilweise im Rathaus oder in der Kreisverwaltung untergebracht und ihre Öffnungszeiten oft auf eine Tageshälfte begrenzt. Informationsmaterial zur gesamten Pfalz gibt es bei **Pfalz.Touristik e. V.**, Martin-Luther-Str. 69, 67433 Neustadt, ✆ 06321/39160, ℻ 391619, www.pfalz.de.

Kinder

Zwei Punkte machen den Pfälzerwald bei Kindern beliebt: die Burgen und die Hütten des Pfälzerwald-Vereins. Die Erkundung der meist gut gesicherten Burgen mit ihren Treppen, Türmen, dunklen Gängen und Räumen macht Kleineren wie Größeren Spaß. Wird dann noch in einer Hütte Rast gemacht, freuen sich die Kinder über teilweise toll ausgestattete Spielplätze und die Eltern über familienfreundliche Preise. Selbst mit dem Kinderwagen sind die Hütten gut zu erreichen. Schließlich verfügen fast alle über eine Versorgungszufahrt, die zwar nicht immer den kürzesten und schönsten, aber dafür einen mühelosen Zugang bietet.

Für Einblicke in die Natur bietet sich das Biosphärenhaus in Fischbach an, ein Highlight ist der angeschlossene Baumwipfelpfad mit der langen Rutsche, die von den meisten Kindern gleich mehrfach genutzt wird. Weniger spektakulär, aber gerade für kleinere Kinder interessant ist das Pfalzmuseum für Naturkunde in Bad Dürkheim. Spannende Aktionen für Kinder gibt es auch im Haus der Nachhaltigkeit in Johanniskreuz. Beliebt sind beispielsweise die Wanderungen mit dem Förster oder die Waldweihnacht im Advent. Vor allem an Regentagen bietet sich aufgrund der vielfältigen Freizeitmöglichkeiten für Kinder ein Besuch Speyers an: Hier findet man das Technik-Museum mit alten Flugzeugen und einem Multivisionskino, nassen Spaß im neu gestalteten Freizeitbad Bademaxx und mit dem Jungen Museum, das dem Historischen Museum der Pfalz angegliedert ist, ein spezielles Kindermuseum. Im Dynamikum in Pirmasens kann das Thema „Bewegung" in zahlreichen Experimenten kennengelernt werden. Die zahlreichen, gut präsentierten physikalischen Experimente begeistern kleine Kinder ebenso wie große.

Scheint die Sonne, dürften sich einige Kinder (und Väter) über die Fahrt mit dem Kuckucksbähnel von Neustadt ins Elmsteiner Tal freuen. Für wildere Fahrten empfiehlt sich der Holiday Park bei Haßloch. Ganz kleine Kinder können sich hier in Kaffeetassen drehen, für große Kids ab 11 Jahren ist die Achterbahn „Expedition GeForce" eine echte Mutprobe. Weniger abenteuerlich sind die Fahrgeschäfte im Kurpfalz-Park bei Wachenheim, dafür kann man hier noch heimisches Wild bestaunen. Einen kindgerechten, spannenden Einblick in das Leben der Kelten bietet das Keltendorf am Donnersberg, das Kindern in den Ferien auch ganze Schnuppertage ermöglicht.

Kunst und Kultur

Die Pfälzer sind offen und direkt. Um auf einem Weinfest ins Gespräch zu kommen, braucht es oft keine großen Mühen. Was die Offenheit der Pfälzer nicht ermöglicht, das besorgt der Wein. Allerdings sollte man sich vorsehen und nicht jedes Wort auf die Goldwaage legen. Denn im Pfälzischen gehört es dazu, geradewegs „loszubabble".

Auch in der Kunst ist es diese Direktheit, welche die Bilder der großen Pfälzer Maler prägt. Otto Dill (1884–1957) machte v. a. durch seine dramatische Tiermalerei von sich reden. Daneben sind es seine Heimatbilder, die ihn zu einem der bedeutendsten Maler der Pfalz gemacht haben. Heute ist ihm in Neustadt ein ganzes Museum gewidmet. Nicht minder bedeutend und in den hellen Räumen der Villa Ludwigshöhe oberhalb von Edenkoben sympathisch in Szene gesetzt ist Max Slevogt (1868–1932). Seine vom deutschen Impressionismus geprägten Werke transportieren das mediterrane Flair der Pfalz, zeigen die Landschaft und die sie gestaltenden Winzer. Etliche seiner Arbeiten entstanden in dem oberhalb von Leinsweiler gelegenen Schloss Neukastel. Andere Maler wurden in der Region geboren, arbeiteten jedoch fernab ihrer Heimat, so z. B. Julius Exter (1863–1939), Hans Purrmann (1880–1966) oder Anselm Feuerbach (1829–1880).

Deutlich präsenter als die Werke der meisten Maler sind die des aus Kaiserslautern stammenden Bildhauers Gernot Rumpf. Der 1941 geborene Künstler hat eine kaum noch zu überschauende Zahl von Brunnen und Plastiken entworfen, die in über einem Dutzend Pfälzer Städten und Dörfern zu finden sind. Die meisten der von ihm gestalteten Szenen sind amüsant bis spöttisch, sie zeigen Fabelwesen (Elwedritschebrunnen in Neustadt), religiöse (Lutherbrunnen Ludwigshafen) oder historische (Kaiserbrunnen Kaiserslautern) Motive. Ernsthafter und klassisch-modern sind dagegen die Werke des 1931 geborenen Martin Mayer wie z. B. die Skulpturen des überlebensgroßen Jakobspilgers in Speyer, Martin Luthers in Landau oder des sitzenden Keilers auf dem Kirchheimbolander Römerplatz.

In musikalischer Hinsicht blickt v. a. die Nordwestpfalz auf eine stattliche Geschichte zurück. Lange bevor sich Mannheim durch die Erfolge Xavier Naidoos und der Söhne Mannheims zur Pop-Hauptstadt Deutschlands aufschwang, wurden Wandermusiker aus dem Kuseler Musikantenland im 19. Jh. zum Pfälzer Exportschlager. Der aus Kusel stammende Tenor Fritz Wunderlich (1930–1966) erlangte schließlich Weltruhm in klassischen Gefilden. Heute gibt es einige gut besetzte Konzertreihen. Im Rahmen des „Kultursommers Rheinland-Pfalz“ (www.kultursommer.de) finden thematisch und räumlich weit gestreute Veranstaltungen statt. Für Freunde des Jazz und der Weltmusik findet bereits seit 1998 jährlich die Konzertreihe „Palatia Jazz“ an malerischen und romantischen Orten statt (www.palatiajazz.de).

Sport und Freizeit

Baden und Wellness

Während der heißen Sommermonate bieten die Baggerseen am Rhein willkommene Abkühlung. Die Seen im Einzugsgebiet der großen Städte (z. B. Blaue Adria bei Altrip) sind an Wochenenden stark frequentiert, unter der Woche fällt es schon leichter, ein ruhiges Plätzchen zu finden. Der Besuch ist, im Gegensatz zum Parken, meist kostenfrei. Einige Seen sind mit DLRG-Stationen und Kiosken ausgerüstet. Abkühlung im Pfälzerwald versprechen der herrlich gelegene Eiswoog bei Ramsen und der malerische Seehof unterhalb der Burg Berwartstein. Die größeren Orte verfügen über Hallen- und Freibäder. Herausragendes Beispiel für einen exquisiten und entsprechend teuren Wellnessbereich ist das Lindner Hotel & Spa Binshof bei Speyer. Therme, Schwimmbad, verschiedenen Saunen, Whirlpools und ein Fitnessbereich garantieren erholsame Stunden. Das Kurzentrum Bad Dürkheim und die Südpfalz-Therme Bad Bergzabern bieten eine breite Palette an Wellnessmöglichkeiten auf weniger schickem Niveau, aber dafür zu deutlich günstigeren Preisen.

Golf

In den letzten Jahren ist Golf auch in der Pfalz immer wichtiger geworden. Aufgrund des milden und trockenen Klimas sind viele der Plätze ganzjährig bespielbar. An der Weinstraße gibt es z. B. bei Freinsheim und Neustadt schöne Plätze. In der

Südpfalz besteht östlich von Landau der Golfclub Dreihof mit seiner 18-Loch-Anlage. Viele Besucher lockt mittlerweile der B12arbarossa-Platz westlich von Kaiserslautern. Vom Südwesten der Pfalz aus gibt es die Möglichkeit, im französischen Bitche in schöner Landschaft 27 Bahnen zu bespielen (www.golf-bitche.com). Weitere Plätze sind in den Ortsbeschreibungen zu finden.

Kanufahren

Die weiteren Täler des Pfälzerwalds, das Glantal in der Nordpfalz sowie die Altrheinarme und Baggerseen geben einen prächtigen Rahmen für meist einfache Kanutouren. Bislang hat sich der Kanutourismus in der Pfalz dennoch nicht im großen Stil etablieren können, freie Kanuvermietungen gibt es nur wenige. Informationen über die Gewässer der Pfalz gibt es beim Pfälzischen Kanu-Verband e. V. (✆ 06237/2989, www.kanupfalz.de). Geführte Tages- und Mehrtagestouren werden beispielsweise durch das Göcklinger Unternehmen SKT Sportreisen (✆ 06349/996890, www.skt-sportreisen.de) angeboten.

Klettern in der Südpfalz

Klettern

Vor allem im Dahner Felsenland, aber auch in anderen Teilen des Pfälzerwalds gibt es zahlreiche und gerne genutzte Möglichkeiten zum Klettern an den häufig senkrecht aufragenden Buntsandsteinfelsen. Beliebt sind z. B. der Asselstein bei Annweiler, die Fladensteine oberhalb von Bärenbach und die zahlreichen Felsen rund um den Bärenbrunnerhof. Eine auch für Einsteiger interessante Form der Kletterei sind die neu entstandenen Kletterparks bei Speyer und Kandel.

• *Information* Zur Einstimmung und Vorbereitung empfiehlt sich der „Kletterführer Pfalz" von Jens Richter und Sabine Tittel, Panico Alpinverlag 2008, 34,80 €. Auf www.pfaelzer-kletterer.de kann man sich nicht nur über interessante Routen, sondern auch über saisonale Sperrungen, beispielsweise wegen brütender Falken, informieren.

Nordic Walking

Der Trendsport ist auch in der Pfalz angekommen, mittlerweile wurden schon einige Nordic-Walking-Zentren eingerichtet. Von zahlreichen Parkplätzen starten gut ausgeschilderte Routen verschiedener Länge und Schwierigkeit. Eine tolle Übersicht aller Touren, teilweise auch mit Höhenprofilen, findet sich im Internet unter www.nordic-walking.pfalz.com.

Mountainbiker im Pfälzerwald

Radfahren und Mountainbiken

Zahlreiche Radfernwege durchziehen die Pfalz. Besonders in der Rheinebene und am Haardtrand ist ein dichtes Netz gut ausgeschilderter Wege entstanden. Am Rheinhauptdeich führt der **Rhein-Radweg** entlang. Aber auch viele der in den Rhein fließenden Flüsse bringen – v. a. in der Südpfalz – ihren eigenen Radweg mit, so z. B. den **Klingbach-** und den **Queichtalradweg.** Durch die fruchtbare Landschaft der Süd- und Vorderpfalz verläuft der **Kraut-und-Rüben-Radweg,** der landwirtschaftliche Betriebe als Stationen für eine Rast empfiehlt. Entlang der Haardt führt der insgesamt 95 km lange **Radweg Deutsche Weinstraße** durch Weinberge und die dazwischen gelegenen Städte und Dörfer von Bockenheim nach Schweigen. Am Erlebnistag Ende August wird die Deutsche Weinstraße alljährlich für den Verkehr gesperrt und verwandelt sich dann in ein buntes Band, auf dem Radfahrer die Pfalz erkunden. An ihrem südlichen Ende in Schweigen bietet der **Lautertalradweg** die Möglichkeit, sich in Richtung Rhein zu orientieren oder aber flussaufwärts in Richtung Wasgau weiterzuradeln. Auch nördlich von Kaiserslautern fließt eine Lauter. Auf dem sie begleitenden Lautertalradweg kann man durch idyllische Flussauen genüsslich von Kaiserslautern bis nach Lauterecken radeln.

• *Information/Karten* Für den Bereich der Südlichen Weinstraße ist eine Übersichtskarte unter www.suedliche-weinstrasse.de herunterzuladen oder zu bestellen (Südliche Weinstraße e. V., Postfach 2124, 76811 Landau, ✆ 06341/940407, ℻ 940502). Radtouren nördlich davon sind unter www.deutsche-weinstrasse.de zu finden (Infos bei Deutsche Weinstraße e. V., Martin-Luther-Str. 69, 67433 Neustadt, ✆ 06321/912333, ℻ 912330). Wer verschiedene Radtouren plant, dem seien die über viele Touristinformationen, den Buchhandel oder das Landesvermessungsamt Rheinland-Pfalz (www.lvermgeo.rlp.de) erhältlichen topografischen Freizeitkarten „Wandern und Radwandern in der Südpfalz" bzw. „Wandern und Radwandern zwischen Rhein und Pfälzerwald" im Maßstab 1:50.000 empfohlen (jeweils 8,50 €). Geführte Radtouren werden z. B. von Genussradeln Pfalz angeboten (✆ 06323/6209, www.genussradeln-pfalz.de).

Mountainbiker finden im Pfälzerwald ein interessantes und abwechslungsreiches Terrain vor. Rund 300 km Wege wurden im Zuge der Einrichtung des Mountainbikeparks Pfälzerwald rund um Johanniskreuz geschaffen.

• *Information/Karten* Unter www.mountainbikepark-pfaelzerwald.de sind umfangreiche Informationen inkl. GPS-Downloads zu bekommen. Das Landesvermessungsamt Rheinland-Pfalz (www.lvermgeo.rlp.de) bietet für den zentralen Bereich des Pfälzerwalds eine sehr gute und aktuelle Karte mit Mountainbikerouten an (Mountainbikepark Pfälzerwald, 1:50.000, 8,50 €).

Reiten

Die Weiten des Pfälzerwalds und das Nordpfälzer Bergland haben sich in den letzten Jahren zu beliebten Revieren für Wanderreiter entwickelt. Immer wieder trifft man auf kleine Gruppen, die mit Pferd und Gepäck die Pfalz erkunden. Der Verein Die Pfalz zu Pferd e. V. (✆/℻ 06335/7544, www.diepfalzzupferd.de) bietet auf seiner Homepage Tipps zur Planung von Routen und andere Informationen. Aufgelistet sind auch die rund 30 Pfälzer Wanderreitstationen, die Unterkünfte für Pferde und Reiter bereitstellen.

Wandern

Wohl kein zweiter Verein ist für die Pfalz gleichermaßen typisch und prägend wie der **Pfälzerwald-Verein** (PWV). Am Haardtrand, im tiefen Pfälzerwald, aber teilweise auch in der Rheinebene werden unter seinem Dach über 100 Hütten bewirtschaftet, manche nur an Sonntagen, einige auch mittwochs und samstags, andere zumindest während der Sommer- und Herbstferien an jedem Wochentag. Die Grundlagen: eine Hütte an schönen Wanderrouten mit einfachen Sitzgelegenheiten drinnen und draußen sowie einer Selbstbedienungstheke, an der günstige Getränke und einfache, preiswerte Pfälzer Gerichte angeboten werden. Ob die Speisekarte kleiner oder größer ausfällt und Übernachtungsmöglichkeiten und ein Spielplatz vorhanden sind, hängt stark vom Engagement des Ortsvereins ab, der die Hütte betreibt. Zusätzlich zu den PWV-Hütten gibt es private Wirts- und bewirtschaftete Forsthäuser sowie Naturfreundehäuser, die, ebenfalls einfach und preiswert, auch Übernachtungsmöglichkeiten bieten.

Auch für Familien gibt es Wandermöglichkeiten zuhauf

Für einen Großteil der 12.000 km **Wanderwege** und ihrer Markierungen ist der Pfälzerwald-Verein zuständig. Die meisten der mit farbigen Kreuzen, Balken und Punkten beschilderten Wege führen kreuz und quer durch den Wald. Die einfarbigen Zeichen markieren Mehrtagestouren, von denen sich Teilstücke zu kleineren und größeren Runden kombinieren lassen. So kann man sich beim Blick auf die Karte unendlich viele Routen für jeden Schwierigkeitsgrad zusammenstellen. Und für diejenigen, die mit Karten nicht so recht was anzufangen wissen, sind in vielen Orten Rundwanderwege mit schwarzen Zahlen auf weißem Grund markiert.

Seit Herbst 2010 führen drei gut markierte **Prädikatswanderwege** durch die Pfalz. Der Pfälzer Höhenweg erschließt die eher unbekannte Nordpfalz und führt über insgesamt 112 km von Winnweiler nach Wolfstein. Die Weiten des Pfälzerwaldes kann man auf dem 140 km langen Pfälzer Waldpfad kennenlernen, der von Kaiserslautern aus durch die weiten Wälder und das Dahner Felsenland bis an die Weinstraße nach Schweigen-Rechtenbach führt. Der Pfälzer Weinsteig schließlich verläuft am Ostrand des Pfälzerwaldes und zieht sich auf 150 km von Neuleiningen bis zur französischen Grenze. Infos hierzu gibt es bei den Touristinformationen oder unter www.pfaelzer-wanderwege.de.

• *Information/Karten* Das Landesvermessungsamt Rheinland-Pfalz (www.lvermgeo.rlp.de) gibt zwei gute Freizeitkarten für den Bereich zwischen Rhein und Weinstraße (inkl. angrenzender Regionen des Pfälzerwalds) im Maßstab 1:50.000 heraus: „Wandern und Radwandern zwischen Rhein und Pfälzerwald" sowie „Wandern und Radwandern in der Südpfalz", je 8,50 €. Außerdem gibt es detailreiche Wanderkarten im Maßstab 1:25.000 für das Gebiet der Naturparks Pfälzerwald (8 Blätter, je 6,90 €). Zahlreiche gut beschriebene Touren finden sich auch im Rother Wanderführer „Pfälzerwald und Deutsche Weinstraße" (2009, 12,90 €) sowie im Wanderführer DUMONT aktiv „Wandern Pfälzerwald und Südliche Weinstraße" (2009, 12 €). Für wenige Euro verkauft der Pfälzerwald-Verein (Fröbelstr. 24, 67433 Neustadt, ☎ 06321/33879, 2200, www.pwv.de) ein Verzeichnis aller Hütten.

Wer lieber abseits der viel besuchten Hütten unterwegs ist und das Abenteuer im Zelt sucht, der kann im südlichen Pfälzerwald auf **Trekkingtour** gehen. Zwischen der Ruine Guttenberg bei Bad Bergzabern und der Kalmit bei Neustadt liegen sieben Trekking-Zeltplätze versteckt im Wald, die legales Campen in ungestörter Natur ermöglichen.

Kosten je Zelt und Nacht 8 €, Informationen zu den Trekking-Plätzen bei der Zentrale für Tourismus Südliche Weinstraße e. V. unter ✆ 06341/940407 oder unter www.trekking-pfalz.de.

Übernachten

Über 1,5 Mio. Gäste übernachten jedes Jahr in der Pfalz. Die meisten von ihnen bleiben für zwei oder drei Nächte. Vor allem entlang der Weinstraße ist das Angebot an Unterkünften groß. Vom Wohnmobilstellplatz bis zum luxuriösen Hotel reichen die Möglichkeiten. Die Konkurrenz und anspruchsvolle Gäste haben dazu geführt, dass die Qualität der Unterkünfte oft sehr gut ist. Neben Hotels und Weingütern, die Zimmer anbieten, gibt es eine Vielzahl ansprechender Ferienwohnungen. Die Ausstattung der gehobenen Unterkünfte ist meist eine gelungene Kombination aus Modernität und Landhausstil. Im Pfälzerwald und in der Nordpfalz gibt es dagegen nur kleine Inseln mit überzeugenden Angeboten, die allerdings günstiger sind als an der Haardt. Ansonsten fällt es schwer, ansprechende Übernachtungsmöglichkeiten zu finden. Hotels gibt es nur wenige, und die privaten Unterkünfte sind nicht selten auf dem Stand des Wandertourismus der 1960er-Jahre. Sie sind nur dann empfehlenswert, wenn die Freundlichkeit der Vermieter die Defizite bei Gestaltung und Ausstattung ausgleicht.

Vor allem an der Weinstraße gibt es zahlreiche Unterkünfte

Die im Buch genannten Übernachtungspreise beziehen sich, wenn nicht anders angegeben, auf ein Doppelzimmer (DZ) mit Frühstück für zwei Personen. Die DZ-Preise bei Jugendherbergen (www.diejugendherbergen.de) sind, falls keine reinen DZ vorhanden sind, als Preise für die Zweibettbelegung zu verstehen und gelten inkl. Frühstück und Bettwäsche.

• *Information* An der Weinstraße haben die meisten Anbieter inzwischen eine eigene Homepage. Auch über das Internetangebot der Gemeinden lassen sich nützliche Informationen abrufen. Pfalz.Touristik e. V. gibt alljährlich ein Gastgeberverzeichnis für die gesamte Pfalz heraus, in dem jedoch nur eine Auswahl der Betriebe auftaucht (Bezug über Pfalz.Touristik e. V., Martin-Luther-Str. 69, 67433 Neustadt, ✆ 06321/39160, ℻ 391619, www.pfalz.de).

▲ Die Wegelnburg und der südliche Pfälzerwald

REGIONEN DER PFALZ

Aus einstigen Schlingen des Rheins entstanden abgeschiedene Altrheinarme

Den Rhein entlang

Der Pfälzer Rhein ist eine Landschaft der Gegensätze: hier die romantischen Rheinauen mit ihren Seen und Wäldern, dort weitläufige Industrieanlagen und die dazugehörigen Verkehrswege, hier die historischen Blüten vergangener Jahrhunderte, dort die nüchterne Architektur der Moderne. Kleine Fischerdörfer und städtische Zentren begegnen sich mal direkt am Fluss, mal etwas abseits vor Hochwasser geschützt auf dem Hochgestade. Dort, wo weder Industrie noch Rheinauen sind, erstrecken sich auf den ertragreichen Lössböden des ebenen Vorderpfälzer Tieflands endlose Gemüsefelder.

Von Frankenthal bis Ludwigshafen sind die ehemaligen Auenlandschaften des Rheins vorwiegend industriell geprägt. Dominierend ist das Werksgelände der BASF, das sich bis zur Innenstadt von Ludwigshafen erstreckt und der heimlichen Hauptstadt der Pfalz ihre Prägung gibt. In der Dämmerung versprühen die unendlich wirkenden Werkshallen, Kraftwerke und Schornsteine eine ganz besondere Stimmung. Auf der gegenüberliegenden Seite des Rheins liegt die einstige kurpfälzische Residenzstadt Mannheim, das – obwohl auf badischer Seite – eigentliche Zentrum der Region. Südlich der Ludwigshafener Häfen wird es gemütlicher: Gut besuchte Naherholungsgebiete zwischen Altrip und der einladenden Domstadt Speyer sind ein Zeichen für die Beliebtheit der von Seen durchzogenen Landschaft.

Zwischen der Festungsstadt Germersheim und der kleinen Gemeinde Berg im Süden an der französischen Grenze stört nur wenig das ruhige, in vielen Grüntönen gehaltene Bild von kleinen und größeren Dörfern, Baggerseen, Auwäldern, Feldern und Wiesen. Lediglich die Stadt Wörth fällt etwas aus dem Rahmen. Hier haben sich in verkehrsgünstiger Lage Industrieunternehmen und Ölraffinerien angesiedelt, die der Region Arbeitsplätze und Wohlstand bringen. Aus dem badischen Karlsruhe kommen an den Wochenenden viele Menschen über den Fluss, fahren Rad durch Bien- oder Auwald, kaufen frisches Gemüse an einem der unzähligen Stände oder genießen das gute Essen in einem der herrlichen Fachwerkhäuser.

Die Rheinbegradigung

Bevor Johann Gottfried Tulla im Jahr 1817 damit begann, den Rhein zu regulieren, war der zweitlängste Strom Mitteleuropas ein Gewirr von Flussarmen. Die Menschen lebten von fischreichen Gewässern und fruchtbaren Böden, mussten aber zugleich mit der zerstörerischen Kraft des Flusses zurechtkommen. Ganze Felder und komplette Dörfer wurden weggespült, das stehende Wasser führte zu Seuchen und zur rasenden Vermehrung von Mücken. Für die Schifffahrt war der Rhein aufgrund seines wechselhaften Verlaufs und der unsteten Tiefen nicht nutzbar. Gemäß der Grundüberzeugung, dass „in kultivierten Ländern die Bäche, Flüsse und Ströme Kanäle sein und die Leitung der Gewässer in der Gewalt der Bewohner stehen" sollten, realisierte der Ingenieur Tulla im Auftrag des badischen Staats von Basel bis zur Grenze nach Hessen zahlreiche Durchstiche von Rheinschlingen, was zu einer Erhöhung der Fließgeschwindigkeit und somit zur Vertiefung des Flussbetts führte. Der Flusslauf verkürzte sich dabei allein auf der Strecke von Karlsruhe nach Mannheim von 135 auf 86 km.

Bei der Umsetzung der Rheinbegradigung machte sich die Regierung nicht nur Freunde. Die Fischer des heute zu Karlsruhe gehörenden Knielingen bangten um ihre Fischgründe. Sie mussten als „rebellische Untertanen" erst militärisch von der Notwendigkeit der Arbeiten überzeugt werden. Und auch die Stadt Speyer war mit den Planungen zunächst alles andere als zufrieden, sollte der Rhein doch fortan 2 km von der Stadt entfernt verlaufen. Ihr Einspruch hatte 1826 Erfolg, und so liegt die Stadt mit ihrem imposanten Dom bis heute erhaben direkt am Rheinufer.

Frankenthal

Der Dichter August von Platen schwärmte 1815 über Frankenthal, es sei ein „gar so schön gebautes Städtchen", eines der schönsten in der ganzen Pfalz. Die Industrialisierung im 19. Jh. und ein verheerender Bombenangriff 1943 haben das Gesicht der Stadt allerdings verändert. Heute ist Frankenthal als Wohnort für Pendler nach Ludwigshafen beliebt.

Mittelpunkt der überschaubaren Stadt ist der kopfsteingepflasterte Marktplatz. Von hier aus führt die Fußgängerzone nach Norden zum Wormser und nach Süden zum Speyerer Tor. An Markttagen kehrt Leben in der Frankenthaler Innenstadt ein. Die regionale Produkte anbietenden Stände genießen über die Stadtgrenze hinaus einen guten Ruf. Außerhalb des Zentrums geben Industrie und triste Neubauten der Stadt ein eher nüchternes Bild.

Nach der Gründung des Augustiner-Chorherrenstifts durch den Wormser Adligen Erkenbert 1119 entwickelte sich der Ort schnell zu einem wirtschaftlichen und kulturellen Zentrum. Zu Beginn des 17. Jh. wurde die Stadt in Form eines zehneckigen

Sterns zur stärksten linksrheinischen Festung der Kurpfalz ausgebaut und geriet damit schnell in die Wirren des Dreißigjährigen und des Pfälzischen Erbfolgekrieges. Während des Wiederaufbaus entstanden bedeutende Manufakturen, unter ihnen die bekannte, 1755 errichtete Porzellanmanufaktur. Im Zuge der Industrialisierung brachte der Maschinenbau frischen Wind und bescherte Frankenthal neues Wachstum. Diesem fiel bald die alte Stadtmauer zum Opfer. Im Zweiten Weltkrieg schließlich wurden die letzten Reste der alten Stadt vernichtet.

Reisepraktische Informationen

• *Information* **Stadtinformation**, im Rathaus, Rathausplatz 2–7, 67227 Frankenthal, ✆ 06233/890, 📠 89400, www.frankenthal.de. Mo–Mi 8–16.30 Uhr, Do bis 18 Uhr, Fr bis 13 Uhr.

• *Übernachten/Essen & Trinken* ****** Hotel Central**, Businesshotel in zentraler Lage, dessen Inneres positiv überrascht. Im dazugehörigen Restaurant gibt es einige vegetarische Gerichte, Flammkuchen, Pfälzer Spezialitäten und ein großes Angebot an regionalen Weinen. Hauptgerichte 6–18 €. Mo–Fr 11.30–14 und 18–22 Uhr, Biergarten Mo–Sa ab 11 Uhr. DZ ab 95 €, am Wochenende günstiger. Karolinenstr. 6, ✆ 06233/8780, 📠 22151, www.hotel-central.de.

****** Seehotel Bader**, im unscheinbaren Bobenheim-Roxheim 5 km nördlich von Frankenthal liegt das gemütliche Hotel mit seinem Landgasthaus Seestube, das gutbürgerlich-feine Küche serviert. Zwischen der schönen Terrasse und dem Roxheimer Altrhein verläuft nur ein Radweg, zum beliebten Bade- und Surfrevier Silbersee ist es auch nicht weit. Das Restaurant und die Zimmer sind im modernen Landhausstil gestaltet. Hauptgerichte 8–24 €. Di–So ab 11.30 Uhr. DZ 92 €. Bobenheim-Roxheim, Peterstr. 30, ✆ 06239/3137, 📠 4659, www.seehotelbader.de.

Café Quito, modernes, großzügiges Café mit Muffins, Panini, sehr guten Kaffeespezialitäten (mit Bohnen vom Heidelberger „Röstguru“ Florian Steiner) sowie Weinen aus der Pfalz und Spanien. Mo–Sa 9–20 Uhr. Speyererstr. 24, ✆ 06233/2390910, www.quito-cafe.de.

Brauhaus zur Post, modernes Brauhaus mit klassischer Brauhausküche. Hauptgerichte 7–17 €. Tägl. 11–1 Uhr, So ab 10 Uhr. Neumayerring 45, ✆ 06233/220286, 📠 220369, www.brauhaus-zur-post.de.

Garda, solider Italiener in der Nähe des Speyerer Tors. Hauptgerichte 7–19 €. Im Sommer vier Wochen geschlossen. Speyerer Str. 47, ✆ 06233/490420.

Quattro, in dem kleinen und feinen, von außen unscheinbaren Restaurant wird gehobene deutsche Küche mit mediterranen Anklängen serviert. Hauptgerichte 12–20 €. So Ruhetag, sonst ab 18 Uhr. Welschgasse 38, ✆ 06233/25800.

Zur Adamslust, seit 2010 unter neuer Leitung, präsentiert sich die traditionsreiche Weinstube als stimmungsvoller Ort, an dem sich hausgemachter Flammkuchen, Pfälzer Spezialitäten, saisonale Gerichte sowie eine Vielfalt an Pfälzer Weinen zu fairen Preisen kosten lassen. Schöner Biergarten mit großen Nussbäumen. Mi Ruhetag, sonst 11.30–14 Uhr und ab 17.30 Uhr, Sa nur abends. An der Adamslust 10, ✆ 06233/4960950, www.weinstube-zur-adamslust.de.

• *Einkaufen* **Keramik-Werkstatt Rupp**, Walter Rupp gestaltet in seinem urigen Werkstatthaus Elwedritsche in nahezu jeder Form und Größe. Wer es weniger pfälzisch mag, findet auch Dachfiguren und Hausschilder. Das Motto des Hauses: „Gugge koscht nix“. Di–Fr 9–12 und 14–18 Uhr. Flomersheim, Freinsheimer Str. 107, ✆ 06233/55757, www.keramik-elwedritsche.de.

> **Sapori Mediterranei da Paola**, ein kleines, freundliches Fleckchen Italien hinter dem Rathausplatz. In der Theke liegen große Schinken, verschiedene Salamisorten, frische Pasta und Antipasti. August-Bebel-Str. 2, ✆ 06233/600991.

Tonhaus, die farbenfrohe, alltagstaugliche Keramik wird in einem netten, kleinen Häuschen nahe dem Zentrum angeboten. Mo–Fr 11–18 Uhr. Rheinstr. 34, ✆ 06233/27922, www.tonhaus-keramik.de.

• *Klettern* **Pfalz Rock**, große, vielseitige Kletterhalle, in der auch schon Deutsche Meisterschaften ausgetragen wurden. Mo/

Mi/Fr 14–22.30 Uhr, Di/Do 9–22.30 Uhr, Sa/So/Fei 10–21 Uhr. Tageskarte Erwachsene 11 €, Jugendliche 7,50 €, Rabatt für DAV-Mitglieder. Mörscher Str. 89, ✆ 06233/366157, 📠 600430, www.pfalz-rock.de.

• *Kino* **Lux-Kinos**, neu erbautes Kino mit fünf Sälen. August-Bebel-Str. 7–9, ✆ 06233/27110, www.lux-kinos.de.

Sehenswertes

Stiftskirche St. Maria Magdalena: Die Überreste der Kirche des Augustiner-Chorherrenstifts sind das älteste Baudenkmal Frankenthals. Erhalten sind die eindrucksvolle Westfassade der ehemals dreischiffigen, sechsjochigen und ungewölbten Pfeilerbasilika, die nördliche Seitenschiffwand, der spätgotische Lettner und ein Turmunterteil, das in den Bau der benachbarten Zwölf-Apostel-Kirche einbezogen wurde. Bei den Frankenthalern ist der auf dem Rathausplatz gelegene Bau wegen seines Erbauers Erkenbert auch als „Erkenbert-Ruine" bekannt.

Zwölf-Apostel-Kirche: Östlich der Ruine der ehemaligen Stiftskirche St. Maria Magdalena liegt die einladend helle Zwölf-Apostel-Kirche. Sie wurde in den Jahren 1820–1823 nach Plänen von Philipp Mattlener, einem Schüler des Karlsruher Baumeisters Weinbrenner, errichtet. Nach der Zerstörung im Zweiten Weltkrieg wurden beim Wiederaufbau 1950–52 einige Elemente verändert, die sich jedoch harmonisch mit denen des Klassizismus verbinden.

Wormser und Speyerer Tor: Aus dem glanzvollen 18. Jh. stammen die beiden prächtigen, als Teile der barocken Stadtummauerung errichteten Stadttore. Das Speyerer Tor wurde 1773 nach Plänen des Mannheimer Architekten Nicolas de Pigage gebaut. Das ehemals am nördlichen Rand der Stadt gelegene, 1972 errichtete Wormser Tor bildet heute den nördlichen Abschluss der Innenstadt. Es ist ein triumphbogenartiger Bau aus unverputzten Sandsteinquadern mit kreuzgratgewölbter Durchfahrt. Die Schauseiten sind verschieden gestaltet: Die ehemalige Feldseite betont mit Doppelpilastern und breitem Giebel die militärische Funktion, während sich die der Stadt zugewandte Seite mit flächigem Reliefschmuck höfisch elegant zeigt.

Erkenbert-Museum: Auf drei Ebenen wird die Geschichte der Stadt Frankenthal gezeigt. Besonderheiten sind die Kunst der Glaubensflüchtlinge (um 1600) und das Frankenthaler Porzellan aus dem 18. Jh.

Di–So 14–18 Uhr. Eintritt frei, bei größeren Sonderausstellungen unterschiedlich. Am Rathausplatz, ✆ 06233/89535, 📠 89553, www.frankenthal.de → Mitten im Leben.

Sommerliches Flair vor der Zwölf-Apostel-Kirche

Die Hochstraßen prägen das Gesicht Ludwigshafens

Ludwigshafen

Ludwigshafen und der weltweit tätige Chemiekonzern BASF sind auch in Zeiten der Globalisierung untrennbar miteinander verbunden. Die Chemieindustrie hat die Stadt am Rhein von einem kleinen Örtchen zu einer 160.000 Einwohner zählenden Stadt werden lassen. Bis heute ist das Stadtbild durch weitläufige industrielle Anlagen und Werkswohnungen aus verschiedenen Epochen geprägt.

Einst machten die hohen Gewerbesteuereinnahmen Ludwigshafen zu einer der modernsten Städte Deutschlands. Der ausufernde Hauptbahnhof und die die gesamte Stadt überspannenden Hochstraßen galten in den 1970er-Jahren als der Inbegriff von Modernität und Fortschritt. Bis heute leiten Letztere den Verkehrsstrom aus der Pfalz über die Stadt in das auf der gegenüberliegenden Rheinseite befindliche Mannheimer Zentrum. Das erspart der Stadt Durchgangsverkehr, trennt sie aber auch von ihren Kunden. Der einst florierende Einzelhandel bekommt dies am deutlichsten zu spüren. Ob die im Herbst 2010 eröffnete Rheingalerie mit ihren 120 Geschäften dazu beitragen kann, den Einkaufsstandort Ludwigshafen aus der Krise zu führen, bleibt abzuwarten.

Die Ludwigshafener Fußgängerzone zwischen dem alles überblickenden Rathaus und dem zentralen Verkehrsknoten am Berliner Platz ist eine seltsame Mischung aus alteingesessenen Einzelhändlern, mittelmäßigen Filialisten und Ramsch- und Resteläden. Dieses Angebot spiegelt durchaus die polarisierte Ludwigshafener Sozialstruktur wider: auf der einen Seite das wohlhabende Industriebürgertum mit seinen prächtigen Häusern auf der Parkinsel, auf der anderen Seite in den ehemaligen Arbeiterquartieren am Innenstadtrand jene, die von der Globalisierung nicht profitieren können. Die Mittelschicht schließlich lebt in den teilweise grünen und abwechslungsreichen Stadtteilen außerhalb, die sich bis heute ihre eigene Identität erhalten haben.

In dem nördlich der Innenstadt gelegenen Stadtteil **Hemshof** zeigt sich, dass Schwarz und Weiß nicht auf alle Ewigkeit räumlich manifestiert bleiben müssen.

Dort, wo bis in die 1990er-Jahre hinein die baulichen Verhältnisse dazu führten, dass alle, die es sich leisten konnten, dem Stadtteil den Rücken kehrten, ziehen mit zunehmender Sanierung neue Bewohner ein. Studierende aus dem nahen Mannheim, Künstler und junge Städter geben Hemshof einen beinahe schon szenigen Touch. Das etablierte kulturelle Leben Ludwigshafens spielt sich am Rande der Innenstadt ab: Der frisch sanierte Pfalzbau und das in den 1970ern entstandene Wilhelm-Hack-Museum stehen für Aufbruch und Anspruch und damit für die Rolle Ludwigshafens als kulturelles Zentrum der Pfalz.

Geschichte

Ludwigshafen ist die jüngste Stadt am Pfälzer Rhein. Und dafür, dass es erst 1853 gegründet und 1859 durch König Maximilian II. zur Stadt erhoben wurde, hat es gewaltige Dimensionen angenommen. Einst war Ludwigshafen nicht mehr als ein Brückenkopf Mannheims. Und weil man dort der 1865 durch den Fabrikanten Friedrich Engelhorn gegründeten Badischen Anilin- & Soda-Fabrik (BASF) keine geeigneten Flächen zur Verfügung stellte, wurden die rasch wachsenden Fabrikationsbauten auf der linksrheinischen Seite errichtet. Schon bald wurden weitere chemische Unternehmen gegründet, der Bedarf an Arbeitskräften wuchs rasant. Bei der armen Landbevölkerung warb man mit sicheren Einkommen und werkseigenen Wohnungen. So entstanden bis in die 1920er-Jahre hinein immer neue Siedlungen, aber doch zu wenige, um den Bedarf zu decken. Die beengten Lebensverhältnisse in den Arbeiterstadtteilen wurden zum Sinnbild für die Kehrseite der ungebremsten Industrialisierung. Während des Zweiten Weltkrieges fiel Ludwigshafen seinen Industrieanlagen zum Opfer, die als bedeutendes Ziel von unzähligen Bomben getroffen wurden. Aus Schutt und Asche standen Stadt und BASF nach dem Krieg wieder auf und profitierten vom Wirtschaftswunder und der zunehmenden Bedeutung der chemischen Industrie.

Information/Sightseeing/Parken/Taxi

• *Information* **Tourist-Information Ludwigshafen**, Berliner Platz 1, 67059 Ludwigshafen, ☎ 0621/512035, 📠 624295, www.lukom.com. Mo–Fr 9–17 Uhr, Sa bis 13 Uhr.

• *Sightseeing* Während des Sommerhalbjahres veranstaltet der Verein **Ludwigshafener Stadtführungen** Rundgänge und Radtouren in und um Ludwigshafen. Rosenwörthstr. 13, ☎ 0621/677621, www.lust-auf-lu.de.

Werksbesichtigung bei der BASF, Start ist jeden 1. Sa im Monat ab Tor 2 neben dem **Besucherzentrum**. Von 9–15 Uhr fahren die Busse im 30-Min.-Takt. Eine Anmeldung ist nicht erforderlich, bitte den Personalausweis mitbringen. Ein Ausstieg ist während der 40-minütigen Tour nicht möglich. Infos unter ☎ 0621/6071640 oder www.rheinneckarweb.de.

• *Parken* Im **Rathauscenter** gibt es 1000 etwas unübersichtliche Parkplätze, die ersten 30 Min. sind kostenfrei. So und Fei nur 10–17 Uhr, sonst 6.30–20.30 Uhr. Die neu eröffnete **Rheingalerie** bietet 1400 Parkplätze. Die erste Stunde ist kostenlos, danach steigen die Parkgebühren auf 1,20 €/Std. Rund um die Uhr kann man im Einkaufszentrum **Walzmühle** an der S-Bahn-Station „LU-Mitte" parken. Die erste Stunde kostet 0,50 €, für 4 Std. zahlt man 3,60 €.

• *Taxi* **Taxizentrale Ludwigshafen**, ☎ 0621/525252.

Übernachten/Essen & Trinken/Nachtleben

• *Übernachten* ******S René Bohn**, das zur BASF gehörende Businesshotel bietet Hotelkomfort auf sehr hohem Niveau. Schöne, stimmungsvolle Zimmer. DZ ab 160 €. René-Bohn-Str. 4, ☎ 0621/6099100, 📠 6099200, www.wirtschaftsbetriebe.basf.de.

Hotel Victoria, sehr einfaches, günstiges Hotel in der Stadtmitte mit freundlichem Service. DZ ab 43 €. Bahnhofstr. 1b, ✆ 0621/591710, 📠 59171154, www.hotel-viktoria-ludwigshafen.de.

Jugendgästehaus Alter Bahnhof, der alte Bahnhof des Stadtteils Oggersheim beherbergt seit 1995 ein einfaches, aber schön eingerichtetes Hostel. DZ ab 34 €. Prälat-Caire-Str. 20, ✆ 0621/6850999, 📠 6858635, www.jugendgaestehaus-lu.de.

• *Essen & Trinken* **Gesellschaftshaus**, das im Gault Millau mit 14 Punkten empfohlene Restaurant gehört zur BASF und bietet in elegant-gediegenem Ambiente feine nationale und internationale Küche. Hauptgerichte 15–25 €. Mo–Fr ab 18 Uhr, am Wochenende nach Vereinbarung. Wöhlerstr. 15, ✆ 0621/6078888, 📠 6020590, www.wirtschaftsbetriebe.basf.de.

Marly, im Arbeiterstadtteil Hemshof liegt eines der führenden Gourmetrestaurants der Region. Im klaren, modernen Ambiente seines Restaurants kocht Gregor Ruppenthal kreative, mediterran inspirierte Gerichte. Hauptgerichte 18–32 €. So Ruhetag, sonst 12–14 und 19–24 Uhr, Mo/Sa nur 19–24 Uhr. Welserstr. 25, ✆ 0621/5207800, www.restaurant-marly.com.

Engels am Theater, in dem hellen Restaurant gegenüber dem Pfalzbau gibt es gutbürgerliche und pfälzische Küche mit einer ordentlichen Auswahl an vegetarischen Gerichten zu fairen Preisen. Tägl. 11.30–24 Uhr. Kaiser-Wilhelm-Str. 39, ✆ 0621/62900929.

Della Bona, stilvoller Italiener direkt am Rheinufer. Im Sommer kann man die feinen Fleisch-, Fisch- und Pastagerichte auf der Terrasse mit Blick hinüber nach Mannheim genießen. Hauptgerichte 14–24 €. Mo Ruhetag, sonst 11.30–14.30 und 17.45–22.30 Uhr. Rheinuferstr. 4, ✆ 0621/5669808, www.ristorante-dellabona.de.

Pizzeria Vito, beliebter Klassiker, seit über 35 Jahren werden hier preiswerte Pizzen und Pastagerichte in ordentlicher Qualität serviert. Mi Ruhetag, sonst 11–14 und 17–24 Uhr. Friesenheim, Hohenzollernstr. 65, ✆ 0621/692672, www.ristorantevito.de.

Maffenbeier, traditionelle Pfälzer Gerichte prägen die einfache Karte des Maffenbayer. In der schön renovierten Gaststube ergeben sich durch viele Fotografien auch Einblicke in die Arbeiterkultur Ludwigshafens zu Beginn des 20. Jh. Schöner Biergarten. Hauptgerichte 6–14 €. Tägl. ab 11 Uhr. Hemshof, Rohrlachstr. 58, ✆ 0621/524249.

• *Nachtleben* **MusicHall Oppau**, inmitten eines Wohngebiets liegt der mittlerweile zu den Klassikern gehörende Club. Ab 21 Uhr werden mittwochs bis samstags die großen Songs der vergangenen Jahrzehnte ebenso gespielt wie aktuelle Clubhits und Charts. An den Wochenenden endet die Party um 1.45 Uhr, unter der Woche früher. Eintritt vor 21.30 Uhr frei. Kirchenstr. 12, ✆ 0621/653474, www.musichall-oppau.de.

Einkaufen/Sport & Freizeit/Kino & Kultur

• *Einkaufen* Obwohl Ludwigshafen eine Fußgängerzone besitzt, konzentrieren sich die meisten attraktiven Geschäfte auf das Rathauscenter im Norden der City und den davorliegenden Platz sowie auf die neue Rheingalerie.

Rathauscenter, 75 Geschäfte im Erdgeschoss des Ludwigshafener Rathauses bieten eine breite Palette an Kleidung, Essen, Elektronik, Schmuck und Büchern. Mo–Sa 10–20 Uhr. Rathausplatz 20, ✆ 0621/591010, 📠 510803, www.rathaus-center-ludwigshafen.de.

Rheingalerie, 120 Geschäfte unter dem lang gestreckten Dach direkt am Rhein bieten ein breites Angebot. Mo–Sa 10–20 Uhr. Im Zollhof 4, 0621/59183410, www.rheingalerie-ludwigshafen.de.

Mohrbacher, private Kaffeerösterei, die in der ganzen Region sehr geschätzt wird. Durch das manchmal etwas mürrische Personal sollte man sich nicht von den lecker duftenden Kaffeevariationen abhalten lassen. Mo–Fr 8–13 und 14.30–18 Uhr, Sa 8.30–13 Uhr. Mundenheimer Str. 233, ✆ 0621/563541, 📠 569383, www.mohrbacher.de.

• *Baden* **Freibad am Willersinnweiher**, das Freibad ist mit einem Baggersee kombiniert. Mai–Sept. Mo–Fr 9–20 Uhr, Sa/So/Fei ab 8 Uhr. Eintritt 3 €, ermäßigt 1,80 €. Am Strandweg 23, ✆ 0621/5042902, 📠 5042902, www.ludwigshafen.de → Leben in Ludwigshafen → Sport.

Naturfreibad Blies, alter Baggersee mit 83.770 m^2 Wasserfläche und riesiger Liegewiese. Auch wenn der nahe Autobahnzubringer nicht zu überhören ist, kann man hier prima abtauchen. Mo–Fr 10–20 Uhr, Sa/So/Fei ab 9 Uhr. Eintritt 3 €, ermäßigt 1,80 €. Wollstraße, ✆ 0621/5299155.

Aquabella, südlich von Ludwigshafen gibt es bei Mutterstadt ein nicht allzu großes, aber sehr schönes Hallenbad mit Außenbecken, Riesenrutsche, Sauna und gemütlichem Kleinkindbereich. Tägl. mind. 10 bis 18 Uhr. Eintritt 5 €, ermäßigt 3,50 €. Mutterstadt, Waldstr. 63, ✆ 06234/94530, www.rhein-pfalz-kreis.de → Freizeit & Tourismus.

• *Golf* **Golfpark Kurpfalz**, südlich von Ludwigshafen bei den landwirtschaftlichen Versuchsanstalten der BASF liegt der schöne Platz mit dem dazugehörigen Restaurant Salazar (✆ 06236/479490). Greenfee je nach Wochentag 25–30 € für 9-Loch-Platz, 50–60 € für 18-Loch-Platz (Letzterer nur für Mitglieder eines anerkannten Golfclubs). Limburgerhof, Kohlhof 9, ✆ 06236/479494, 479499, www.golfpark-kurpfalz.de.

• *Parks* Der **Stadtpark** auf der Parkinsel im Rhein hat eine Größe von 28 ha und lädt in der Nähe einer der besten Wohnlagen Ludwigshafens zum Flanieren ein.

Der 30 ha große **Ebertpark** wurde anlässlich der Süddeutschen Gartenbauausstellung 1925 geschaffen und ist heute der beliebteste Park der Stadt. Dazu tragen auch die vielen Springbrunnen, der Spielplatz und der kleine Zoo bei.

Außerhalb liegt südlich des Stadtteils Rheingönheim der **Wildpark Rheingönheim** mit vielen großzügigen Gehegen. April–Sept. 9–19 Uhr, Feb./März/Okt. 9–18 Uhr, Nov.–Jan. 9–17 Uhr. Erwachsene 2,50 €, Kinder ab 7 Jahren 0,80 €. Neuhöfer Str. 48, ✆ 0621/5043254, www.ludwigshafen.de → Leben in Ludwigshafen → Freizeit.

• *Klassik* Die **Deutsche Staatsphilharmonie Rheinland-Pfalz** gibt Konzerte im Pfalzbau. Infos unter ✆ 0621/599090 oder www.staatsphilharmonie.de.

• *Theater* **Theater Hemshofschachtel**, kleines, mit rotem Samt ausgekleidetes Mundarttheater, das vor 20 Jahren von der Französin Marie-Luise Mott gegründet wurde. Vorstellungen meist Do–Sa ab 20 Uhr, Eintritt 17 €. Wenn das Theater Sommerpause hat, spielt das Ensemble Freilichtaufführungen in der Weinstube Magin in Forst. Hemshof, Leuschnerstr. 9, ✆ 0621/510149, www.theater-hemshofschachtel.de.

Prinzregenten Theater, pfälzisches Theater für Erwachsene und Kinder. Prinzregentenstr. 45, ✆ 0621/525240, www.prinzregenten-theater.de.

Sehenswertes

BASF: Das Areal mit gut 6 km Länge und 10 km² Fläche ist einer der größten Chemieproduktionskomplexe der Welt. Seit der Gründung wurden die immer zahlreicher werdenden Gebäude durch 2000 km oberirdische Rohrleitungen verbunden. Die Wasserstraße Rhein, 115 Straßen- und 211 Schienenkilometer sorgen für einen reibungslosen Ablauf der Produktion. Derzeit arbeiten auf dem Gelände über 33.000 Menschen, die BASF ist damit der mit Abstand größte Arbeitgeber der Stadt. Weithin zu sehen ist das 1957 errichtete, 102 m hohe Friedrich-Engelhorn-Hochhaus, welches bis 1962 das höchste Gebäude Deutschlands war und mittlerweile unter Denkmalschutz steht.

Besucherzentrum mit imagegerechter Präsentation Mo–Fr 9–17 Uhr, am 1. Sa im Monat 9–16 Uhr geöffnet. Eintritt frei. Am Tor 2, ✆ 0621/6071640, http://besucherzentrum.basf.de.

Rund um die BASF: Bei einem Spaziergang in der Umgebung des BASF-Geländes lassen sich die verschiedenen Epochen des Werkswohnungsbaus studieren. Das Unternehmen war in dieser Hinsicht seit den Anfangsjahren engagiert, wobei v. a. die Absicht im Mittelpunkt stand, die Mitarbeiter und ihre Familien fest an die BASF zu binden. Die Backsteinhäuschen und die umgebenden Gärten an der Anilinstraße bilden die Reste der ab 1872 erbauten *Hemshofkolonie*, einer der ältesten Arbeitersiedlungen Deutschlands. In jedem Haus gibt es vier Wohnungen mit jeweils 80 m², einer Fläche, die zum Bauzeitpunkt großzügig war. Im nahe gelegenen Wislicenus-Block mit seinen Innenhöfen, hohen Bogendurchgängen und strukturierten Fassaden zeigt sich ein ganz anderer, nicht weniger charmanter Wohnungsbautyp. Heute sind die Wohnanlagen im Besitz der firmeneigenen Baugesellschaft LuWoGe.

Die Gemüsepfalz

Westlich von Ludwigshafen, auf halber Strecke nach Bad Dürkheim, dominiert der großflächige Anbau von Gemüse. Unter Folie und in Gewächshäusern wächst hier klimatisch begünstigt und durch kilometerlange Bewässerungssysteme unterstützt Gemüse, das in ganz Deutschland gegessen wird. Nach der Ernte durch Arbeiterkolonnen wird die Ware in die Großmärkte geliefert, gehandelt und verpackt, um danach per Lkw auf die weite oder auch kürzere Reise zu gehen. Den **Pfalzmarkt** in Mutterstadt verlassen pro Tag 250 Lkws, ein Fünftel des gesamten deutschen Frischgemüses wird von hier aus auf den Weg gebracht. Um 11.30 Uhr findet hier wochentags die Versteigerung der erntefrischen Ware statt, bei der man auch als Besucher pfälzisches Börsenfeeling schnuppern kann. Einen anderen Blick auf die landwirtschaftliche Prägung der Region kann man im **Deutschen Kartoffelmuseum** in Fußgönheim gewinnen. In den Räumen des Museums, zu denen auch die ehemalige Synagoge des Ortes gehört, befindet sich eine Ausstellung, die auf botanische Besonderheiten und den historischen Siegeszug der Kartoffel durch Europa eingeht. Dabei wird auch die soziale Komponente verdeutlicht, denn durch die Kartoffel wurden viele Menschen vor dem sicheren Hungertod bewahrt.

Pfalzmarkt für Obst und Gemüse: Mutterstadt, Neustadter Str. 100, ✆ 06231/4080, 📠 408222, www.pfalzmarkt.de.

Deutsches Kartoffelmuseum: 2. So im Monat 13–18 Uhr. Eintritt frei. Fußgönheim, Hauptstr. 65, ✆/📠 06237/929266.

St. Ludwig: Die erste katholische Pfarrkirche der Stadt wurde 1858–1862 nach Plänen von Heinrich Hübsch in zentraler Lage erbaut. Charakteristisch ist die neoromanische, kreuzförmige Säulenbasilika. Ein Großteil der Fenster und der Altarbereich wurden 1977–1980 durch den Karlsruher Künstler Emil Wachter neu gestaltet.

Wredestr. 24, weitere Infos im Pfarrbüro unter ✆ 0621/511255.

Wilhelm-Hack-Museum: Um das bekannteste Werk des Museums zu bewundern, muss man es gar nicht betreten. Weithin sichtbar hängt an der Südostfassade das aus 7200 Fliesen zusammengesetzte, 55 m breite „Monumentalgemälde" des katalanischen Künstlers Joan Miró. Im Inneren bildet neben der Sammlung Wilhelm Hacks die umfassende Sammlung der konstruktiv-konkreten Kunst des 20. Jh. den Schwerpunkt der Ausstellungen.

Di–Fr 11–18 Uhr, Do bis 20 Uhr, Sa/So 10–18 Uhr. Eintritt 7 €, ermäßigt 5 €, Sa Eintritt frei. Berliner Str. 23, ✆ 0621/5043045, 📠 5043780, www.wilhelm-hack-museum.de.

Rudolf-Scharpf-Galerie: Junge, eher gegenständliche Kunst wird im Stadtteil Hemshof im Elternhaus des Ludwigshafener Künstlers Rudolf Scharpf (geb. 1919) neben seinen eigenen Werken gezeigt.

Di–Sa 15–19 Uhr, So 13–18 Uhr. Eintritt frei. Hemshofstr. 54, ✆ 0621/5043446, www.wilhelm-hack-museum.de.

In der Umgebung

Altrip: Südlich von Ludwigshafen liegt direkt am Rhein das ehemalige Fischerdorf Altrip. Bereits die Römer siedelten hier und gaben dem Flecken einen Namen: *alta* *ripa,* das hohe Ufer. Sicher vor Überschwemmungen war der Ort dennoch nicht, bis die Rheinbegradigung hier 1873 ihren letzten Durchstich bekam. Heute ist Altrip neben seiner ganzjährig verkehrenden Autofähre nach Mannheim v. a. für sein Fischerfest bekannt, das an jedem ersten Juliwochenende im Waldpark stattfindet. Auch das verzweigte Naherholungsgebiet *Blaue Adria* rund um den verlandenden Neuhofener Altrhein gehört mit seinen zahlreichen Badeseen zu Altrip. Der größte davon verfügt über einen weiten, DLRG-überwachten Sandstrand und ist an schönen Sommertagen oft überfüllt.

Radtour 1: Den Rhein entlang

Eine genüssliche Radtour, die auch an warmen Sommertagen Spaß macht, beginnt am **Parkplatz Wildpark Rheingönheim.** Entlang dem grünen Rheindamm führt die

rund 26 km lange Tour um Altrip herum und durch ausgedehnte Campinglandschaften. Ab dem Otterstadter Altrhein geht es an Feldern und Obstbäumen vorbei nach Waldsee, wo sich in der **Eisdiele Dolomiti** seit fast 40 Jahren Radfahrer und Wanderer stärken. Auf dem nächsten Wegstück passiert man den **Baggersee Schlicht** mit schöner Bademöglichkeit. Einen herrlichen Abschluss findet die Tour in der nordöstlich von Neuhofen gelegenen **Waldmühle,** in deren gelungen renovierten Räumlichkeiten oder schattigem Biergarten mit Spielplatz kleine Gerichte und leckere Flammkuchen warten.

• *Einkehr* **Eisdiele Dolomiti**, tägl. 10–22 Uhr. Ludwigstr. 22, ✆ 06236/61116.
Waldmühle, Mo–Mi ab 17 Uhr, Do–Sa 12–14 Uhr und ab 17 Uhr, So ab 12 Uhr. Waldmühle 1, 67141 Neuhofen, ✆ 06236/1808, www.gasthaus-waldmuehle.de.

Ausflug nach Mannheim

Weltoffen und lebendig präsentiert sich das Zentrum der historischen Kurpfalz. Die hufeisenförmige Innenstadt der Einkaufsmetropole am Zusammenfluss von Rhein und Neckar ist in Quadrate unterteilt, was zu durchaus gewöhnungsbedürftigen Straßenbezeichnungen führt.

In den 400 Jahren seines Bestehens hat Mannheim viel erlebt. So wurde hier z. B. im 19. Jh. das Laufrad erfunden, und das erste von Carl Benz erbaute Automobil erlebte auf den Mannheimer Straßen seine Jungfernfahrt. Heute ist die Stadt mit ihren gut 300.000 Einwohnern das Zentrum der Region und genießt einen ausgezeichneten Ruf als Einkaufsstadt. Und bei genauem Hinsehen entdeckt man zwischen dem Pragmatismus der Nachkriegsjahrzehnte auch spannende historische Wurzeln.

Auf der Suche nach einer Identität in Zeiten des Umbruchs setzt Mannheim auf Bildung und Kultur. Die über 100 Jahre alte Universität und die erst vor wenigen Jahren gegründete Popakademie geben der einstigen Arbeiterstadt ein weltgewandtes und kreatives Gesicht. Trotz allem bleibt Mannheim eine polarisierte Stadt. In der östlich des Wasserturms gelegenen, sehenswerten Oststadt stehen die gründerzeitlichen Villen der einst so mächtigen Industriellen. In den westlichen Quadraten und der Neckarstadt liegen dagegen die dicht bebauten Arbeiterviertel, in denen sich die Nachfahren der türkischen Gastarbeiter ein eigenes kleines Universum geschaffen haben und damit zur kulturellen Vielfalt Mannheims beitragen.

Mannheim[2]

„Im Quadrat“ lesen mathematisch gebildete Betrachter beim Anblick des Mannheimer Logos und haben sogleich den Grundriss der Innenstadt vor Augen. Umrundet von einem breiten und viel befahrenen Ring, wird die Innenstadt aus 144 sog. Quadraten gebildet – wobei es sich bei den schachbrettartig angelegten Häuserblöcken mitnichten um Quadrate handelt, im besten Fall sind sie rechteckig, nicht selten aber auch abgeschrägt oder abgerundet. Seit 1648 wird auf die Straßennamen verzichtet. Von wenigen Ausnahmen abgesehen (Planken heißt die Fußgängerzone, Fressgasse und Kunststraße werden die sie begleitenden Straßen genannt), werden heute die aus einem Buchstaben und einer Zahl bestehenden Bezeichnungen der Quadrate verwendet. So wird beispielsweise der zentrale Paradeplatz O 1 genannt. Die vom Schloss zum Neckar führende Breite Straße teilt die Innenstadt in zwei Hälften: Auf der linken Seite liegen die Quadrate mit den Buchstaben A bis K, auf der rechten die von L bis U. Die Nummern werden von der Breiten Straße zum Ring gezählt. Eine weitere Zahl hinter der Quadratebezeichnung gibt das Haus an, diese Nummern werden im Uhrzeigersinn um den Block vergeben. Daraus resultieren die typischen Mannheimer Adressen.

Geschichte

Mit der Grundsteinlegung für die Friedrichsburg durch Kurfürst Friedrich IV. im Jahr 1606 beginnt die Geschichte Mannheims als Stadt und Residenz. Damals schon entstanden die Pläne für das gleichmäßig angelegte, schachbrettähnliche Straßensystem. Doch anfangs war das Glück nicht auf Mannheimer Seite. Kriege und Seuchen bedeuteten im 17. Jh. immer wieder Rückschläge und Zerstörungen, sodass die Stadt trotz ihrer strategisch wichtigen Lage nur zeitweise Bedeutung erlangen konnte. Dies änderte sich, als Kurfürst Karl Philipp 1720 seine Residenz von Heidelberg nach Mannheim verlegte und damit ein ruhmreiches Jahrhundert einleitete. Prachtvolle Gebäude entstanden während jener Zeit, die Einwohnerzahl stieg, und Gäste wie Goethe, Schiller, Lessing und Mozart verweilten in der großzügig anmutenden Stadt. 1778 jedoch war der noch junge Kurfürst Karl Theodor gezwungen, seine Residenz nach München zu verlegen. Damit und mit der Auflösung der Kurpfalz infolge der Revolutionskriege setzte ein politischer, kultureller und wirtschaftlicher Niedergang ein, der bis Mitte des 19. Jh. anhielt. Dann entwickelte sich Mannheim rasch zu einer bürgerlichen Stadt – und zu einem industriellen Zentrum. Hafen und Industrieanlagen gediehen prächtig, Autos, Traktoren und Luftschiffe wurden gebaut und führten zur Herausbildung einer reichen industriellen Oberschicht. Wie in Ludwigshafen brachten die Bombardierungen im Zweiten Weltkrieg herbe Zerstörungen. Dies mag erklären, warum Mannheim heute trotz einiger Prachtbauten nicht als schöne Stadt gelten kann. Große und breite Straßen, zweckmäßige Architektur und einschneidende Verkehrsachsen sind die Folgen der wirtschaftlich erfolgreichen Entwicklung.

Information/Sightseeing/Parken/Taxi

• *Information* **Touristinformation Mannheim**, Willy-Brandt-Platz 3 (Bahnhofsvorplatz), 68161 Mannheim, ✆ 0621/2938700, ✆ 2938701, www.tourist-mannheim.de. Mo–Fr 9–19 Uhr, Sa 10–13 Uhr.

• *Sightseeing* Von Mai bis Okt. startet jeden Samstag um 10.30 Uhr eine öffentliche zweieinhalbstündige **Stadtrundfahrt** der Touristinformation am Wasserturm. Ein Kurzbesuch des Schlosses und des Fernsehturms sind Teil des Programms. Das Ticket ist im Vorverkauf oder direkt im Bus für 14 € zu erwerben.

Wer mehr Bewegung möchte, kann sich samstags um 14.30 Uhr (von Mai bis Okt., ab Wasserturm) dem sogenannten Quadrategang anschließen. Für 6 € führt der Spaziergang 2 Std. lang durch die Innenstadt.

• *Parken* Die gesamte Mannheimer Innenstadt ist Umweltzone und darf nur von Autos mit Feinstaubplakette befahren werden (ab 2012 nur mit grüner oder gelber Plakette). Zentral parken kann man in vielen Parkhäusern. Relativ großzügig ist das Parkhaus D5; das Parkhaus N6 hingegen ist wegen seiner Enge nicht zu empfehlen. Wer gewillt ist, ein paar Meter zu laufen, findet günstige bis kostenlose Parkmöglichkeiten am Unteren Luisenpark und an der Rheinpromenade.

• *Taxi* Sowohl vorm Bahnhof als auch am Beginn der Planken stehen immer Taxis bereit. Unter ✆ 0621/21818 erreicht man die Taxizentrale.

Übernachten/Essen & Trinken

• *Übernachten* ****** Dorint Kongresshotel (22)**, Hotel mit direkter Anbindung an das Kongresszentrum Rosengarten. DZ ohne Frühstück ab 100 €. Friedrichsring 6, ✆ 0621/12510, ✆ 1251100, www.dorint-hotels.com.

****** Best Western Premier Hotel LanzCarré (31)**, im Oktober 2009 eröffnet, bietet das Haus in 5 Min. Laufentfernung zum Hauptbahnhof in angenehmer Umgebung 76 moderne Zimmer. Ab 82 € (ohne Frühstück). Heinz-Haber-Straße 2, ✆ 0621/860840, ✆ 86084199, www.hotel-lanzcarre.bestwestern.de.

****** Best Western Premier Steubenhof Hotel**, einladendes, modernes Hotel, das sich sein Flair trotz Übernahme durch eine Kette bewahren konnte. Schöne, ruhige Lage mit gutem Straßenbahnanschluss. DZ ab 78 €. Steubenstr. 66, ✆ 0621/819100, ✆ 81910181, www.steubenhof.de.

***** Mercure Hotel Mannheim am Rathaus (5)**, das neu erbaute, schicke Hotel mit komfortablen Zimmern liegt in einem ruhigen Teil der Innenstadt. DZ ab 160 €. F 7, 5–13, ✆ 0621/336990, ✆ 336992100, www.mercure.com.

***** Hotel Mack (7)**, hinter der schönen Jugendstilfassade verbirgt sich ein renommiertes Hotel mit einigen neu renovierten, schönen Zimmern. DZ ab 87 €. Mozartstr. 14, ✆ 0621/12420, ✆ 1242399, www.hotel-mack.de.

InterCityhotel Mannheim (29), das im Nov. 2010 am Hauptbahnhof eröffnete Hotel bietet 155 schlichte, aber schön gestaltete Zimmer. Ab 85 € (ohne Frühstück). Schlossgartenstr. 1, ✆ 0621/401811337, ✆ 401811200, www. www.intercityhotel.com/mannheim.

***** Centralhotel (28)**, das nicht ruhig, aber sehr zentral zwischen Hauptbahnhof und Wasserturm gelegene Hotel wirkt durch seine moderne Lobby im Bistrostil freundlich und einladend. Tiefgarage vorhanden. DZ ab 78 €. Kaiserring 26–28, ✆ 0621/12300, ✆ 1230100, www.centralhotelmannheim.de.

• *Essen & Trinken* **Supans**, ob im zur Mittagszeit überquellenden Imbiss **(15)** oder im schlicht designten Restaurant **(23)** – in beiden Lokalitäten wird feine, vielfältige thailändische Küche geboten. Im Restaurant überzeugt auch die Weinkarte mit vielen Pfälzer Weinen. Hauptgerichte um 6 €. Restaurant: Mo Ruhetag, sonst 11.30–15 und 17–24 Uhr, N 3, 1, ✆ 0621/1567723. Imbiss: So Ruhetag, sonst 10.30–21.30 Uhr, P 2, 6 (Fressgasse), ✆ 0621/26172.

Tomate (13), schöne Studentenkneipe, in der manchmal Fußball übertragen wird und die sich im Sommer um den tollen Hinterhof an der alten Stadtmauer erweitert. Vielseitige Küche, sonntags gibt's für 12 € einen guten Brunch. Hauptgerichte 7–13 €.

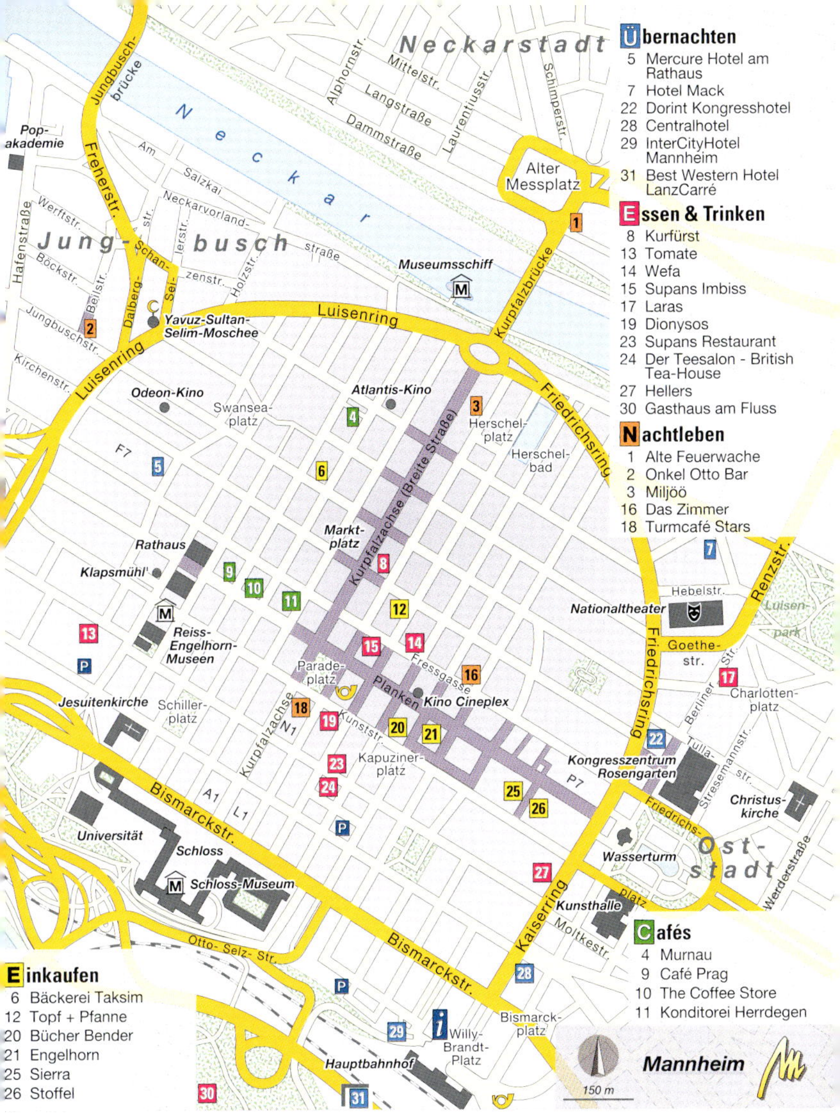

Mo–Do 11–1 Uhr, Fr/Sa 11–2 Uhr, So 10–24 Uhr. B 6, 12, ✆ 0621/27245, www.tomate-mannheim.de.

Laras (17), Restaurant, Kneipe und Weinbar, gemütlich, stilvoll und trendy, das Laras ist irgendwie alles auf einmal. Lässige Studenten kommen ebenso hierher wie kultivierte Herrschaften mittleren Alters nach einem Besuch des nahen Nationaltheaters. Die Pastateller sind riesig und lecker, die Preise nicht ganz günstig, aber fair. Tägl. 10–1 Uhr, Fr/Sa bis 2 Uhr. Lameystr. 15, ✆ 0621/9784099.

Der Teesalon – British Tea-House (24), in gemütlicher Atmosphäre kann man hier viele Sorten Tee kosten oder sich mit einem Full Tea large (Kanne Tee, belegte Toasts, Scones mit Clotted Cream und Marmelade) für 10 € den Bauch vollschlagen. Auch kleine Gerichte und Mittagstisch im Sommer, mit kleiner Terrasse im Hinterhof. Mo–Sa 12–18.30 Uhr, So 15–18 Uhr, an Feiertagen geschl. M3, 7, ✆ 0621/3709497, www.derteesalon.de.

Dionysos (19), sehr beliebter klassischer Grieche mit riesiger Speisekarte und großem Platzangebot drinnen und draußen. Hauptgerichte 7–19 €. Tägl. 11–24 Uhr. N 2, 4, ✆ 0621/1568899.

Café Prag (9), in einem ehemaligen Tabakladen mit gründerzeitlichem Charme. Es ist schwer, in Mannheim einen Platz zu finden, an dem man stilvoller und entspannter einen guten Espresso oder Cappuccino trinken kann. Mo–Fr 8.30–20 Uhr, Sa 10–19 Uhr, So 11–18 Uhr. E 4, 17, ✆ 0621/1787724, 📠 1816850, www.cafeprag.de.

The Coffee Store (10), freundliches und großzügig eingerichtetes Café am Rande der Fußgängerzone, außergewöhnlich guter Kaffee in vielen Variationen. Mo–Fr 7–20 Uhr, Sa 8–19 Uhr, So geschlossen. E 3, 1, ✆ 0621/40512247, 📠 40512248, www.coffee-store.de.

Gasthaus am Fluss (30), dass auch die Großstadt reine Erholung sein kann, beweist ein Besuch in den Rheinterrassen. Entweder sitzt man im großzügig verglasten Restaurant oder im platanenbestandenen Biergarten und sieht den Rhein und die Schiffe vorbeiziehen. Die tolle Lage ist bei den Preisen einkalkuliert, was aber die Beliebtheit kaum mindert. Tägl. 9.30–1 Uhr, sonntags gutes Frühstücksbuffet. Rheinpromenade 15, ✆ 0621/824161, www.rheinterrassen-das-gasthaus-am-fluss.de.

Kurfürst (8), nahe dem Marktplatz liegt die bodenständige Gaststätte, in der man ehrliche Hausmannskost (auch vegetarisch) zu fairen Preisen bekommt. Das freundliche Team macht einen Besuch in der einfachen Stube oder auf der Terrasse lohnenswert. Tägl. 9–24 Uhr. R 1, 15, ✆ 0621/26275, www.kurfuerst-am-markt.de.

Murnau (4), das zum Atlantis-Kino gehörende Café bietet in stimmungsvollem Ambiente feine Getränke und kleine Snacks. Im Sommer lädt der Biergarten zum Beobachten der Szenerie ein. Mo–Fr 18–1 Uhr, Sa/So ab 11 Uhr. J 3, 5, ✆ 0621/28321.

Wefa (14), türkisches Schnellrestaurant in zentraler Lage. Lecker ist der Lammspießteller. Tägl. 10–22 Uhr, So ab 12 Uhr. Q 3, 19 (Fressgasse), ✆ 0621/1226702, 📠 1226703, www.wefa-restaurant.de.

Hellers (27), vegetarische Vollwertkost in allen Variationen: Die Salate und Gemüse vom Buffet (100 g 1,55 €) sind ebenso lecker wie die tägl. wechselnden Hauptgerichte. Auch Süßes von der kleinen Kaffee-und-Kuchen-Theke. Im Sommer ist der begrünte und trotz seiner zentralen Lage recht ruhige Hof beliebt. Mo–Fr 11–20 Uhr, Sa bis 16.30 Uhr, außerhalb der Sommerpause im Aug. auch So 11.30–15 Uhr. N 7, 13–15, ✆ 0621/120720, 📠 1207226, www.hellers-restaurant.de.

Mannheimer Dreck

Wenig schmeichelhaft klingt der Name dieser Mannheimer Spezialität. Dabei kann man sich nicht einmal damit herausreden, die gebackenen Dreckhäuflein würden nur zufällig so heißen. Erfunden wurden sie zu jener Zeit, als Mannheim badisch und von Badens Hauptstadt Karlsruhe aus verwaltet wurde. Dem kritischen Vorstand des Stadtamts war Mannheim – Jahrzehnte vor der Industrialisierung und der damit verbundenen Verschlechterung der Luftqualität – zu dreckig. So stellte er es unter Strafe, „den in den Häusern gesammelten Kot mit dem Kehricht auf die Straße“ zu bringen. Die Mannheimer waren nicht gerade begeistert von dieser Verordnung. Und so fand jener Konditor, der seine Auslagen mit gebackenen Dreckhaufen dekorierte, reichlich Beifall beim erheiterten Publikum. Bis heute erfreut sich die Spezialität aus Nüssen, Zucker, Orangeat, Zitronat und Gewürzen großer Beliebtheit. Verschiedene Konditoren backen sie nach unterschiedlichen Rezepten. Die Originalversion gibt es bei der Konditorei **Herrdegen (11)**, E 2, 8, ✆ 0621/20185.

Nachtleben (siehe Karte S. 57)

In der großen Industrie- und Hafenstadt hat sich in den vergangenen Jahren ein buntes und vielfältiges Clubleben entwickelt. Rund um Deutschlands erste Popakademie entstanden im einst schmuddeligen Stadtteil Jungbusch angesagte Szenekneipen, nördlich des Neckars reihen sich auf ehemaligem Hafengelände die Clubs in der Industriestraße. Daneben gibt es neue sowie bisweilen etwas betagte Discos in der Innenstadt.

Das Zimmer (16), der übersichtliche Club hat sich mit seinem abwechslungsreichen und vielseitigen Musikprogramm einen guten Ruf in der Szene erarbeitet. Die Eintritts- und Getränkepreise sind fair, das abendliche Programm reicht von Indie (Mi, Eintritt frei) über Hip-Hop und R 'n' B bis zu Funk. Mi–Sa ab 23 Uhr. Q 5, 14–22, www.daszimmer.com.

Miljöö (3), der kleine und heute v. a. bei Studenten beliebte Club ist seit Jahrzehnten eine feste Größe im Mannheimer Nachtleben. Verschiedene Events mit meist stylischem Dresscode. U 1, 23, ✆ 0621/1785217, www.miljoeoe-mannheim.de.

Onkel Otto Bar (2), die erstmals 1954 eröffnete Bar war einst der Inbegriff des Rotlichtmilieus im Hafenstadtteil Jungbusch. Heute gilt sie als eine der angesagtesten Locations der Mannheimer Szene. Geöffnet hat die Bar, deren Abende unter verschiedenen Mottos stehen, nur Fr und Sa (21–3 Uhr), und nicht jeder findet an der Tür Gnade. Jungbuschstr. 8, ✆ 06201/2595910, www.onkelottobar.de.

MS Connexion, die ehemals reine Schwulendisco ist heute für alle offen und steht seit über 20 Jahren für Toleranz. Vor allem an den Wochenenden kommt ein buntes Publikum von weit her, um auf den fünf Floors des alten Fabrikgebäudes Drum 'n' Bass, 80er, House, Dance und Techno zu hören. Allein auf dem Mainfloor finden 1000 Gäste Platz. Eintritt meist zwischen 6 und 10 €. Angelstr. 33, ✆ 0180/51140301, www.msconnexion.com.

Turmcafé Stars (18), im Turm des Stadthauses gelegen, bietet das beliebte Stars eine tolle Aussicht über die Dächer der Innenstadt. Große Auswahl an Cocktails, aber auch andere Getränke und kleine Speisen. So–Do 14–1 Uhr, Fr/Sa bis 3 Uhr. Stadthaus N 1, ✆ 0621/21600, www.turmcafestars.de.

Alte Feuerwache (1), nördlich des Neckars liegt direkt am frisch sanierten Alten Messplatz eines der kulturellen Highlights Mannheims: Die Alte Feuerwache bietet ein abwechslungsreiches Programm mit Konzerten, Theater, Lesungen und Partys. Dazu gibt es ein nettes Café mit Biergarten (Mo–Fr ab 10 Uhr, Sa/So ab 15 Uhr, Küche ab 17 Uhr). Brückenstr. 2, ✆ 0621/2939281, www.altefeuerwache.com.

Einkaufen (siehe Karte S. 57)

Mannheim genießt einen guten Ruf als Einkaufsstadt. Die Haupteinkaufsstraße „Planken" ist inzwischen v. a. durch große Filialisten geprägt, in den Seitenstraßen und der Fressgasse haben sich viele kleine, z. T. exklusive oder trendige Läden angesiedelt. Entlang der „Breiten Straße" zwischen Paradeplatz und dem Neckar findet man eher preiswerte Geschäfte.

Engelhorn (21), der traditionsreiche Platzhirsch des Mannheimer Mode-Einzelhandels bietet in drei großen Häusern und einigen kleineren Shops ein umfangreiches Angebot im mittleren bis gehobenen Preissegment. Das Haupthaus liegt unübersehbar in der Mitte der Planken. Konkurrenzlos ist das dahinterliegende Sporthaus, das sich über sechs Etagen erstreckt. Mo–Sa 10–20 Uhr. O 5 und Umgebung, ✆ 0621/1672222, 📠 1671500, www.engelhorn.de.

Stoffel (26), neben ihrem Hauptsitz in Bobenheim am Berg betreibt die privat geführte Chocolaterie einen kleinen Laden in Mannheim. Hochsaison für die gegossenen Figuren sind Ostern und Weihnachten. Mo–Fr 10–19 Uhr, Sa bis 18 Uhr. O 7, 25 (Heinrich-Vetter-Passage), ✆ 0621/21202.

Sierra (25), stilvoller und preiswerter Silberschmuck in vielen Formen, dazu gibt's moderne Uhren. Mo–Fr 10–20 Uhr, Sa bis 18 Uhr. O 7, 25 (Heinrich-Vetter-Passage), ✆ 0621/105111.

Grimminger, der Mannheimer Traditionsbäcker hat an nahezu allen Ecken der Stadt eine Filiale. Zu empfehlen sind die Brotspezialitäten wie das Toskanabrot mit aromatischen Kräutern oder das Parisienne. An die größte Filiale auf den Planken ist ein kleines Café angeschlossen. P 7, 20–23, ✆ 0621/291532, www.grimminger.de.

Bender (20), die letzte kleine Buchhandlung in der City verströmt viel belesenes und sympathisch verstaubtes Flair. Kein Wunder – der Laden besteht seit 1775. Die freundlichen Buchhändler helfen gerne bei der Orientierung in dem verschachtelten, aber gut sortierten Laden. Mo–Fr 9.30–19 Uhr, Sa bis 18 Uhr. O 4, 2, ✆ 0621/129710, Fax 1297171, www.buecher-bender.de.

Topf + Pfanne (12), ein enger Laden mit viel Praktischem und Schönem für Küche und Tisch. Mo–Fr 10–19 Uhr, Sa 9–18 Uhr. Q 2, 12, ✆ 0621/104759, www.topfundpfanne.de.

Wochenmarkt, der zentral gelegene Mannheimer Marktplatz verwandelt sich dienstags, donnerstags (jeweils 8–14 Uhr) und samstags (8–15 Uhr) in ein buntes Meer von Buden, Obst und Gemüse. Leckere mediterrane Spezialitäten bietet Ingo Kimmich, gutes Biogemüse und einen netten Plausch gibt's bei Joachim Schulz-Marquart.

Die westliche Unterstadt – türkisches Flair in Mannheim

Hinter dem Marktplatz beginnt die westliche Unterstadt. Der Stadtteil ist Synonym für ein vorwiegend türkisch geprägtes Gebiet, das sich mal multikulturell, mal traditionell gibt. Besucher und Bewohner schätzen nicht nur das bunte bis alternative Flair des Stadtteils, sondern auch das reichhaltige Angebot an Waren. Unzählige Dönerläden verschiedenster Stilrichtungen, türkische Bäckereien, Reisebüros, Hochzeits- und Schmuckgeschäfte sowie Supermärkte lassen den Gang durch die belebten Straßen zu einem Ausflug in eine spannende, teilweise fremde Welt werden.

Bäckerei Taksim **(6)**: Große türkische Bäckerei mit traditionellen Backwaren und einer tollen Auswahl an süßen Leckereien. H 3, 1, ✆ 0621/27939.

Sport & Freizeit/Kino & Kultur/Veranstaltung

• *Baden* **Herschelbad**, das 1920 im Jugendstil fertiggestellte Bad erfreut v. a. Architekturästheten, für die Nutzer könnte es eine Renovierung an der ein oder anderen Stelle durchaus gebrauchen. Drei Schwimmhallen, ein römisch-irisches Dampfbad und Saunen beherbergt der am Rand der Quadrate gelegene Bau. Mo 13–21 Uhr, Di/Mi 6.15–20 Uhr, Do/Fr 8–22 Uhr, Sa 8–18 Uhr, So 9–13 Uhr. Eintritt 3,30 €, ermäßigt 1,90 €. U 3, 1, ✆ 0621/2937116.

• *Spazierengehen* Für Spaziergänge nahe der Innenstadt eignen sich das linke Neckarufer flussaufwärts (bis Neuostheim, von hier zurück mit Straßenbahnlinie 5 oder 6), das grüne Rheinufer in der Nähe des Stadtteils Lindenhof mit dem anschließenden Waldpark und der Vorzeigepark der Stadt, der Luisenpark (→ Kasten).

• *Kino* Zwei zusammengehörige Programmkinos gibt es in Mannheim: das **Atlantis-Kino**, K 2, 32, ✆ 0621/21200, und das **Odeon-Kino**, G 7, 10, ✆ 0621/1565509, www.atlantis-kino.de.

Vielseitiges Mainstreamkino wird in den acht Sälen des **Cineplex** gezeigt. P 4, 6 (Planken), ✆ 01805/625466, www.cineplex.de.

• *Planetarium* Di–So führen spannende Filme in die Welt der Astronomie und Raumfahrt ein. Zum Teil spezielle Kindervorstellungen. Eintritt 6 €, ermäßigt 4,50 €. Wilhelm-Varnholt-Allee 1 (Europaplatz), ✆ 0621/415692, Programm unter www.planetarium-mannheim.de.

• *Theater* **Nationaltheater**, die traditionsreiche Bühne besteht seit 1779. 1782 wurden hier „Die Räuber" des damals noch unbekannten Friedrich Schiller uraufgeführt. Heute hat das Vierspartenhaus eigene Ensembles für Musiktheater, Schauspiel, Ballett und das Kinder- und Jugendtheater Schnawwl. Am Goetheplatz, ✆ 0621/1680150, Fax 1680258, www.nationaltheater-mannheim.de.

Klapsmühl', in der Kleinkunstbühne mit Wohnzimmeratmosphäre wird klassisches Kabarett und auch mal kurpfälzischer Dialekt geboten. D 6, 3, ✆ 0621/22488, www.klapsmuehl.de.

• *Veranstaltung* **Maimarkt**, die größte deutsche regionale Verbrauchermesse findet alljährlich um den 1. Mai auf dem Mühlfeld im Westen der Stadt statt.

Im **Luisenpark** ist rund ums Jahr Betrieb: Kinder lieben die vielseitigen Spielplätze und den kleinen Zoo, die Erwachsenen schätzen die bunten Blumenbeete, das japanische Teehaus, die Gewächshäuser oder einfach nur die Ruhe mitten in der Stadt. Angelegt wurde der Luisenpark ab 1892, anlässlich der Bundesgartenschau 1975 wurde er erheblich erweitert und aufgewertet. Seither hat er an Attraktivität nicht verloren, was wohl auch daran liegt, dass er die einzige nennenswerte Grünfläche in der Innenstadt Mannheims ist. Der Haupteingang ist mit der Straßenbahnlinie 6 (Richtung Neuostheim) zu erreichen. Tägl. von 9 Uhr bis zur Dämmerung, Mai–Sept. bis 21 Uhr. Erwachsene 6 €, Kinder 3 €, im Winter günstiger. Theodor-Heuss-Anlage 2, ✆ 0621/410050, www.luisenpark.de.

Stadtrundgang

Vom neu gestalteten und stets belebten Bahnhof aus erreicht man schnell eines der Wahrzeichen Mannheims: Im Zentrum des grünen Friedrichsplatzes liegt der 1889 nach den Plänen Gustav Halmhubers erbaute **Wasserturm** inmitten einer im perfekten Jugendstil gearbeiteten Anlage. Die Häuser der hohen Randbebauung wurden zwischen 1899 und 1903 vom Berliner Architekten Bruno Schmitz entworfen. Zusammen mit der Kunsthalle und dem erfolgreichen Kongress- und Veranstaltungszentrum Rosengarten geben sie dem Platz ein beeindruckendes und weltgewandtes Flair. In den Abendstunden ist das Ensemble prachtvoll beleuchtet. Durch die stimmungsvolle Elisabethstraße lohnt ein Abstecher zu der am Anfang der Oststadt gelegenen, repräsentativen **Christuskirche.** In 65 m Höhe thront die Kuppel der 1911 im neubarocken Stil mit Jugendstilelementen erbauten Kirche, in deren Inneren sich mit 8600 Pfeifen eines der größten Orgelwerke Deutschlands befindet.

Zurück über den Kaiserring erstrecken sich die breiten **Planken.** Hier und in der parallel verlaufenden Kunststraße und Fressgasse schlägt das Herz des Mannheimer Einzelhandels. Dicht gedrängte Cafétische, tütenbepackte Shopper und stetig hindurchziehende Straßenbahnen prägen das Bild der stark frequentierten Fußgängerzone. Namhafte Filialisten, kleine Boutiquen und einige verbliebene ehrwürdige Einzelhändler tummeln sich bis hinunter zum **Paradeplatz.** Im Schnittpunkt von Planken und Breiter Straße gelegen, bildet dieser die Mitte der Stadt. Der einst für große Aufmärsche der kurpfälzischen Truppen angelegte Platz ist mit seinen adretten Blumenrabatten heute ein beliebter Treffpunkt. Der im Zweiten Weltkrieg unter dem Paradeplatz errichtete Bunker für 1500 Menschen wurde in den friedlichen Nachkriegsjahren als Hotel genutzt. Allzu ansprechend scheinen die Räumlichkeiten aber nicht gewesen zu sein, denn schon bald wurde die Einrichtung wieder geschlossen. An der östlichen Ecke des Platzes erinnert ein übermannsgroßer Glaskubus an die mehr als 2000 Mannheimer Juden, die durch die Nationalsozialisten ermordet wurden.

Vom Paradeplatz aus reicht der Blick über den Ehrenhof bis zum Hauptportal des in der Sonne gelb strahlenden **Schlosses.** Die gerade erfolgte Renovierung macht es nach eher unscheinbaren Jahrzehnten zu einem wahren Blickfang. 1720 legte Kurfürst Karl Philipp den Grundstein für den an Ausmaßen selten überbotenen Barockbau. Auch wenn es die Größe des Versailler Schlosses nicht erreicht, so soll es doch genau ein Fenster mehr haben als dieses. Nach der Verlegung der kurfürstlichen Residenz nach München wurde das Schloss nur noch teilweise genutzt. Während des Revolutionskrieges kam es zu Zerstörungen, denen beispielsweise das angegliederte Opernhaus zum Opfer fiel. Zu Beginn des 20. Jh. schließlich zog die Mannheimer Universität in weite Teile des Gebäudes. Heute ist im Mittelbau eine interessante Ausstellung zur Geschichte des Schlosses untergebracht.

Schloss-Museum: Di–So, Fei 10–17 Uhr, Führungen um 11 und 15 Uhr, Sa auch 13 Uhr, So ab 11 Uhr stündlich. Eintritt 6 €, ermäßigt 3 €, mit Führung 8 bzw. 4 €. Bismarckring, ✆ 06221/655718, 📠 655717, www.schloss-mannheim.de.

Auf der gegenüberliegenden Seite des Bismarckrings wurde 1760 die nach Plänen von Alessandro Galli da Bibiena erbaute **Jesuitenkirche** eingeweiht. Mit ihrer 75 m hohen Vierungskuppel und den Wandgemälden von Egid Quirin Asam gilt sie als eine der bedeutendsten Barockkirchen Südwestdeutschlands. Der Hochaltar und die sechs Seitenaltäre wurden von Paul Egell und Peter Anton von Verschaffelt spätbarock bis frühklassizistisch gestaltet.

Tägl. 9–12 und 14–18 Uhr. A 4, 2, ✆ 0621/127090, www.jesuitenkirchemannheim.de.

Folgt man vom Paradeplatz aus der Breiten Straße in nördlicher Richtung, öffnet sich schon bald der weite **Marktplatz.** Der Mannheimer Markt ist eine bunte und fröhliche Institution und der Platz keineswegs zu groß für das enorme Angebot. Vom Marktplatz, an dessen südlicher Flanke mit dem Anfang des 18. Jh. errichteten Alten Rathaus und der Pfarrkirche St. Sebastian zwei der ältesten noch erhaltenen Gebäude der Stadt stehen, gelangt man über die westliche Unterstadt in den jenseits des Ringes gelegenen Stadtteil Jungbusch. Der einstige Hafenstadtteil erfreut sich seit einigen Jahren zunehmender Beliebtheit in alternativen Kreisen. Seit

Im Mittelpunkt der Quadrate: der Paradeplatz

1995 steht hier die Yavuz-Sultan-Selim-Moschee. 2500 Gläubige finden in ihr Platz, womit sie als eine der größten Moscheen Deutschlands gilt. Mit dem Bau an zentraler Stelle in unmittelbarer Nachbarschaft der Liebfrauenkirche und mit dem offenen Konzept der Moschee, das auch Führungen und Seminare beinhaltet, wurde hier von Beginn an ein Dialog der Religionen angestrebt.

Museen

Kunsthalle: Die Kunsthalle Mannheim wurde zum 300. Mannheimer Stadtjubiläum 1907 begründet. Schwerpunkt der Sammlung sind die deutsche und französische Malerei des 19. und 20. Jh. sowie internationale Skulpturen des 20. Jh. Hinzu kommen Kupferstiche, grafische Sammlungen, Plakate, Werkkunst, neuere Fotografien und Videoinstallationen.

Di–So 11–18 Uhr. Eintritt 5 €, ermäßigt 3 €, Sonderausstellungen bis 8 €. Friedrichsplatz 4, ✆ 0621/2936452, ℻ 2936412, www.kunsthalle-mannheim.com.

Technoseum: Das 1990 eröffnete Landesmuseum für Technik und Arbeit bietet in seiner Dauerausstellung Informationen zur Industrialisierung des deutschen Südwestens. In der Mitmach-Ausstellung „Elementa“ kann man selber experimentieren und auf diese Weise mehr über die Grundlagen naturwissenschaftlicher Phänomene lernen. Wechselnde Ausstellungen und ein Museumsschiff bei der über den Neckar führenden Kurpfalzbrücke ergänzen das Angebot.

Täglich 9–17 Uhr. Eintritt 6 €, ermäßigt 4 €. Museumsstr. 1, ✆ 0621/42989, www.technoseum.de.

Reiss-Engelhorn-Museen: In dem Komplex aus verschiedenen Museen werden kunst-, musik- und stadthistorische sowie naturkundliche Ausstellungen gezeigt. Neben dem historischen Zeughaus (C 5) und dem modernen Museum Weltkulturen (D 5) gehört auch das Museum Schillerhaus (B 5) zu den REM. Zum Teil werden sensationelle Sonderausstellungen präsentiert.

Di–So 11–18 Uhr. Eintritt jeweils 2,50 €, ermäßigt 1,50 €, Sonderausstellungen teurer (bis 12 €). Zeughaus C 5, ✆ 0621/2933150, ℻ 2939539, www.rem-mannheim.de.

Sommerliches Straßenleben auf der Maximilianstraße

Speyer

Die Gassen im Zentrum von Speyer führen in die Vergangenheit und sind dennoch sehr lebendig. Weinstuben in schmalen Häusern, Höfe mit Galerien sowie die Altstadt mit ihren Plätzen und vielgestaltigen Fassaden geben der Stadt ihren historischen Charme. Für die kaiserliche Krönung sorgt der stimmungsvolle romanische Dom der Salier, der seit 1981 auf der Liste des UNESCO-Welterbes steht.

Vom Altpörtel, das im Mittelalter das westliche Tor der Stadt bildete, führt die breite, als Via Triumphalis angelegte Maximilianstraße direkt auf den Dom zu. Die glatten, eindrucksvoll gegliederten Sandsteinfronten, die beiden Türme und die charakteristische Vierungskuppel bilden den optischen Höhepunkt der Stadt. Schöne Blicke auf den Dom und die nördlich und südlich von Speyer gelegenen Auwälder ergeben sich bei einer Schiffsfahrt auf dem Rhein. Dreifaltigkeits- und Gedächtniskirche unterstreichen die Bedeutung des christlichen Glaubens in der traditionsreichen Bischofsstadt. Dass jedoch nicht nur das Christentum die Stadt geprägt hat, wird im ehemaligen jüdischen Viertel deutlich. 1084 wurde auf Veranlassung des Speyerer Bischofs Rüdiger die erste jüdische Gemeinde Speyers gegründet. Von den als fleißig bekannten jüdischen Händlern versprach er sich einen wirtschaftlichen Aufschwung der Stadt und dringend benötigtes Geld für den Umbau des Doms. Die einige Hundert Menschen umfassende Gemeinde brachte Speyer zu jener Zeit nicht nur wirtschaftliche, sondern auch geistige und kulturelle Blüten.

Speyer ist aber nicht nur für geschichtlich Interessierte eine Reise wert. Die vielfältigen Einkaufs- und Einkehrmöglichkeiten und ein erstaunlich breites Spektrum an Museen und Ausstellungen machen die 50.000 Einwohner zählende Stadt zu einem beliebten Reiseziel und Wohnort.

Die Krone der Salier im Altarraum des Doms

Geschichte

Speyer ist lebendig gebliebene Geschichte. Kelten und Römer siedelten hier, seit dem 5. Jh. ist die Stadt Bischofssitz, einer der ältesten in Deutschland. Schon im 9. Jh. wurde ein erster Dom errichtet. Und als 1024 der Salier Konrad II. zum römisch-deutschen König gewählt und wenig später auch zum Kaiser des Heiligen Römischen Reiches gekrönt wurde, rückte die Stadt in den Mittelpunkt des Reiches. Der machtbewusste und mit harter Hand regierende Konrad II. fasste bald den Entschluss, seine Macht durch den Bau des Speyerer Doms zu untermauern. Er und sieben weitere Kaiser und Könige fanden hier ihre letzte Ruhe. 1294 endete durch die Ernennung zur Freien Stadt die bischöfliche Herrschaft und damit die Bedeutung Speyers. Im 16. Jh. wurde es allerdings noch einmal Bühne wichtiger Entscheidungen: Gleich viermal fand hier der Reichstag statt, Reichsregiment und Reichskammergericht wurden nach Speyer verlegt. 1689 erlebte die Stadt während des Pfälzischen Erbfolgekrieges die wohl größten Zerstörungen in ihrer Geschichte. Stadtmauer und -tore, Kirchen, Klöster und nicht zuletzt über 700 Bürgerhäuser fielen den Flammen zum Opfer. Der Wiederaufbau dauerte lange und brachte wichtige barocke Bauten wie die Dreifaltigkeitskirche und das spätbarocke Rathaus mit seinem verspielten Ratssaal hervor.

Information/Sightseeing/Ausflugsschiffe/Parken/Taxi

• *Information* **Tourist-Information Speyer**, Maximilianstr. 13, 67346 Speyer, ✆ 06232/142392, 📠 142332, www.speyer.de. April–Okt. Mo–Fr 9–17 Uhr, Sa 10–15 Uhr, So/Fei 10–14 Uhr, an Wochenenden ist je nach Wetter auch ein kleiner Infostand auf dem Parkplatz Festplatz geöffnet; Nov.–März Mo–Fr 9–17 Uhr, Sa 10–12 Uhr.

• *Sightseeing* Die Tourist-Information bietet eine ganze Reihe von Führungen an. Einen guten Überblick erhält man ganzjährig mit der **Basis-Führung** (Sa ab 11 und 14 Uhr,

So/Fei ab 11 Uhr, Start an der Touristinfo, 5 €/Pers.). Auch für Kinder spannend sind die **Anno-Domini-Führungen**. In historische Gewänder gehüllt, berichten die Führer über das frühere Leben und Arbeiten in Speyer. Ganzjährig jeden 1. Fr im Monat ab 19 Uhr, Start an der Touristinfo, Erwachsene 5 €, Kinder 3 €, die Familienkarte gibt's für 12 €.

• *Ausflugsschiffe* **Ausflugsschiff Pfälzerland**, das familienfreundliche Ausflugsschiff legt von Ostern bis Allerheiligen tägl. an der Rheinuferpromenade in Speyer ab. Ziele sind neben dem Reffenthaler Altrhein (nördlich von Speyer) der Altrhein bei Otterstadt und im Rahmen von Sonderfahrten die Insel Rott und Rüdesheim. Rundfahrten ab 9 €, Kinder (4–14 J.) 4 €. Tickets auf dem Schiff oder bei Werner Streib, Martinskirchweg 2, ✆ 06232/71366, 📠 621866, www.personenschifffahrt-streib.de.

Die **MS Sea Life** ist ein modernes, zweistöckiges Schiff, das seit 1999 von der Anlegestelle neben dem Sea Life Speyer in Richtung Altrheinarme ablegt. Ganzjährige Sonderfahrten; März–Nov. tägl. Rundfahrten ab 9 €, Kinder (4–14 J.) 4 €. Rollifreundlich. Hafenstr. 21, ✆ 06232/291150, 📠 629398, www.mssealife.de.

• *Parken* Direkt in der Altstadt gibt es nur wenige und dann meist teure Parkplätze. Zu empfehlen ist das Parken auf dem gut ausgeschilderten, zentral gelegenen **Festplatz**. Für 2 € kann man hier das Auto den ganzen Tag stehen lassen, das Ticket für den in der City verkehrenden Shuttlebus ist inklusive.

• *Taxi* **Taxi Merl**, ✆ 06232/70707.

Übernachten

Hotel Graf's Garni (4), kleines, romantisches Hotel, dessen individuell eingerichtete, gemütliche Zimmer sich über mehrere verwinkelte Etagen eines alten Stadthauses verteilen. Aufgrund der zentralen Lage sind aus einigen Zimmern der Dom und die Dächer der Altstadt zu sehen. DZ ab 88 €. Johannesstr. 13, ✆ 06232/6004650, 📠 60046-55, www.grafs-garni-hotel.de.

Hotel Alt Speyer (16), zentral und doch ruhig gelegenes Hotel in der Speyerer Innenstadt. Die Zimmer sind einfach, aber sauber und angenehm, das Bio-Frühstück ein morgendlicher Lichtblick. Für Radfahrer gibt es eine abschließbare Fahrradgarage. DZ ab 81 €. Große Gailergasse 1a, ✆ 06232/60280, www.hotelaltspeyer.de.

****S Hotel Löwengarten (18)**, nahe der Gedächtniskirche gelegenes, schön renoviertes Mittelklassehotel mit 42 Zimmern. WLAN, Nichtraucherzimmer in jeder Kategorie, rustikaler Weinkeller für Weinproben und Feiern. DZ ab 95 €. Schwerdstr. 14, ✆ 06232/6270, 📠 627222, www.hotel-loewengarten.de.

Hotel Speyer am Technik Museum (19), 105 solide, eher kleine Zimmer in zwei Gebäudeteilen und 90 Caravanstellplätze direkt neben dem Technik-Museum. DZ 87 €,

Stellplatz mit WC/Dusche 22 €. Am Technik-Museum 1, ✆ 06232/67100, 📠 671020, www.hotel-speyer.de.

****S **Lindner Hotel & Spa Binshof**, wenn es mal etwas Luxuriöses sein soll: Im Norden von Speyer liegt ein Naherholungsgebiet mit vielen kleinen Baggerseen und mittendrin das Hotel & Spa Binshof. Exquisite Zimmer und Suiten, mehrere Restaurants und v. a. der 5200 m² große Wellnessbereich kennzeichnen diese Oase für gehobene Ansprüche. Der Wellnessbereich kann ab 30 €/Tag (Wochenende 50 €) von 9.30–22 Uhr auch von externen Besuchern genutzt werden. DZ ab 180 €, bei Sonderaktionen auch mal ab günstigen 135 €. Binshof 1, ✆ 06232/6470, 📠 647199, www.lindner.de.

*** **Salischer Hof**, im 15 km nördlich von Speyer gelegenen Schifferstadt befindet sich mit dem Salischen Hof ein architektonisches Kleinod. Alte Mauern und moderne Architektur wurden hier preisgekrönt in Einklang gebracht. DZ 92 €. Schifferstadt, Burgstraße 12–14, ✆ 06235/9310, 📠 931200, www.salischer-hof.de.

Altstadt Ferienhaus Speyer (3), in der Altstadt gelegenes Haus mit sechs neu renovierten Ferienwohnungen unterschiedlicher Größe (41–66 m²). Nichtraucherwohnungen, keine Haustiere. Ab 55 €. Pfaugasse 11, ✆ 06232/683144, 📠 683185, www.altstadt-ferienhaus.de.

Jugendgästehaus Speyer (20), sehr schön und zentral direkt am Rheinufer gelegen, die 160 Betten verteilen sich auf Ein- bis Vierbettzimmer, alle mit Dusche/WC. Das neue Schwimmbad Bademaxx befindet sich direkt neben der Jugendherberge. DZ 25,40 €. Geibstr. 5, ✆ 06232/61597, ℻ 61596, www.diejugendherbergen.de.

Essen & Trinken/Nachtleben (siehe Karte S. 66/67)

• *Essen & Trinken* **Alte Münz (11)**, in dem spätbarocken Wohnhaus befindet sich eine Weinstube mit großer Auswahl an deutschen und ungarischen Gerichten. Unten gibt es einen neu gestalteten, modernen Raum, oben ist es urgemütlich. Hauptgerichte 10–18 €. Nov.–März tägl. 11–15 und 17–24 Uhr, April–Okt. tägl. 11–24 Uhr. Korngasse 1a, ✆ 06232/79703, ℻ 497149, www.alte-muenz-speyer.de.

Ratskeller (14), hier werden im Kellergewölbe leckere gutbürgerliche Gerichte gereicht, darunter die lokale Spezialität Brezelsupp. Hauptgerichte 10–20 €. Mo Ruhetag, sonst 11.30–14.30 und 17.30–23 Uhr, So nur 11.30–14.30 Uhr. Maximilianstr. 12, ✆ 06232/78612, ℻ 71908, www.ratskeller-speyer.de.

Oberhalb der Altstadt liegt alles überblickend der Speyerer Dom

Zum alten Engel (12), das Backsteingewölbe mit antikem Mobiliar und die guten Gerichte aus regionalen Zutaten ergeben eine nahezu unschlagbar gemütliche Möglichkeit, die Zeit für ein paar Stunden zu vergessen. Hauptgerichte 7–22 €. Im Sommer Mo–Sa ab 18 Uhr, sonst Mo–Sa 11.30–15 Uhr und tägl. ab 18 Uhr. Mühlturmstr. 7, ✆ 06232/70914, ℻ 222979, www.zumaltenengel.de.

Philipp Eins (2), in edel-schlichtem, aber trotzdem locker-sympathischem Ambiente wird in der ältesten Gaststätte Speyers eine kreative und abwechslungsreiche Küche geboten. Hauptgerichte 11–22 €. So/Mo geschlossen, sonst ab 18 Uhr. Johannesstr. 19, ✆ 06232/78400, ℻ 79101, www.philippeins.de.

Café Rustico (1), schönes Tagescafé, das leckere Kuchen und herzhafte Kleinigkeiten anbietet. Jeden 2. und 4. So im Monat Brunch. Mo 9–21 Uhr, Mi–Sa 9–22 Uhr, So 9.30–22 Uhr. Wormser Str. 23, ✆ 06232/74304, www.cafe-rustico.de.

Café Hindenburg (7), einst ein typisches Oma-Café, inzwischen hat der neue Betreiber frischen Wind in die traditionsreichen Räume gebracht und eine Eisdiele hinzugefügt. Die Plätze auf dem alten Markt sind im Sommer sehr beliebt. So Ruhetag, sonst 8–23 Uhr. Maximilianstr. 91, ✆ 06232/75681.

Weinstube Rabennest (9), in legerem Ambiente kann man neben Wein einfache, leckere Gerichte genießen. Hauptgerichte 7–12 €. Mo–Fr ab 17 Uhr, Sa ab 18 Uhr sowie Di–Fr 11.30–14 Uhr Mittagstisch und Sa 11–14 Uhr Frühschoppen. Korngasse 5, ✆ 06232/623857, www.rabennest-speyer.de.

Restaurant-Hotel Amadeus (5), in einer ruhigen Seitenstraße der Fußgängerzone gelegen. Die (kinder-)freundliche Familie Thanos bietet vielfältige griechische und italienische Speisen an. Preiswert, z. B. Pizza ab 6 €, auch schöne DZ ab 75 €. Tägl. 11–23 Uhr. Gutenbergstr. 20, ✆ 06232/74611, ℻ 26951, www.amadeus-speyer.de.

Café-Kunst-Weinbar Kardinal2 (8), neue, moderne Location mit leckeren Gerichten, für das tolle Ambiente zahlt man etwas drauf. So–Fr ab 11 Uhr, Sa ab 10 Uhr. Korngasse 7, ✆ 06232/699188, ✆ 683057, www.kardinal2.de.

Café Wunderbar (6), kreativ gestaltete Weinbar mit leckeren Kleinigkeiten und feinen internationalen Weinen. Mo–Sa 11–24 Uhr, So ab 17 Uhr. Salzgasse 2, ✆ 06232/75985.

• *Nachtleben* **Flaming Star**, der zum Speyerer Rockmusikverein gehörende Musikclub bietet ein abwechslungsreiches Programm mit viel Musik aus den 70er- und 80er-Jahren, in der bis zu 1200 Menschen fassenden „Halle 101" werden interessante Events geboten. Im dazugehörigen Restaurant gibt es Burger, Steaks und Salate, im Sommer ist auch der schöne Biergarten geöffnet. Mi/Do 19–1 Uhr, Fr/Sa 19–3 Uhr, So 18–24 Uhr. Am neuen Rheinhafen 6, ✆ 06232/622500, www.flaming-star.de.

Strandbar, während der Sommermonate kann man von der Strandbar am Rhein aus die großen Schiffe anschauen und die Sonne genießen. Auf 2000 m² Sand fühlt man sich wie am Meer. Tägl. 12–24 Uhr. Am neuen Rheinhafen, www.rheinstrand-speyer.de.

Einkaufen/Sport & Freizeit/Kino/Veranstaltungen (siehe Karte S. 66/67)

• *Einkaufen* **Beisel-Hüte (13)**, in der mittlerweile dritten Generation werden in diesem Handwerksbetrieb Hüte gefertigt und verkauft. Von schlichten Strickmützen bis zur federverzierten Hutkreation gibt es hier alles. Mo–Fr 10–12.30 und 14.30–18.30 Uhr, Sa 10–16 Uhr. Rossmarktstr. 37, ✆ 06232/75317, www.beisel-huete.de.

ARS LUDI (17), schönes Spielwarengeschäft mit freundlichem und fachkundigem Personal. Mo–Fr 9.30–18.30 Uhr, Sa bis 14 Uhr. Gilgenstr. 23, ✆ 06232/72895, www.ars-ludi.de.

Bohne (10), in einem gemütlichen Eckladen am Altpörtel röstet Kai Schramm grüne Kaffeebohnen zu leckerem Kaffee. Rund 20 Sorten, auch bio und fair gehandelt, kann man kaufen und viele Kaffeespezialitäten auch direkt probieren. Mo–Fr 9.30–18.30 Uhr, Sa bis 16 Uhr. Gilgenstr. 31, ✆ 06232/601960, ✆ 601961, www.kaffee-bohne.de.

Stiller Radsport aktiv (15), guter Fahrradladen mit Werkstatt und Verleih von Tandems. Mo–Fr 9.30–12.30 und 14–18.30 Uhr, Sa 9–14 Uhr. Gilgenstr. 24, ✆ 06232/75966, ✆ 26641, www.stiller-radsport.de.

• *Baden* **Bademaxx**, das 2007 neu eröffnete Schwimm- und Planschparadies ist Frei- und Hallenbad zugleich. Mit insgesamt acht Becken und einem großzügigen Saunabereich wird es den Wünschen aller großen und kleinen Besucher gerecht. Hallenbad Mo–Sa 10–22 Uhr, So/Fei bis 20 Uhr, Di/Do zusätzlich 6.30–8 Uhr. Freibad Mitte Mai bis Anfang Sept. 10–19 Uhr, Juli/Aug. 8–20 Uhr. Mo Damensauna. Tageskarte Hallenbad 8 €, ermäßigt 6 €, Kinder bis 6 J. frei. Geibstr. 3, ✆ 06232/6251500, www.bademaxx.de.

Rund um Speyer sind zahlreiche Seen als Badegewässer gemeldet. Die **Binsfeldseen** im Norden weisen meist eine sehr gute Wasserqualität auf.

• *Ballooning* **Ballooning Speyer**, wer von Speyer aus die Umgebung per Heißluftballon erkunden möchte, kann dies ab 215 €/Pers. tun. Kurzfristige Terminabsprachen sind Mo–Fr 9–15 Uhr unter ✆ 06232/77117 möglich. Anton-Dengler-Str. 9, www.ballooning-speyer.de.

• *Jetski* **Wasserskischule Becht**, wer mit dem Jetski auf dem Rhein herumdüsen möchte, kann das hier ohne Führerschein, weil eine qualifizierte Begleitperson mit an Bord ist. Inkl. Sprit und Einführung kosten 15 Min. 50 €, 1 Std. 150 €. Auch Möglichkeit zum Wasserskifahren und Wakeboarden. Jetskistation: Im Hafenbecken 5 (gegenüber vom Sea Life). ✆ 06232/71979, ✆ 72899, www.wasserskischule.de.

• *Klettern* **Kletterwald Speyer**, fünf Parcours mit verschiedenen Schwierigkeitsgraden von „Fitness" bis „Risiko" erwarten einen hier. Mitten in der Natur sind die verschiedensten Aufgaben zu lösen, die längste Seilbahn misst 160 m. Mitte Mai bis Mitte Sept. tägl. 10–19 Uhr, Mitte März bis Mitte Mai und Mitte Sept. bis Anfang Nov. nur Di und Fr–So. Erwachsene 17 €, Kinder (erst ab 5 J.!) 8 €. Erster Richtweg 5, ✆ 0176-61011199, www.kletterwald.info.

• *Radfahren* Radwege erschließen die Rheinauenlandschaft rund um Speyer, besonders beliebt ist der **Rheinradwanderweg**. Der historisch begründete **Kaiser-Konrad-Radweg** ist ab Bad Dürkheim beschrieben (→ Radtour 3, S. 53).

• *Kino* **Theater Haus**, Brunckstr. 13, Reservierung unter ✆ 06232/315848, automatische Programmansage ✆ 06232/315831.

• *Veranstaltungen* Immer am zweiten Wochenende im Juli verwandelt sich der Festplatz an der Kipfelsau während des **Brezelfests** in ein Meer von Menschen und Fahrgeschäften. Am Brezelfest-Sonntag gibt es ab 13.30 Uhr einen kunterbunten Umzug durch die Innenstadt. Grund des Festes ist die Freude über die Erfindung der (Laugen)Brezel. Das ganze Jahr hindurch präsentiert sich Speyer als Brezelstadt, in der Fußgängerzone gibt es immer Stände mit frischen Brezeln.

Zwischen Fischmarkt und Sonnenbrücke (im Hasenpfuhl) wird alljährlich am zweiten Septemberwochenende das gemütliche **Altstadtfest** gefeiert.

Am Montag vor dem ersten Advent startet in Speyer der **Weihnachtsmarkt**. Die schöne Kulisse der Maximilianstraße und die gute Auswahl der Beschicker sorgen für eine stimmungsvolle Atmosphäre. Wer bis Heiligabend noch nicht genug gefeiert hat, der kann sich auf den Tag nach Weihnachten freuen, da geht das Fest bis um Dreikönig als **Silvestermarkt** weiter.

Am dritten Wochenende im Sept. findet der äußerst stimmungsvolle **Bauernmarkt** statt. Über 100 Anbieter aus der Vorder- und Südpfalz präsentieren in schön dekorierten Ständen auf der Maximilianstraße ihre landwirtschaftlichen Produkte, zeigen bäuerliches Kunsthandwerk und laden ein, regionale Spezialitäten zu probieren.

Stadtrundgang

Unübersehbar und doch harmonisch markiert der **Dom** die Mitte Speyers. Nach seiner Ernennung zum römisch-deutschen Kaiser machte sich Konrad II. um 1030 auf die Suche nach einem geeigneten Platz zum Bau des herrschaftlichen Doms. Kein Ort in seiner Heimat, dem Speyergau, schien besser geeignet als die Bischofsstadt am Rhein, in der schon zu karolingischer Zeit ein erster Dom entstanden war. Mit gigantischem Aufwand wurde dieser abgerissen, der Domhügel aufgeschüttet und die für den Bau benötigten Sandsteine aus dem Odenwald und von der Haardt aus hierhergebracht. Als Konrad II. 1039 starb, war von seinem stolzen Bauwerk noch nicht viel vollbracht, sein Sarg wurde inmitten der Baustelle beigesetzt. Geweiht wurde die gesamte Anlage erst 1061 in Anwesenheit seines elfjährigen Enkels König Heinrich IV. Seit jener Zeit bilden Kirche und Stadt eine untrennbare Einheit. Keine 20 Jahre nach der Weihe ließen der mittlerweile dem Kindesalter entwachsene Heinrich IV. und dessen Sohn Heinrich V. den Dom tiefgreifend umbauen. Damals entstanden die charakteristische umlaufende Zwerggalerie sowie die aus statischen Gründen verstärkten Mauern mit ihren reichen Gliederungen. Mit den um 1125 vollendeten Umbaumaßnahmen erlangte der Speyerer Dom grob sein heutiges Erscheinungsbild. Trotz zahlreicher Umbauten sind Teile des ursprünglichen Doms noch immer erhalten. Nach verheerenden Zerstörungen in den Wirrungen der Französischen Revolution konnte der Dom nur knapp vor dem Abriss bewahrt werden. Erst infolge der Angliederung der Pfalz an Bayern wurde er zunächst notdürftig wiederhergestellt und durch König Ludwig I. als Nationaldenkmal gefördert. Der charakteristische Westbau des Doms entstand nach Plänen von Heinrich Hübsch in der Mitte des 19. Jh. Heute präsentiert sich der Dom als Basilika mit dreischiffigem Langhaus, Westbau, Querhaus und Chorgeviert mit Apsis. Die fünfschiffige Krypta erstreckt sich unter dem Chor und dem Querhaus.

Die gewaltigen Ausmaße und die trotz größter Sachlichkeit deutlich werdende Untermauerung des weltlichen Machtanspruchs kennzeichnen die Idee des mittelalterlichen Kaiserdoms. Von Anfang an war der Dom als Grablege gedacht, als Ort der Erinnerung und Bewunderung für das Geschlecht der Salier, das zwischen 1024 und 1125 nicht nur die römisch-deutschen Könige, sondern als Vertreter Christi auf Erden auch die Kaiser stellte. Bis heute sind ihre Gräber in der stimmungsvollen Krypta, dem ältesten Teil des Doms, zu bestaunen.

• *Öffnungszeiten* Tägl. 9–17 Uhr, April–Okt. bis 19 Uhr. So/Fei um 7.30, 10 und 18 Uhr Messe. Lohnenswerte Krypta-Besichtigung: 2 €. Informationen zu Führungen unter ✆ 06232/102118. Weitere Infos über die Europäische Stiftung Kaiserdom zu Speyer, Stifterbüro, Kleine Pfaffengasse 21, ✆ 06232/102397, 📠 102352, www.dom-speyer.de.

Vom Dom, dem Dreh- und Angelpunkt der Stadt, führt die Maximilianstraße geradezu auf das 55 m hohe **Altpörtel** zu. Die Besteigung des westlichen Haupttors der ehemaligen Stadtbefestigung lohnt aufgrund des grandiosen Ausblicks über die gesamte Stadt. Auf dem Weg dorthin passiert man die 1748 als Kaufhaus errichtete **Alte Münze,** vor der sich auf dem alten Marktplatz die Tische verschiedener Cafés und Restaurants einladend um einen Brunnen gruppieren, und, etwas versetzt in der Großen Himmelsgasse, die als spätbarockes Gesamtkunstwerk geltende **Dreifaltigkeitskirche.** Zwischen 1701 und 1717 wurde sie nach Plänen des kurpfälzischen Hofbaumeisters Johann Peter Graber als evangelisch-lutherische Kirche errichtet. Die weitgehend erhaltene ursprüngliche Innenausstattung wird von einem reich bemalten Holzgewölbe dominiert.

Die charmante Altstadt mit dem Altpörtel

• *Öffnungszeiten/Eintritt* **Altpörtel**: April–Okt. Mo–Fr 10–12 und 14–16 Uhr, Sa/So 10–17 Uhr. Eintritt 1 €. **Dreifaltigkeitskirche**: Mi 10–12 und 14–16 Uhr, So 14–17 Uhr.

Unweit des Aussichtsbalkons des Altpörtels erhebt sich mit 105 m der höchste Kirchturm der Pfalz. Die dazugehörende neugotische **Gedächtniskirche** wurde in den Jahren 1893 bis 1904 zur Erinnerung an die 1529 auf dem Reichstag in Speyer vollzogene Protestation errichtet. Eine Bronzestatue und Martin Luthers berühmtes Diktum „Hier stehe ich, ich kann nicht anders, Gott helfe mir. Amen!" erinnern neben den farbigen Motivfenstern der Gedächtnishalle an die Reformation und ihren Wegbereiter. Über die Ludwigstraße erreicht man in wenigen Minuten das **jüdische Viertel.** Hinter einer unscheinbaren Tür in der Kleinen Pfaffengasse liegen die Reste der im 11. Jh. entstandenen Synagoge. Beeindruckend ist v. a. das 10 m unter der Oberfläche gelegene, über ein gewölbtes Treppenhaus zu erreichende Judenbad. Während sich im 11. Jh. in weiten Teilen Europas die Stimmung gegen die Juden wandte, hielt man in Speyer zunächst die schützende Hand über sie. Dies führte dazu, dass hier eine mehrere Hundert Personen umfassende jüdische

Gemeinde entstand, die wesentlich zur Entwicklung der Stadt beitrug. Allerdings verschlechterte sich in den folgenden Jahrhunderten auch in Speyer die wirtschaftliche Situation der jüdischen Gemeinde. Seit dem 12. Jh. fielen immer mehr Juden brutalen Pogromen zum Opfer. Schon bevor Mitte des 14. Jh. die Judenverfolgung mit den Pestpogromen ihren traurigen Höhepunkt erreichte, war die jüdische Gemeinde in Speyer kaum mehr existent. Die heutige jüdische Gemeinde wurde 1996 von Einwanderern aus Osteuropa gegründet.

• *Öffnungszeiten/Eintritt* **Gedächtniskirche**: Mo–Sa 10–12 und 14–17 Uhr, So nur 14–17 Uhr, Mai–Okt. jeweils bis 18 Uhr. **Jüdisches Viertel**: April–Okt. tägl. 10–17 Uhr. Eintritt 2 €, ermäßigt 1 €. Kleine Pfaffengasse, ✆ 06232/291971.

Über den Domplatz gelangt man in den romantisch verwinkelten **Hasenpfuhl**, die Speyerer Altstadt. Einst wurde auf dem Fisch- und Holzmarkt eifriger Handel getrieben. Heute laden einige Gast- und Weinstuben zum Verweilen ein, ansonsten ist es deutlich ruhiger als auf der oberhalb gelegenen Maximilianstraße. Über den Speyerbach gelangt man schließlich zu dem um 1230 gegründeten und 1304 zum Dominikanerorden übergetretenen **Kloster St. Magdalena** in der Hasenpfuhlstraße. Für Speyer war die Einrichtung v. a. in der Bildungs- und Erziehungsarbeit von großer Bedeutung. Ab 1829 gründeten die Dominikanerinnen öffentliche Mädchenvolksschulen, die erste Höhere Töchterschule der Pfalz, eine Lehrerinnenbildungsanstalt und eine Handelsschule. Zwischen 1923 und 1931 wirkte und lehrte die Philosophin und Karmeliterin Dr. Edith Stein in den Schulen des Klosters.

Museen

Historisches Museum der Pfalz: Auf 6000 m^2 werden in dem renommierten Museum nahezu alle wesentlichen Exponate gezeigt, die für die Pfalz von der Vorgeschichte bis in die Neuzeit von herausragender Bedeutung sind. Neben einer Sammlung zum Thema Wein ist hier auch der Domschatz zu sehen. Meist sind es aber die gut inszenierten Sonderausstellungen, die ein großes Publikum anziehen. Beliebt bei Klein und Groß ist das Junge Museum, in dessen Erlebnisausstellungen Themen wie Piraten, die Sendung mit der Maus oder Playmobil anschaulich präsentiert werden.

Di–So 10–18 Uhr. Eintritt 4 €, ermäßigt 3 €, Sonderausstellungen um 10 €. Domplatz, ✆ 06232/13250, ℻ 620223, www.museum.speyer.de.

Feuerbachhaus: Das idyllische Haus mit schönem Garten an der Stadtmauer ist das Elternhaus des Malers Anselm Feuerbach (1829–1880). Neben der Dokumentation seines Gesamtschaffens werden auch einige seiner klassizistisch-realistischen Bilder gezeigt.

Di–Fr 16–18 Uhr, Sa/So 11–13 Uhr, im Juli nur Sa/So. Eintritt frei, Spenden erbeten. Weinstube mit 35 Freisitzplätzen im angelegten Garten, Mo–Fr ab 18 Uhr. Allerheiligenstr. 9, ✆ 06232/70448, www.speyer.de → Tourismus.

Purrmannhaus: Im Elternhaus Hans Purrmanns (1880–1966) wird in einer ständigen Ausstellung mit gut 70 Exponaten sein aus Gemälden, Druckgrafiken, Aquarellen und Plastiken bestehendes Werk gezeigt.

Di–Fr 15–17 Uhr, Sa/So/Fei 11–13 Uhr. Eintritt 1 €. Kleine Greifengasse 14, ✆ 06232/77911, www.speyer.de → Tourismus.

Sophie-von-La-Roche-Gedenkstätte: Die Großmutter von Bettina von Arnim und Clemens Brentano mit dem facettenreichen Lebensweg gilt als die erste deutsche Schriftstellerin, die, in der Spätphase der Aufklärung, einen moralkritischen Roman verfasste. Im prächtigen Hohenfeld'schen Haus wurde eine gelungene Gedenkstätte für sie geschaffen, um an ihre Speyerer Jahre (1780–1786) zu erinnern.

Mo–Fr 10–17 Uhr, Sa bis 16 Uhr. Eintritt frei, Spenden erbeten. Maximilianstr. 99, ✆ 06232/142392, www.speyer.de → Tourismus.

Sea Life Center: Im Hafenbecken unterhalb des Doms sind über 100 verschiedene im Wasser lebende Tierarten zu Hause. Mit 24 Süß- und Salzwasserbecken ist der Lauf des Rheins vom Ursprung in den Alpen bis zur Mündung in die Nordsee im Kleinformat nachgestellt. Zwar ähnelt das Speyerer Sea Life den anderen teilweise sehr, dennoch wird hier eine kurzweilige und auch für Kinder sehr anschauliche Darstellung der Ökosysteme Rhein, Nordsee und Atlantik präsentiert.

• *Öffnungszeiten* sehr unterschiedlich, meist tägl. 10–16 Uhr, während der Schulferien in Rheinland-Pfalz und Baden-Württemberg sowie am Wochenende bis 17 Uhr. Erwachsene 13,50 €, Kinder 9,95 €, Online-Tickets z. T. günstiger. Hunde haben keinen Zutritt. Im Hafenbecken 5, ✆ 06232/69780, www.sealifeeurope.com.

Technik-Museum und Imax Dome: Aufgrund der großen Vielfalt können hier sowohl Technikfreaks als auch von technischen Dingen eher gelangweilte Besucher einige Zeit verbringen. Der klassische Teil der Ausstellung erstreckt sich über 100.000 m² Freigelände und 15.000 m² Hallenfläche. Neben Feuerwehrfahrzeugen, Lokomotiven und Oldtimern sind eine Antonov AN-22, das U-Boot U 9 und eine hoch über dem Museumsgelände „schwebende", begehbare Boeing 747 zu bestaunen. Letztere hat eine spektakuläre Reise hinter sich. Bis Karlsruhe wurde sie geflogen und danach in mehrere Teile zerlegt. Am schwierigsten war der Transport des gut 70 m langen Rumpfs. Auf einem Lastenponton wurde er auf dem Rhein bis zu einem Naturhafen bei Speyer gefahren. Von dort ging es, beobachtet von vielen Zuschauern, auf gesperrten Straßen bis ins Technik-Museum.

Abgehobenes und Bodenständiges bietet das Technik-Museum

Im *IMAX Dome Filmtheater* werden die speziell für dieses Kino produzierten Filme auf eine Kuppel mit 27 m Durchmesser projiziert, wodurch sich beeindruckende optische Effekte ergeben.

Mo–Fr 9–18 Uhr, Sa/So bis 19 Uhr. Erwachsene 13 €, Kinder (6–14 J.) 11 €, Kombiticket mit IMAX 18 bzw. 14 €. Am Technik-Museum, ✆ 06232/67080, 📠 670820, www.museumspeyer.de.

Ludwigstor

Germersheim

Vor allem die militärische Bedeutung während der letzten 200 Jahre hat die Stadt am Rhein geprägt. Im Gegensatz zu den in großen Teilen erhaltenen prägnanten Festungsanlagen ist die Innenstadt wenig spektakulär.

Schon die Gründung Germersheims war militärisch motiviert: An der Stelle der heutigen Stadt wurde schon vor 1090 eine Burg errichtet, die in den folgenden Jahren beliebter Aufenthaltsort von Kaisern und Königen war. Auch Rudolf von Habsburg (1218–1291) soll der Ort gefallen haben, 1276 verlieh er ihm die Reichsstadtprivilegien. Nach der Übernahme der Stadt durch das Königreich Bayern wurden 1814 eilig Pläne zum Bau einer Festung geschmiedet. Die hauptsächlich von 1834 bis 1855 durch König Ludwig I. erbaute Anlage sollte das linke Ufer des Rheins schützen. Germersheim entwickelte sich zu einer gewaltigen Militärbasis, auf die 3000 Einwohner zur Mitte des 19. Jh. kamen noch einmal so viele Soldaten. Doch war die Anlage schon bei Bauende veraltet. Die militärische Technik und die Durchschlagskraft der Geschütze hatte sich in den wenigen Jahren so stark verändert, dass alle zuvor angenommenen Rahmenbedingungen nicht mehr stimmten. Dennoch blieb die Festung weiterhin bestehen und wurde erst 1922 infolge des Versailler Vertrags geschleift. Ein Teil von ihr ist inzwischen als Niederlassung der Universität Mainz wiederbelebt worden: Seit der Fachbereich Angewandte Kultur- und Sprachwissenschaften Einzug in die Seyssel-Kaserne gehalten hat, ist frischer Wind in das Gemäuer und die nähere Umgebung gekommen. Passend zur ehemaligen gotischen Klosterkirche St. Jakobus (gebaut um 1325) steht auf dem Marktplatz eine Bronzeplastik des hl. Jakob nach einem Entwurf von Max Pöpperl. Germersheim liegt auf einer der vielen Pfälzer Jakobsrouten, sodass bei allem militärischen Getöse auch Raum für Kontemplation bleibt.

Information/Sightseeing

• *Information* **Tourist-Info**, Infos an der Rezeption der Stadtverwaltung, Kolpingplatz 3, 76726 Germersheim, ✆ 07274/960260, ℻ 96011260, www.germersheim.de. Mo–Fr 8–18 Uhr, Sa bis 12 Uhr.

Südpfalz-Tourismus Landkreis Germersheim e. V., Luitpoldplatz 1, 76726 Germersheim, ✆ 07274/53232, ℻ 53361, www.kreis-germersheim.de. Mo–Fr 8.30–12 und 13.30–16 Uhr.

• *Sightseeing* Öffentliche **Festungs- und Stadtführungen** von März bis Nov. an jedem 1. Sa im Monat. Treffpunkt jeweils um 14 Uhr am Parkplatz in der August-Keiler-Straße (hinter dem Weißenburger Tor). Der zweistündige Rundgang kostet für alle ab 14 J. 4 €. Infos bei der Tourist-Info.

Nachenfahrten auf dem Altrhein: Erfahrene Bootsführer schippern Gäste in einem Nachen durch die Altrheinarme bei Germersheim. Neben naturkundlichen Informationen erfährt man auch viel über das jahrhundertelange Miteinander von Mensch und Fluss. Die flachen, hölzernen Fischerboote sind nur komplett (12 Plätze) zu mieten und kosten 90 €/Fahrt. Da die Fahrten in einem Naturschutzgebiet stattfinden, ist ihre Anzahl und der Zeitraum (Ende März bis Mitte Okt.) begrenzt. Infos über die Tourist-Info.

Übernachten/Camping/Essen & Trinken

• *Übernachten* *** **Germersheimer Hof**, das teilweise neu erbaute Bett-&-Bike-Hotel liegt außerhalb des Zentrums an einer Ausfallstraße. Die Zimmer sind schön und komfortabel, sodass sich das Hotel gut als Ausgangspunkt für Radtouren in der Südpfalz eignet. DZ ab 75 €. Josef-Probst-Str. 15a, ✆ 07274/5050, ℻ 505111, www.hotel-germersheimer-hof.de.

Gästehaus Jochem, neu renovierte Nichtraucherzimmer in einem im Gründerzeitstil erbauten Haus mit hohen Decken und zentralen Sanitäranlagen auf dem Flur. Im Innenhof mit Raucherecke können auch Fahrräder sicher abgestellt werden. Kochgelegenheit vorhanden. DZ 42 €. Fischerstr. 21, ✆/℻ 07274/500970, www.21jo.de.

• *Camping* **Wohnmobil-Stellplätze**, acht mit Schotter befestigte Stellplätze, Entsorgungsstation, ganzjährig geöffnet. 24 Std. 3 €. Rudolf-von-Habsburg-Straße, ✆ 07274/960260.

• *Essen & Trinken* **Las Tapas**, schönes spanisches Restaurant mit vielen äußerst leckeren und dabei preiswerten Tapas und einer umfangreichen spanischen Weinkarte. Auf der überdachten Terrasse zum Marktplatz hin wird im Sommer donnerstags und freitags Fisch gegrillt. Tägl. 17–24 Uhr. Mittelstr. 2, ✆ 07274/770112, www.lastapas.de.

Ristorante Dal Pozzo, im vollkommen neu restaurierten Fachwerkhaus dominieren neben Holz warme, kräftige Farben. Die klassisch italienische Speisekarte wird von Dienstag bis Freitag um den beliebten Mittagstisch ergänzt. Tagesgericht ab 5 €. Di–Fr, So 11.30–14 und 18–23 Uhr, Sa nur 18–23 Uhr. Jakobstr. 14, ✆ 07274/777703.

Uni-Club, nette Kneipe mit freundlichem Service und bunt gemischtem Publikum. Sehr günstige Getränke und leckere Waffeln für 1 €. Im Sommer einige Tische an der verkehrsberuhigten Straße. Tägl. 10–1 Uhr. Ludwigstr. 3, ✆ 07274/703636, ℻ 779931, www.uni-club.net.

Einkaufen/Sport & Freizeit

• *Einkaufen* **Goldschmiede Birgit Janson**, individueller und dennoch klassischer Schmuck in einem hellen Eckladen. Verliebte und Brautpaare können sich in einem sechsstündigen Kurs auch gegenseitig die Ringe schmieden. Mo–Fr 9–13 und 14–18 Uhr, Sa nur 9–13 Uhr. Sandstr. 12, ✆ 07274/919042, ℻ 919043, www.goldschmiede-janson.de.

Germersheimer Radhaus, neben einer großen Auswahl an Rädern und Zubehör ist hier eine Fahrradwerkstatt mit fachkundigem Service zu finden. Leihräder 6 €/Tag, eine Woche 28 €. Kindersitze und -anhänger auf Anfrage. Mo–Fr 9–12.30 und 14–18 Uhr, Sa 9–13 Uhr, Nov.–Feb. donnerstagnachmittags geschlossen. Eugen-Sauer-Str. 2, ✆ 07274/3100, www.germersheimer-radhaus.de.

Vinothek Jochem, unterhalb der Räumlichkeiten des Gästehauses Jochem werden Weine aus der Pfalz und aller Welt verkauft. Mo–Fr 14.30–18 Uhr, Sa 9.30–13 Uhr. Fischerstr. 21, ✆/📠 07274/500970, www.21jo.de.

• *Radfahren* Durch Germersheim führt der **Rhein-Radweg**, dem man nach Norden oder Süden folgen kann. Eine schöne, kleinere Runde am Rhein (ca. 25 km) führt rheinaufwärts bis Leimersheim, dort setzt man mit der Fähre auf die badische Seite über und radelt dann bis zur Germersheimer Rheinbrücke durch den Auwald zurück. Über den Bellheimer Wald nach Landau und weiter in Richtung Hauenstein führt der **Queichtalradweg**.

Sehenswertes

Deutsches Straßenmuseum: Im gut erhaltenen Zeughaus der Festung Germersheim wurden einst Waffen und sonstige militärische Ausrüstung aufbewahrt und gepflegt. Heute befindet sich in dem mächtigen Bauwerk das bundesweit einzige Straßenmuseum. Dort wird auf die Kulturgeschichte der Straßen ebenso eingegangen wie auf die zum Bau nötigen Großmaschinen, die teilweise im Hof betrachtet werden können.

Di–Fr 10–18 Uhr, Sa/So ab 11 Uhr. Eintritt 5 €, ermäßigt 3 €, Familienkarte 8 €. Im Zeughaus, ✆ 07274/500500, 📠 500505, www.deutsches-strassenmuseum.de.

Das **Weißenburger Tor,** das inoffizielle Wahrzeichen Germersheims, und das **Ludwigstor** bildeten einst die beiden Zugänge zur Stadt. Im Ludwigstor ist heute das **Stadt- und Festungsmuseum** zu besichtigen, dessen Sammlungen die militärische Geschichte Germersheims aufzeigen. Hinter dem Museum befindet sich ein großzügiger Spielplatz.

April–Dez. 1. So im Monat 10–17 Uhr und jeden Mi 14–18 Uhr. Erwachsene 2 €, Kinder ab 10 J. 0,50 €. Am Ludwigsring 1, ✆ 07274/960260.

In der Umgebung

Bellheimer Wald: Weitläufig und licht umgibt westlich von Germersheim der Bellheimer Wald zahlreiche Flüsse und Bäche, darunter die von Hauenstein über Landau in den Rhein fließende Queich. An seinem nördlichen Rand liegt Lustadt, im Süden bilden Knittelsheim und Bellheim die Grenze zur sich anschließenden landwirtschaftlich intensiv genutzten Weite. Zu Bellheim gehören die spärlichen Reste des im Wald gelegenen *Jagdschlosses Friedrichsbühl.* 1552 wurde es vom pfälzischen Kurfürsten Friedrich II. als Renaissancebau errichtet, doch im Zuge des Dreißigjährigen Krieges schon bald wieder aufgegeben. Heute weisen nur noch Reste des Wassergrabens, ein Gedenkstein und eine Infotafel auf das Schloss hin. Bis 1897 diente das Schlossportal als Portal der Nikolauskirche in Bellheim, heute ist es im Historischen Museum der Pfalz in Speyer zu besichtigen. *Lustadt* wäre mit seinen gut 3000 Einwohnern eigentlich nur ein kleines Dorf wie so viele in der Umgebung – gäbe es nicht einmal im Jahr das *Loschter Handkeesfescht* (Lustadter Handkäsefest, www.loschter-handkeesfescht.de). Es ist der Höhepunkt im Lustadter Jahresgang, am 1. Mai und dem nächstgelegenen Wochenende kommen alljährlich 40.000 Besucher auf den eigens dafür gebauten Handkees-Platz am Waldrand. Organisiert wird das Treiben von einem eigenen Verein, dessen Ziel es ist, ein Fest mit volkstümlichen Preisen zu feiern. Und so kostet das Bund Radieschen so viel wie im Supermarkt, und von der dicken Scheibe Bauernbrot mit „Handkäse komplett“ (Handkäse mit Schnittlauch und Zwiebeln auf Weißem Käse) wird man für 4 € ordentlich satt. Dass man fürs Parken mitten auf dem Land etwas bezahlen muss, wirkt zuerst etwas seltsam, wenn man dann aber die vielen Autos und den damit verbundenen Verkehr sieht, ist klar, dass ohne eine lenkende Hand hier nichts mehr ginge.

Die Südpfalzdraisine

Lustadt liegt an der Route der Südpfalzdraisine zwischen Bornheim und Lingenfeld, die auf der 1889 stillgelegten Strecke der Unteren Queichtalbahn verkehrt. Der Draisinenverkehr entwickelte sich von Anfang an sehr positiv; so konnte bereits im August 2006, vier Monate nach Aufnahme des Betriebs, der 10.000. Besucher verzeichnet werden. 2007 waren noch vor Betriebsbeginn nahezu alle Draisinen für Fahrten am Wochenende und an Feiertagen ausgebucht.

Der Start für die 13 km lange Strecke (einfach) erfolgt zwischen 10 und 11.30 Uhr in Bornheim (bei Landau), ohne Pause ist man in ca. 1:30 Std. in Lingenfeld (nördlich von Germersheim). Ab 14 Uhr kann die Rückfahrt auf der eingleisigen Strecke beginnen. Draisinenmiete ab 36 €, am Wochenende ab 44 €. Bis zu zwei Räder haben Platz. Weitere Infos und Buchung unter ✆ 06327/961016 oder www.suedpfalzdraisine.de.

• *Information* **Südpfalz-Tourismus Landkreis Germersheim e. V.**, Luitpoldplatz 1, 76726 Germersheim, ✆ 07274/53232, ✆ 53361, www.kreis-germersheim.de. Mo–Fr 8–12 und 13.30–16 Uhr. Infos auch unter www.bellheim.de und www.lustadt.de.

• *Übernachten/Essen & Trinken* *** **Gästehaus und Weingut Schäffer**, helle und neu möblierte Zimmer, Apartments und Ferienwohnungen. Die Weine aus dem östlichsten Anbaugebiet der Pfalz sind vielfach prämiert. Weinverkauf Mo–Fr 7–12 Uhr, Sa/So 10.30–12.30 Uhr. DZ ab 54 €, Ferienwohnungen ab 41 €. Lustadt, Obere Hauptstr. 73, ✆ 06347/70010, ✆ 700129, www.schaeffer-weine.de.

Knittelsheimer Mühle, das großzügige Anwesen am Rand des Bellheimer Walds bietet gutes, solides Essen in den rustikalen Gaststuben oder im Biergarten. Kanuverleih und Unterstellmöglichkeiten für Pferde, schöner Kinderspielplatz, Bett-&-Bike-Betrieb. Di Ruhetag (Okt.–März auch Mo), sonst ab 11 Uhr. Einfache DZ für 58 €. Knittelsheim, ✆ 06348/8366, www.knittelsheimer-muehle.de.

Zeiskamer Mühle, am Rande des Bellheimer Waldes und des Dorfes Zeiskam (3 km westlich von Lustadt) liegt das seit 1976 in Familienbesitz befindliche Anwesen. Die Übernahme durch die junge Generation brachte frischen Wind in das freundliche Restaurant mit seiner ausgezeichneten Küche und in das stilvolle Hotel. Hauptgerichte 14–25 €. Tägl. 11.30–14 und 18–22 Uhr.

Geselligkeit geht auf den Festen der Region über alles

DZ im Altbau ab 85 €, neue, moderne DZ ab 105 €, Zeiskam, Hauptstr. 87, ☏ 06347/97400, ℻ 974066, www.zeiskamermuehle.de.

Fischrestaurant Alte Post, nettes Restaurant, in dessen Küche die Liebe zu feinen Fischgerichten gepflegt wird. Soweit möglich, werden die Produkte von regionalen Landwirten bezogen. Hauptgerichte 7–22 €. Do–So ab 17.30 Uhr, Fr/So/Fei auch 11.30–14.30 Uhr. Lustadt, Bahnhofstr. 24, ☏ 06347/700667, www.altepostlustadt.de.

Steverding's Isenhof, in dem wunderschönen Fachwerkhaus wird feine Gourmetküche geboten, das Ambiente ist dennoch relativ locker. Peter Steverding bietet auch Kochkurse an. 4-Gänge-Menü ab 59 €. Di–Do geschlossen, sonst ab 18 Uhr, So ab 12 Uhr. Knittelsheim, Hauptstr. 15a, ☏ 06348/5700, www.isenhof.de.

Vom Fluss geprägt – die Dörfer am Rhein

Südlich von Germersheim erstreckt sich ein bunter Flickenteppich aus gemütlichen Dörfern, Äckern und wasserreichen Auwäldern. Früher wurde die Landschaft regelmäßig überflutet, das Wasser des Rheins düngte die Felder, Fischer fanden in dem wild fließenden Strom reiche Beute. Seit dem Bau des Rheindamms sind die Orte vor Überschwemmungen geschützt, statt Fischerkähnen ankern Sportboote in den romantischen Altrheinarmen.

Das am Klingbach gelegene Dorf **Hördt** wird gerne als Klosterdorf bezeichnet. Der Edelmann Herimannus errichtete 1103 auf seinem Gut in Herthi ein Augustinerkloster, das für knapp 550 Jahre der religiöse und geistige Mittelpunkt der Gegend war. Auch die hl. Hildegard von Bingen besuchte es mehrmals. Doch die Frondienste der Bauern und Handwerker waren immens, und so gab es immer wieder Aufstände und Revolten. Im 1525 ausgebrochenen Bauernkrieg wurde das Kloster zuerst durch Nußdorfer (→ S. 188) und später durch rechtsrheinische Bauern schwer in Mitleidenschaft gezogen. Durch die Reformation und den Dreißigjährigen Krieg war es dem Kloster nicht mehr möglich, seine einstige Blüte wiederzuerlangen. Heute zeugen neben einem kleinen Stück Klostermauer nur noch Straßennamen von der interessanten Geschichte.

Die Hördter Rheinaue

Mehr als zwei Drittel der Hördter Gemarkung sind Natur- und Landschaftsschutzgebiet. Mit 835 ha ist die Hördter Rheinaue das zweitgrößte Naturschutzgebiet der Pfalz, ein einzigartiges Reservoir an seltenen und schützenswerten Tier- und Pflanzenarten. Im Frühjahr duftet es nach Bärlauch, im Frühsommer nach Waldmeister. An Erlen und Silberpappeln ranken sich Waldreben empor. Ins Naturschutzgebiet gelangt man auf dem 9 km langen **Tulpenbaumweg,** der am Schützenhaus in Hördt beginnt und am idyllischen Ufer des Michelbachs entlangführt. Auf dem ehemaligen Herrengrund der Augustiner-Klosteranlage sind Wasserschwertlilien, Schilfrohr, Teichrosen, Orchideen, Tulpenbäume und Naturdenkmäler wie Wildbirne und Hopfen zu entdecken. Am Wegesrand finden sich Grenzsteine des ehemals Königlich Bayerischen Waldes.

Schön in die Auen- und Felderlandschaft eingebettet liegen auch die beiden Dörfer **Leimersheim** und **Neupotz.** In Leimersheim setzt die bei Radfahrern beliebte Rheinfähre ans badische Ufer über. Fluch und Segen des Rheins liegen hier dicht beieinander. In Neupotz wird schon seit vielen Jahren kontrovers diskutiert, ob Gemeindeflächen als Polderflächen für den Fall starker Rheinhochwässer ausgewiesen werden sollen. Eine Bevölkerungsinitiative wendet sich dagegen, wenngleich die Notwendigkeit zur Schaffung von Flutungsflächen seit der Rheinbegradigung durch Johann Gottfried Tulla grundsätzlich unumstritten ist.

Fachwerkidylle in der südlichen Rheinpfalz: Jockgrim

Vom Rhein kommend, fällt **Jockgrim** gleich ins Auge: Burgartig markiert die historische Stadtmauer mit der Kirche St. Dionysius den auf einer schmalen Landzunge gelegenen alten Teil des Dorfes. Das im Schatten der Stadtmauer gelegene Hinterstädtel präsentiert sich mit seinen Fachwerkhäusern so romantisch, dass es immer wieder Künstler in den Ort gezogen hat, beispielsweise die bekannte pfälzische Mundartdichterin *Lina Sommer* (1862–1932). Neben einem kleinen Platz an der Ludwigstraße ist ihr zu Ehren in der Villa Sommer, dem heutigen Rathaus der Ortsgemeinde, ein Gedächtniszimmer eingerichtet worden (Mo–Fr 9–11 Uhr, Eintritt frei, Maximilianstr. 36, ✆ 07271/52895). Lina Sommer lebte hier für kurze Zeit zusammen mit ihrem Sohn Walter, der Direktor der *Ludowici-Werke* war. Diese von Carl Ludowici gegründeten Falzziegelwerke produzierten die ersten industriell hergestellten Ziegel der Welt. Das 1996 eingeweihte *Ziegeleimuseum* dokumentiert die rund 100-jährige Geschichte der Fabrik (So 14–16 Uhr, Erwachsene 1,50 €, Kinder frei, Führung pro Gruppe zusätzlich 20 €, Untere Buchstr. 22a, ✆ 07271/52895, ✆ 981707, www.jockgrim.de → Touristik). Unter dem angrenzenden Gebäude der Verbandsgemeindeverwaltung ist ein Teil des ehemals größten europäischen Ringofens zu besichtigen. Ursprünglich war er über 90 m lang und über sechs Stockwerke hoch.

Im nahen **Rheinzabern** ist außer den schönen Fachwerkhäusern das 1978 eröffnete *Terra Sigillata Museum* einen Besuch wert (Mi–So 11–17 Uhr, Erwachsene 2,50 €, Jugendliche 1 €, Hauptstr. 35, ✆ 07272/955893, www.terra-sigillata-museum.de). Die an vielen Stellen gefundenen und noch immer auffindbaren Scherben aus dem 2. und 3. Jh. ermöglichen einen Einblick in das alltägliche Leben im ehemaligen römischen *Tabernae*. In der Ansiedlung mit 4000 Einwohnern befand sich jene Manufaktur, in der das rote, glänzende Terra-Sigillata-Geschirr für das gesamte östliche Gallien produziert wurde. Auch die weitreichenden Handelsbeziehungen werden im Museum dokumentiert.

In großen Trockenschuppen lagern die Tabakblätter ...

Reisepraktische Informationen

• *Information* **Südpfalz-Tourismus Landkreis Germersheim e. V.**, Luitpoldplatz 1, 76726 Germersheim, ✆ 07274/53232, 📠 53361, www.kreis-germersheim.de. Mo–Fr 8–12 und 13.30–16 Uhr. Weitere Infos unter www.hoerdt-pfalz.de, www.neupotz.de, www.jockgrim.de und www.rheinzabern.de.

> **Rheinfähre Peter Pan**: Pendelt meist im 15-Min.-Takt zwischen Leimersheim und Leopoldshafen. April–Okt. Mo–Fr 6 bis mind. 18 Uhr, Sa ab 9 Uhr, So ab 10 Uhr, Nov./Feb. Mo–Fr 6–10 und 15–18 Uhr, Sa/So bei schönem Wetter 10–17 Uhr, März 6–18 Uhr, Sa/So bei schönem Wetter 10–18 Uhr, Dez./Jan. kein Fährdienst. Pkw inkl. Fahrer 4 €, Radfahrer 2 €, Fußgänger 1 €. ✆ 07273/3592, www.rheinfaehre-leimersheim.de.

• *Übernachten/Essen & Trinken* **Gasthof Lamm**, einst ein einfacher Landgasthof, heute ein gutes Restaurant, das auch Ausflüge in die Gourmetküche nicht scheut. Spezialität des Hauses ist Fisch in vielen Variationen. Auch einige einfache Zimmer. Hauptgerichte 11–23 €. Di Ruhetag, sonst 11.30–14 und 17.30–21.30 Uhr, So/Fei nur 11.30–14 Uhr. DZ ab 60 €. Neupotz, Hauptstr. 7, ✆ 07272/2809, 📠 77230, www.gasthof-lamm-neupotz.de.

Taverna Zorbas, klassischer, günstiger Grieche, dessen Besonderheit die schöne und große Terrasse mit einem kleinen Kinderspielplatz an einem idyllischen Altrheinarm ist. April–Okt. tägl. ab 10 Uhr. Leimersheim, Rheinstr. 24, ✆ 07272/71348.

• *Einkaufen* **Spargelhof Fischer**, zwischen April und Juni gibt es hier Spargel in allen möglichen Dicken und Längen. Während der Saison tägl. 9–18 Uhr. Hördt, Gartenstr. 1a, ✆ 07272/71476.

• *Baden* Zahlreiche Baggerseen, z. B. im Jockgrimer **Naherholungsgebiet Johanniswiese**: Baggersee im Tiefgestade zwischen Landzunge und Bundesstraße mit flach abfallendem Sandstrand. Mai–Sept. tägl. 9–21 Uhr. Tageskarte 2 €.

• *Kanufahren* **Thami-Adventure**, nicht nur Kanuverleih, sondern auch geführte Touren auf dem Rhein und anderen Flüssen der Region. Leimersheim, Mühlstr. 4, ✆/📠 07272/71493, www.thami-adventure.de.

• *Maislabyrinth* Jedes Jahr lässt Familie Schardt auf ihrem Hof in Leimersheim ein Labyrinth mit 3 km Weglänge wachsen. Ab Mitte Juli Mi/So 10–20 Uhr, Sa ab 14 Uhr. Erwachsene 3 €, Kinder 2 €. Leimersheim, Seehof, ✆ 07272/5237, 📠 775172, www.maislabyrinth-leimersheim.de.

• *Radfahren* Die Rheinauen sind ein Paradies für Radfahrer. Auf dem gut ausgeschilderten **Rhein-Radweg** kann man in Richtung Elsass oder Germersheim und Speyer fahren. Durch die Fähre in Leimersheim

... bevor sie zu Zigarillos verarbeitet werden.

eröffnen sich auch Möglichkeiten für **Radtouren ins rechtsrheinische Baden**. So gelangt man über Leopoldshafen und den Haardtwald schnell und ohne Autoverkehr nach Karlsruhe.

Herxheim-Hayna und der Tabak

Die in der Ebene gelegene Doppelgemeinde Herxheim-Hayna ist das Zentrum des rosa blühenden Tabaks, der in den letzten 150 Jahren das Einkommen vieler Bauern aufgebessert hat. Herxheim ist eine gemütliche, aber doch geschäftige Kleinstadt, Hayna ein gepflegtes Straßendorf, das trotz des Rummels um das Hotel Zur Krone viel Ruhe ausstrahlt.

Dass Herxheim im 6. Jh. von fränkischen Siedlern gegründet wurde, ist noch heute an der traditionell fränkischen Bauweise mit viel Fachwerk zu erkennen. Über diesen Teil der Ortsgeschichte, aber auch über die während der Jungsteinzeit hier lebenden Menschen sowie die sich ab dem frühen 19. Jh. als Weber und Tabakbauern verdingenden Bewohner des Ortes wird in dem sehenswerten, aber derzeit noch nicht ganz vollständigen **Heimatmuseum** berichtet.

Do/Fr 14–19 Uhr, Sa/So 11–18 Uhr. Erwachsene 2 €, Kinder/Jugendliche (7–18 J.) 1 €. Untere Hauptstr. 153, ✆ 07276/502477, www.museum-herxheim.de.

Zwischen den nach Westen hin flächenmäßig zunehmenden Weinbergen liegen zahlreiche Tabakfelder. Mit rund 200 ha besitzen Herxheim und Hayna die größte Anbaufläche für Tabak in Deutschland. Günstige Anbaubedingungen wie ein warmes, eher trockenes Klima und sandige, lockere Böden haben die Kultivierung seit 1850 erfolgreich gemacht. 1879 wurde die erste Herxheimer Zigarrenfabrik gegründet, im Laufe der Zeit entstanden immer mehr Fabriken, sodass Ende der 1920er-Jahre rund 1400 Menschen darin Arbeit fanden. Etwa 500 Tabakbauern bewirtschafteten zu dieser Zeit 270 ha Fläche. Auch Kinder arbeiteten während der Erntezeit mit, ihre Arbeit bestand darin, die geernteten Tabakblätter mit Nadel und Faden aufzufädeln und so fürs Trocknen in den Trockenschuppen vorzubereiten. Durch die zunehmende Industrialisierung der Landwirtschaft ab den 1950er-Jahren gingen viele Kleinbetriebe ein, doch noch immer wirtschaften in Herxheim und Hayna rund 30 Tabakbetriebe. Dies ist nicht nur an den Feldern zu merken, sondern auch an den aromatisch duftenden Tabakscheunen am Ortsrand, in denen ab August der Tabak trocknet. Große Angst bei den Tabakbauern löste die ab 2010 in Kraft getretene Reduzierung der EU-Subventionen für den Tabakanbau aus. Als Alternative sind einige der Landwirte auf den Anbau von Kräutern umgestiegen und schlossen sich 2007 zur Erzeugergemeinschaft „Pfalzkräuter" zusammen. Allerdings haben Preissteigerungen bei einigen Rohtabaksorten dazu geführt, dass sich die Erlöseinbußen in Grenzen hielten und weiterhin Tabak angebaut wird.

Im ebenfalls zur Verbandsgemeinde gehörenden, weiter westlich gelegenen **Rohrbach** liegt der Fokus schon eindeutig auf dem Weinbau. Neben einigen Weingütern und Fachwerkhäusern gibt es hier die spätgotische Simultankirche St. Michael aus dem 16. Jh. zu sehen.

Reisepraktische Informationen

• *Information* **Büro für Tourismus**, Obere Hauptstr. 2 (im Rathaus), 76863 Herxheim, ✆ 07276/501107, 📠 501200, www.herxheim.de. Mo 8.30–12 und 14–18 Uhr, Di/Do bis 16 Uhr, Mi/Fr nur vormittags. Hier können auch aus Herxheimer Tabak gerollte Zigarren gekauft werden.

• *Übernachten/Essen & Trinken* ****** Hotel Zur Krone**, Karl-Emil Kuntz hat das traditionsreiche Haus mit seiner sternegekrönten Küche zu einer der bekanntesten Adressen der Pfalz gemacht. Auch George W. Bush und Horst Köhler haben hier schon gespeist. Die Preise im Gourmetrestaurant „Kronen-Restaurant" (Mi–So 18–21 Uhr) bewegen sich für ein Hauptgericht um 35 €, in der einfacheren, aber feinen „Pfälzer Stube" (tägl. 12–14 und ab 18 Uhr, Di nur für Hausgäste) ist es etwas günstiger. Auch romantisch verspielte und dennoch bodenständig ländliche Zimmer. DZ ab 130 €. Hayna, Hauptstr. 62–64, ✆ 07276/5080, 📠 50814, www.hotelkrone.de.

Ferienwohnung an der Schlossmühle, drei sehr schöne, kinderfreundliche Ferienwohnungen. Ab 44 €. Rohrbach, Mühlgasse 8, ✆ 06349/7088, 📠 7088, www.heumueller-schlossmuehle.de.

• *Einkaufen* **Weingut Ökonomierat Lind**, das ökologisch wirtschaftende Weingut baut seine Weine vorwiegend trocken aus, Spezialität sind die Burgundersorten. Mo–Fr 9–13 und 14–18.30 Uhr, Sa 10–12.30 und 14–16 Uhr. Rohrbach, Hauptstr. 56, ✆ 06349/929173, 📠 929176, www.weingut-oekonomierat-lind.de.

• *Radfahren* Die 35 km lange, fast steigungsfreie **Tabaktour** ist auch für Kinder interessant. Sie führt zuerst von Hayna nach Herxheim und an der Wagner-Ranch vorbei nach Mörlheim. Weiter geht's in östlicher Richtung über Offenbach, Ottersheim und Knittelsheim nach Bellheim und von dort wieder nach Süden über Rülzheim und Herxheimweyher nach Herxheim. Schließlich fährt man in südöstlicher Richtung nach Hatzenbühl und wieder zurück zum Ausgangspunkt Hayna. Die Runde ist durchgängig mit dem Symbol der Tabakpflanze ausgeschildert. Besonders schön ist sie während der Tabakblüte ab Juli. Infos beim Büro für Tourismus.

Im und um den Bienwald

Das Delta der Lauter ist ein dichtes Netz von Bächen und kleinen Rinnsalen, dazwischen liegen immer wieder bis zu 3 m hohe Sanddünen. Je nach Bodenbeschaffenheit gibt es Eichen-, Buchen- oder Kiefernwälder, in feuchten Bereichen wachsen seltene Erlenbruchwälder und wilde Orchideen. Am Rand des Bienwalds lockt das Landstädtchen Kandel mit Einkaufsmöglichkeiten und heimeligen Fachwerkhäusern.

Die Vielfalt der Vegetation zieht auch eine artenreiche Tierwelt an. Seltene Amphibien, ungewöhnliche Brutvogelarten und vom Aussterben bedrohte Fledermausarten leben in dem 18.000 ha großen Schutzgebiet. Über 600 Totholzkäferarten bevölkern die abgestorbenen Stämme und Äste; nirgendwo sonst in Europa wurde je eine solch große Zahl dokumentiert. Die Königinnen des Bienwalds jedoch sind die scheuen Wildkatzen. Auf ihren nächtlichen Wanderungen durchstreifen sie den Wald mit seinen verborgenen Lichtungen. Inmitten dieses größten zusammenhängenden Waldgebiets der Oberrheinischen Tiefebene liegt die Rodungsinsel **Büchelberg.** Der Ort entstand ab 1686 als Siedlung von Kalkbrennern, Holzhauern und Arbeitern, die am Bau der Vauban-Festung Fort Louis beteiligt waren. Heute ist das 900-Seelen-Dorf im Wald mit seinen vielen Streuobstwiesen ein idyllischer Flecken. Nur der schon seit Jahren immer wieder diskutierte Bau der Bienwaldautobahn zwischen Kandel und Frankreich könnte diese Idylle gefährden.

Die Kandeler Bienen symbolisieren die Lage am weitläufigen Bienwald

In **Kandel** erweckt im Frühsommer die schier unbegrenzte Fülle an Pflanzen in den vielen Gärtnereien den Eindruck einer geschäftigen Kleinstadt. Im zentralen Bereich der Hauptstraße befinden sich gut sortierte Geschäfte in sorgsam restaurierten Fachwerkhäusern. Der spätgotische Turm der *Kirche St. Georg* überragt diese Idylle und gilt als Wahrzeichen der Gemeinde. Den engen Bezug zum Bienwald sollen die überall anzutreffenden *Kandeler Bienen* verdeutlichen. Die 1,80 m großen, bunt bemalten Insekten hat der ortsansässige Künstler Armin Hott geschaffen.

Rund um Kandel liegen ländlich-verschlafen anmutende Dörfer. **Winden** gibt mit seinem schönen Fachwerkrathaus und dem kleinen, direkt gegenübergelegenen Nachtwächterhäuschen ein pittoreskes Bild ab. In **Minfeld** siedelten die Menschen schon vor mehr als 1000 Jahren, die mittelalterlichen Fresken in der evangelischen Kirche wurden erst vor einigen Jahren entdeckt. Im Sommer und Herbst verwandeln sich die kleinen Dörfer dieser Gegend zu einem einzigen Hofladen, in dem eine wachsende Zahl von selbst vermarktenden Landwirten ihre Waren feilbietet.

Information/Übernachten/Essen & Trinken

• *Information* **Tourismusbüro Südpfalz Tourismus Kandel e. V.**, Georg-Todt-Str. 2a, 76870 Kandel, ☎ 07275/619945, ℻ 618462, www.suedpfalz-tourismus-kandel.de. Mo–Fr 9–13 und 14–18 Uhr, April–Okt. auch Sa 9–14 Uhr.

• *Übernachten/Essen & Trinken* **Hotel Zum Rössel**, einfaches Hotel garni mit wunderschöner Fachwerkfassade und einem neu erbauten Zimmertrakt im Hof. DZ 70 €. Kandel, Bahnhofstr. 9, ☎ 07275/5001, ℻ 913727, www.hotel-roessel.de.

Ferienwohnungen Hock, zwei modern eingerichtete und in schönen Rottönen gehaltene Ferienwohnungen. Ab 40 €. Minfeld, Eichstr. 74, ☎ 07275/1001, www.ferienwohnungen-hock.de.

Ferienwohnung Daußmann, drei gut ausgestattete, persönlich eingerichtete Ferienwohnungen für 2 bis 4 Personen. Idyllisch ist auch der Garten hinterm Haus mit Sitzgelegenheit und Grillhütte. Ab 35 €. Freckenfeld, Wattstraße 39, ✆ 06340/739, ℻ 5080024, www.fewo-daussmann.de.

Altstadt von Kandel

Zur Hofschänke, das alte Bauernanwesen mit viel Fachwerk lässt keinen Urlaubswunsch offen. Das preiswerte, stilvoll-urige Restaurant bietet drinnen wie draußen gute Pfälzer Küche, die 90 m² großen Ferienwohnungen mit zwei Schlafzimmern sind gemütlich eingerichtet. Gruppen bis zu 14 Pers. können sich auch das „Herbstwägelchen" mieten und damit 2–3 Std. durch die Felder und Weinberge fahren, unterwegs rustikales Vesper. Weinstube Mi–Fr ab 17 Uhr, Sa/So ab 11 Uhr. Ferienwohnung ab 50 €. Winden, Hauptstr. 52, ✆ 06349/8474, www.hofschaenke.de.

Naturfreundehaus Bienwald, zwischen zwei schönen Wiesentälern, ca. 3 km vom Bahnhof Kandel entfernt, kann man preiswert essen und übernachten (Erwachsene ab 10 €, Kinder bis 3 J. gratis). Di Ruhetag. Kandel, Am Oberkandeler Deich, ✆ 07275/2632, ℻ 914172.

Osteria Toscana, früher verbarg sich hinter dem Fachwerkgemäuer eine Metzgerei, heute kann man in freundlichem Ambiente feines italienisches Essen zu gehobenen, aber fairen Preisen genießen. Mi Ruhetag, sonst ab 17 Uhr. Kandel, Turmstr. 1, ✆ 07275/985352.

Zu den drei Mohren, schöne Kneipe mit eher jüngerem Publikum, es gibt einige kleine Gerichte. Besonders beliebt ist im Sommer der riesige Biergarten. Tägl. 17–24 Uhr. Kandel, Landauer Str. 7, ✆ 07275/617332.

Einkaufen/Sport & Freizeit

• *Einkaufen* **Schuhhaus Grahn**, das bekannteste Schuhhaus der Südpfalz bietet auf über 900 m² eine riesige Auswahl an Schuhen aller Art, Damenschuhe gibt es bis Größe 44, bei den Herren geht es bis Größe 50. Die Präsentation ist aber aufgrund der extremen Dichte nichts für Schuhästheten. Mo–Fr 9.30–19 Uhr, Sa bis 15 Uhr. Kandel, Hauptstr. 88, ✆ 07275/95860, www.schuh-grahn.de.

Tee & Mehr, ein kleines, schnuckeliges Geschäft, in dem man neben Tee auch viele Gewürze, Liköre, Süßigkeiten und weitere Bestandteile für tolle Geschenkkörbe erstehen kann. Mo–Fr 9.30–12.30 und 14.30–18 Uhr, Sa 9.30–13 Uhr, während der Sommerferien Montag- und Dienstagnachmittag geschlossen. Kandel, Hauptstr. 68, ✆ 07275/617618, www.teeundmehr.net.

Armin Hott, Grafiken und Drucke. Der Vater der Kandeler Bienen und anderer eigenwilliger Geschöpfe präsentiert die Werke in seinem Atelier zum Betrachten und Kaufen. Mi/Fr 15–19 Uhr, Sa 11–13.30 Uhr, Nov.–April auch Mo 15–19 Uhr. Kandel, Rheinstr. 105, ✆ 07275/8568, ℻ 4853, www.armin-hott.de.

Obst- und Spargelhof Zapf, neben dem saisonalen Angebot an Obst und Gemüse (z. B. Spargel) gibt es ganzjährig Apfelsaft, Müsli und Kartoffeln. Di geschlossen. Kandel, Am Holderbühl 1, ✆ 07275/913215, ℻ 913217.

Fahrrad Klingel, kompetenter Fahrradladen mit viel Service. Mo–Fr 12–18 Uhr, Sa 9–13 Uhr. Kandel, Hauptstr. 15, ✆ 07275/5646, www.fahrrad-klingel.de.

Kandeler Wochenmarkt, mittwochvormittags auf dem Marktplatz.

• *Baden* **Waldschwimmbad Kandel**, das schön am Waldrand gelegene Freibad bietet neben einer 40 m langen Rutsche einen Spielplatz, ein großes Schwimmbecken sowie ein Beachvolleyballfeld. Tägl. 9–20 Uhr. Erwachsene 2,50 €, Jugendliche 1,50 €. Kandel, Badallee, ✆ 07275/618691.

• *Klettern* **Fun Forest Kandel**, mit bequemer Kleidung können sich alle ab 6 J. und 90 cm Körpergröße (bis 13 J. nur in Begleitung eines Erwachsenen!) ins luftige Vergnügen stürzen. Verschiedene Parcours ermöglichen den sicheren Nervenkitzel für Kinder, Unerfahrene oder Könner. Highlight ist die 250 m lange Seilrutsche. Wer nicht mitklettern mag, findet einen Ausgleich im nahen Bistro. April–Okt. 11–18 Uhr, z. T. länger. Eintritt 19 €, ermäßigt 17 €, Kinder 14 (7–13 J.) bzw. 5 € (6–7 J.), Zuschauer frei. Kandel, Badallee (Nähe Waldschwimmbad), ✆ 07275/618032, 📠 618525, www.abenteuerpark-kandel.de.

• *Radfahren* Neben der beschriebenen Tour durch den Bienwald (s. u.) gibt es eine schöne **Tour durch die Rheinauen nach Karlsruhe**. Start ist am Haltepunkt Maximiliansau-Eisenbahnstraße der Karlsruher S-Bahn-Linie S 5, von hier geht's auf dem Rhein-Radweg bis Neuburg, wo man mit der kleinen Fähre (ganzjährig, Infos unter ✆ 0177-662849) übersetzt. Auf badischer Seite folgt man dem rheinnahen Radweg in Richtung Karlsruhe. Ab dem Rheinstrandbad Rappenwörth fährt man entweder direkt weiter über den Rheinhafen zur Rheinbrücke oder über Karlsruhe-Daxlanden in die Karlsruher Innenstadt; ab dem Schlossgarten ist der Rückweg in die Pfalz gut ausgeschildert.

Outdoorschule Achim Kleist, informative Rad- und Wandertagestouren durch den Bienwald mit naturkundlichem oder historischem Schwerpunkt bietet Achim Kleist in Hördt, Mühlweg 2, ✆ 0721/91670241, www.outdoorschule-achim-kleist.de.

Radtour 2: Durch den Bienwald nach Schweigen

Die steigungsarme, 56 km lange Radtour startet am **Bahnhof Kandel.** Auf dem Südpfalz-Radweg geht es vorbei am **Naturfreundehaus Bienwald** durch den bald dichten Wald bis **Büchelberg** und dann weiter in das an der Grenze zu Frankreich gelegene **Scheibenhardt.** Ab hier folgt man dem Pamina-Radweg Lautertal über die einladende **Bienwaldmühle** bis ins elsässische **Weißenburg** (Wissembourg),

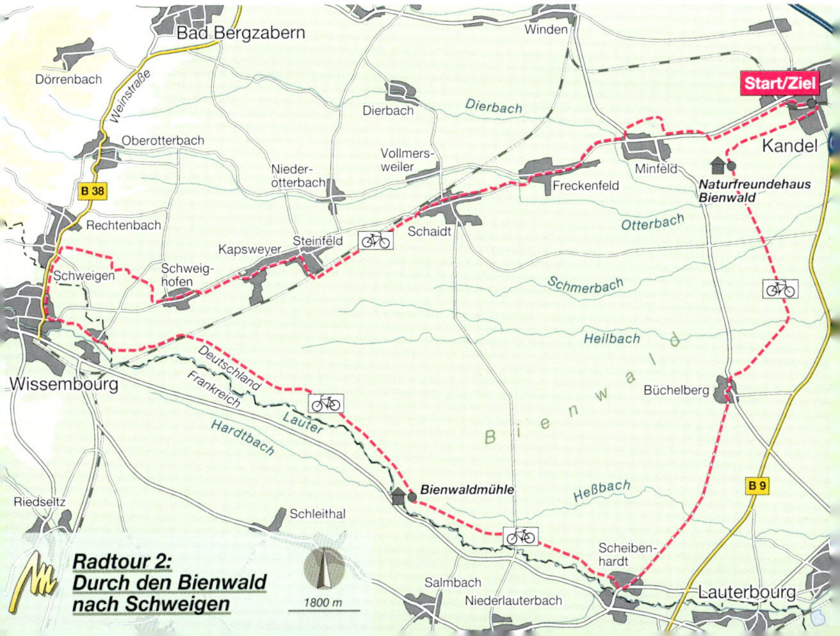

dessen romantische Straßenzüge sich für eine Rast anbieten. Auf der Straße geht es anschließend zum Deutschen Weintor in **Schweigen,** um ab hier dem Kraut-und-Rüben-Radweg durch kleine, schmucke Dörfer hindurch zurück nach Kandel zu folgen. Die Fahrt durch den schattigen Bienwald ist auch im Sommer angenehm, der Rückweg über Weinberge und Felder kann dagegen sehr sonnig sein. Wem es zu warm wird, der hat in einigen Orten die Möglichkeit, in den Zug nach Winden (dort Anschluss nach Kandel) einzusteigen.

Einkehr Bienwaldmühle, Mi–So ab 11 Uhr. ✆ 06340/276, www.bienwaldmuehle.de.

Ausflug nach Karlsruhe

Recht und Gerechtigkeit spielen in der grünen, weitläufigen und lebendigen Stadt eine große Rolle. Bundesgerichtshof und Bundesverfassungsgericht haben hier ihren Sitz. Daneben gilt die Technische Universität als Aushängeschild der um das barocke Schloss erbauten Stadt.

Vom markanten Turm des Karlsruher Schlosses ziehen sich 32 Straßen wie Strahlen durch die einst von dichtem Wald bestandene Rheinebene. Heute verbindet der weitläufige Schlossgarten naturnahe Erholungslandschaften mit städtischem Leben. Rund um das Schloss hat der Architekt und Stadtplaner Friedrich Weinbrenner ein bemerkenswertes klassizistisches Ensemble geschaffen, das Karlsruhe sein prunkvolles und bisweilen auch etwas steriles Erscheinungsbild gibt. Einkaufsmöglichkeiten, Restaurants, Kneipen und eine erstaunlich große Anzahl von Museen, Kunst- und Kultureinrichtungen machen Karlsruhe zu einer lebens- und besuchenswerten Stadt.

Den heutigen Ruf als Residenz des Rechts hat Karlsruhe der Ansiedlung des Bundesgerichtshofs (BGH) im Jahr 1950 und des Bundesverfassungsgerichts (BVG) ein Jahr später zu verdanken. Der BGH residierte bis 1999 im Erbgroßherzoglichen Palais an der Kriegsstraße. Trotz des weitgehenden Umzugs in das neue Gebäude an der Brauerallee sind das Palais und sein schöner Garten der Öffentlichkeit nicht zugänglich. Das BVG sitzt in einem nüchternen Gebäude zwischen Kunsthalle und Schloss. Dass die beiden höchsten deutschen Gerichte in Karlsruhe angesiedelt sind, tröstet die Karlsruher etwas darüber hinweg, dass die Funktion der Landeshauptstadt im Zuge der Bildung des Landes Baden-Württemberg an Stuttgart verloren ging. Besonders ältere Karlsruher beobachten die württembergische Großstadt dennoch mit einigem Argwohn.

Geschichte

Karlsruhe ist eine junge Stadt. Die Stadtgründung erfolgte 1715 durch den Markgrafen Karl Wilhelm von Baden-Durlach. Dessen Residenz, die ab 1563 von Markgraf Karl II. im heutigen Stadtteil Durlach zum Schloss ausgebaute Karlsburg, war durch den Pfälzischen Erbfolgekrieg 1689 weitgehend zerstört worden, und der Wiederaufbau ging nur schleppend voran. Der Legende nach döste der Markgraf während eines Jagdausflugs im sonnigen Haardtwald vor sich hin und sah eine Stadt mit viel Platz und einer Straßenanordnung, die den Sonnenstrahlen nachempfunden war, vor sich. Da er das Leben in der Durlacher Karlsburg schon länger als zu eng empfand, ließ er seinen Traum mit der absolutistischen Stadtgründung durch die Grundsteinlegung für das neue Schloss am 17. Juni 1715 zur Realität werden.

Als er 1738 aus dem Leben schied, waren seine Kinder bereits verstorben, der Titel ging direkt an seinen noch zehnjährigen Enkel Karl Friedrich über, der ab 1746

Blick vom Schlossturm in Richtung Innenstadt

offiziell die Macht über die Markgrafschaft übernahm. Bis 1811 lenkte der aufgeklärte Absolutist die Geschicke Karlsruhes, ließ Straßen und Kanäle bauen, schaffte Folter und Leibeigenschaft ab und bescherte Karlsruhe einen anhaltenden Aufschwung. Gelehrte wie Voltaire und Goethe kamen an den Hof, kluge politische Entscheidungen sorgten für Gebietszuwächse, und die Einwohnerzahl stieg bis zum Jahr 1815 auf 15.000 an. Zudem erkor Karl Friedrich den Zimmermannssohn Friedrich Weinbrenner zu seinem Baumeister, welcher der Stadt mit seinen klassizistischen Bauten im fächerartigen Grundriss die entscheidende städtebauliche Prägung gab.

Information/Sightseeing/Ausflugsschiff/Parken/Taxi

• *Information* **Touristinformation Karlsruhe**, Bahnhofplatz 6, ✆ 0721/37205383, www.karlsruhe.de, Mo–Fr 8.30–18 Uhr, Sa 9–13 Uhr. Im Weinbrennerhaus am Marktplatz gibt es, in das **Kundenbüro des Karlsruher Verkehrsverbundes** (KVV) integriert, als weitere Infostelle die Stadtinformation, die zentral gelegen ist, aber im Gegensatz zum KVV-Kundenbüro wenig einladend wirkt. Mo–Fr 9–19 Uhr und Sa 10–15 Uhr.

• *Sightseeing* Von der Touristinformation werden öffentliche **Stadtrundfahrten** per Bus angeboten. April–Okt. jeden Sa um 10.45 Uhr, Nov.–März jeden 2. Sa im Monat. Die zweistündige Tour kostet für Erwachsene 9,90 €, für Kinder 4,90 €.

Stadtrundgänge finden nur von April bis Okt. jeden So um 10.45 Uhr statt. Erwachsene 6,90 €, Kinder 4,50 €. Treffpunkt vor der Touristinformation.

Interessante Führungen mit sehr unterschiedlichen Themen oder räumlichen Schwerpunkten bietet das Team von stattreisen e. V. an. Führungen werden an jedem Sa/So/Fei (meist 11 und 14 Uhr) angeboten, im Sommer zusätzlich Mi (18 Uhr). Genaue Termine unter www.stattreisen-karlsruhe.de oder ✆ 0721/1613685 (Mo–Do 9.30–12 Uhr), ✆ 1613684. 7 €/Pers., ermäßigt 6 €.

Die Modalitäten für die kostenfreien Führungen durch den **Bundesgerichtshof** sind unter ✆ 0721/1590 oder www.bundesgerichtshof.de zu erfahren.

• *Ausflugsschiff* Die Anlegestelle des **Fahrgastschiffs MS Karlsruhe** befindet sich im

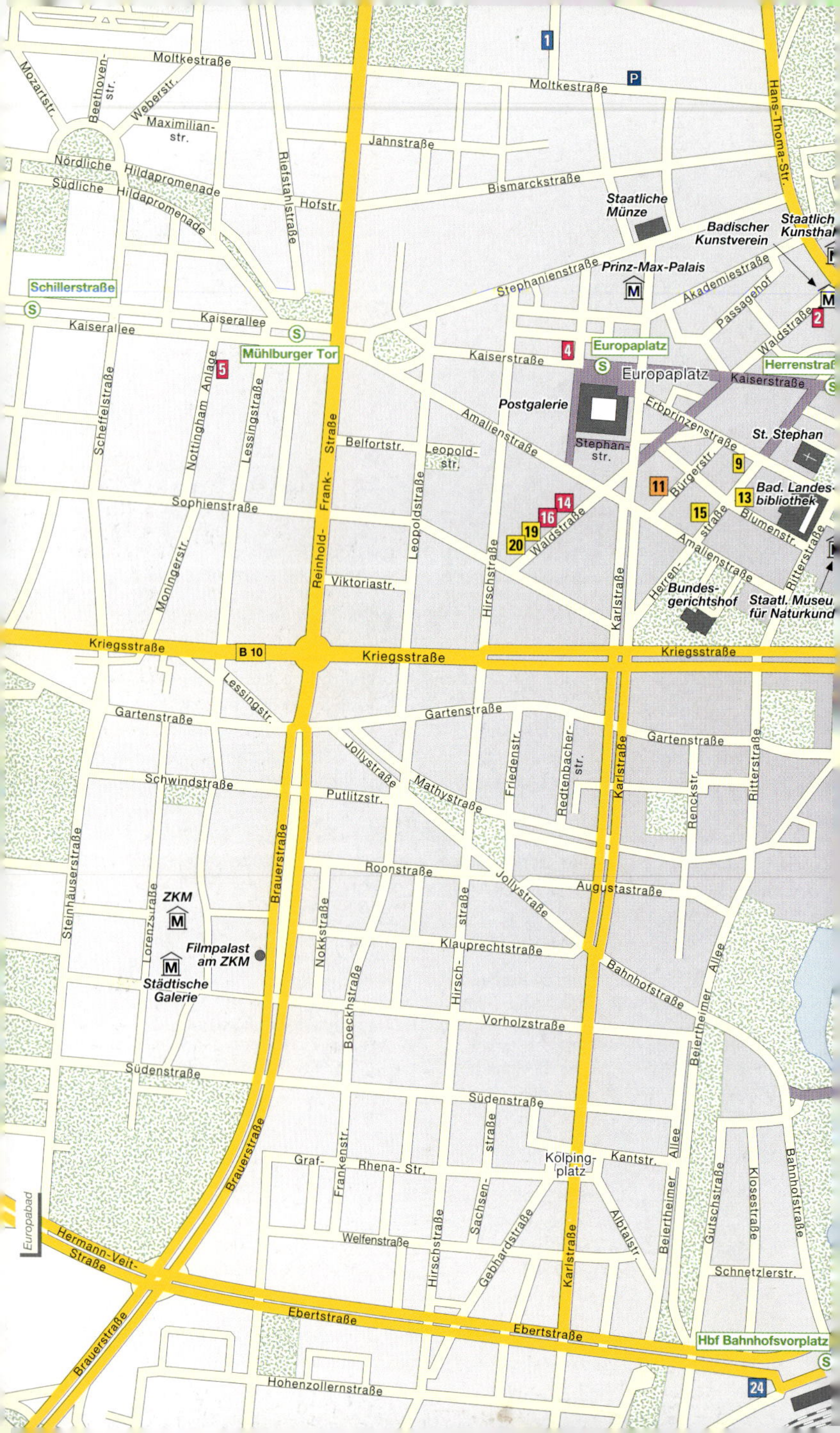
Moltkestraße
Mozartstr.
Beethoven-str.
Weberstr.
Maximilian-str.
Jahnstraße
Bismarckstraße
Nördliche Hildapromenade
Südliche Hildapromenade
Riefstahlstraße
Hofstr.
Staatliche Münze
Badischer Kunstverein
Staatliche Kunsthalle
Hans-Thoma-Str.
Prinz-Max-Palais
Stephanienstraße
Akademiestraße
Passagehof
Waldstraße
Schillerstraße
Kaiserallee
Mühlburger Tor
Europaplatz
Herrenstraße
Kaiserstraße
Postgalerie
Stephan-str.
Erbprinzenstraße
St. Stephan
Amalienstraße
Scheffelstraße
Nottingham Anlage
Lessingstraße
Reinhold-Frank-Straße
Belfortstr.
Leopold-str.
Leopoldstraße
Bürgerstr.
Bad. Landesbibliothek
Blumenstr.
Sophienstraße
Moningerstr.
Waldstraße
Hirschstraße
Karlstraße
Herrenstraße
Ritterstraße
Bundesgerichtshof
Staatl. Museum für Naturkunde
Viktoriastr.
Kriegsstraße
B 10
Lessingstr.
Gartenstraße
Jollystraße
Mathystraße
Friedenstr.
Redtenbacher-str.
Renckstr.
Schwindstraße
Putlitzstr.
Steinhäuserstraße
Brauerstraße
Roonstraße
Augustastraße
ZKM
Lorenzstraße
Nokkstraße
Hirsch-straße
Filmpalast am ZKM
Städtische Galerie
Klauprechtstraße
Boeckhstraße
Bahnhofstraße
Beiertheimer Allee
Vorholzstraße
Südenstraße
Graf-Rhena-Str.
Frankenstr.
Sachsen-straße
Kolping-platz
Kantstr.
Allee
Gutschstraße
Klosestraße
Bahnhofstraße
Europabad
Hermann-Veit-Straße
Welfenstraße
Hirschstraße
Gebhardstraße
Albtalstr.
Beiertheimer
Schnetzlerstr.
Ebertstraße
Hbf Bahnhofsvorplatz
Hohenzollernstraße
1
2
4
5
9
11
13
14
15
16
19
20
24

Schlossgarten
Botanischer Garten
Schloss
Schlossplatz
Bundes-verfassungs-gericht
Schloss-platz
Engesserstraße
Richard- Willstätter- Allee
W.- Gaede- Str.
Neuer Zirkel
Straße am Forum
Adenauerring
Englerstr.
Engesserstraße
E.- Arnold- Straße
Waldhornstraße
Universität
Marktplatz
Kronenplatz
Pyramide
Kaiserstraße
Zähringerstr.
Zähringerstraße
Kronenstr.
Ritterstraße
Bankhof
Rathaus
Evangelische Stadtkirche
Hebelstr.
Erbprinzenstraße
Lammstraße
Markgrafenstraße
Adlerstraße
Fritz- Erler- Straße
Kaiserstraße
K.- Wilhelm- Str.
Durlacher Tor
Durlacher Allee
Brunnenstraße
Kapellenstraße
Waldhornstraße
Gottesauer Straße
Ostendstraße
Frühlingstr.
Sommerstr.
Kriegsstraße
Kriegsstraße
Kriegsstraße
B 10
Ettlinger Tor
Badisches Staatstheater
Baumeisterstraße
Rüppurrer Straße
H.- Obermüller- Str.
Schauburg
Meidingerstr.
Festplatz
Kongresszentrum
Vierordt-bad
Wielandtstr.
Schützenstraße
Werderstraße
Luisenstraße
Ettlinger Straße
Wilhelmstraße
Marienstr.
Augartenstr.
Augartenstraße
Tiergartenw.
Zoo
Winterstraße
Nebeniusstraße
Marienstraße
Rüppurrer Straße
Mittelbruchstraße
Am Stadtgarten
Röppuner Straße
Poststraße
Poststr.
Hauptbahnhof
Einkaufen
3 Henrys
6 Döring
9 Stephanus Buchhandlung
13 Reisebuchladen
15 Tragware
19 Basislager
20 Rad+Tat
21 Ettlinger Tor Center
Nachtleben
11 Krokokeller
12 Substage
Übernachten
1 Jugendherberge
10 Hotel Der Blaue Reiter
22 Arthotelroyal
23 Novotel Karlsruhe City
24 Hotel Residenz
25 Pension Anita Subeit
Essen & Trinken
2 Cafe Rih
4 Bayram Kebabhaus
5 Café Bleu
7 Eiscafé Cortina
8 Litfass
14 Stövchen
16 Saftladen
17 Vogelbräu
18 Kippe
120 m
Karlsruhe

Rheinhafen am Kopf des Beckens II, von hier aus können z. B. Ausflugsfahrten nach Speyer, Iffezheim und Straßburg unternommen werden. Die Fahrkarten gibt es bei der Touristinformation. Preisbeispiel für Speyer: hin/zurück 17 € für Erwachsene, 8,50 € für Kinder von 4 bis 15 J., 2 € für Kinder unter 4 J. Infos unter ✆ 0721/5997424 oder www.fahrgastschiff-karlsruhe.de.

• *Parken* Die gesamte Karlsruher Innenstadt ist Umweltzone und darf nur von Autos mit Feinstaubplakette befahren werden (ab 2012 nur mit grüner oder gelber Plakette). Zentral und relativ günstig ist das Parken im **Einkaufscenter Ettlinger Tor** (**21**, ausgeschildert, erste Stunde 0,60 €, die zweite 0,80 €, danach jede Stunde 1,50 €, Sa 16–20 Uhr gratis; Mo–Sa 8–20.30 Uhr, Do bis 22.30 Uhr geöffnet). Das Parkhaus am **Schlossplatz** hat tägl. durchgehend geöffnet. Jede angefangene Stunde 1,50 €, Tagespauschale 6 €, sehr günstige Nachtpauschale für 1 €. Auf dem Parkplatz der neu erbauten **Friedrich-List-Schule** am südöstlichen Rand der Innenstadt kann man tägl. ab 17 Uhr kostenlos parken, Sa/So sowie in den Schulferien ganztägig.

Ab dem **Bahnhof Wörth (P+R)** fährt auch die Stadtbahn S 5 in 24 Min. über einige Vororte mitten in die Karlsruher Fußgängerzone. Von Wörth nach Karlsruhe reicht das Lösen einer Citykarte (24 Std. gültig, für Einzelpersonen 4,80 €, die Citykarte plus für bis zu 5 Pers. kostet 7,40 €). www.kvv.de.

• *Taxi* **Taxi-Zentrale**, ✆ 0721/944144.

Übernachten/Camping (siehe Karte S. 88/89)

• *Übernachten* *** **Arthotelroyal (22)**, modern gestaltetes und mit zeitgenössischer Kunst ausgestattetes Hotel, das im frühen 19. Jh. als Teil der Karlsruher Hotelmeile (gegenüber dem damals hier angesiedelten Bahnhof) gebaut wurde. Heute verbindet sich die alte Bausubstanz mit den neuen Elementen zu einem gelungenen, individuellen Stil. Die Einzelzimmer sind relativ klein. DZ ab 100 €, am Wochenende 2 Nächte u. a. mit ermäßigten Museumseintritten und ÖPNV-Nutzung für 195 €. Kriegsstr. 94, ✆ 0721/9338050, ℻ 933805601, www.arthotelroyal.de.

****S **Novotel Karlsruhe City (23)**, modernes Kongresshotel, das sich aufgrund der zentralen Lage zwischen Zoo und Innenstadt auch für Touristen eignet. Tarife sehr unterschiedlich, DZ ab 65 €, meist aber um 105 €, Frühstück 19 € extra. Festplatz 2, ✆ 0721/35260, ℻ 3526100, www.accorhotels.com.

**** **Hotel Residenz (24)**, gutes Hotel direkt gegenüber dem Bahnhof. Je nach Zimmer fällt die Gestaltung mal klassischer, mal moderner aus. Restaurant „Ketterer" mit guter badischer Küche. DZ ab 148 €, am Wochenende ab 97 €. Bahnhofplatz 14–16, ✆ 0721/37150, ℻ 3715113, www.hotel-residenz-karlsruhe.de.

**** **Hotel Der Blaue Reiter (10)**, der Eingangsbereich ist modern-kühl gehalten, die Zimmer sind trotz der Klarheit gemütlich. Das im Hotel befindliche Restaurant ist die Durlacher Ausgabe der Karlsruher Hausbrauerei Vogelbräu. DZ ab 115 €, am Wochenende ohne Frühstück ab 91 €. Durlach, Amalienbadstr. 16, ✆ 0721/942660, ℻ 9426642, www.hotelderblauereiter.de.

Jugendherberge (1), ruhig am Rand des Haardtwaldes im Nordwesten der Innenstadt gelegen. Die 167 Betten sind überwiegend auf sehr einfache Vier- und Sechsbettzimmer verteilt. Duschen und Toiletten meist auf dem Flur. Übernachtung mit Frühstück ab 21,30 €. Moltkestr. 24, ✆ 0721/28248, ℻ 27647, www.jugendherberge-karlsruhe.de.

Pension Anita Subeit (25), schöne, gemütliche Pensionszimmer in einer romantischen Jugendstilvilla im grünen Stadtteil Rüppurr. Durch die gute Straßenbahnanbindung zentral gelegen, 15 Min. bis in die Innenstadt. DZ ab 79 €. Schenkendorfstr. 2, ✆ 0721/887606, ℻ 883229, www.pension-anita.com.

• *Camping* **Azur Campingpark Turmbergblick**, von April bis Mitte Nov. geöffneter Platz mit guter Infrastruktur. Nebenan befindet sich das Freibad Turmbergbad. Stellplatz ab 6 €, Erwachsene ab 6 €, Kinder ab 3 €. Durlach, Tiengener Str. 40, ✆ 0721/497236, ℻ 497237, www.azur-camping.de.

Essen & Trinken/Nachtleben (siehe Karte S. 88/89)

• *Essen & Trinken* **Cafe Rih (2)**, im Erdgeschoss des Badischen Kunstvereins. Hinter hohen Jugendstilfenstern kann man in der nüchternen, modernen Atmosphäre stundenlang Milchkaffee trinken und Zeitung lesen. Wer Hunger hat, dem seien die leckeren und günstigen Baguettes und Pastagerichte empfohlen. Mo–Sa 9–22 Uhr. Waldstr. 3, ✆ 0721/22074, www.caferih.de.

Litfass (8), im zentral hinter der Kleinen Kirche gelegenen Litfass ist alles etwas größer und deftiger. Die Kneipe bietet einfache, preiswerte Gerichte in ordentlichen Portionen an, die Tische sind massiv und haben schon einige lange Abende ausgehalten. Der dazugehörige Biergarten ist einer der schönsten der Innenstadt. Tägl. 10–1 Uhr. Kreuzstr. 10, ✆ 0721/693487.

Saftladen (16), Müslis, Säfte und Suppen gibt es hier. Auch gebrauchte Bücher können erworben werden, bezahlt wird nach Gewicht. Sitzplätze sind rar, sodass das Mitnehmen der Vitaminbomben eine gute Alternative ist. Mo–Fr 7.15–18 Uhr (Mai–Okt. bis 19 Uhr), Sa 9–17 Uhr. Waldstr. 56, ✆ 0721/1519377, 📠 1519377, www.dersaftladen.de.

Stövchen (14), in der engen, mit unzähligen Blechtafeln geschmückten Kneipe lässt es sich gemütlich sitzen. Das Essen ist sensationell günstig, die Bedienung freundlich, das Publikum studentisch. Im Sommer lockt der Innenhof. So–Do 9–1 Uhr, Fr/Sa bis 3 Uhr. Waldstr. 54, ✆ 0721/29241, www.stoevchen.com.

Bayram Kebabhaus (4), seit Jahrzehnten eine Karlsruher Institution. Nahe dem Europaplatz kann man die leckeren türkischen Fast-Food-Spezialitäten nicht nur zum Mitnehmen bestellen, sondern auch im plüschig-gemütlichen Restaurant essen. Auch einige vegetarische Gerichte. Fr/Sa bis 5 Uhr geöffnet! Douglasstr. 12–14, ✆ 0721/20281.

Eiscafé Cortina (7), die kinderfreundlichste und für die zentrale Lage (nahe dem Kronenplatz, nicht direkt am Marktplatz!) auch günstigste Eisdiele in ganz Karlsruhe bietet neben leckerem Eis auch kleine Snacks und natürlich Cappuccino & Co. Tägl. 9.30–19 Uhr, So ab 13 Uhr, im Sommer bis 22 Uhr. Kaiserstr. 101, ✆ 0721/389579.

Der Vogelbräu (17), hier steht das unfiltrierte Bier im Mittelpunkt, dazu gibt es deftige Kost, die klassische Brauhausküche. Gemütlicher Biergarten im Hinterhof. Tägl. 10–1 Uhr, Kapellenstr. 50, ✆ 0721/377571, 📠 370902, www.vogelbraeu.de.

Café Bleu (5), der Ableger des Karlsruher Kneipenklassikers **Kippe (18)** (Gottesauer Str. 23, ✆ 0721/697829) hat neben den billigen „Hammer"-Frühstücken und -Gerichten auch einen großzügigen Biergarten am Rande eines Grünzugs zu bieten, wo Kinder viel Platz zum Toben haben. So–Do 8–1 Uhr, Fr/Sa bis 2 Uhr (Biergarten nur bis 23 bzw. 24 Uhr). Kaiserallee 11, ✆ 0721/856392, www.cafebleu.n-group.de.

Klenerts, das moderne Restaurant liegt oben auf dem Turmberg, dem Karlsruher Hausberg. Entlang der alten Burgmauer zieht sich die Terrasse und bietet einen fantastischen Blick auf Karlsruhe, die Rheinebene und das bergige Hinterland. Die feine Karte legt einen Schwerpunkt auf die badische Küche, besonders Fisch und Wild werden berücksichtigt. Hauptgerichte 12–24 €. Tägl. 11.30–24 Uhr. Durlach, Reichardtstr. 22, ✆ 0721/41459, 📠 495617, www.klenerts.de.

• *Nachtleben* Wer die Abende lang werden lassen möchte, findet zahlreiche Gelegenheiten. Viele Bars sind im Bereich des Ludwigsplatzes gelegen, Studenten bevölkern die Kneipen im „Dörfle" gegenüber der Uni.

Substage (12), der Name geht auf die ehemalige Straßenunterführung zurück, wo das Substage früher untergebracht war. Nach dem Umzug in die Räume des alten Schlachthofs ist die Theke länger und die Kopffreiheit größer geworden. Auch hier werden tolle Rock- und Popkonzerte von bekannteren (z. B. „Revolverheld") und fast unbekannten Bands vor bunt gemischtem Publikum gespielt. Durlacher Allee 62, Alte Schlachthalle/S13, ✆ 0721/7831150, 📠 78311529, www.substage.de.

Katakombe, Rock lebt, hier wird er seit über 20 Jahren gefeiert. Mainstream wird auch bei den hin und wieder stattfindenden Livegigs nicht geboten. Do 21–1 Uhr, Fr 22–4 Uhr, Sa 22–5 Uhr. Eintritt (erst ab 23 Uhr) Fr 3 €, Sa 5 € inkl. 2,50 € Verzehr. Grünwinkel, Zeppelinstr. 7, ✆ 0721/853763, www.kombe.de.

Krokokeller (11), Karlsruher Dauerbrenner unweit des Ludwigsplatzes. Im schweißtreibenden, stets vollen Gewölbekeller gibt's z. B. donnerstags Funk-Rock-Reggae. Do 22–4 Uhr, Fr/Sa 23–5 Uhr. Bürgerstr. 14, ✆ 0721/23729, www.krokokeller.com.

Einkaufen (siehe Karte S. 88/89)

Die Kaiserstraße ist zwischen Europaplatz und Marktplatz die Haupteinkaufsstraße Karlsruhes. Ihre Bedeutung und Attraktivität wird derzeit durch die umfangreichen Baumaßnahmen zur Tieferlegung der Straßenbahnlinien unter die Kaiserstraße geschmälert. Besonders lohnenswert sind daher die von ihr abzweigenden Straßen Herren- und Waldstraße (nach Süden, bis hin zur Sophienstraße). Am Ettlinger Tor wurde 2005 ein **Shoppingcenter (21)** eröffnet, das eine große und auch relativ breite Angebotspalette bietet. Donnerstags haben manche Läden in der City bis 22 Uhr geöffnet.

Stephanus Buchhandlung (9), eine der letzten kleineren Buchhandlungen in Karlsruhe, hat auch über das theologische und philosophische Ursprungssortiment hinaus eine gute Auswahl. Partner von Zweitausendeins und der Wissenschaftlichen Buchgesellschaft. Mo–Fr 9–18.30 Uhr, Sa bis 18 Uhr. Herrenstr. 34, ☎ 0721/919520, ℻ 79195222, www.stephanusbuch.de.

Reisebuchladen (13), endlich gibt es in Karlsruhe wieder einen Reisebuchladen! Breite Auswahl an Reiseführern, Landkarten und Bildbänden über Karlsruhe, die Pfalz, Europa sowie viele andere Regionen und Länder auf der ganzen Welt. Kompetenter Service. Mo–Fr 9–19 Uhr, Sa 9–16 Uhr. Herrenstr. 33, ☎ 0721/47008895, www.buchhandlung-karlsruhe.de.

Henrys (3), ein Spielzeugladen für Könner: Neben Einrädern und Handsprechpuppen umfasst das Sortiment Bälle, Kegel u. v. m. zum Jonglieren und Balancieren. Die z. T. selbst produzierten Artikel können auch über den Onlineshop bezogen werden. Mo–Fr 11–19 Uhr, Sa 10–16 Uhr. Am Zirkel 30d, ☎ 0721/359403, ℻ 35404, www.henrys-online.de.

Döring (6), den Spielwarenladen mit großem und vielseitigem Sortiment auf sechs Etagen gibt es seit über 200 Jahren. Mo–Fr 10–19 Uhr, Sa 10–18 Uhr. Ritterstr. 5, ☎ 0721/18010, ℻ 180130, www.doering-karlsruhe.de.

Tragware (15), flotte Kuriertaschen, geradlinige Ledertaschen und bequeme Kickers-Schuhe finden sich in dem sympathischen Laden. Mo–Fr 10.30–14 und 14.30–18.30 Uhr, Sa 10–16 Uhr. Herrenstr. 46, ☎ 0721/1603888, www.tragware.de.

Basislager (19) und **Rad+Tat (20)**, die zwei Läden im Haupt- und Hinterhaus der Waldstr. 58 bieten zusammen alles, was Aufenthalte und Sport im Freien ermöglicht bzw. angenehmer macht. Im Basislager gibt es die Ausrüstung zum Wandern, Klettern und Campen, Rad+Tat bietet neben Rädern jede Menge Zubehör. Mo–Fr 10–19 Uhr, Sa bis 16 Uhr, Basislager bis 18 Uhr. Basislager: ☎ 0721/26605, www.basislager.de. Rad+Tat: ☎ 0721/22238, ℻ 26458, www.radundtat.net.

Majolika, gute Haushalte in Karlsruhe haben etwas von der Majolika. Ob Vasen, Schalen, Figuren oder Wandteller, in der traditionsreichen Manufaktur hinterm Schlosspark werden mehr oder weniger edle Keramikarbeiten wechselnder Künstler in einer großen Verkaufsausstellung präsentiert. Mo–Fr 10–19 Uhr, Sa/So bis 17 Uhr. Das angeschlossene Museum ist Di–So 10–13 und 14–17 Uhr zu besichtigen, Eintritt 2 €, ermäßigt 1 €. Ahaweg 6–8, ☎ 0721/9123770, ℻ 9123778, Museum ☎ 0721/9266583, www.majolika-karlsruhe.com.

Wochenmarkt, auch wenn der Markt auf dem Stephansplatz (Mo/Mi/Fr 7.30–14 Uhr) aufgeholt hat, sind Angebot und Atmosphäre auf dem *Gutenbergplatz* (Di/Do/Sa 7.30–14 Uhr) in der Weststadt doch unerreicht. Samstags über den ältesten Markt Karlsruhes bummeln, nebenbei einkaufen und im Anschluss gut frühstücken, so kann das Wochenende beginnen! Der Platz steht zusammen mit seiner Randbebauung als Ensemble unter Denkmalschutz.

Sport & Freizeit

• *Baden* **Europabad**, modernes, vielseitiges Sport- und Spaßbad mit Riesenrutsche und 1600m² Wasserfläche. Eintritt ab 6,50 € (2 Std.), ermäßigt ab 5 €. Mit 2 € Aufschlag kann man auch die Sauna besuchen. Familien mit mind. zwei Kindern erhalten 24 % Rabatt, und Geburtstagskinder können gratis rein. Mo–Sa 10–23 Uhr, So bis 21 Uhr. Di und Do auch von 6.30–9.30 Uhr. Direkt neben der Europahalle und an der Günther-Klotz-Anlage gelegen, Hermann-Veit-Str. 7, ☎ 0721/16022400, www.ka-europabad.de.

Vierordtbad, ein altes (Wellness-)Bad von 1900 mit viel Stil und Charme, das seit der umfangreichen Renovierung vor einigen Jahren auch modernen Ansprüchen gerecht wird. Großer Saunabereich. Mi Frauenbadetag. Textilfreies Baden tägl. ab 15 Uhr, an den Wochenenden ganztägig. Di–So, Fei 10 bis mind. 20 Uhr, Mo ab 14 Uhr. Eintritt ab 4 €. Ettlinger Str. 4, ✆ 0721/1335225, www.karlsruhe.de → Sport, Natur, Umwelt.

Sonnenbad, hier kann man im 50-m-Becken noch schwimmen, wenn in anderen Freibädern die Saison längst beendet ist. Geheizt wird das Bad durch die Abwärme des direkt daneben liegenden Dampfkraftwerks, und dank der Sammelaktionen eines Fördervereins kann die verlängerte Öffnungszeit finanziert werden. In der Hauptsaison Mo/Mi/Fr 9–19 Uhr, Di/Do bis 22 Uhr, Sa/So/Fei bis 19 Uhr; März/April/Okt./Nov. Mo/Mi/Fr 10–20 Uhr, Di/Do bis 22 Uhr, Sa/So/Fei bis 17 Uhr. Eintritt 4 €, ermäßigt 3,20 €. Honsellstr. 39, ✆ 0721/1335234, www.karlsruhe.de → Sport, Natur, Umwelt.

• *Fußball* Nicht mehr 1. Liga, aber dennoch eine Karlsruher Institution: der **KSC**. Infos unter www.ksc.de. Karten gibt es bei vielen Vorverkaufsstellen in der Stadt, z. B. beim Ticket Forum in der Post Galerie, Kaiserstr. 217, ✆ 0721/161122, und an der Tageskasse (ab 10 €).

• *Golf* **Golfclub Gut Scheibenhardt**, durch die Lage zwischen Stadt und Autobahn ist der ganzjährig bespielte Platz zwar nicht ruhig gelegen, aber das zentrale, im Barockstil erbaute Gut Scheibenhardt gibt dem Platz viel Flair. An Wochenenden können Gäste bis 14.30 Uhr nur mit Mitgliedern spielen. Greenfee für Gastspieler 75 €. ✆ 0721/867463, ✆ 867465, www.hofgut-scheibenhardt.de.

• *Klettern* **Kletterzentrum The Rock**, in der 16 m hohen Halle kann man frei klettern oder einen Kurs belegen. Tägl. 10–23 Uhr. Tageskarte um 13 €, Kinder bis 5 J. frei. Ziegelstr. 1, ✆ 0721/5695482, www.kletterzentrumkarlsruhe.de.

• *Radfahren* In Karlsruhe wird viel Rad gefahren, die Ausschilderung der Radwege ist meist gut. Schöne Touren kann man z. B. im Haardtwald machen oder auch entlang der Alb nach Ettlingen. Von Ettlingen aus kann man auch das Albtal in Richtung Bad Herrenalb hinauffahren und den Rückweg mit der Stadtbahn antreten.

• *Spielplätze* Großer Spielplatz in der **Günther-Klotz-Anlage** auf beiden Seiten des Rodelhügels, der auch für größere Kinder interessant ist. Bequem mit der Straßenbahnlinie 1 ab der Stadtmitte zu erreichen (Haltestelle Europahalle). Ein Spielplatz mit viel Rindenmulch, Balancegeräten und Wasserspielen liegt auf dem neu gestalteten Platz neben **St. Stephan**. Der Spielplatz für alle Altersgruppen im **Schlossgarten** zwischen Schloss und Fasanerie ist etwas versteckt im Wald gelegen. Auch im **Zoo** gibt es einen schönen Spielplatz nahe dem Eingang an der Ettlinger Allee.

Kino & Kultur/Veranstaltungen

• *Kino* **Schauburg**, das Kino ist Kult. Dazu tragen die roten Sessel und Vorhänge im Hauptsaal ebenso bei wie die gelungene Mischung aus nahezu unbekannten und Mainstreamfilmen. Nachts werden Trilogien auch mal hintereinander gezeigt, und in den Wintermonaten gibt es sonntags das beliebte Kinofrühstück. Marienstr. 16, ✆ 0721/3500018, www.schauburg.de.

Filmpalast am ZKM, neues Großkino mit knapp 3000 Sitzplätzen, in dem vorwiegend Blockbuster gezeigt werden. Brauerstr. 40, ✆ 0721/2059200, www.filmpalast.net.

• *Theater* **Badisches Staatstheater**, Dreispartenhaus mit klassischem bis zeitgenössischem Spielplan und meist modernen Inszenierungen. Das schachtelartige Gebäude ist 1975 anstelle des alten Karlsruher Bahnhofs entstanden. Vor dem Eingang lenkt das eigenwillige Maskottchen „Musegaul" die Blicke auf sich. Baumeisterstr. 11, ✆ 0721/35570, www.staatstheater.karlsruhe.de.

Badisch Bühn, badische Mundart und rustikale Schwänke können freitags und samstags zusammen mit dem Essen des dazugehörigen Restaurants „Beim Schupi" genossen werden. Kartenbestellungen Mo–Fr 10–13 Uhr unter ✆ 0721/552500. Grünwinkel, Durmersheimer Str. 6, www.schupi.de.

• *Veranstaltungen* **Altstadtfest Durlach**, jedes Jahr strömen am ersten Wochenende (Fr/Sa) im Juli 200.000 Menschen in den 30.000 Einwohner zählenden Stadtteil Durlach. Durlacher Vereine sorgen für Speis und Trank, viele neue, aber auch altgediente Bands für Livemusik. Weitere Infos unter www.altstadtfest-durlach.de.

Christkindlesmarkt, auf dem Marktplatz und den anschließenden Sträßchen tummeln sich die Holzbuden mit einem überraschend abwechslungsreichen Angebot. Auch viele Kunsthandwerker und Töpfer bieten ihre Waren an. Im Advent Mo–Sa 10–21 Uhr, So ab 11 Uhr.

Das Fest

Am letzten Wochenende vor den baden-württembergischen Sommerferien wird Karlsruhe zum Mekka der Open-Air-Fans. Die Jugend der Stadt macht sich ungeachtet sonst abweichender Vorlieben auf in die Günther-Klotz-Anlage und feiert. Mehrere Bühnen bieten verschiedene Musikstile, auch auf der Hauptbühne ist das Programm meist so vielfältig, dass für jeden etwas dabei ist. Freitagabends ist mal Metal, mal Hip-Hop dran, sonntagmorgens kommen dann auch die Älteren und die Familien und breiten zum beliebten Klassikfrühstück die Picknickdecken aus. Seit ein paar Jahren ist das Gelände umzäunt, da sich das Fest neben der Förderung durch Stadt und Sponsoren über den Verkauf der Speisen und Getränke finanzieren muss. Auch ein geringer Eintrittspreis wird mittlerweile erhoben, aber für Namen wie Peter Fox, Jan Delay und Bela B sind die 5 € fast geschenkt. Ob die großen internationalen Stars der vergangenen Jahre wie Van Morrison, Candy Dulfer oder die Simple Minds wieder auftreten werden, ist fraglich – in Zukunft will man etwas kürzertreten. Eine Karlsruher Institution wird das Fest hoffentlich dennoch bleiben. Weitere Infos unter www.dasfest.net.

Sehenswertes

Schloss: „Ich bin ein einfacher Fürst. Ich habe ein Haus nach meinem Stand gebaut. Mir ist lieber, man sagt von mir, ich sei schlecht untergebracht, als wenn man sagen müsste, ich hätte einen großartigen Palast und dafür hohe Schulden." Auch wenn die Ansicht des Stadtgründers Karl Wilhelm sympathisch klingt, so hatte sie doch einen Haken: Sein relativ kleines Schloss mit einem frei stehenden Turm war 1715 in Eile und eben mit großer Sparsamkeit erbaut worden, sodass es bald baufällig wurde. Sein Enkel und Nachfolger Karl Friedrich sah sich zur Neugestaltung und grundlegenden Sanierung gezwungen. Alle Pläne berücksichtigten die zentrale Position des Turms und des ihn umgebenden radialen Strahlensystems. Baubeginn für das weitgehend neue, größere und solidere Schloss war 1752, aufgrund des Siebenjährigen Krieges erfolgte die Fertigstellung aber erst 1774. Nach der Abdankung der Markgrafen von Baden wurde das Schloss 1919 zum Sitz des Landesmuseums, in dem heute ein Einblick in die Geschichte und das höfische Leben auf dem Schloss gegeben wird. Sehenswert ist neben dem als Aussichtsturm genutzten Schlossturm, von dem sich ein grandioser Blick über die Stadt, den Fächer und den Wald bietet (Zugang über das Museum), auch der großzügige Schlosspark mit den Nebengebäuden. Von den einst barocken Formen des ab 1731 von Christian Thran angelegten *Schlossgartens* zeugt nur noch der großzügige Vorplatz. Der größte Teil des Parks ist ein bei den Karlsruhern sehr beliebter englischer Garten, der Ende des 18. Jh. angelegt wurde und direkt an den weitläufigen Haardtwald angrenzt. Ein Strahl aus blauen Majolikaplatten erstreckt sich zwischen Schloss und Keramikmanufaktur. Die anlässlich der Bundesgartenschau 1967 in Betrieb genommene *Schlossgartenbahn,* das „Bähnle", erfreut mit ihrer gemächlichen, 2,7 km langen Fahrt nicht nur Kinder. Östlich des Schlosses wurde 1714 noch vor der Stadtgründung die *Fasanerie* eingerichtet. Später lebten auf dem 1765 durch ein Schlösschen aufgewerteten Gelände bis zu 3000 Fasane.

Den *Botanischen Garten* zwischen Schlosspark, Kunsthalle und Bundesverfassungsgericht legte 1808 Friedrich Weinbrenner im Auftrag Karl Friedrichs an. Im Zuge einer Umgestaltung in den 1850er-Jahren wurden dann die Orangerie und andere Gewächshäuser nach Plänen von Heinrich Hübsch neu errichtet. Zwar ist von der Ursprungsbebauung heute nur noch die Hälfte zu sehen, diese ist aber dennoch imposant. In den Pflanzenhäusern sind Kakteen, Orchideen und andere tropische Pflanzen zu betrachten.

• *Öffnungszeiten/Eintritt* **Badisches Landesmuseum Karlsruhe**: Di–Do 10–17 Uhr, Fr–So, Fei bis 18 Uhr (während großer Sonderausstellungen auch länger), Besteigung des **Schlossturms** bis 1 Std. vor Schließung. Erwachsene 4 €, ermäßigt 3 €, Schüler 0,50 €, Fr 14–18 Uhr gratis. ✆ 0721/9266514, ✆ 9266537, www.landesmuseum.de.

Schlossgartenbahn: Jeden Sa (13–19 Uhr), So und Fei (11–19 Uhr) zwischen Ostern und Ende Sept. bei gutem Wetter, Abfahrt ca. alle 20 Min., Mitte Mai bis Ende Sept. auch Mo–Fr 13–18 Uhr. Erwachsene 2,40 €, Kinder ab 2 J. 1,50 €, Familienkarte 4,50 €. ✆ 0721/661457, www.kvv.de → Freizeit.

Botanischer Garten: Di–Fr 10–16.45 Uhr, Sa/So/Fei 10–17.45 Uhr. Eintritt 2,20 €, ermäßigt 1,10 €, Außenanlagen frei. ✆ 0721/9263008.

Karlsburg in Durlach: 1565 verlegte Markgraf Karl II. seine Residenz von Pforzheim nach Durlach. Von dem Schloss, das er ab 1563 hier hatte bauen lassen, steht heute nur noch ein relativ kleiner Teil, der „Prinzessinnenbau". Während des 17. Jh. wurde es durch kriegerische Auseinandersetzungen teilweise zerstört, mit der Übersiedlung seines Enkels Karl Wilhelm ins neu entstandene Karlsruher Schloss endete die Zeit Durlachs als Residenz. Heute ist in der Karlsburg das *Pfinzgaumuseum* untergebracht, in dem die stadtgeschichtliche Entwicklung Durlachs anhand vieler Exponate, Bilder und Installationen chronologisch aufbereitet wird.

Sa 14–17 Uhr, So ab 10 Uhr. Eintritt frei. Pfinztalstr. 9, ✆ 0721/1334217, www.karlsruhe.de → Kultur und Bildung.

Zoo: Die gelungene Mischung aus Zoo und Stadtgarten zieht aufgrund der sehr zentralen Lage nicht nur Familien mit Kindern, sondern auch viele andere Stadtbewohner zur Naherholung an. Man kann mit den gelben Booten eine Runde auf dem großen See fahren, über die Steine im Japanischen Garten hüpfen oder eben die Tiere betrachten. Besonders sehenswert ist das große Eisbärengehege, mit etwas Glück kann man die Bären auch durch die große Unterwasserglasscheibe beobachten.

• *Öffnungszeiten* der Hauptkasse am Hbf.: Jan. 9–16 Uhr, Feb./März 9–17 Uhr, April 9–17.30 Uhr, Mai–Sept. 8–18 Uhr, Anfang bis Mitte Okt. 9–17.30 Uhr, Mitte Okt. bis Mitte Nov. 9–17 Uhr, Mitte Nov. bis Ende Dez. 9–16 Uhr. Erwachsene 6,50 €, ermäßigt 4,50 €, Kinder 3 €. Ettlinger Str. 6, ✆ 0721/1336815, www.karlsruhe.de/zoo.

Weinbrenner-Bauwerke

Als dem Schloss im 18. Jh. ein bürgerlicher Mittelpunkt gegenübergestellt werden sollte, reichte Friedrich Weinbrenner 1792 unaufgefordert seine Pläne für die Gestaltung des Marktplatzes ein. Er bekam den Zuschlag, und noch heute ist der zentrale Platz stark von den klassizistischen Bauten Weinbrenners geprägt, zu denen auch das Rathaus und die gegenüberliegende evangelische Stadtkirche am Platz gehören. Viele Straßen- und Stadtbahnlinien machen hier halt, in West-Ost-Richtung wird der Platz von der als Fußgängerzone genutzten Kaiserstraße tangiert, und nach Norden gibt die Karl-Friedrich-Straße als Hauptsichtachse den Blick auf das Schloss frei. Mittelpunkt des Platzes ist die Pyramide, ein aus roten Sandsteinquadern errichteter Grabbau für Markgraf Karl Wilhelm von Baden-Durlach. Der 1738 verstorbene Stadtgründer war seinem Wunsch gemäß

Die Pyramide auf dem Karlsruher Marktplatz

in der Konkordienkirche bestattet worden, die ursprünglich an der Stelle des Marktplatzes stand. Nach deren Abriss 1807 einigte man sich nach jahrelanger Diskussion auf den Bau der Pyramide.

Die **evangelische Stadtkirche** nimmt eine zentrale Position im Werk Weinbrenners ein, weil er für die Kathedralkirche des Landes Baden sein ganzes Können einbrachte. Die Grundsteinlegung für die einem griechischen Tempel nachempfundene Kirche erfolgte 1807, nach der teilweisen Zerstörung im Zweiten Weltkrieg wurde sie wiederaufgebaut, wobei der Innenraum moderner gestaltet wurde. Bei der **katholischen Kirche St. Stephan** sind zwar auch die typisch klassizistischen Elemente Weinbrenners zu finden, durch den roten Sandstein und die große Kuppel hat diese Kirche aber eine ganz andere, dem Pantheon in Rom nachempfundene Raumwirkung. In der von Weinbrenner mitgeplanten **Staatlichen Münze** in der Stephanienstraße werden noch heute pro Jahr bis zu 250 Mio. Münzen geprägt (Merkmal des Standortes Karlsruhe ist das „G“).

Museen

Staatliches Museum für Naturkunde: Das Museum war ursprünglich ein markgräfliches Kuriositäten- und Naturalienkabinett, das von Markgräfin Karoline Luise 1752–1783 zu einer bedeutenden wissenschaftlichen Sammlung ausgeweitet wurde. Zu sehen gibt's heute u. a. ausgestopfte Tiere, Tierskelette, eine große Insektensammlung, jede Menge geologische Exponate und zahlreiche Modelle, die natürliche Vorgänge wie Gletscherbewegungen illustrieren.

Di–Fr 9.30–17 Uhr, Sa/So 10–18 Uhr. Erwachsene 3 €, Kinder 2 €. Erbprinzenstr. 13, ✆ 0721/1752111, 📠 1752110, www.smnk.de.

Staatliche Kunsthalle: In dem von Heinrich Hübsch ab 1837 errichteten Hauptgebäude ist eine Sammlung deutscher Malerei vom 14. bis zum frühen 20. Jh. zu sehen, auch Gemälde der französischen und niederländischen Malerei sind vertreten. In der Orangerie am Botanischen Garten wird Kunst des 20. und 21. Jh. gezeigt.
Di–Fr 10–17 Uhr, Sa/So/Fei bis 18 Uhr. Erwachsene 6 €, ermäßigt 4 €, Schüler (außer bei Sonderausstellungen) frei, Familienkarte 10 €. Zahlreiche Führungen. Hans-Thoma-Str. 2–6, ✆ 0721/9263359, 📠 9266788, www.kunsthalle-karlsruhe.de.

Prinz-Max-Palais: In dem stattlichen, 1881 erbauten Haus sind heute das Museum für Literatur am Oberrhein, das Karlsruher Stadtmuseum und das moderne Café Max untergebracht. Das sehenswerte Stadtmuseum beleuchtet die Geschichte der Stadt anhand von Modellen, Karten, Rauminszenierungen und multimedialen Elementen.
Di/Fr/So 10–18 Uhr, Do 10–19 Uhr, Sa 14–18 Uhr. Eintritt frei (außer bei Sonderausstellungen). Karlstr. 10, ✆ 0721/1334231, www.karlsruhe.de → Kultur und Bildung.

ZKM: In den denkmalgeschützten neoklassischen Hallen einer ehemaligen Waffen- und Munitionsfabrik ist das Zentrum für Kunst und Medientechnologie untergebracht. Das 1999 eröffnete Museum für Neue Kunst zeigt neben der eigenen auch internationale Sammlungen, u. a. mit Werken von Georg Baselitz und Joseph Beuys. Das Medienmuseum ist das weltweit erste und einzige Museum für Interaktive Kunst.
Mi–Fr 10–18 Uhr, Sa/So ab 11 Uhr. Erwachsene 5 €, Kinder 2 €, Familienkarte 10 €. Lorenzstr. 19, ✆ 0721/81000, 📠 81001139, www.zkm.de.

Städtische Galerie: Die gleich beim ZKM gelegene Städtische Galerie bildet das eher klassische Pendant zu diesem. Neben den regelmäßig stattfindenden Sonderausstellungen wird die Sammlung Garnatz gezeigt, die Werke von Lüpertz, Immendorff, Baselitz und Polke beinhaltet.
Mi–Fr 10–18 Uhr, Sa/So ab 11 Uhr, Führungen jeden So um 15 Uhr. Eintritt 2,60 €, ermäßigt 1,80 €, Kinder bis 15 J. frei. Lorenzstr. 27, ✆ 0721/1334401, www.staedtische-galerie.de.

In der Umgebung

Turmberg: Der Karlsruher Hausberg, an dem sogar Wein wächst, ist mit der Turmbergbahn bequem vom Durlacher Zentrum aus zu erreichen. Oben angekommen, bietet sich eine tolle Sicht über die ganze Stadt, und bei gutem Wetter hat man die gesamte Silhouette des Pfälzerwalds im Blick.
Turmbergbahn: April–Nov. tägl. 10–20 Uhr, Dez.–März Sa/So/Fei bis 18 Uhr. Berg- oder Talfahrt 1,60 €, ermäßigt 0,90 €, beides 2,40 €, ermäßigt 1,50 €. ✆ 0721/61075885, www.kvv.de.

Rappenwört: Unweit des industriell geprägten Rheinhafens bietet sich eine ganz andere Szenerie. Teilweise unberührt wirkender Auwald, ein gemütliches, weitläufiges Freibad direkt am Rheinufer und ein dichtes Netz an Rad- und Fußwegen machen die Rheininsel Rappenwört zu einem beliebten Naherholungsziel. Dazu trägt auch das kleine Naturkundezentrum bei, in dem v. a. Kinder viel über das Ökosystem Auwald lernen können.

• *Öffnungszeiten/Eintritt* **Naturschutzzentrum Rappenwört**: April–Sept. Di–Fr 12–18 Uhr, So/Fei ab 11 Uhr, Okt.–März jeweils nur bis 17 Uhr. Eintritt frei. Hermann-Schneider-Allee 47, ✆ 0721/950470, 📠 9504747, www.nazka.de.

Rheinstrandbad Rappenwört: Im Sommer meist 9–20 Uhr. Eintritt 3,50 €, ermäßigt 2,20 €. Hermann-Schneider-Allee 50–54, ✆ 0721/1335228, www.karlsruhe.de → Sport, Natur, Umwelt.

Weinlandschaft an der Mittelhaardt

An der Deutschen Weinstraße

Von Nord nach Süd zieht sich die Deutsche Weinstraße durch das zweitgrößte Weinanbaugebiet Deutschlands. Ihrer Bekanntheit ist es zu verdanken, dass der Name der Deutschen Weinstraße stellvertretend für die ganze rund 10 km breite Urlaubsregion zwischen Pfälzerwald und Vorderpfalz steht. Die Mitte der 1930er-Jahre zur Förderung des Weinkonsums eröffnete Straße windet sich mehr als 85 km durch malerische Winzerorte und ausgedehnte Weinberge.

Auf ihrer Route hält sie sich größtenteils dicht am Rande des Pfälzerwalds. Auf den sanften Hängen seiner Haardt genannten Vorhügelzone wächst ein Großteil der Pfälzer Reben. 1800 Sonnenstunden im Jahr und ein besonders mildes Klima lassen jedoch nicht nur gute Weine gedeihen. Auch Mandeln, Pfirsiche, Zitrusfrüchte oder Feigen gehören zu den Gewächsen. Wenn die Mandelbäume im Frühjahr zu blühen beginnen, erlebt die Deutsche Weinstraße ihren ersten Höhepunkt. Die üppigen Blüten lassen die Straßen und Wege entlang der Haardt in einladendem Rosa und Weiß leuchten. Nur im Herbst erstrahlt das Laub der Reben in noch schöneren Farben. Dann verwandeln die unzähligen Gelb- und Rotschattierungen die Weinberge in ein stimmungsvolles Farbenmosaik. Zusammen mit frisch gekeltertem Neuem Wein und herzhaftem Zwiebelkuchen entsteht so eine Traumkombination, die viele Besucher an die Weinstraße lockt.

Der nördliche Abschnitt grenzt an das größte deutsche Weinbaugebiet Rheinhessen und erstreckt sich bis zur Kreisstadt Bad Dürkheim. Die einstigen Herren der Burgen Neu- und Altleiningen verliehen dieser Region ihren Namen **Leiningerland.** Südlich der kleinen Stadt Grünstadt erheben sich einige der engen Weindörfer hoch über die Rheinebene. An klaren Abenden, wenn man die Lichter weit sehen kann, wirken sie aus der Ferne bisweilen wie abgeschiedene Bergdörfer. Von Bad Dürkheim bis in die verkehrsreiche Stadt Neustadt, in der alljährlich im Oktober die Pfälzische Weinkönigin gekürt wird, verläuft die Weinstraße nahe dem Aufstieg zum Pfälzerwald. Auf dem Weg durch diese als **Mittelhaardt** bezeichnete Region passiert die Straße viele bekannte Weinlagen mit Namen wie Eselshaut oder Meerspinne. Südlich von Neustadt wird die Landschaft abwechslungsreicher und hügeliger. Reben wechseln sich mit kleineren Baumgruppen und verträumten Winzerdörfern ab. Das Zentrum der **Südlichen Weinstraße** ist die Stadt Landau mit ihrer Ringstruktur aus dem 17. Jh.

Erlebnistag Deutsche Weinstraße

Am letzten Wochenende im August wird die Weinstraße jedes Jahr zur munteren Feiermeile. Statt Autos und Motorrädern schieben sich dann Hunderttausende von Radfahrern, Inlineskatern und Fußgängern durch die engen Orte. Musik, Spiel, Speis und Trank füllen die Höfe der Weingüter. Eröffnet wird das seit über 20 Jahren begangene Spektakel in Anwesenheit der Weinkönigin und des Ministerpräsidenten um 10 Uhr in Bockenheim, ab 18 Uhr darf auch der motorisierte Verkehr wieder auf die Strecke.

Leiningerland

An der Grenze zwischen Rheinhessen und der Pfalz beginnt die Weinstraße mit einem markanten Torgebäude in Bockenheim. Die Landschaft ist weit und offen, der Übergang von der Ebene zu den Bergen längst nicht so markant wie weiter südlich. Viele der Orte lassen allerdings etwas von dem urigen und einladenden Charakter vermissen, der die Gemeinden weiter südlich prägt.

Der sanfte Wechsel von Weinbergen und Mischwald, geschichtsträchtige Dörfer und der Qualitätssprung der Leininger Weine in den letzten Jahren sorgen dafür, dass sich die Region nicht hinter der Konkurrenz im Süden zu verstecken braucht. Neuleiningen, das sich unterhalb der gleichnamigen Burg über die Rheinebene erhebt und mit seinen engen und steilen Gassen eine herrliche Kulisse für die gut besuchten Feste und den einmaligen Weihnachtsmarkt bietet, betört die Besucher durch seinen historischen Charme. Das „adelige" Dirmstein, in dem noch heute zahlreiche Höfe und Schlösser von der einstigen Beliebtheit als Wohnort lokaler Adelsfamilien zeugen, steht stellvertretend für die lange Geschichte der Region.

Informationen zur Region findet man unter www.leiningerland.com.

Bockenheim

Seit gut zehn Jahren markiert das Haus der Deutschen Weinstraße deren nördlichen Endpunkt in der Weinbaugemeinde Bockenheim. In dem auffälligen Gebäude, das ein römisches Kastell nachbilden soll und unter dem die Weinstraße hindurchführt, können sich auch verliebte Paare das standesamtliche Jawort geben.

Bevor das Haus der Deutschen Weinstraße als Pendant zum Weintor in Schweigen am südlichen Ende der Straße gebaut wurde, beherrschte der weiße, burgähnliche

Turm der Kleinbockenheimer Martinskirche das Ortsbild der aus zwei Ortsteilen bestehenden Gemeinde. Das südlichere Großbockenheim erstreckt sich mit seinen vielen kleinen Winzerhöfen in einer Mulde der dem Donnersberg vorgelagerten Kalkhügellandschaft. Dicht beieinander stehende Häuser mit großen Höfen und eine den heutigen Ansprüchen nach viel zu enge Dorfstraße kennzeichnen die Gemeinde. Die im 11. Jh. entstandene Lambertskirche wurde wie viele Kirchen in der Pfalz zwischen 1700 und 1921 als Simultankirche von katholischen und protestantischen Gläubigen genutzt, heute ist sie die evangelische Pfarrkirche. In der 1936 oberhalb davon gebauten katholischen Kirche St. Lambert lohnt ein Besuch v. a. wegen der im 15. Jh. entstandenen Weinrebenmadonna aus Lindenholz.

Das Haus der Deutschen Weinstraße in Bockenheim

Bedeutung erfährt Bockenheim alljährlich im Oktober, wenn während des **Pfälzischen Mundartdichterwettstreits** regionale und weit gereiste Autoren um die Gunst der Jury und des Publikums werben. Voraussetzung für die Teilnahme ist nicht nur, dass man ein Gedicht in pfälzischer Mundart verfasst hat, sondern auch, dass man einen pfälzischen oder pfälzisch geprägten Geburts- oder Wohnort vorweisen kann. Und während im Herbst alle nicht Pfälzisch sprechenden Dichter von vornherein ausgeschlossen sind, haben bei den **Bockenheimer Mundarttagen** im Mai auch andere Mundartdichter eine Chance. Die Organisatoren der seit 1977 stattfindenden Veranstaltung verweisen stolz darauf, dass inzwischen fast alle deutschsprachigen Dialekte in Bockenheim präsentiert wurden.

Reisepraktische Informationen

• *Information* **Touristinformation der Verbandsgemeinde Grünstadt-Land**, Haus der Deutschen Weinstraße, Weinstr. 91b, 67278 Bockenheim, ☎ 06359/8001820, 📠 8001812, www.leiningerland.com. Mo–Fr 8.30–12 Uhr, Mo–Mi auch 13.30–16 Uhr, Do bis 18 Uhr, Mai–Okt. zusätzlich Fr bis 17 Uhr und Sa 10–17 Uhr. Weitere Informationen unter www.bockenheim.de.

• *Übernachten/Essen & Trinken* **Weingut Jürgen Brand**, am südlichen Ortsausgang gelegenes, 2003 errichtetes Gästehaus, in dem Tradition und Moderne stilvoll miteinander verbunden werden, nur Nichtraucherzimmer. DZ ab 70 €. Weinstr. 7, ☎ 06359/4944, 📠 40014, www.weingut-brand.com.

Gästehaus Brehm, kleines Gästehaus am südlichen Ortsende mit einfachen, aber geschmackvoll mit viel Holz ausgestatteten Zimmern. Straußwirtschaft Juni–Sept. geöffnet (So ab 17 Uhr). DZ ab 50 €, auch eine Ferienwohnung für 45 €.. Ballheimer Weg 3, ☎ 06359/4566, 📠 949846, www.weinbau-brehm.de.

Landgasthaus Zur Traube, Gasthaus mit Restaurant im Herzen von Großbockenheim. Geschmackvolle Zimmer, ambitionierte mediterrane Küche. Hauptgerichte 12–18 €. Mo–Mi Ruhetag, sonst 17.30–22 Uhr. DZ ab 70 €. Weinstr. 82, ☎ 06359/4307, www.zur-traube-das-landgasthaus.de.

Weinstube Zum Kuhstall, urige Weinstube mit einfachen und günstigen pfälzischen Gerichten. Fr–So ab 17 Uhr. Weinstr. 46, ✆ 06359/4301.

• *Veranstaltungen* **Weinfest und Mundartdichterwettstreit**, alljährlich am dritten Wochenende im Okt. stattfindender Wettstreit pfälzischer Mundartdichter.

Bockenheimer Mundarttage, im Mai, mit Lesungen, Theater und Musikveranstaltungen in verschiedenen Dialekten. Infos bei der Gemeindeverwaltung Bockenheim, ✆ 06359/946410, www.bockenheim.de.

Grünstadt

Es sind die günstige Lage im Zentrum des Leiningerlands und die direkte Anbindung an die Autobahn, die Grünstadt zum zentralen Einkaufsort der Umgebung machen. Schon im Mittelalter florierte hier am Kreuzungspunkt alter Römerstraßen der Handel. In den letzten Jahren konnte die Stadt ihren Ruf als kommerzielles Zentrum durch die Ansiedlung von großflächigem Einzelhandel noch einmal ausbauen. Dies hat zwar nicht unbedingt zur Verschönerung des Entrees beigetragen, wohl aber zu einem wirtschaftlichen Aufschwung.

Nicht eben städtisch wirken die Randbereiche der Innenstadt, beinahe schon dörflich die ein wenig tristen Straßen. Und so kommt man ins Staunen, wenn man die enge Fußgängerzone betritt, die sich mit ihren unerwartet großen und vielseitigen Geschäften einen halben Kilometer lang durch die Stadt zieht. Am südlichen Ende konzentrieren sich die Bauten der Leininger Grafen, die der Stadt ihr Gesicht geben. Nach der Zerstörung ihrer Stammburgen im Pfälzischen Erbfolgekrieg errichteten die beiden Brüder Christoph Christian und Georg II. hier ihre Schlösser Leininger Unterhof und Oberhof, in denen sie und ihre Nachfahren ab 1705 bzw. 1716 bis zum Ende ihrer Herrschaft 1801 residierten.

Heimeliger als Grünstadt selbst wirken die Stadtteile Sausenheim und Asselheim. Die beiden Weinbauorte sind mittelalterliche Gründungen mit engen, verwinkelten Ortskernen. Zumindest für das Gebiet des von Fachwerkhäusern geprägten **Asselheim** lassen sich auf die Mittelsteinzeit zurückgehende Siedlungsspuren feststellen, zur Zeit der römischen Expansion profitierte der Ort von seiner Lage an römischen Handelsstraßen. Der runde Wehrturm der seit 1560 protestantischen St. Elisabethkirche und der noch gut erhaltene Rote Turm am Ortsausgang in Richtung Mertesheim zeugen von der vermutlich im 14. oder 15. Jh. entstandenen Befestigung.

Südlich des Grünstadter Zentrums liegt jenseits der Autobahn **Sausenheim** am Fuße der Burg Neuleiningen. Ausgedehnte Neubaugebiete unterstreichen die Bedeutung als Wohnstandort. Wer den Weg in das verwinkelte Zentrum des traditionsreichen Weinbauorts findet, wird mit rebenüberspannten Straßen und gemütlichen Ecken belohnt. Für das im Vergleich zu Asselheim vielleicht etwas weniger charmante Ortsbild entschädigen die Sausenheimer Winzer mit ihren auf Muschelkalk gereiften, z. T. hervorragenden Weinen.

Information/Übernachten/Essen & Trinken

• *Information* **Tourist-Information Grünstadt**, Altes Rathaus, Hauptstr. 84, ✆ 06359/9297234, 📠 9297227, www.gruenstadt.de. Di–Fr 9–12 und 14–17 Uhr, Mai–Okt. auch Sa 9–12 Uhr.

• *Übernachten* Das Übernachtungsangebot im Zentrum von Grünstadt beschränkt sich auf wenige Häuser. In den Stadtteilen Asselheim und Sausenheim vermieten viele Winzer Zimmer und Wohnungen.

**** **Pfalzhotel**, das große Hotel mit Schwimmbad und Sauna bietet 125 Betten in stilistisch sehr unterschiedlichen Zimmern. Außerhalb Asselheims betreibt der Hotelbesitzer eine Weinbergschneckenzucht. DZ ab 79 €. Asselheim, Holzweg 6–8, ✆ 06359/80030, 800399, www.pfalzhotel.de.

Weingut Karl Eberle, das Weingut mit Gasthaus in Asselheim bietet fünf ländlich-modern eingerichtete Zimmer. Grill- und Kochmöglichkeit. DZ 40 €. Asselheim, Schlachthofstr. 17, ✆ 06359/5817, 5817, www.weingut-eberle-gruenstadt.de.

Weingut Metzger, gelungene Mischung aus rustikalen und doch modernen Zimmern in einem Weingut im Stadtteil Asselheim. DZ ab 62 €. Asselheim, Langgasse 34, ✆ 06359/5335, 83218, www.weingut-metzger.de.

Weingut Otto Grün, drei Ferienwohnungen für 2–4 Pers. im Winzerhof der Familie Grün im Stadtteil Sausenheim. Ab 45 €. Sausenheim, Raiffeisenstr. 1, ✆ 06359/2505, 2508, www.weingut-gruen.de.

Weingut Karlheinz Gaul, zwei überaus romantisch eingerichtete Ferienwohnungen am Rande des Stadtteils Sausenheim. Das schön gelegene Weingut verfügt über einen mediterranen Garten, Verkauf der guten Weine Mo–Fr 8–12 und 13–18 Uhr, Sa 9–16 Uhr. Ab 45 €. Sausenheim, Bärenbrunnenstr. 15, ✆ 06359/84569, 87498, www.weingut-gaul.de.

• *Essen & Trinken* **Vincenzo – Die Barista Bar**, hier kann man seinen Frappé oder Cappuccino entweder im gemütlichen Innenraum oder auf dem einladenden Schillerplatz genießen. Mo–Sa 10–20 Uhr, im Sommer oft länger. Hauptstr. 99, ✆ 06359/2098607.

Parkschenke, einfache, preiswerte Gerichte. Bei schönem Wetter gemütlicher Biergarten direkt im Stadtrpark. Tägl. ab 11 Uhr. Stadtpark 6, ✆ 06359/960303.

Brauhaus in Grünstadt, Hausbrauerei mit guten Bieren, einer kleinen Auswahl an günstigen Gerichten und regelmäßig stattfindendem Brunch. Di–Sa 11–24 Uhr, So 9–22 Uhr. Turnstr. 11, ✆ 06359/960150.

Am Bienenbrunnen, in einem urigen Kellergewölbe im Herzen von Sausenheim kann man die leichten, kräuterbetonten Gerichte des aus Frankreich stammenden Kochs Patrick Larue genießen. Bei schönem Wetter lädt der provenzalische Kräutergarten zu einem unvergesslichen Abend. Hauptgerichte 14–20 €, Menüs ab 31 €. Mo Ruhetag, sonst ab 18 Uhr, So auch 11.30–14 Uhr. Sausenheim, Hintergasse 2, ✆ 06359/810925, 810926, www.bienenbrunnen.de.

Einkaufen/Sport & Freizeit

• *Einkaufen* **Zait**, das 2001 gegründete Unternehmen bietet hochwertige Olivenöle zu einem guten Preis an. Mi/Fr 15–18 Uhr, Sa 10–13 Uhr. Bleichgraben 7, ✆ 06359/924670, www.zait.de.

Weingut Schenk-Siebert, der freundliche Familienbetrieb erzeugt tolle mineralische Rieslinge und Rotweine aus dem Holzfass. Für die Weinprobe zu Hause verkauft der mehrfach ausgezeichnete Betrieb auch Kartons mit bis zu zwölf verschiedenen Weinen. Mo–Fr 10–12 und 14–18 Uhr, Sa bis 16 Uhr. Sausenheim, Leininger Str. 16, ✆ 06359/2159, 83034, www.weingut-schenk-siebert.de.

Möbelhaus Huthmacher, seit über 80 Jahren beweist Huthmacher, dass man mit Designermöbeln auch in einer Kleinstadt Erfolg haben kann. Die gestalterische Vielfalt wird auf 2000 m² direkt in der Fußgängerzone präsentiert. Mo–Fr 9.30–19 Uhr, Sa bis 16 Uhr. Hauptstr. 41–43, ✆ 06359/93740, 937444, www.moebel-huthmacher.de.

Garamond Buchhandlung, der Schwerpunkt liegt auf Literatur rund um die Pfalz. Auch Werke, die nur im Selbstverlag erscheinen, sind hier erhältlich. Mo–Fr 9–19 Uhr, Sa 9–14 Uhr. Sausenheimer Str. 10, ✆ 06359/5343, 84833, www.garamond-pfalzbuch.de.

Drahtesel – Der Radladen, gut sortierter Fahrradladen mit Werkstatt, auch Verleih. Mo/Di/Do/Fr 9.30–18.30 Uhr, Mi/Sa bis 14 Uhr. Kirchheimer Str. 50, ✆ 6359/81250, 87629, www.drahtesel.com.

• *Baden* **Allwetterbad**, Schwimm- und Freizeitbad mit Wellness- und Saunabereich. Mo 12–21 Uhr, Di–Fr 10–21 Uhr, Sa/So 9–19 Uhr (im Winter bis 18 Uhr). Eintritt 4 €, ermäßigt 2,50 €. Bückelhaube 11, ✆ 06359/954238, www.allwetterbad-gruenstadt.de.

• *Nordic Walking* Zusammen mit dem DSV wurden in den letzten Jahren an der ganzen Weinstraße verschiedene Routen in drei Schwierigkeitsgraden ausgeschildert. Die Strecken sind in einem Faltblatt erläutert, das bei der Touristinfo ausliegt. Stöcke verleihen das Pfalzhotel (s. o., ✆ 06359/80030) und die Jugendherberge Altleiningen (s. u., ✆ 06356/1580).

• *Tennis* **Park-Tennisclub Grünstadt**, zehn Sandplätze am Rande des nordwestlich der

Innenstadt gelegenen Stadtparks. Geöffnet auf Anfrage. Stadtpark 3, ✆ 06359/3559, www.ptcgruenstadt.de.

• *Wandern* Vor allem der Stadtteil Asselheim bietet sich als Ausgangsort für Wandertouren an. Begehrtes Ziel ist die **Weinwanderhütte auf dem Goldberg** (April–Sept. Sa ab 14 Uhr, So ab 10 Uhr), die vom Parkplatz am Sportplatz in rund 15 Gehminuten zu erreichen ist. Südlich von Grünstadt verläuft entlang dem Eckbach der Mühlenwanderweg, auf dessen Route man rund 35 einstige Mühlen passiert.

Sehenswertes

Martinskirche und Dekanatsmuseum: Am südlichen Ende der Fußgängerzone beherrscht der Turm der in ihrer heutigen Form im frühen 18. Jh. entstandenen Martinskirche das Stadtbild. An gleicher Stelle wurde bereits 1121 eine Kirche errichtet. Teile des heutigen Gotteshauses lassen sich auf das frühe 16. Jh. zurückdatieren, eine Inschrift an der Ostwand gibt Hinweise auf eine in dieser Zeit entstandene gotische Kirche. Der untere Teil des Turms mit seiner weithin sichtbaren roten Uhr stammt aus dem Jahr 1736. Zusammengenommen bleibt ein Gotteshaus, das in seiner Erscheinung ein wenig zusammengewürfelt wirkt und nicht so richtig in eine ehemalige Residenzstadt passen will, wenngleich sich in ihm die Grablege der Leininger Grafen befindet. In der südlichen der beiden Grüfte, in der die Angehörigen der Altleininger Linie untergebracht sind, steht auch der Sarg des Leininger Grafen Georg Hermann, der nach der Beschädigung der Martinskirche im Pfälzischen Erbfolgekrieg am 1. April 1727 den Grundstein für ihren Wiederaufbau legte.

Der Turm der Martinskirche

In dem der Kirche angegliederten Dekanatsmuseum wurden Schätze und Erinnerungen aus der Kirchengeschichte der Leininger Grafschaft zusammengetragen. Gut gesichert in einem Tresor lagert u. a. die älteste volle und ungeöffnete Weinflasche der Pfalz, sie wurde 1760 abgefüllt und bei Renovierungsarbeiten der Kirche im nahe gelegenen Tiefenthal gefunden. Aus der Martinskirche selbst stammt eine in ihrer Art in der Region einzigartige Sanduhr aus dem Jahr 1730: Nach der Reformation rückten die Predigten in den Mittelpunkt der Gottesdienste, weshalb sich die protestantischen Pfarrer scheinbar zunehmend Zeit ließen, um die Lehre Luthers ausschweifend darzustellen, bis es diesem schließlich selbst zu viel wurde. „Lange predigen ist kein kunst, aber recht und wol predigen, lehren, hoc opus, hic labor est", verkündete er 1530 in seiner Predigt zum dritten Adventssonntag in Wittenberg. Fortan wurden in immer mehr Kirchenordnungen Angaben über die maximale Länge der sonntäglichen Predigt gemacht und zu deren Überprüfung Sanduhren an den Kanzeln angebracht.

Die Kirche ist außerhalb der Gottesdienstzeiten geschlossen. Der Schlüssel kann im angrenzenden Pfarrhaus ausgeliehen werden. Dekanatsmuseum nach Vereinbarung geöffnet, Eintritt frei. Kirchheimer Str. 2, ✆ 06359/2253.

Das Burgdorf Neuleiningen

Die Leininger Burgendörfer

Bevor sich die Leininger Grafen Grünstadt als Sitz ihrer herrschaftlichen Schlösser auserkoren, hatten sie von den oberhalb der Ebene weithin sichtbaren Burgen Neu- und Altleiningen sowie Battenberg geherrscht. Um alle drei Burgen entstanden kleine Dörfer, in denen einst das Gesinde, höfische Beamte und Handwerker wohnten, die für das Leben auf den Burgen unentbehrlich waren.

Auf einem Vorberg des Pfälzerwalds liegt abseits des Durchgangsverkehrs das verschlafene **Battenberg.** Im Mittelalter entstanden hier und auf der gegenüberliegenden Talseite die Burgen der Leininger Grafen. Die Battenberger Burg erlebte ihre Blütezeit wohl während des 14. Jh., schon im 16. Jh. wurde sie aber als „Alte Burg" bezeichnet und im Pfälzischen Erbfolgekrieg schließlich zerstört. Kurz zuvor, am 22. Mai 1693, soll Graf Friedrich Emich von Leiningen von hier aus den Brand des Heidelberger Schlosses beobachtet haben, das in gut 50 km Entfernung auf der anderen Seite der Rheinebene von den Truppen des Sonnenkönigs in Brand gesetzt worden war. Der herrliche Blick über die Rheinebene und die schöne Burgschänke machen auch heute noch einen Besuch der nur teilweise zugänglichen Burgruine lohnenswert.

In **Neuleiningen,** das unterhalb der gleichnamigen Burg auf der nördlichen Seite des Eckbachtals gedrungen an den Hängen kauert, fühlt man sich wahrlich ins Mittelalter zurückversetzt. Enge Gassen und steile Treppenwege, Fachwerkfassaden und heimelige Erker prägen das Bild. Und über allem thront die mittelalterliche Burg mit der Pfarrkirche St. Nikolaus. Nach dem Bau der kastellartigen Wehranlage im 14. Jh. sicherte diese das Reich gen Norden. Im Gegensatz zu den meisten anderen Leininger Burgen blieb Neuleiningen im Bauernkrieg von 1525 unversehrt. Der

Sage nach versuchte die clevere Burggräfin Eva gar nicht erst, sich den aufständischen Bauern zu widersetzen. Statt ihre Burg mit Waffengewalt zu verteidigen, öffnete sie großzügig die Tore und lud die Angreifer zu Speis und Trank. Nach vielen Schoppen Wein und mit gefüllten Bäuchen kehrten diese anschließend hochzufrieden in ihre Dörfer zurück. In den oberen Stockwerken des Südwestturms der Burg informiert heute ein kleines Heimatmuseum über die Leininger (1. und 3. So im Monat sowie Fei 13–17 Uhr, weitere Öffnungstage unter www.neuleiningen.de oder ✆ 06359/8001820, Eintritt frei).

Ein paar Kilometer weiter westlich erhebt sich die stattliche Burg **Altleiningen** über das steile Eckbachtal. Der dazugehörige Ort liegt eng am nördlichen Hang des Tals. Verlassene und verwahrlost wirkende Gebäude zeugen davon, dass das Eckbachtal an dieser Stelle schon bessere Zeiten gesehen hat. Vermutlich entstand die auf einem felsigen Ausläufer des Tauberbergs gelegene Stammburg der Leininger Anfang des 12. Jh. durch die Grafen Emich I. und Emich II. Nach der Zerstörung der Burg während des Bauernkrieges erfolgte der Wiederaufbau als Renaissanceschloss, das jedoch nie fertiggestellt wurde. In den 1960er-Jahren wurde die teilweise als Steinbruch genutzte Anlage wiederbelebt. Was den Denkmalschützern ein Dorn im Auge ist, erfreut die Besucher der Burg: In den nüchtern errichteten Wohnflügeln ist eine der vielleicht schönsten Jugendherbergen der Pfalz untergebracht, und der ursprünglich zur Befestigung der Anlage nach Westen hin errichtete Halsgraben beheimatet das Altleininger Freibad.

Rund 2 km südlich der Burg Altleiningen liegt auf einer idyllischen Lichtung inmitten von weitläufigen Wäldern der kleine Weiler **Höningen.** Hier ließ Graf Emich II. um 1120 ein Kloster in Form eines Augustiner-Chorherrenstifts errichten. In den folgenden Jahrzehnten galt Höningen als religiös-kulturelles Zentrum der Grafschaft, in der romanischen Abteikirche St. Jacob wurden lange Zeit die Gebeine der Grafen beigesetzt. Heute sind von der einstigen Klosteranlage und einer 1573 an der gleichen Stelle errichteten Lateinschule nur noch wenige Reste erhalten.

Reisepraktische Informationen

• *Information* Die kleinen Gemeinden verfügen über keine eigenen Touristinformationen. Battenberg und Neuleiningen gehören zur **Verbandsgemeinde Grünstadt-Land** (Touristinformation im Haus der Deutschen Weinstraße, Weinstr. 91b, 67278 Bockenheim, ✆ 06359/8001820, 📠 8001812, www.gruenstadt-land.de; Mo–Fr 8.30–12 Uhr, Mo–Mi auch 13.30–16 Uhr, Do bis 18 Uhr, Mai–Okt. zusätzlich Fr bis 17 Uhr und Sa 10–17 Uhr. Infos über Altleiningen und Höningen erteilt die **Verbandsgemeinde Hettenleidelheim** (Hauptstr. 45, 67310 Hettenleidelheim, ✆ 06351/4050, 📠 405189, www.vg-h.de; Mo–Fr 8.30–12 Uhr, Do auch 14–17.30 Uhr).

• *Übernachten/Essen & Trinken* **Hofgut Battenberg**, herrlich abseits gelegenes Hotel in historischen Gemäuern. Die sieben Zimmer sind individuell und großzügig eingerichtet. DZ ab 80 €. Battenberg, ✆ 06359/2196, 📠 961005, www.hofgutbattenberg.de.

Jugendherberge Altleiningen, die neue Jugendherberge in alten Gemäuern ist prima für Familien und Einzelreisende geeignet. Die Burgschänke im Haus bietet nicht nur für Übernachtungsgäste ein vielfältiges Angebot, sondern auch für vorbeikommende Wanderer und Besucher des direkt im Burggraben gelegenen öffentlichen Freibads. Alle Zimmer mit Dusche/WC. DZ 48 €. Burg Altleiningen, ✆ 06356/1580, 📠 6364, altleiningen@diejugendherbergen.de, www.diejugendherbergen.de.

Landgasthaus Zum Engel, direkt unterhalb der Neuleininger Burg liegt das schön renovierte Restaurant mit einem rustikalen

Gewölbekeller und einigen stimmungsvoll-romantischen Zimmern. Di Ruhetag. DZ 67 €. Neuleiningen, Kirchgasse 10, ✆ 06359/209359, ✆ 209359, www.landgasthaus-zum-engel.de.

Battenberger Burgschänke, hier verbinden sich historisches Flair und modernes Ambiente harmonisch miteinander. Käse aus eigener Herstellung und Kräuter aus dem Burggarten komplettieren das verlockende Angebot. Reservieren! Mi–Fr ab 16 Uhr, Sa/So ab 12 Uhr. Battenberg, Untergasse 54, ✆ 06359/2934.

Alte Pfarrey, seit einigen Jahren gehört Silvio Lange von der Alten Pfarrey zu den Sterneköchen der Region. Das Restaurant ist eine interessante Mischung aus alten Gemäuern und moderner Glaskonstruktion. 3-Gänge-Menü ab 75 €. Di/Mi Ruhetag, sonst 12–13.30 und 18.30–21.30 Uhr. Neuleiningen, Untergasse 54, ✆ 06359/86066, www.altepfarrey.de.

Liz' Stuben, Elisabeth Gissel kocht so kreativ, dass eine Speisekarte in ihrem Restaurant kaum lohnt. Gerne überrascht sie ihre Gäste mit vielen leckeren, italienisch geprägten Gängen und den dazu passenden Weinen. Die Atmosphäre ist familiär, Gäste sind hier wirklich Gäste und nicht Kunden. Ohne Reservierung sind die Chancen auf einen der 30 Plätze gering. 4-Gänge-Menü 29 €. So und Mo Ruhetag, sonst ab 18 Uhr. Neuleiningen, Am Goldberg 2, ✆ 06359/5341.

Jugendherberge auf Burg Altleiningen

Zum Gäsbock, Restaurant mit erlebnisreicher kulinarischer Mischung: Ein ehemaliger englischer Rockmusiker kocht in einem 500 Jahre alten Fachwerkhaus ein leckeres Potpourri aus englischer, italienischer, indischer und natürlich pfälzischer Küche. Freundlicher Service und faire Preise. Mittelgasse 32, ✆ 06359/2090790, www.gäsbock.de.

Klosterschänke, überraschend vielseitig und lecker ist das Angebot der gemütlichen Klosterschänke. Weißen Käse mit Salzkartoffeln gibt es hier ebenso wie ein feines Parfait vom Kaiserschmarren. Mi Dampfnudeln, Fr Flammkuchen. Hauptgerichte 6–15 €. Mo und Do geschlossen, sonst 11.30–21 Uhr. Höningen, Höninger Hauptstr. 27, ✆ 06356/989938.

• *Veranstaltungen* **Stabaus**, am Sonntag Laetare, dem dritten Sonntag vor Ostern, wird in vielen Orten der Region der Winter verbrannt. Besonders altertümlich geschieht dies in Neuleiningen. Der Brauch entstand im 16. Jh. und wird heute sorgsam bewahrt. Mit ihren mit bunten Bändern und Brezeln geschmückten Stecken ziehen Kinder durch die Gassen der Gemeinde und begleiten eine den Winter symbolisierende Figur zu deren Verbrennung. Das dabei gesungene Stabauslied wurde schon von der 1652 in Heidelberg geborenen Elisabeth Charlotte von der Pfalz in einem Brief beschrieben.

Weihnachtsmarkt, am ersten und zweiten Adventswochenende (Sa/So 14–20 Uhr) verwandelt sich Neuleiningen in ein wunderbar geschmücktes Dorf. Wenn sich eine leichte Schneedecke auf die Hausdächer gelegt hat, kommt man sich wahrlich wie im Märchenland vor. Allerdings lockt der Weihnachtsmarkt mit seiner herrlichen Kulisse bisweilen so viele Besucher an, dass man manche der kleinen Stände vor lauter Menschen kaum entdeckt.

• *Wandern* Von Altleiningen aus führt ein rund 4 km langer Weg entlang dem Eckbach durch Felder, Wiesen und lichten Wald zum Naturfreundehaus Rahnenhof (einfache Gerichte, tägl. 9.30–19.30 Uhr, Hintergasse 13, 67316 Hertlingshausen, ✆ 06356/962500 www.naturfreundehaus-rahnenhof.de).

Weisenheim am Berg

Hoch über der Rheinebene liegt das überschaubare Örtchen zwischen Waldrand und gewellten Weinbergen. Das verkehrsberuhigte Zentrum und engagierte Winzer und Gastronomen locken an schönen Wochenendtagen die Besucher scharenweise hierher.

Den Gästen des am südlichen Ortseingang gelegenen Weinguts HolzWeisbrodt geht es neben dem Wein in erster Linie ums Gesehenwerden. Selbst im Winter sind die Stehtische vor dem modernen WeinARTrium belagert. Etwas geruhsamer geht es im Zentrum zu. Ein ausgeschilderter Rundgang beginnt am Jagdschlösschen der Leininger Grafen am Anfang der Leistadter Straße. Heute befindet sich das Restaurant Admiral in dem stimmungsvollen Gebäude, das dem deutschen Polarforscher Georg von Neumayer (1826–1909) einst als Altersruhesitz diente.

1283 erstmals urkundlich erwähnt wurde die heute protestantische Kirche. Besonders bemerkenswert sind die im gotischen Chor erhaltenen mittelalterlichen Fresken und der 1726 gebaute, dreigeschossige Turm. Bekannt ist die Kirche v. a. dafür, dass Pfarrer Otmar Fischer hier anlässlich der beiden großen Dorffeste im Mai und August als „Parrer mit de Peiff in die Kerch“ geht und eine Dialektpredigt hält, die jedes Mal viele begeisterte Zuhörer anlockt. Versteckt gelegen und von außen unscheinbar ist die ehemalige Synagoge. Lange Jahre führte das spätbarocke Gebäude nach der Entwidmung 1909 ein heruntergekommenes Dasein. 1983 wurde es unter Denkmalschutz gestellt, worauf sich 1988 ein Förderverein zur Erhaltung und Restaurierung gründete. Mittlerweile wurde die Synagoge renoviert und bildet den kleinen, aber feinen Rahmen für Ausstellungen oder Konzerte. Zeugnisse jüdischen Lebens und seiner Auslöschung sind auch die beiden Stolpersteine des Kölner Künstlers Gunter Demnig. In der Kirchgasse wird so an die Schwestern Ida und Juliana Hecht erinnert, die bis zu ihrer Deportation nach Gurs im Jahr 1940 hier lebten.

Sankt Jakobus

Reisepraktische Informationen

• *Information* Weisenheim verfügt über keine eigene Touristinformation. Auskünfte erteilt der **i-Punkt Freinsheim**, Hauptstr. 2, 67251 Freinsheim, ☏ 06353/989294, 📠 989904, www.freinsheim.de. Mo–Fr 10–16 Uhr, Ostern–Okt. auch Sa 10–14 Uhr.

• *Übernachten/Essen & Trinken* **Hotel Speeter**, die erlebnisorientierte Gastronomie ist Geschmackssache, aber auf jeden Fall ist es bemerkenswert, was sich der

Gastronom Helmut Speeter schon alles hat einfallen lassen. Sein seit 25 Jahren bestehender Betrieb kombiniert Hotel, Café, Metzgerei und Restaurant. Die Hotelzimmer sind im modernen Landhausstil eingerichtet, einige verfügen über ein Wasserbett. Im Restaurant gibt's bayerisch-deftige Kost. Tägl. ab 11 Uhr. DZ ab 90 €. Leistadter Str. 11, ✆ 06353/93660, 📠 936666, www.hotel-speeter.de.

Admiral, gemütliches, kleines Haus, romantische Terrasse im schön begrünten Garten und raffinierte Speisen – gehobenes Wohlfühlambiente. Hauptgerichte 19–25 €. Mo/Di geschlossen, sonst ab 18 Uhr, So/Fei auch 12–14 Uhr. Der Pavillon im Garten bietet eine stimmungsvolle Übernachtungsgelegenheit für 2 Pers. Pavillon als DZ 80 €, als EZ 50 €. Leistadter Str. 6, ✆ 06353/4175, 📠 989325, www.restaurant-admiral.de.

Weisenheimer Hof, familiärer, kinderfreundlicher Gasthof mit vorwiegend deftiger Küche. Als nette Geste gibt es sonntags die Tagessuppe in einer großen Schüssel pro Tisch „fer umme" (gratis). Empfehlenswert sind die im frischen Landhausstil gehaltenen Zimmer, Hauptgerichte 5–16 €. Mi–So ab 12 Uhr. DZ ab 70 €. Leistadter Str. 12, ✆ 06353/8069, 📠 4641, www.weingut-messer-kraemer.de.

Alter Winzerhof, das über 100 Jahre alte Anwesen wurde unter Einbeziehung moderner Elemente gekonnt renoviert und bietet komfortable Übernachtungsmöglichkeiten wie auch einen ruhigen, einladenden Innenhof. DZ ab 66 €, Ferienwohnung ab 49 €. Hauptstr. 61, ✆ 06353/507276, 📠 507195, www.alter-winzerhof.de.

Café Solo, wer sich von der hier verkehrenden Schickeria nicht stören lässt, findet im stimmungsvollen, orientalisch angehauchten Garten einen schönen Platz zum Genießen des selbst gebackenen Kuchens. Auch ein kleiner Laden für „Mediterranes Wohnen". Mi und So 10–18 Uhr, Fr/Sa 10–20 Uhr. Hauptstr. 49, ✆ 06353/959349, www.mediterraneswohnen.info.

• *Einkaufen* **Destillerie Sauer-Dockner**, neben Schnäpsen und jahreszeitlich angepassten Likören gibt es leckere Marmeladen, ausgefallene Senfsorten und Geschenkartikel. In der modern eingerichteten Probierstube werden für bis zu 12 Pers. auch Schnapsproben veranstaltet. Tägl. 10–18.30 Uhr. Kleine Weingasse 2, ✆ 06353/4600.

HolzWeisbrodt, auch wenn das Marketing fast schon zu perfekt wirkt, werden im Weingut HolzWeisbrodt sehr ordentliche Weine gemacht. Die Erträge der 50 ha werden zu Wein in verschiedenen Qualitätslinien und seit 1997 auch zu Sekt verarbeitet. Zu probieren sind die Weine in der großen, auch für Reisebusse ausgelegten Weinstube (Mi–So ab 11.30 Uhr) oder in dem mondänen WeinARTrium (Mo, Mi–Fr 14–23 Uhr, Sa 11–23 Uhr, So 11–20 Uhr). Weinverkauf tägl. 9–12 und 13–18 Uhr. Leistadter Str. 25, ✆ 06353/93610, 📠 936161, www.holz-weisbrodt.de.

• *Wandern* Ein beliebtes Wanderziel ist der 3 km westlich von Weisenheim gelegene und von Mischwald umgebene **Ungeheuersee**. Im Gegensatz zu älteren Abbildungen ist er heute mehr ein Tümpel denn ein See, aber seiner Beliebtheit tut das kaum Abbruch. PWV-Hütte Mitte März bis Nov. So/Fei bewirtschaftet. Infos unter ✆ 06353/6252.

Dirmstein

Schon auf den ersten Blick hebt sich Dirmstein von den Gemeinden an der Weinstraße ab. Statt einer engen Dorfstraße bildet ein weitläufiger Platz das Zentrum des von Weinbergen und Feldern umgebenen Ortes. Großzügige Fachwerkhäuser, ein abwechslungsreicher Schlosspark und herrschaftliche Güter prägen die Gemeinde, die einst als bevorzugter Wohnort von Adeligen galt.

Auch wenn von der einstigen Pracht – über 20 Schlösser und prunkvolle Anwesen sollen einst das Stadtbild bestimmt haben – nur noch Reste zu bestaunen sind, ist die adelige Geschichte des Ortes doch sehr präsent. Überragt von der St. Laurentiuskirche, die bis heute sowohl von Katholiken als auch von Protestanten als Pfarrkirche genutzt wird, stellt sich der in Teilen gut erhaltene und renovierte Ortskern als einladende Mischung aus Weitläufigkeit und Behaglichkeit dar. Westlich des Ortes zeugen imposant in den Lösslehm der Umgebung eingegrabene Hohlwege von der Geschichte. Durch die jahrhundertelange Nutzung als Fahrweg entstand das Wörschberger Hohl mit seinen bis zu 4 m hohen, senkrechten Lösswänden. Unweit von hier befindet sich das Chorbrünnel, eine 1733 von Jesuitenmönchen in Stein gefasste, schwefelhaltige Quelle, die vermutlich schon vor dem Mittelalter genutzt wurde und aus der nach alter Überlieferung die Dirmsteiner Kinder kamen.

Obwohl sich Dirmstein touristisch als Teil des Leiningerlands vermarktet, hat der Ort in seiner langen Geschichte nie den Grafen von Leiningen gehört. Viel enger als mit der Haardt und dem Pfälzerwald waren die Verbindungen mit der Bischofsstadt Worms. Nachdem Heinrich VI. dem Wormser Bischof Konrad II. von Sternberg im Jahr 1190 Güter als Erblehen überlassen hatte, kamen die Wormser Kirchenführer während des Sommers häufig hierher. Bereits im 12. Jh. wohnten auch einige lokale Adelsfamilien in Dirmstein, von denen v. a. die Familie Lerch für den Ort und seine Umgebung Bedeutung erlangen konnte. Heute zeugt der in den Torbogen zum Spitalhof und in die Mauer der Fechtschule am Kellergarten eingemeißelte Name der Familie, die bis zum Ende des 17. Jh. zahlreiche Besitztümer bewirtschaftete, von ihrer Verbundenheit mit dem Ort.

Reisepraktische Informationen

• *Information* **Touristinformation der Verbandsgemeinde Grünstadt-Land** im Haus der Deutschen Weinstraße, Weinstr. 91b, 67278 Bockenheim, ✆ 06359/8001820, 📠 8001812, www.gruenstadt-land.de. Mo–Fr 8.30–12 Uhr, Mo–Mi auch 13.30–16 Uhr, Do bis 18 Uhr, Mai–Okt. zusätzlich Fr bis 17 Uhr und Sa 10–17 Uhr. Weitere Informationen unter www.dirmstein.de.

• *Übernachten/Essen & Trinken* **Hotel-Café Kempf**, nach langem Leerstand ist das traditionsreiche Café gegenüber dem Michaelstor nun als bodenständiges Hotel-Restaurant mit pfälzischer Küche wiedereröffnet worden. Die Zutaten stammen weitestgehend aus dem Leiningerland. Hauptgerichte 7–20 €. Mo–Fr 17–23 Uhr, Sa/So 11.30–23 Uhr. 26 großzügige Zimmer. DZ ab 81 €. Marktstr. 3–7, ✆ 06238/98340, 📠 9834400, www.hotel-cafe-kempf.de.

In der Umgebung

Das südwestlich von Dirmstein gelegene **Laumersheim** war vor zehn Jahren noch ein kleiner, unbedeutender Ort. Es liegt zum Großteil an den Brüdern Volker und Werner Knipser, dass sich dies geändert hat. Noch immer wirkt Laumersheim verschlafen, aber die Innovationen auf dem seit 1850 bestehenden Weingut der Knipsers zeugen von einer hellwachen Beobachtung der internationalen Weinszene. Für das Engagement besonders im An- und Ausbau von Rotweinen erhielten die Winzer u. a. schon mehrfach den Deutschen Rotweinpreis des Fachmagazins „Vinum". Philipp Kuhn, einst Lehrling der Knipsers und heute einer der bedeutendsten Jungwinzer der Pfalz, übernahm bereits in jungen Jahren das elterliche Weingut. Seine Weine wachsen wie die der Knipsers auf den Gemarkungen Laumersheim, Großkarlbach und Dirmstein, die roten sind fruchtbetont, die weißen fein und klar. Die Übernahme durch Tochter und Schwiegersohn hat auch das „Weiße Lamm" zu einem lohnenden Ziel für feine Gaumen werden lassen. Die einst sehr rustikale Dorfwirtschaft wird nun Zug um Zug zu einem bodenständigen Feinschmeckerrestaurant. Die gesamte Karte klingt so lecker, dass die Auswahl nicht ganz leicht fällt.

Wie Gastronomie zu einem Zugpferd für das ganze Dorf werden kann, das haben in **Großkarlbach** v. a. die Gebrüder Meurer vorgemacht. Das Gastroimperium der Meurers gruppiert sich um einen gekonnt angelegten, großzügigen toskanischen Garten. Er beherbergt eine Orangerie und ein Gartenhaus, in dem im Sommer in romantisch-edlem Ambiente kleine Feinheiten genossen werden können.

Als Verdauungsspaziergang bietet sich ein Rundgang durch den Ort an, z. B. durch die vom Eckbach begleitete Kändelgasse. Hier verläuft auch der Mühlenwanderweg, der auf seiner Route durch Großkarlbach sieben Mühlen passiert. Diese ließen den Ort im Mittelalter zu einem bedeutenden Marktflecken und sogar zur Stadt werden. 2007 wurde die im Ortszentrum gelegene Dorfmühle aus dem Jahr 1602 liebevoll restauriert. Seit ihrer Aufwertung hat sie u. a. als **Mühlenmuseum** mit einem kompletten Mahlgang eine neue Verwendung gefunden (geöffnet von März bis Oktober jeden 2. und 4. So 14–17 Uhr sowie nach Vereinbarung, Führungen möglich; Kändelgasse 15, ✆ 06238/3301).

• *Information* **Touristinformation der Verbandsgemeinde Grünstadt-Land**, im Haus der Deutschen Weinstraße, Weinstr. 91b, 67278 Bockenheim, ✆ 06359/8001820, 📠 8001812, www.leiningerland.com. Mo–Fr 8.30–12 Uhr, Mo–Mi auch 13.30–16 Uhr, Do bis 18 Uhr, Mai–Okt. zusätzlich Fr bis 17 Uhr und Sa 10–17 Uhr. Weitere Infos unter www.laumersheim.de und www.grosskarlbach.de.

Im stilvollen Garten der Gebrüder Meurer

• *Übernachten/Essen & Trinken* **Meurer**, Hauptgerichte 13–30 €. Restaurant tägl. ab 18 Uhr, So ab 11.30 Uhr Lunch-Buffet für 25 €, Gartenhaus nur Sa/So 14–19 Uhr, am Wochenende ab 14 Uhr Kaffee und Kuchen in der Hotelhalle. Auch elegant-barocke Zimmer mit mediterranem Touch. DZ ab 120 €. Großkarlbach, Hauptstr. 67, ✆ 06238/678, 📠 1007, www.restaurant-meurer.de.

Zum Weißen Lamm, gehobenes Preisniveau. Di/Mi geschlossen, sonst 18–21.30 Uhr, So zusätzlich 12–14 Uhr. Laumersheim, Hauptstr. 38, ✆ 06238/929143, www.lamm-laumersheim.de.

• *Einkaufen* **Weingut Knipser**, Mo–Fr 10–12 und 14–18 Uhr, Sa 10–16 Uhr. Laumersheim, Hauptstr. 47, ✆ 06238/742, 📠 06238/4377, www.weingut-knipser.de.

Weingut Philipp Kuhn, Mo–Sa 10–12 und 13–17 Uhr. Laumersheim, Großkarlbacher Str. 20, ✆ 06238/656, 📠 4602, www.weingut-philipp-kuhn.de.

Freinsheim

Inmitten von weitläufigen Weinbergen und Obstgärten liegt das kleine Weinstädtchen mit seiner von der gut erhaltenen mittelalterlichen Stadtmauer umgebenen Altstadt. Beschaulichkeit und Ursprünglichkeit prägen den Ort, in dem vieles etwas kleiner ausfällt als anderswo. Winzige und verwinkelte Weinstuben, heimelige Galerien, enge Gassen und das wahrscheinlich kleinste Theater Deutschlands prägen die 5000 Einwohner zählende Stadt.

„Freinsheim fließt über von Geschichte, Wein und Obst“, schrieb der 1883 hier geborene Journalist und Schriftsteller Hermann Sinsheimer aus dem Londoner Exil

Entlang der Stadtmauer kann man die Freinsheimer Altstadt umrunden

über seine Heimat. Heute erinnert nicht nur eine Gedenktafel an seinem Geburtshaus (Heintorstr. 6) an den bekannten Sohn der Stadt, sondern auch der seit 1983 vergebene Hermann-Sinsheimer-Preis für Literatur und Publizistik. Zu den Preisträgern gehörten u. a. Siegfried Lenz, Hilde Domin und Marion Gräfin Dönhoff.

In der Hauptsaison beginnt der Besuch der Freinsheimer Altstadt meist mit der Suche nach einem geeigneten Parkplatz. Dass der Ort für Fremde ein wenig unübersichtlich erscheint, liegt sicherlich auch an dem weitgehend gelungenen Versuch, die kopfsteingepflasterte, barocke Altstadt vom Autoverkehr frei zu halten. So ist man bisweilen gezwungen, den einen oder anderen Umweg in Kauf zu nehmen. Den Beginn der Altstadt markiert die fast vollständig erhaltene Stadtmauer aus dem 15. Jh., entlang der man den kleinen Stadtkern auf rund 1,3 km umwandern kann. Mal trutzig und wehrhaft wie im Bereich des Eisentores, mal eng und urig lässt sich die Geschichte der Stadt dabei erspüren. Von den 24 Wehrtürmen, die Freinsheim einst umgaben, sind fünf renoviert und nutzbar. Im Casinoturm ist seit 2007 das wohl **kleinste Theater Deutschlands** untergebracht, gerade mal 20 Zuschauer können eine Vorstellung besuchen. Die Leiterin, Regisseurin und Schauspielerin des Ein-Frau-Betriebs hat dabei in den letzten Jahren schon Erfahrungen in Sachen klein & fein gesammelt: Im Sommer 2006 eröffnete sie an gleicher Stelle bereits ein Café mit zwei Sitzplätzen.

Im Gegensatz zur Stadtmauer wurde die mittelalterliche Altstadt während des Pfälzischen Erbfolgekrieges vollständig zerstört. Übrig blieben einzelne Grundrisse und die durch die Stadtmauer und ihre Tore vorgegebenen Straßenmuster. Im Zuge des Wiederaufbaus entstanden neben dem von der markanten evangelischen Kirche und dem freundlichen Rathaus mit überdachter Freitreppe geprägten Marktplatz viele einladende und großzügige Hof- und Bürgerhäuser. Diese zu bestaunen, sich durch manch enge Gasse zu zwängen und in einer der Weinstuben einen guten Tropfen zu genießen macht den Besuch der Stadt so lohnenswert.

Information/Sightseeing

• *Information* **i-Punkt Freinsheim**, Hauptstr. 2, 67251 Freinsheim, ✆ 06353/989294, 📠 989904, www.freinsheim.de. Mo–Fr 10–16 Uhr, Ostern–Okt. auch Sa 10–14 Uhr.

• *Sightseeing* April–Okt. jeden Sa um 11.15 Uhr einstündige **Stadtführungen**. Treffpunkt ist das historische Rathaus im Zentrum der Altstadt. 3 €/Pers., Informationen beim i-Punkt Freinsheim.

Übernachten/Essen & Trinken

****** Landhotel Altes Wasserwerk**, am Rand der Altstadt, großzügig und modern renoviert. Im Sommer lockt der weitläufige, baumbestandene Park, im Winter der Wellnessbereich. Zum Angebot des Hotels gehören auch zwei Zimmer im Herzogturm an der südlichen Stadtmauer. DZ ab 85 €. Burgstr. 9, ✆ 06353/932520, 📠 9325252, www.landhotel-altes-wasserwerk.de.

*****S Luther**, eines der besten Restaurants der Region. Dieter Luther kocht seit Jahren jahreszeitlich orientierte Menüs auf hohem Niveau, seit 25 Jahren zählt er zur Riege der Sterneköche. Hauptgerichte 24–31 €. So Ruhetag, sonst ab 18 Uhr. 23 stilvolle, eher einfache Zimmer. DZ ab 90 €. Hauptstr. 29, ✆ 06353/93480, 📠 934845, www.luther-freinsheim.de.

Freinsheimer Hof, nur vier Zimmer bietet das kleinste Hotel Freinsheims, aber diese sind schick und komfortabel. Berühmt ist der Freinsheimer Hof für das Flair seiner spätbarocken Gemäuer und für seine feine Küche. Auch Vegetarier werden hier fündig, ebenso Hobbyköche, die im Rahmen eines Kochkurses ihre Fähigkeiten erweitern können. 4-Gänge-Menü 50 €. Mi/Do geschlossen, sonst 18–24 Uhr, So/Fei auch 12–15 Uhr. DZ ab 110 €. Breite Str. 7, ✆ 06353/5080410, 📠 5080415, www.restaurant-freinsheimer-hof.de.

***** Hotel garni Altes Landhaus**, romantisches Winzeranwesen mit gemütlichen, individuell eingerichteten Zimmern und Suiten, in denen sich viele liebevolle Details finden. DZ ab 75 €. Hauptstr. 37, ✆ 06353/93630, 📠 936329, www.altes-landhaus.de.

Ferienhaus am Haintor, in der Altstadt gelegenes Barockhaus mit drei geschmackvoll eingerichteten, großen Ferienwohnungen, die sich auf Wunsch auch für größere Gruppen zusammenlegen lassen. Ab 75 €. Am Haintor, ✆ 06353/8695.

Im Kitzig, in einem kleinen, verwinkelten Landarbeiterhaus ist die vielleicht schönste Weinstube Freinsheims untergebracht. In den winzigen Räumen stehen meist nur wenige Tische. Glück hat man, wenn man einen der Plätze am offenen Kamin ergattert. Preiswertes, einfaches Essen, Di Ruhetag, sonst 17–23 Uhr, So 12–22 Uhr. Auch zwei Ferienwohnungen ab 35 €. Im Kitzig 14, ✆ 06353/8337, www.im-kitzig.de.

Weingut Kohl, in der kleinen, südlich von Freinsheim gelegenen Wein- und Obstanbaugemeinde Erpolzheim werden drei stilvoll und umfassend ausgestattete Ferienwohnungen auf dem familiär geführten Weingut der Familie Kohl vermietet. Ab 58 €. Erpolzheim, Georg-Amend-Str. 4, ✆ 06353/3939, 📠 3544, www.weingutkohl.de.

Weinstube Sankt Martin, rustikale Weinstube mit treuem Stammpublikum. Seit Jahren werden abwechslungsreiche Pfälzer Gerichte mit mediterranem Anklang auf höchstem Niveau geboten. Die Preise sind fair, der Service ist freundlich. Mo/Di geschlossen, sonst 17–22 Uhr, So 11.30–19.30 Uhr. Martinsstr. 23, ✆ 06353/6466, 📠 8224.

Weinstube an der Bach, kleine, gemütliche Weinstube mit einfachen Gerichten am Rand der Altstadt. Im Sommer kann man auf dem schönen Platz am historischen Freinsheimer Eichhaus sitzen. Mi Ruhetag, sonst 17.30–23 Uhr, So/Fei auch 11.30–15 Uhr. An der Bach 4, ✆ 06353/93093.

Einkaufen/Sport & Freizeit/Kultur

• *Einkaufen* **Meyer Chocolaterie**, etwas außerhalb der Altstadt gibt es in der kleinen Manufaktur feine Pralinen- und Schokoladenkreationen. Während eines „Pralinenkurses" kann man praktischen Einblick in die Handwerkskunst von Timo A. Meyer gewinnen. Di, Do und Fr 9–12.30 und 14–18 Uhr, Sa 9–12 Uhr. Reiboldstr. 4, ✆ 06353/915345, www.chocolatier-meyer.com.

Baumschule Oberholz, in der am nordwestlichen Ortsausgang gelegenen, familiär geführten Gärtnerei fühlt man sich wie in einem viel zu üppig bepflanzten Garten. Feigen-, Zitronen- und Olivenbäumchen kann man bei Familie Oberholz genauso kaufen wie klassische Gartengewächse. Mo–Fr 8–12 und 13–18 Uhr (im Winter 17 Uhr), Sa nur 8–12 Uhr, während der Pflanzzeit bis 15 Uhr. Dackenheimer Str. 21, ✆ 06353/7402, 📠 7887, www.baumschule-oberholz.de.

Weingut Kaßner-Simon, das zum „Alten Wasserwerk" gehörende Weingut produziert sehr gute Weine und seit 15 Jahren auch Sekt in klassischer Flaschengärung. Mo–Sa 13–19 Uhr, So 10–13 Uhr. Wallstr. 15, ✆ 06353/989320, 📠 989321, www.kassner-simon.de.

Galerie Zulauf, moderne Kunst international bekannter sowie junger Künstler der vergangenen 50 Jahre präsentiert die Galerie in ihrem historischen Anwesen aus dem 18. Jh. Mi–Fr 14–18.30 Uhr, So 11–18 Uhr. Gottfried-Weber-Haus, ✆ 06353/3587, 📠 3588, www.moderne-kunst.de.

Galerie im Kitzig, kleine Galerie im Stadtviertel Kitzig, in der Walter Geiselhart neben wechselnden Ausstellungen auch seine farbenfroh leuchtenden Pastellgemälde präsentiert. Öffnungszeiten nach Vereinbarung, im Sommer und am Wochenende ist meist offen. Im Kitzig 9, ✆ 06353/4665.

• *Golf* Nördlich der kleinen, zu Freinsheim gehörenden Ortsgemeinde Dackenheim ist der **Golfgarten** gelegen. Die 18 Bahnen sind nach Weinsorten benannt. Greenfee 9-Loch-Platz ab 30 €, 18-Loch-Platz ab 50 €. April–Sept. tägl. 8–19 Uhr, März/Okt. 8–18 Uhr, Nov.–Feb. 8.30–17 Uhr. ✆ 06353/989212, 📠 989213, www.golf-absolute.de/dackenheim.

• *Wandern* Zahlreiche Wege führen im Frühling durch prachtvoll blühende Obstlandschaften. Gut markierte Rundwanderwege starten am historischen Rathaus. Von dort aus führt beispielsweise der mit Blüten auf rotem Grund markierte Blütenwanderweg durch ausgedehnte Obsthaine in den Nachbarort **Weisenheim am Sand** (6 km). In die andere Richtung startet der mit einem Trompeter auf rotem Grund gekennzeichnete Wanderweg **Rund um den Musikantenbuckel** (7 km). Wie viele der merkwürdig klingenden Namen ist auch der Musikantenbuckel eine Weinlage. Schon in den letzten Jahrhunderten waren Freinsheim und seine Umgebung für Weinfeste bekannt. Den wandernden Musikanten zu Ehren, die von einem Fest zum nächsten zogen, um dort die Besucher zu erfreuen, und als Dank mit Speis und Trank versorgt wurden, ist die größte Freinsheimer Weinlage benannt.

• *Theater* **Theader**, im kleinsten Theater Deutschlands werden an sommerlichen Wochenenden durchaus anspruchsvolle Aufführungen in historischem Ambiente angeboten. Im Casinoturm, ✆ 06353/932845, www.theader.de.

Sühnekreuz aus dem 14. Jh. zwischen Freinsheim und Ungstein

Veranstaltungen

Die Auswahl an Festen in Freinsheim ist groß, schließlich eignet sich die malerische Kulisse der Altstadt wunderbar zum Feiern.

Altstadtfest, am ersten Juniwochenende locken zwischen Freitag- und Sonntagabend zahlreiche Konzerte und gut duftende Stände. Das Fest gibt Gelegenheit, sonst verschlossene Höfe und Parkanlagen der Freinsheimer Weingüter zu besuchen.

Stadtmauerfest, am dritten Wochenende im Juli lädt Freinsheim zu seinem wohl bekanntesten Fest: Rund um die Stadtmauer und in der Altstadt präsentieren Stände ihre Interpretation von Pfälzer Gastlichkeit. Wein darf dabei natürlich auch nicht fehlen.

Kulinarische Weinwanderung, zur Zeit der Weinlese zieht es alljährlich 10.000 Besucher auf ein Fest, das den klassischen Kriterien eines Weinfestes nicht so recht entsprechen mag: Statt behaglichen Beisammensitzens heißt es Wandern und Marschieren. Damit die Gemütlichkeit dennoch nicht auf der Strecke bleibt, versorgen kulinarische Stationen entlang der Route die Gäste u. a. mit süßem Neuem Wein.

Weihnachtsmarkt, für eine heimelige weihnachtliche Stimmung scheint die Altstadt von Freinsheim geradezu wie gemacht. Die Krippe vor dem historischen Rathaus wirkt mit ihren Tieren so, als würde sie ganz selbstverständlich hierher gehören. Und wer Weihnachten und die Pfalz gemeinsam verstehen möchte, der sollte sich das auf Pfälzisch aufgeführte Weihnachtsspiel nicht entgehen lassen (Adventssamstage 14 Uhr, Adventssonntage 12 Uhr auf dem Marktplatz).

Kallstadt

Prächtige Fachwerkhäuser gruppieren sich um den achteckigen, spätgotischen Turm der Kirche St. Salvator und geben der viel besuchten Weinbaugemeinde ein charmantes Ortsbild. Im Übrigen gilt: Saumagen über alles. In Kallstadt gibt es ihn nicht nur auf dem Teller, sondern auch im Weinglas. Die berühmte Weinlage „Saumagen" macht's möglich. Die passende Saumagenkerwe darf da natürlich auch nicht fehlen.

Von Norden kommend, passiert man die große, 200 Mitglieder zählende Winzergenossenschaft und erreicht schnell die zentrale Kreuzung zwischen der Kirche und dem gepflegten Kallstadter Hof. Die heute evangelische Kirche wurde 1772 als katholische Kirche **St. Salvator** geweiht. Besondere Bedeutung erlangte sie v. a. wegen der 1775 durch Johann Georg Geib erbauten Orgel, die nach einer umfangreichen Renovierung zu beeindruckenden Orgelkonzerten einlädt. Einen abschüssigen Knick hinter St. Salvator steht man vor dem stets gut besuchten Weinhaus Henninger. Daneben locken viele kleine Weinstuben, die zu „Probe und Verkauf" einladen, Straußwirtschaften und gute Restaurants. Für alle Besucher, die nicht Saumagen und Saumagen probieren wollen, gibt es auch andere typische Gerichte und ordentliche Weinlagen.

Information/Sightseeing

- *Information* **i-Punkt Kallstadt**, Weinstr. 111, 67169 Kallstadt, ✆ 06353/667838, 📠 667840, www.kallstadt.de und www.freinsheim.de. Mo–Fr 10–16 Uhr, April–Okt. auch Sa 10–14 Uhr, Sept./Okt. Fr bis 18 Uhr.
- *Sightseeing* Im Sept. und Okt. bietet der Verkehrsverein samstags ab 11 Uhr **Spaziergänge mit Ortsbesichtigung und Weinbergsrundgang** an. Den Abschluss der vergnüglichen Touren bildet eine Weinprobe bei wechselnden Winzern. Dauer rund 1:30 Std. plus Weinprobe, Treffpunkt beim i-Punkt Kallstadt, 3 € zzgl. 6–12 € für die Weinprobe. Von Juni bis Okt. werden auch mittwochs **Weinbergführungen** angeboten (Treffpunkt um 13 Uhr am Löwenbrunnen vor der Kirche, 8 €).

Übernachten/Camping/Essen & Trinken

• *Übernachten/Essen & Trinken* *** **Müller's Landhotel**, schöne, gepflegte Zimmer in unterschiedlicher Größe und Farbgebung. Romantisch und gemütlich ist z. B. das Zimmer „Kallstadter Saumagen" mit einer kleinen Dachschräge. Nur Nichtraucherzimmer. An einigen Samstagen und Sonntagen ist ab 13 Uhr das kleine Weincafé mit Terrasse geöffnet. DZ ab 80 €. Freinsheimer Str. 31 und 24, ✆ 06322/2792, 📠 8298, www.muellers-landhotel.de.

*** **Kallstadter Hof**, stilvolles Haus im Zentrum mit sehr guter pfälzischer Küche und schönen, gut ausgestatteten Zimmern. Stimmungsvoller, rebenüberwachsener Innenhof. Gastfreundlich kalkulierte Preise. Küche tägl. 11.30–14.30 und 17.30–21.30 Uhr. DZ ab 75 €. Weinstr. 102, ✆ 06322/8949, 📠 66040, www.kallstadter-hof.de.

*** **Weinkastell Zum Weißen Ross**, die im Grunde pfälzische Küche wird durch viel Kreativität veredelt, was die gehobenen Preise rechtfertigt. Die teils historischen Zimmer sind komfortabel und bieten Ausblicke auf die Weinberge oder den Gutshof. Mo/Di geschlossen, sonst 12–13.30 und 18–20.30 Uhr, So nur mittags, Mi nur abends. DZ ab 85 €. Weinstr. 80–82, ✆ 06322/5033, 📠 66091, www.weinkastell-kohnke.de.

Gästehaus im Kirschgarten, schöne Gästezimmer, alle mit Tageslichtbad und teilweise Balkon. Durch die Lage am Ortsrand kann man weit in die Weinberge blicken. DZ ab 55 €. Hebengasse 9a, ✆ 06322/959346, 📠 959374, www.kirschgarten.net.

Landhaus Kronenberg, Gästezimmer im Weingut der Familie Bender im klassisch-eleganten Landhausstil. DZ ab 65 €. Riedweg 8, ✆ 06322/67219, 📠 5043, www.landhaus-kronenberg.de.

Weinstube Bühler, auf der großen, mediterran bepflanzten Terrasse oder in den beiden Weinstuben sitzt man gemütlich. Die einfachen, aber dennoch einfallsreichen kleinen Gerichte sind preiswert und lecker. Schöne, ruhige Lage am Ortsrand, unterhalb des „Kallstadter Saumagens". Fr/Sa ab 16 Uhr, So ab 12 Uhr. Backhausgasse 2, ✆ 06322/61261, 📠 981090, www.buehler-pfalz.de.

Weinhaus Henninger, ob im schön möblierten Hof mit viel Grün oder in den charmanten alten Gasträumen – hier kann man deftige und modern verfeinerte Pfälzer Spezialitäten genießen. Der Bezug zum Saumagen ist ein ganz besonderer: Die frühere Wirtin Luise Henninger war es, die nach dem Ersten Weltkrieg den vergessenen Saumagen wiederentdeckte und zu einem Pfälzer Renner werden ließ. Hauptgerichte 8–20 €. Mo Ruhetag, sonst 12–24 Uhr, So bis 22 Uhr. Weinstr. 93, ✆ 06322/2277, 📠 62861, www.weinhaus-henninger.de.

Weinkabinett Fleischmann, die zum gleichnamigen Weingut gehörende, urgemütliche Weinstube vereint Pfälzer Gastfreundschaft, gute, preiswerte regionale Küche

Das Zentrum von Kallstadt

und einen heimeligen Innenhof. Mi/Do geschlossen, sonst ab 17 Uhr, Sa/So ab 12 Uhr. Weinstr. 123, ☎ 06322/2644.

• *Camping* **Winzerhof und Gästehaus G. u. V. Henninger**, zwei Stellplätze mit Stromanschluss, Frischwasserzufuhr, Brauchwasser- und Toilettenentsorgung, WC- und Duschenbenutzung möglich. 15 €/Pers. inkl. Frühstück. Weinstr. 6 und 10, ☎ 06322/67800, 📠 67867.

Einkaufen/Sport & Freizeit/Veranstaltungen

• *Einkaufen* Außer Wein und saisonalem Obst und Gemüse sind die Einkaufsmöglichkeiten in Kallstadt begrenzt. Wer sich intensiv, aber dennoch unverbindlich in den Weingütern umschauen will, dem sei der Tag der offenen Weinkeller (meist am letzten Märzwochenende) empfohlen. Auch das Fest der 100 Weine eignet sich dafür.

Weingut Georg Henninger IV., das alte Weingut in dem tollen Fachwerkhaus von 1688 baut seine Weine nur trocken und im Holzfass aus. Das ursprünglich dazugehörende Weinhaus Henninger wird mittlerweile getrennt bewirtschaftet. Di–So 11–18 Uhr. Weinstr. 93, ☎ 06322/2277, 📠 62861.

Weingut Koehler-Rupprecht, genau gegenüber vom Weingut Georg Henninger IV. gelegen, die räumliche Nähe wird zur Zusammenarbeit genutzt: Im Henninger-Keller werden die Rotweine beider Güter ausgebaut, hier die Weißweine. Der Stil ist dennoch unterschiedlich, bei Koehler-Rupprecht gibt es vorwiegend volle, barocke Weißweine. Mo–Fr 9–11.30 und 13–17 Uhr. Weinstr. 84, ☎ 06322/1829, 📠 8640.

• *Fahrradverleih* Im i-Punkt Kallstadt stehen Räder bereit, zwei Kindersitze können ebenfalls ausgeliehen werden, 7 €/Rad und Tag. Voranmeldung unter ☎ 06322/667838 empfohlen.

• *Wandern* Drei ausgeschilderte Wanderwege führen durch die Weinberge, der Burgunderweg (4,8 km), der Rieslingweg (6 km) und der **Saumagenweg** (3,5 km). Start ist jeweils am Platz der 100 Weine. Durch das abwechslungsreiche, unter Naturschutz stehende **Berntal**, das sich nördlich von Kallstadt in Richtung Leistadt in die Rebflächen gräbt, kann man auf verschiedenen Wirtschaftswegen über den Weidenhof mit rustikaler Gastronomie (Mo Ruhetag, ☎ 06322/8639) gut bis Leistadt wandern. Von hier aus kehrt man über einen kurzen steilen Abstieg nach Kallstadt zurück.

• *Veranstaltungen* Beim **Fest der 100 Weine** am Wochenende um den 1. Mai dreht sich in Kallstadt alles um den Wein. Das erste große Weinfest des Jahres bietet eine tolle Atmosphäre, wenngleich der Alkoholkonsum nach Mitternacht bisweilen leider zu weniger schönen Szenen führt.

Am ersten Wochenende im Sept. findet die **Saumagenkerwe** mit der Saumagenprobe (Weinprobe) auf dem Festplatz und einem Kerwegottesdienst mit Mundartpredigt am Sonntag statt.

Mittelhaardt

Zwischen Bad Dürkheim und Neustadt verläuft die Weinstraße nah am Rande des Pfälzerwalds. Die vorgelagerten Hügel der Haardt sind hier klimatisch besonders begünstigt. Schon im März blühen die Mandelbäume entlang der kleinen Straßen und läuten mit ihren hellrosa Blüten das Frühjahr ein.

Neustadt am südlichen Ende der Mittelhaardt ist neben Landau die bedeutendste Stadt an der Weinstraße und für jene, die mit dem Zug kommen, Endpunkt oder letzte Umsteigestation der Reise. Am nördlichen Ende dieses Weinstraßenabschnitts zieht die gemütliche Kurstadt Bad Dürkheim v. a. an schönen Herbstwochenenden die Besucher scharenweise an. Dazwischen liegen die bekannten Weinorte Wachenheim, Forst und Deidesheim, in denen viele der großen und namhaften Weingüter der Pfalz zu finden sind. Mit Efeu, Oleander und Feigen begrünte Höfe und gemütliche Weinstuben laden ein, sich in dem einen oder anderen Ort durchaus länger aufzuhalten. Die höher gelegenen nördlichen Vororte von Neustadt sind bekannt für ihre Mandelblüte, die die kleinen Straßen zwischen Gimmeldingen und Königsbach im Frühjahr in ein rosa Blütenband verwandelt.

Informationen zur Region erteilt Deutsche Weinstraße e. V., Martin-Luther-Str. 69, 67433 Neustadt, ✆ 06321/912333, 912330, www.deutsche-weinstrasse.de.

Bad Dürkheim

Hauptort der nördlichen Mittelhaardt ist die 20.000 Einwohner zählende Kurstadt Bad Dürkheim. Die schöne und zentrale Lage am Rande des Pfälzerwalds und die gute Verkehrsanbindung machen Bad Dürkheim zum beliebten Wohn- und Ausflugsort. Schon an den ersten Sonnentagen im Frühjahr zieht es viele Gäste in den gepflegten Kurpark und in die lebhafte Fußgängerzone. Im Herbst kommen dann Hunderttausende, um den Dürkheimer Wurstmarkt zu besuchen, das angeblich größte Weinfest der Welt.

Von Ludwigshafen über die Autobahn kommend, sieht man vom Feuerberg auf die Häuser von Bad Dürkheim herunter, die sich dort, wo die Isenach den Pfälzerwald verlässt, an die bewaldeten Hänge schmiegen. Nördlich vom Zentrum liegt der riesige **Wurstmarktplatz,** der je nach Wetter und Jahreszeit leer und verlassen wirkt oder von Autos und Bussen belagert wird. An seinem Ende stehen das Dürkheimer Riesenfass und davor vollgestopfte Buden, an denen bunt bedruckte Weingläser, Postkarten und Hutnadeln verkauft werden.

Wurstmarkt – Beständigkeit und Wandel

Alle paar Jahre beschließen geschäftstüchtige Winzer oder einfallsreiche Gastronomen, etwas Neues zu versuchen und den Dürkheimer Wurstmarkt zu erweitern, zu verbessern oder schlichtweg zu verändern. Nicht immer sind die Besucher darüber erfreut, wenn das Riesenrad auf einmal einen neuen Standort hat oder zusätzlich zu den traditionellen Schubkarchständen mit ihren rustikalen Holzbänken ein schon fast vornehm anmutendes Weindorf entsteht, in dem auch Alfons Schuhbeck kochte. Vergleicht man den heutigen Wurstmarkt allerdings mit seinem Ursprung, so ist wohl nichts mehr, wie es mal war: Als der Michaelismarkt 1417 zum ersten Mal stattfand, waren weder Ort noch Dauer mit dem heutigen Wurstmarkt identisch. Händler und Winzer aus Dürkheim und den umliegenden Dörfern zogen auf den Michaelisberg, um den Pilgern, die seit dem 12. Jh. alljährlich Ende September hierherkamen, Speis und Trank zu offerieren.

Der Name Wurstmarkt kam erst im 19. Jh. auf, und es dauerte wohl einige Zeit, bis er allgemein akzeptiert wurde, obwohl der Verkauf von Wurst damals eine bedeutende Rolle gespielt haben muss. Heute ist dagegen nicht mehr so ganz nachzuvollziehen, warum man zum Weintrinken ausgerechnet auf einen „Wurstmarkt" geht. Schließlich gibt es hier alles Mögliche zu essen: deftige Hausmannskost ebenso wie leichte Snacks, Flammkuchen oder gediegene internationale Küche im Winzerdorf. Getrunken jedoch wird fast nur eines: Wein in allerlei Preis- und Qualitätsstufen, und zwar ausschließlich von Bad Dürkheimer Winzern. Dem Hang zur Beständigkeit wird es allerdings zu verdanken sein, dass man das Fest deswegen nicht wieder leichtfertig umbenennt.

Weitere Infos gibt's unter www.duerkheimer-wurstmarkt.de.

Erst im Zentrum mit seinen z. T. kopfsteingepflasterten Straßen und der kleinen Fußgängerzone spürt man etwas von dem besonderen Flair der Stadt, die beschaulicher Kurort, geschäftige Kleinstadt, traditionelles Winzerdorf und beliebtes Ausflugsziel in einem ist. An der Weinstraße in der Stadtmitte reihen sich der Obermarkt, auf dem zweimal in der Woche ein winziger Markt mit regionalen Spezialitäten stattfindet, der baumbestandene, rechteckige Stadtplatz mit einigen Parkplätzen und vielen Geschäften sowie der **Römerplatz,** das historische Zentrum Bad Dürkheims. Hier stehen die Tische und Stühle der Eisdielen und Restaurants bis weit in den Oktober hinein um einen der zum Spielen einladenden Brunnen.

Vom Römerplatz führt die überschaubare Fußgängerzone in einem kleinen Bogen zu der im klassizistischen Stil nach Plänen des Karlsruher Architekten und Stadtplaners Friedrich Weinbrenner erbauten Stadtkirche St. Ludwig, die zusammen mit dem Kurhaus den oberen Teil des **Kurparks** einrahmt. Ihr Turm überschaut den großzügig wirkenden unteren Kurpark mit Café und Bistro, Kneippbecken, Spielplatz und üppigen Blumenbeeten. Vor allem die baumbestandenen Wiesen verleihen dem insgesamt eher kleinen Park seinen einladenden Charakter. Im Osten endet er abrupt am über 300 m langen **Gradierbau,** in dem salzhaltiges Wasser über Äste rieselt. Die dabei erzeugte hohe Luftfeuchtigkeit sorgt an heißen Sommertagen für angenehme Kühlung, ihr Salzgehalt soll Atemwegsbeschwerden lindern. Bei einem Großbrand in der Nacht auf den Karsamstag 2007 wurde der Gradierbau weitgehend zerstört, anschließend jedoch in leicht veränderter Form wieder aufgebaut.

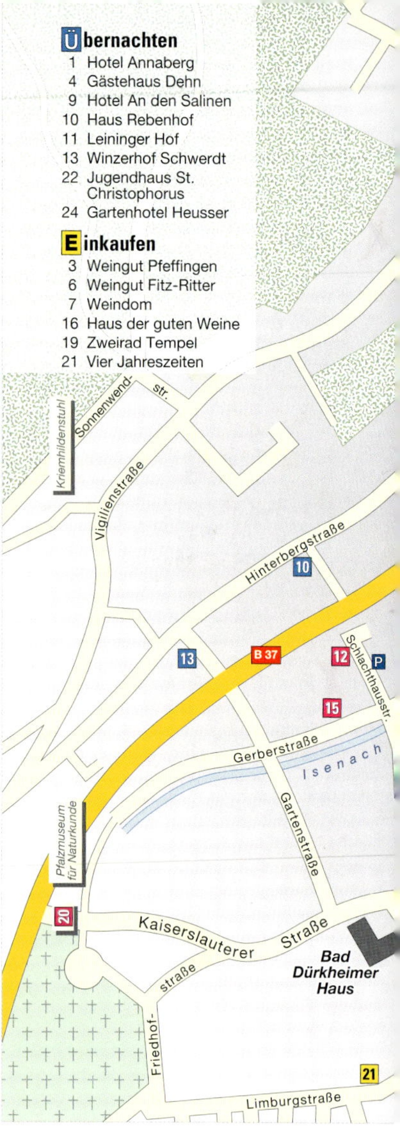

Am zweiten und dritten Septemberwochenende verändert Bad Dürkheim jedes Jahr sein Gesicht: Dann ist **Wurstmarkt,** das angeblich größte Weinfest der Welt. Aus der gemütlichen Kleinstadt wird ein Mekka der Wein- und Feierfreunde, die zu Hunderttausenden anreisen. Am Ende drängen sich alle in den traditionellen Schubkarchständen mit ihren engen Holzbänken, in den Fahrgeschäften oder in einem der großen Festzelte.

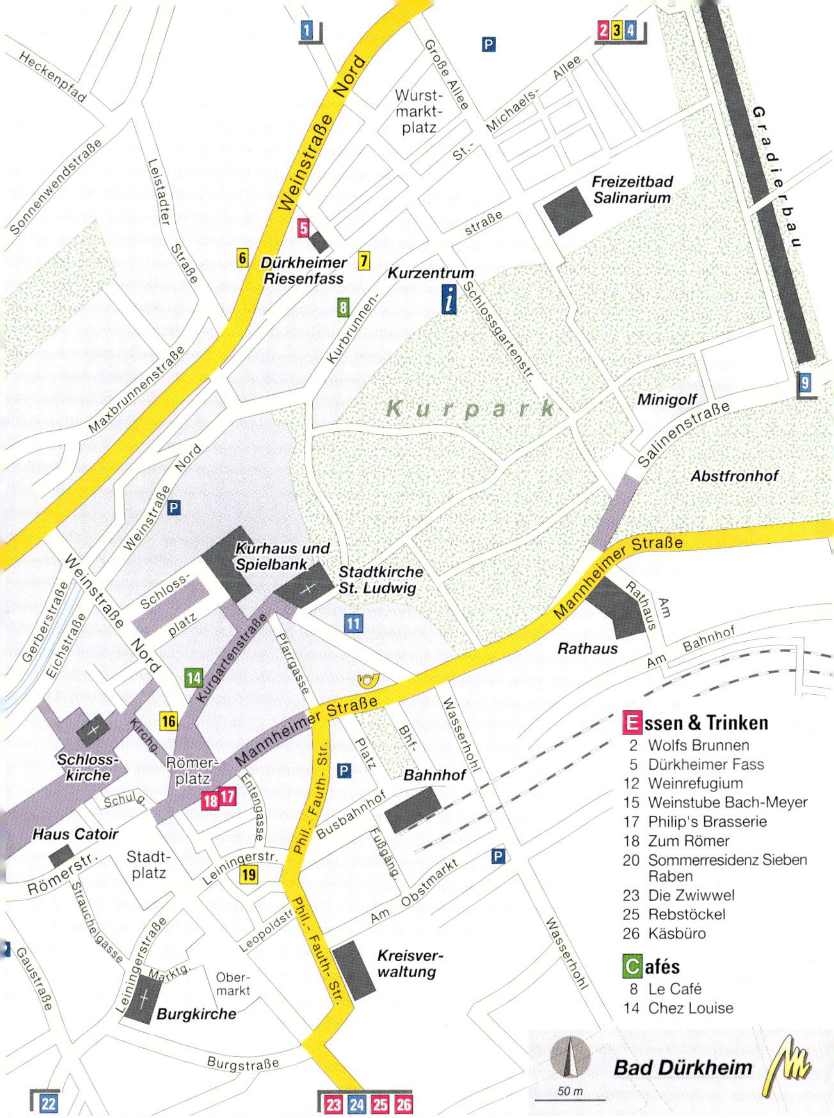

Geschichte

Schon die Kelten siedelten in den Wäldern um Bad Dürkheim. Noch heute zeugen der keltische Ringwall nördlich der Innenstadt und Fundstücke aus Gräbern von der Besiedlung ab etwa 1200 v. Chr. Mit den Römern kamen dann der Weinbau und eine erste intensive landwirtschaftliche Nutzung. 1981 fand man nahe des Bad Dürkheimer Ortsteils Ungstein eine römische Tretkelter, in der bereits um das Jahr 200 Wein hergestellt wurde. Imposant ist der ebenfalls in dieser Zeit entstandene Steinbruch Kriemhildenstuhl oberhalb des Stadtzentrums.

Das Herz von Bad Dürkheim: der Römerplatz

Im 19. Jh. setzte der Kurbetrieb ein. Nachdem seit den 1830er-Jahren Salz aus den Quellen gewonnen und Sudhäuser sowie Gradierwerke errichtet worden waren, wurde Dürkheim 1847 „Solbad“, seit 1904 darf es sich „Bad“ nennen. Bei der Untersuchung der Dürkheimer Solequellen entdeckten Robert Wilhelm Bunsen und sein Kollege Gustav Robert Kirchhoff 1861 das weiche und äußerst reaktionsfähige Alkalimetall Rubidium. Zur Herstellung von 9 g Rubidiumchlorid bereiteten sie 44.200 Liter des Dürkheimer Mineralwassers auf.

Im Laufe des 20. Jh. entwickelte sich Bad Dürkheim auf Grundlage seiner salzhaltigen Quellen zu einem gefragten Fremdenverkehrsort. Das warme Klima und die mediterranen Pflanzen führen dazu, dass es bisweilen als „pfälzisches Meran“ bezeichnet wird. Auch wenn dies – schon allein wegen der umgebenden Landschaft – übertrieben erscheint, so haben beide Orte doch eines gemein: Der Wein ist ein bedeutender Wirtschaftsfaktor und Grundlage der kulturellen Identifikation. Nicht ohne Grund bietet Bad Dürkheim seinen Gästen neben Bädern und Massagen – ebenso wie Meran – auch Traubenkuren an.

Information/Übernachten/Camping (siehe Karte S. 118/119)

• *Information* **Tourist Information Bad Dürkheim**, Kurbrunnenstr. 14, 67098 Bad Dürkheim, ✆ 06322/935140, www.bad-duerkheim.com. Mo–Fr 9–17 Uhr, Ostern–Okt. bis 18 Uhr sowie Sa 11–15 Uhr und So 11–14.30 Uhr, Fei 11–13 Uhr.

• *Übernachten* ****** Gartenhotel Heusser (24)**, großes und gepflegtes Hotel mit japanischem Teepavillon und herrlichem Garten im Stadtteil Seebach oberhalb des Stadtkerns. Verschiedene Restaurants. DZ ab 104 €. Seebacher Str. 50–52, ✆ 06322/9300, 930499, www.hotel-heusser.de.

****** Parkhotel Leininger Hof (11)**, von außen wenig ansprechendes Hotel mit Schwimmbad und Cocktailbar direkt am Kurpark. Von der Terrasse und einigen Balkonen aus blickt man auf die weite Kurparkwiese mit alten Bäumen. DZ ab 98 €. Kurgartenstr. 17, ✆ 06322/6020, 602300, www.leininger-hof.de.

****** Hotel Annaberg (1)**, die Lage mitten in den Weinbergen zwischen Bad Dürkheim und Leistadt macht das Hotel zum idealen Ausgangspunkt für Wanderungen oder entspannte Weinbergspaziergänge. Sehr beliebt ist es auch bei Hochzeitsgesellschaften. Individuelle Ausstattung der Zimmer. DZ 100 €. Annabergstr. 1, ✆ 06322/94000, 📠 940090, www.hotel-annaberg.com.

***** An den Salinen (9)**, kleines, freundliches Hotel. Für die etwas unschöne Lage an einer der Bad Dürkheimer Hauptstraßen entschädigen die Nähe zum Kurpark und die einladende Atmosphäre. DZ ab 72 €. Salinenstr. 40, ✆ 06322/94040, 📠 940434, www.hotel-an-den-salinen.de.

Gästehaus Ernst Karst & Sohn, von Reben umgebenes Weingut mit einladenden, hellen Zimmern am kleinen Flugplatz. DZ ab 70 €. In den Almen 15, ✆ 06322/2862, 📠 65965, www.weingut-karst.de.

Gästehaus Weinbau Dehn (4), im mitten in den Weinbergen gelegenen Dürkheimer Ortsteil Ungstein vermietet Familie Dehn stilvoll eingerichtete Zimmer und Ferienwohnungen. Auf dem Hof besteht auch die Möglichkeit zum Obst- und Weinkauf. Gästezimmer ab 65 €, Ferienwohnungen für 2–6 Pers. ab 48 €. Ungstein, Weinstraße 22, ✆ 06322/5402, 📠 791707, www.ungstein-dehn.de.

Haus Rebenhof (10), gut ausgestattete, moderne Ferienwohnungen für 2–4 Pers. Ab 50 €. Hinterbergstr. 37, ✆ 06322/8096, 📠 8096, www.hausrebenhof.de.

Winzerhof Schwerdt (13), mehrere modern bis rustikal eingerichtete Ferienwohnungen für 2–6 Pers. in zentraler Lage. Ab 40 €. Gartenstr. 21–23, ✆ 06322/5252, 📠 982330, www.winzerhof-schwerdt.de.

Jugendhaus St. Christophorus (22), etwas abseits, aber schön gelegenes und gut eingerichtetes Bildungshaus des BDKJ, das allen Interessenten offensteht und über Einzel-, Doppel- und Mehrbettzimmer verfügt. DZ 43 €. Schillerstr. 151, ✆ 06322/63151, 📠 62442, www.christophorus-haus.de.

• *Camping* **Knaus Campingpark**, großer und gut ausgestatteter Platz mit Badesee nordöstlich des Zentrums. Stellplatz ab 9 €, Erwachsene 6,40 €, Kinder 2,80 €. In den Almen 3, ✆ 06322/61356, 📠 8161, www.knauscamp.de.

Stellplatz für Wohnmobile am Stadtrand an der Straße in Richtung Leistadt (In der Silz). 24 Std. 5 €, Bezahlung über Automat. Anschlüsse sind nicht vorhanden, können aber beim Knaus Campingpark (s. o.) genutzt werden. Infos unter 06322/935140.

Essen & Trinken (siehe Karte S. 118/119)

Weinrefugium (12), das etwas abseits gelegene, gemütlich-moderne Restaurant mit Sandsteinmauern und Holzmöbeln verwöhnt seine Gäste mit ausgezeichnetem Essen aus der hochwertigen regionalen Küche. Hauptgerichte 8–22 €. So Mittag reichhaltiges Buffet für 16,80 €, Kinder ab 7 J. 8 €. Di sowie 1. Mo im Monat Ruhetag, sonst 18–24 Uhr, So 12–14 und ab 17 Uhr. Schlachthausstr. 1a, ✆ 06322/7910980, 📠 7910977, www.weinrefugium-bad-duerkheim.de.

Dürkheimer Fass (5), von Souvenirbuden und Eisständen umgebenes, großes Restaurant direkt am Wurstmarktplatz, das dennoch keine Massenabfertigung, sondern eine gepflegte internationale Küche bietet. Hauptgerichte 10–24 €. Kein Ruhetag. St.-Michaels-Allee 1, ✆ 06322/2143, www.duerkheimer-fass.de.

Zum Römer (18), wer einen klassischen Italiener mit guter, preiswerter Küche und unkomplizierter Atmosphäre sucht, der ist hier genau richtig. Im Sommer locken Tische und Stühle auf dem Römerplatz. Tägl. Ab 11 Uhr. Römerplatz 4, ✆ 06322/9109493.

Philip's Brasserie (17), in dem Restaurant am Römerplatz kann man sich mit französisch inspirierten Kreationen verwöhnen lassen. Die Preise sind gehoben, der Küche und dem Ambiente aber angemessen. Di Ruhetag, sonst 12–14 und ab 18 Uhr, Sa ab 18 Uhr. Römerplatz 3, ✆ 06322/68808, 📠 949633, www.philips-brasserie.de.

Rebstöckel (25), die Speisen der im feinen Stadtteil Seebach gelegenen Gaststätte sind ideenreich und werden ohne künstliche Zusatzstoffe zubereitet. Preislich bleibt das Angebot im freundlich-eleganten Ambiente erfreulicherweise im Rahmen. Mo–Sa 17–24 Uhr, So/Fei 11.30–23 Uhr. Seebach,

Lingenfelder Str. 2, ✆ 06322/987091, 📠 65729, www.rebstoeckel.de.

Käsbüro (26), direkt am heimeligen Seebacher Dorfplatz liegt das stilvolle Restaurant mit freundlicher Bedienung und einladenden Gasträumen. Trotz des Namens gibts auf der kleinen, aber feinen Speisekarte nicht nur Käse. Die Preise sind gehoben, aber angemessen. Di Ruhetag, sonst 17–24 Uhr, So 10–23 Uhr. Seebach, Dorfplatz 1, ✆ 06322/680963, www.kaesbuero.de.

Die Zwiwwel (23), gemütliche Weinstube mit persönlicher Atmosphäre und stilvollem Ambiente. Neben einem vielfältigen Weinangebot gibt es auch einige klassische Gerichte (7–14 €). Im Sommer mit Plätzen im Garten. Mo Ruhetag, sonst ab 17 Uhr. Seebacher Str. 13, ✆ 06322/9559310, www.weinstube-zwiwwel.de.

Chez Louise (14), neben einer guten Getränkeauswahl gibt es in dem gemütlichen Bistro kleine französische Gerichte für zwischendurch. Preiswert. Di Ruhetag, sonst 11–19 Uhr. Kurgartenstr. 3, ✆ 06322/9472223.

Le Café (8), nettes Kaffeehaus mit kleiner Speisekarte am Rande des Kurparks, Frühstück bis 15 Uhr, am Nachmittag selbst gebackener Kuchen. Hauptgerichte 6–13 €. Tägl. 9–18 Uhr. Kurbrunnenstr. 9, ✆ 06322/4044, www.lecafe-duew.de.

Weinstube Bach-Mayer (15), gemütliche Weinstube in einem alten Winzerhof am Rand der Altstadt. Idyllischer Garten mit großen Bäumen und Laternen, pfälzische und italienische Spezialitäten mit größtenteils regional erzeugten Zutaten. Hauptgerichte 9–20 €. Mi/Do geschlossen, sonst ab 17 Uhr, So ab 12 Uhr. Gerberstr. 13, ✆ 06322/92120.

Wolf's Brunnen (2), gute Weine und Kleinigkeiten zum Essen am Rande des Ortsteils Ungstein. Besonders schön ist es auf der mediterranen Wiese, wo man jedoch nur mit viel Glück einen freien Platz bekommt. Kleiner Spielplatz für Kinder. Im Sept. täglich, sonst nur an Wochenenden geöffnet. Alter Dürkheimer Weg (Ungstein), ✆ 06322/63237.

Sommerresidenz Sieben Raben (20), Ausflugslokal im Isenachtal mit stilvoller Einrichtung, klassischer Küche und verschiedenen Flammkuchen. Hauptgerichte 9–17 €. Mo Ruhetag, sonst ab 17 Uhr, Sa/So ab 11.30 Uhr. Jägertal 8, ✆ 06329/1724, www.sieben-raben.de.

Einkaufen (siehe Karte S. 118/119)

Weindom (7), am Wurstmarktplatz neben dem Riesenfass gelegen. Bietet eine große Auswahl an Weinen Dürkheimer Winzer und dazu passenden Accessoires. Tägl. 10–18 Uhr. St.-Michaels-Allee 10, ✆ 06322/94920, www.weindom.de.

Haus der guten Weine (16), dass die Welt des Weins nicht an den Pfälzer Grenzen endet, zeigt Steffen Michler in seinem erstklassig sortierten Weingeschäft am Römerplatz. Im Angebot sind auch Rohmilchkäse und ausgewählte Wurstwaren. Die Beratung ist wohltuend kompetent, und die angebotenen Weinseminare sind erfrischend und informativ. Seminare zu Wein und Whiskey ab 32 €. Di–Do 12–19 Uhr, Fr 10–19 Uhr, Sa 10–14 Uhr. Römerplatz 13, ✆ 06322/955331, 📠 955231, www.weinsensorik.de.

Weingut Fitz-Ritter (6), eines der prächtigsten und ältesten (seit 1785) Weingüter Bad Dürkheims, in dem außergewöhnlich guter Wein und Sekt entstehen (VDP-Mitglied). Auf dem Abtsfronhof mitten in der Stadt baut die Familie Fitz mit großem Erfolg Gewürztraminer an. Auch ein schönes Ferienhaus mit eigenem Garten und Pool steht zur Verfügung (ab 60 €). Weingut Mo–Fr 8–12 und 13–18 Uhr, Sa 10–16 Uhr, So 11–17 Uhr. Weinstr. Nord 51, ✆ 06322/5389, 📠 66005, www.fitz-ritter.de.

Vier Jahreszeiten (21), in der Winzergenossenschaft mit ausgezeichnetem Ruf stehen rund 150 Weine zur Auswahl. An der freundlich besetzten Probiertheke kann man diese vor dem Kauf testen. Mo–Fr 9–17 Uhr, Sa bis 14 Uhr. Limburgstr. 8, ✆ 06322/94900, 📠 949037, www.vj-wein.de.

Weingut Hensel, frischen Wind hat der junge Winzer Thomas Hensel in den Betrieb nahe dem Dürkheimer Flugplatz gebracht, seinen Weinen gibt er Namen wie „Aufwind" oder „Höhenflug". Mo–Fr 9–12 und

Der obere Kurpark mit kunstvollem Blumenschmuck

13–17.30 Uhr, Sa nur bis 16 Uhr. In den Almen 13, ☎ 06322/2460, 📠 66918, www.henselwein.de.

Weingut Pfeffingen (3), eines der führenden Weingüter Bad Dürkheims (VDP-Mitglied) produziert im kleinen Weiler Pfeffingen klare, elegante Weine mit viel Frucht. Neben Riesling und Scheurebe gibt es ein kleines, feines Angebot an Spätburgundern. Mo–Fr 8–12 und 13–18 Uhr, Sa 9–12 und 13–16 Uhr. Pfeffingen, ☎ 06322/8607, 📠 8603, www.pfeffingen.de.

Zweirad Tempel (19), kleines Fahrradgeschäft mit Werkstatt. Räder können ohne Voranmeldung zur Reparatur abgegeben werden. Mittwochnachmittag geschlossen. Leininger Str. 5, ☎ 06322/2267.

Fahrradverleih, bei Pfalz Aktiv, In den Almen 3 (am Campingplatz), ☎ 06322/66471.

Sport & Freizeit/Veranstaltungen

• *Baden* **Salinarium**, Freizeitbad mit Innen- und Außenbereich, außen mit Rutsche, 50 m-Becken und großer Liegewiese, verschiedene Saunen. Tägl. 9–21 Uhr, Mo nur bis 18 Uhr. Erwachsene 5,50 €, Kinder ab 6 J. 3 €, Sauna Erwachsene 11,50 €, Jugendliche unter 16 J. 9 €. Kurbrunnenstr. 28, ☎ 06322/935865, www.salinarium.de.

Thermalbad im Kurzentrum, 36 °C warmes Thermalbecken, regelmäßig stattfindende Bewegungsübungen. Mo–Fr 9–20 Uhr, Sa 9–17 Uhr, So/Fei 9–14.30 Uhr. Eintritt 8 €. Kurbrunnenstr. 14, ☎ 06322/9640, www.kurzentrum-bad-duerkheim.de.

• *Spielplätze* Am südlichen Rand des Kurparks liegt ein großzügiger und grüner Spielplatz. Im Zentrum lädt der Spielplatz der Pestalozzischule zum Spielen ein (Schulplatz bei der Schlosskirche).

• *Tennis* **Tennisclub Schwarz-Weiß**, dreizehn Plätze und eine Halle mit drei Feldern, Kanalstr. 44, ☎ 06322/5360.

Tennisplätze im Kurgarten, Anmeldung im Café Papillon, ☎ 06322/67979.

• *Wandern* Die Wandermöglichkeiten rund um Bad Dürkheim sind nahezu unbegrenzt. Ausgangspunkte für zahlreiche Touren sind der Bahnhof und das Riesenfass. Besonders reizvoll sind Wanderungen (blau oder rot-weiß markiert) über den römischen Steinbruch **Kriemhildenstuhl** und die **Heidenmauer**, Reste einer um 500 v. Chr. angelegten Siedlung auf dem Kästenberg, bis hinauf zum auf dem Peterskopf erbauten **Bismarckturm**. Von dort erreicht man in wenigen Minuten das **Forsthaus**

Wellach (unbewirtschaftet) mit Busanbindung (3-mal tägl. Linie 488 vom/zum Bad Dürkheimer Bahnhof). Von der Stadtmitte aus führt ein schöner Weg am Friedhof entlang und über die Limburgstraße zu den Ruinen **Limburg** und **Hardenburg**. Westlich des Bad Dürkheimer Ortsteils Seebach liegt der Parkplatz an den **Drei Eichen** (Zufahrt über Seebacher Straße/ Hammelstalstraße), ein idealer Ausgangspunkt für Wanderungen ins Hammels- und Poppental und nach Wachenheim. An der Straße durch das **Jägertal** in Richtung Kaiserslautern befinden sich zahlreiche Gaststätten mit Wanderparkplätzen.

Am Wurstmarktplatz beginnt der Geo-Erlebnispfad mit zahlreichen Infotafeln zu Klima, Geologie und Kulturlandschaft.

• *Wellness* **Kurzentrum**, verschiedene Bäder, Saunen und Anwendungen, u. a. Ayurveda und Akupunktur nach individuellen Wünschen. Mo–Fr 8–20 Uhr, Sa 9–17 Uhr. Kurbrunnenstr. 14, ✆ 06322/9640, www.kurzentrum-bad-duerkheim.de.

Hamam, traditionelles türkisches Reinigungsbad mit Massage. Mo Frauentag, sonst gemischt. Mo–Fr 13–21 Uhr, Sa/So 9–17 Uhr, nur nach Terminvereinbarung. Kurbrunnenstr. 14, ✆ 06322/945081, www.hamam-badduerkheim.de.

• *Veranstaltungen* Neben dem **Wurstmarkt** (→ Kasten S. 117) im September lockt v. a. das an Christi Himmelfahrt und dem darauffolgenden Sonntag stattfindende **Stadtfest**, bei dem es neben einem Entenwettrennen mit über 1000 gelben Quietscheenten etliche Musik- und Theaterveranstaltungen zu erleben gibt.

Sehenswertes

Klosterruine Limburg: Oberhalb des Bad Dürkheimer Stadtteils Grethen liegt die Klosterruine Limburg an einer Enge des Isenachtals. Die geschützte Lage auf dem Lintberg machten sich bereits die Kelten zunutze, die hier lange vor dem Bau der ersten Burg einen Fürstensitz unterhielten. Nachdem der Salier Konrad II. 1024 zum römisch-deutschen König gewählt worden war, wurde der Umbau der als Hofburg genutzten Limburg in ein Kloster vorangetrieben, um das Seelenheil der Familie zu retten. Die kreuzförmige Säulenbasilika entstand der Legende nach gleichzeitig mit dem Speyerer Dom. 1042 war das Bauwerk vollendet und wurde zu Ehren des Hl. Kreuzes und der Jungfrau Maria geweiht.

Die Klosterruine Limburg oberhalb von Bad Dürkheim

Die hier lebenden Benediktinermönche wurden unter den Schutz der Grafen von Leiningen gestellt, was jedoch nicht lange gut ging. 1220 erbauten die Grafen in unmittelbarer Nähe des Klosters die militärisch genutzte Hardenburg, obwohl sich der Abt ausdrücklich dagegen ausgesprochen hatte. Und als die Limburg zu Beginn des 16. Jh. an die Kurfürsten zu Heidelberg fiel und trotz ihrer monastischen Funktion zunehmend auch militärisch genutzt wurde, standen sich die nur einen Katzensprung voneinander entfernten Burgen oberhalb des Isenachtals feindlich gegenüber. 1504 stürmten die Hardenburger zusammen mit den Bewohnern Dürkheims das stattliche Kloster und brannten es aus. Ein Teil der Kostbarkeiten konnte zwar schon zuvor nach Speyer in Sicherheit gebracht werden, die meisten Schätze jedoch gingen in Flammen auf. Der einzige übrig gebliebene Turm prägt noch heute die Silhouette der in den Abendstunden imposant angestrahlten Limburg.

Verschiedene Versuche, die Limburg wiederaufzubauen und als geistlichen Ort zu bewahren, scheiterten. Der Standort war strategisch zu bedeutsam, um ausschließlich friedlich genutzt zu werden, und so wurde die Limburg seit dem Westfälischen Frieden nicht mehr von Mönchen bewohnt. 1843 kaufte die Stadt Dürkheim die historischen Gemäuer, um sie vor dem Zerfall zu bewahren. Die unter dem Chor gelegene Krypta wurde inzwischen nach historischen Vorbildern wiederaufgebaut, im Schiff ist das Grab Gunhilds, der Gemahlin Heinrichs III., zu bestaunen.

Nov.–März 9–17.30 Uhr, April–Okt. bis 20 Uhr. Eintritt frei. Mai–Nov. regelmäßige Führungen, Auskünfte bei der Touristinfo.

Burgruine Hardenburg: Oberhalb des heutigen Ortsteils Hardenburg, an der Straße von Bad Dürkheim nach Kaiserslautern, liegen die Reste der gleichnamigen Burg, einer der größten in der ganzen Pfalz. Noch heute zeugen die imposanten 7 m dicken Mauern und die ausgedehnten Kelleranlagen davon, wie gewaltig das zwischen 1500 und 1590 von den streitbaren Grafen von Leiningen erbaute Residenzschloss einst über die Talenge geherrscht haben muss. Da die Leininger zum Bau ihrer Burg teilweise das Land der Abtei Limburg enteignet hatten, waren sich die Nachbarn nie besonders wohlgesonnen gewesen. Auch nach Erfindung der Feuerwaffen wurde die Hardenburg genutzt, selbst den Dreißigjährigen Krieg überstanden die Mauern ohne größere Schäden, bis sie im Zuge der Französischen Revolution 1789 schließlich niederbrannten.

Nicht weit von der Hardenburg liegen auf der gegenüberliegenden Talseite die spärlichen Überreste zweier weiterer Burgen. Von der *Burg Schlosseck* sind noch Teile der ursprünglichen Ringmauer und der Stumpf des fünfseitigen Bergfrieds zu sehen. Das spätromanische Eingangsportal wurde Mitte des 19. Jh. aus Fundstücken wiederaufgebaut. Vermutlich wurde die zwischen dem 9. und 10. Jh. entstandene Burg seit Fertigstellung der Hardenburg nicht mehr bewohnt. Von der weiter westlich gelegenen *Burg Nonnenfels* aus dem 13. Jh. sind nur wenige Überreste und eine Felsenkammer zu erkennen.

• *Öffnungszeiten/Eintritt* Parkplatz im Ortsteil Hardenburg, von dort 10 Min. zu Fuß. Tägl. außer Mo 9–13 und 13.30–17 Uhr, im Sommer bis 18 Uhr, im Dez. geschlossen. Eintritt 3 €, ermäßigt 2,10 €, Kinder und Jugendliche 1,50 €. Informationen bei der Burgverwaltung Hardenburg, ✆ 06322/7530. Mai–Nov. Führungen am 1. Sa im Monat um 14.30 Uhr, Auskünfte bei der Touristinfo. Die Ruinen Nonnenfels und Schlosseck sind frei zugänglich.

Michaeliskapelle: Oberhalb der Saline am nordöstlichen Ortseingang liegt die Michaeliskapelle, von der man einen schönen Blick auf die Stadt und die Hügel der Haardt hat. Bereits Mitte des 12. Jh. stand hier eine Kapelle, zu der am Namenstag des hl. Michael am 29. September alljährlich viele Pilger kamen. Die Dürkheimer Bauern und Winzer machten sich den Besucherandrang zunutze und verkauften Wein und Speisen an die hungrigen Gläubigen. Der daraus entstandene Michaelismarkt, Vorläufer des heutigen Wurstmarkts, wurde zu einem festen Bestandteil des Dürkheimer Lebens und überstand auch den Abriss der Pilgerstätte im Jahr 1601. Die heutige Kapelle auf dem Michaelisberg entstand erst 1990 durch Spenden von Dürkheimer Bürgern, die so an die Entstehungsgeschichte des Wurstmarkts erinnern wollten.

Römische Kelter: Nördlich des Stadtteils Ungstein zweigt ein Feldweg von der B 271 links zu einer 1981 zufällig entdeckten römischen Kelter und dem dazugehörigen Herrenhaus ab. Die frei zugängliche Anlage entstand rund 200 n. Chr. und wurde in den vergangenen Jahren teilweise rekonstruiert. So kann man beim Anblick der großen Kelterbecken erahnen, wie die Römer hier ihren Wein produzierten: Mit bloßen Füßen standen sie knietief in den Trauben, deren Saft in einem tiefer liegenden Becken aufgefangen und von dort in Holzfässer abgefüllt wurde. Rund 200 Jahre lang muss hier auf diese Art Wein produziert worden sein, bevor es nach dem Einfall der Alamannen zur Zerstörung des Kelterhauses kam. Jedes Jahr findet hier Ende Juli ein Weinfest statt, bei dem nach römischem Brauch gekeltert und gegessen werden kann.

Kurhaus: Das klassizistische Gebäude wurde in den 1820er-Jahren nach Plänen des Karlsruher Baumeisters Friedrich Weinbrenner auf den Grundsteinen des 1794 niedergebrannten Residenzschlosses der Grafen von Leiningen errichtet. Zunächst wurde es als Rathaus, ab 1836 dann als Kurhaus genutzt. Neben dem Kurparkhotel beherbergt das Haus heute v. a. das 1949 eröffnete Casino.

Die Spielbank (✆ 06322/94240) ist tägl. ab 14 Uhr geöffnet. Den Besuchern (ab 18 Jahren) wird angemessene Kleidung empfohlen. Jeden zweiten Do finden um 12 Uhr kostenlose Führungen für jedermann statt. Schlossplatz 6, www.casino-bad-duerkheim.de.

Pfalzmuseum für Naturkunde: Auf Betreiben des Deidesheimer Arztes Carl Heinrich Schultz wurde 1840 die naturwissenschaftliche Gesellschaft *Pollichia* gegründet. Der Botaniker Johann Adam Pollich, der 1777 die erste umfassende Beschreibung der pfälzischen Pflanzenwelt veröffentlicht und damit weltweit Bedeutung erlangt hatte, gab der Vereinigung ihren Namen. Heute hat der Naturkunde- und Naturschutzverein Pollichia rund 3000 Mitglieder und betreibt das seit 1981 bestehende Pfalzmuseum für Naturkunde. Der Besucher kann sich nicht nur einen Überblick über die Tier- und Pflanzenwelt der Region verschaffen, sondern lernt auch einiges über die Geologie und die Entstehungsgeschichte des Naturraumes.

Di–So 10–17 Uhr, Mi bis 20 Uhr. Eintritt 2 €, ermäßigt 1,30 €, Familienkarten 4,10 €. Grethen, Kaiserslauterer Str. 111, ✆ 06322/94130, 📠 941311, www.pfalzmuseum.de.

Heimatmuseum im Haus Catoir: Ab 1872 wurden vom „Altertumsverein für den Kanton Dürkheim", der heutigen Museumsgesellschaft, bedeutende Kulturgüter gesammelt, seit 1984 werden sie im Heimatmuseum ausgestellt. Die interessante Sammlung gliedert sich in die Bereiche Archäologie, Stadtgeschichte, Volkskunde und Weinbau.

Di–So 14–17 Uhr. Eintritt frei. Römerstr. 20, ✆ 06322/8485.

Riesenfass: Das mit rund 1,7 Mio. Litern Fassungsvermögen größte Weinfass der Welt wurde 1934 von dem Küfermeister Fritz Keller erbaut und gilt als Wahrzeichen der Stadt. Für den Bau wurden im Schwarzwald fast 200 Tannen gefällt und nach Bad Dürkheim transportiert, wo aus einer Tanne jeweils eine der 178 Fassdau-

ben gesägt wurde. In dem gewaltigen Fass mit 13,5 m Durchmesser wurde allerdings nie Wein gelagert. Es war von Anfang an als Gaststätte konzipiert und erfüllt auch heute noch diesen Zweck (→ Essen & Trinken).

Radtour 3: Auf den Spuren Kaiser Konrads durch die Pfalz

Am Morgen des 12. Juli 1030 soll Konrad II. den Grundstein für das Kloster Limburg bei Bad Dürkheim und am Nachmittag jenen für den Speyerer Dom gelegt haben. Der ausgeschilderte Kaiser-Konrad-Radweg verbindet die beiden Stationen und führt vom Rand des Pfälzerwalds durch die ebene Vorderpfalz an den Rhein (detaillierte Routenbeschreibung bei den Touristinfos in Bad Dürkheim und Speyer).

Der 35 km lange Weg nach Speyer beginnt am **Bad Dürkheimer Rathaus** und verläuft durch die Weinberge über Niederkirchen nach Meckenheim. Schon bald macht der Wein Platz für weite Gemüsefelder und einige Pferdekoppeln, bis nach der Durchfahrt der Doppelgemeinde Böhl-Iggelheim der lichte **Dudenhofener Wald** beginnt. Kurz darauf lädt das beliebte **Naturfreundehaus Iggelheim** zu einer Pause ein. Das Essen ist vielseitig und günstig, Kinder freuen sich über die Spielgeräte. An einigen Lichtungen vorbei geht es dann weiter bis nach **Dudenhofen** und über Felder und Wiesen nach **Speyer.** Hier kann man die Runde beenden und den Heimweg per Zug antreten (Rückfahrt ab dem Bahnhof Speyer stündlich mit zweimaligem Umsteigen in Schifferstadt und Neustadt) oder aber über Neustadt entlang der Weinstraße zurück nach Bad Dürkheim radeln (ca. 42 km). Dazu kehrt man zunächst auf gleicher Route über Dudenhofen zu einer **Waldlichtung** zurück und biegt hier in Richtung Neustadt ab (Wegweiser R 58). Der ausgeschilderte Radweg 58 führt am **Holiday Park** vorbei und meist am Waldrand bis in den Randbereich von Neustadt. Dort kreuzt er den abwechslungsreichen **Weinstraßenradweg,** der durch die mal sanften, mal steileren Weinberge und die dazwischenliegenden Orte zurück nach Bad Dürkheim führt.

Einkehr Naturfreundehaus Iggelheim, Mo und Mi–Sa ab 11 Uhr, So ab 9 Uhr. Nov.–März auch Mo Ruhetag. Hanhofer Str. 222, ✆ 06324/64584.

Wanderung 1: Auf dem Drachenfels

Der Pfälzerwald hat viele einprägsame Gipfel. Viele davon blicken auf die Rheinebene, in Richtung Odenwald oder Schwarzwald und bieten dem Wanderer an klaren Tagen ein herrliches Panorama. Der 571 m hohe Drachenfels dagegen vermittelt die Weite des Pfälzerwalds nach Westen, hinüber zum Donnersberg und bis zum Hunsrück. Der Sage nach soll hier der Kampf Siegfrieds mit dem scheußlichen Drachen stattgefunden haben. In der heute zugänglichen Drachenhöhle und Drachenkammer soll der Lindwurm mit seinen glühenden Augen gehaust und in der ganzen Umgebung sein Unwesen getrieben haben, bis Siegfried ihn schließlich besiegte und in seinem Blut badete.

Der schöne, z. T. recht steile Aufstieg zum westlichen Gipfel, dem 551 m hohen **Westfels (2),** erfolgt vom Parkplatz am **Gasthaus Saupferch (1)** auf dem blau mar-

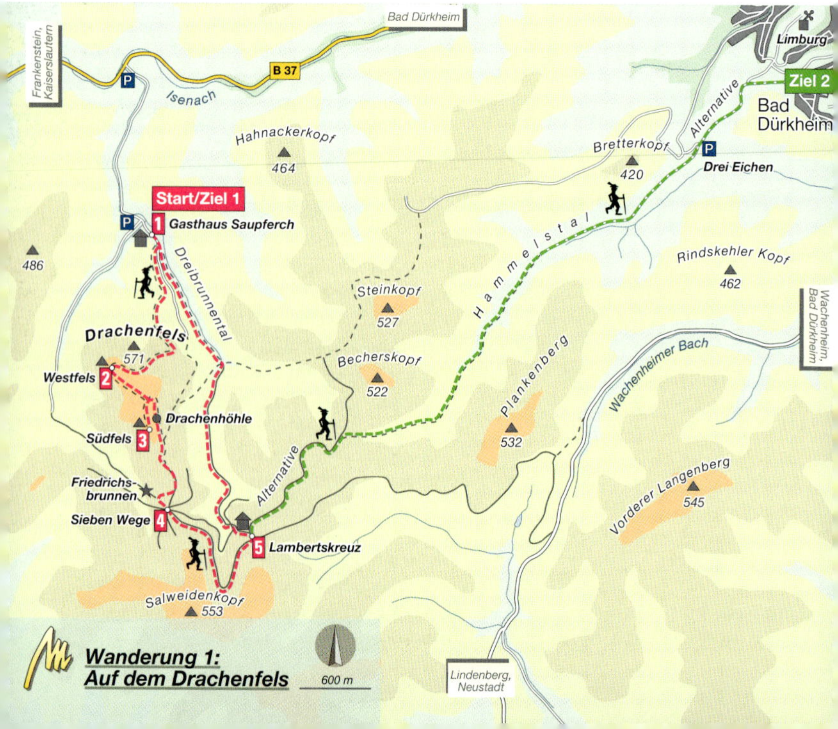

kierten Weg. Oben angekommen, breiten sich die Berge und Täler des nördlichen Pfälzerwalds vor einem aus. Anschließend führt der Weg mit der blauen Markierung über das Gipfelplateau und biegt dann nach Osten steil ab. Zuvor sollte man einen kurzen Abstecher zum **Südfels (3)** mit den Resten einer römischen Befestigungsanlage unternehmen. Auf der Ostseite des Felsens laden die *Drachenhöhle und Drachenkammer* zu weiteren Besichtigungen ein. Dann geht es zur **Wegkreuzung Sieben Wege (4),** wo man dem gelb und blau-weiß markierten Weg linker Hand folgt. Nach rund 1,5 km Anstieg ist die PWV-Hütte **Lambertskreuz (5)** erreicht. Hier erinnert ein altes römisches Wegkreuz an die lange Besiedlungsgeschichte der Region. Der Abstieg erfolgt entweder über den blau-rot markierten Weg zurück zum Saupferch (Runde insgesamt ca. 11 km) oder auf dem grün-weiß markierten Weg durch das wiesenreiche Hammelstal mit seinen vielen noch heute der Wasserversorgung dienenden Quellen in Richtung Bad Dürkheim.

• *Einkehr* **Saupferch**, einfaches Waldgasthaus mit Terrasse und einem großen Gelände, auf dem die gezüchteten Wildschweine toben oder dösen. Mo Ruhetag, sonst ab 11 Uhr. Im Jägertal, ✆ 06329/989021, 989023.

Lambertskreuz-Hütte, traditionsreiche Hütte des Pfälzerwald-Vereins, in der bereits seit 1909 Wanderer verpflegt werden. Neben verschiedenen Gaststuben gibt es ein schönes Außengelände mit ansprechendem Spielplatz. Die Gaststätte ist nur zu Fuß oder per Mountainbike zu erreichen. Di–So 9–19 Uhr, im Juli rund drei Wochen Sommerferien. ✆ 06321/188847, 5896111, www.lambertskreuz.de.

Wachenheim und Forst

Im Zentrum der Mittelhaardt liegen die engen Weinorte Wachenheim und Forst. Bekannt sind sie für ihre Weinlagen und den Sekt. Über allem thront die Ruine Wachtenburg, von der aus man einen schönen Ausblick über die Rheinebene hat.

Das Wahrzeichen der kleinen Weinstadt **Wachenheim** sind die Reste der im 11. und 12. Jh. erbauten und bereits zum Ende des 15. Jh. wieder zerstörten Wachtenburg. Deren 22 m hoher Bergfried ist weithin sichtbar und erlaubt tolle Ausblicke über den Ort und die Haardt. Auch die seit über 100 Jahren bestehende Winzergenossenschaft des Ortes hat sich den Namen der Burg zu eigen gemacht: Heute hat die Wachtenburg Winzer eG 240 Mitglieder und baut auf über 300 ha Wein an, rund die Hälfte davon ist dem Riesling vorbehalten. Über die Grenzen der Pfalz hinaus kennt man Wachenheim auch wegen des hier produzierten Sekts.

Entlang der Hauptstraße finden sich viele prächtige Höfe aus dem 17. und 18. Jh. Selbst wenn die Tore geschlossen sind oder die äußere Fassade eher unscheinbar wirkt, sollte man doch versuchen, den einen oder anderen Hof auch von innen zu Gesicht zu bekommen. Um die großen Höfe gruppieren sich z. T. herrschaftliche Wohnhäuser und weitläufige Wirtschaftsgebäude. In Wachenheim wird schon seit der Römerzeit Wein kultiviert. Die Reste der **Villa Rustica** im Osten der Gemeinde nahe der neuen B 271 zeugen von der römischen Besiedlung.

Südlich von Wachenheim liegt der kleine Ort **Forst,** der durch seine Weinlagen „Ungeheuer" oder „Pechstein" vielen Weinkennern ein Begriff ist. Hinter seiner verkehrsberuhigten, kopfsteingepflasterten Hauptstraße führen schmale Gässchen entlang meterhoher Mauern direkt in die Weinberge. Am nördlichen und südlichen Ortseingang warten steinerne Ungeheuer auf die Besucher – die beiden Skulpturen machen die Gäste gleich bei der Ankunft mit der wohl bekanntesten Weinlage des

Ortes vertraut. Nach dem Genuss eines Ungeheuer-Rieslings des Weinguts Reichsrat von Buhl soll Fürst Otto von Bismarck angetan verkündet haben: „Dieses Ungeheuer schmeckt mir ungeheuer." Seit diesem Zeitpunkt ist der Name, der ursprünglich auf den Deidesheimer Stadtschreiber Johann Adam Ungeheuer zurückgeht und seit dem späten 17. Jh. verwendet wird, weit über die Grenzen der Pfalz hinaus berühmt.

Innerhalb von Forst fällt v. a. die ab 1723 errichtete **Dorfkirche** ins Auge. Oberhalb des allzu gewaltig wirkenden Kriegerdenkmals ragt der aus rotem Sandstein gebaute Kirchturm über den Ort und eine weitere bekannte Weinlage: das von Sandsteinmauern umgebene und deshalb klimatisch besonders begünstigte **Kirchenstück.** Durch die kleinräumigen Temperaturunterschiede entstehen nachts leichte Winde, welche die Feuchtigkeit aus dem Weinberg transportieren und so für ein gutes trockenes Klima sorgen.

Westlich des Ortes erhebt sich der ca. 350 m hohe **Pechsteinkopf.** Der Berg, der vor rund 30 Mio. Jahren aus erkaltetem vulkanischem Magma entstand, gibt auch der Weinlage Pechstein ihren Namen. Noch bis in die 1980er-Jahre wurden im Steinbruch am Pechsteinkopf Basaltgesteine abgebaut und über eine Seilbahn ins Tal geschafft.

Paul Tremmel

Zugegeben, für alle Nichtpfälzer sind die Werke von Paul Tremmel bisweilen schwer zu lesen. Für alle anderen ist er der Held der pfälzischen Mundartdichtung. Und vermutlich findet man keine Buchhandlung in der Region, in der nicht zumindest einige seiner Werke vorrätig sind. Dabei ist der 1929 in der Westpfalz geborene und heute in Forst lebende Autor ein Spätberufener, der erst mit Anfang 40 zum Mundartdichter wurde. Zuvor kam nur der Familienkreis in den Genuss der schlagfertigen und witzigen, bisweilen aber auch nachdenklichen Reime. Schon kurz nachdem er sich 1972 in die Öffentlichkeit gewagt hatte, erntete er erste Siege beim Bockenheimer Mundartdichterwettstreit. Und damit auch Zugezogene und Gäste die oft tiefsinnigen Pointen verstehen, hat er neben vielen Geschichten und Gedichten – über 30 Bücher sind mittlerweile veröffentlicht worden – auch Lehrbücher übers Pfälzische verfasst. „Uff pälzisch Pälzisch lerne. Kleines Lehrbuch für alle, die Pfälzer sind oder es werden wollen" heißt ein Werk, das den ehrgeizigen Versuch unternimmt, Nichtpfälzer in die Sprache der Region einzuführen.

Information/Übernachten/Camping/Essen & Trinken

• *Information* **Tourist-Information Wachenheim**, Weinstr. 15, 67157 Wachenheim, ✆ 06322/958032, 958011, www.wachenheim.de. Nov.–Feb. Mo–Fr 9.30–12.30 und 14–16 Uhr, März–Aug. Fr 9.30–12.30 und 14–17 Uhr, Sa 10.30–13 Uhr, Sept. und Okt. Mo–Fr 9.30–17 Uhr, Sa 10.30–14 Uhr.

Forst hat keine eigene Touristinfo, Auskünfte erteilt die **Tourist-Information Deidesheim**, Bahnhofstr. 5, 67146 Deidesheim, ✆ 06326/96770, 967718, www.deidesheim.de. Mo–Fr 9–12 und 14–17 Uhr, April–Okt. auch Sa 9–12.30 Uhr, Aug.–Okt. Mo–Fr verkürzte Mittagspause (12.30–13.30 Uhr) sowie Fr bis 18 Uhr. Weitere Infos unter www.forst-pfalz.de.

• *Übernachten* **** **Rieslinghof**, fünf frisch renovierte Gästezimmer in moderner, klarer Architektur. DZ ab 98 €. Wachenheim, Weinstraße 86, ✆ 06322/9898920, www.rieslinghof.com.

Gästehaus Weingut Peter, im Ort gelegenes Weingut mit modernen, nach Weinsorten benannten Zimmern. DZ ab 52 €. Wachenheim, Burgstr. 10, ✆ 06322/2010, 📠 61236, www.weingut-peter.de.

Weingut und Landhotel Lucashof, großzügige und helle Zimmer mit einer gelungenen Mischung aus Modernität und traditioneller Einrichtung. Mitten in den Weinbergen östlich der Forster Umgehungsstraße gelegen. DZ ab 78 €. Forst, Wiesenweg 1a, ✆ 06326/336, 📠 5794, www.lucashof.de.

Ferienwohnungen Winfried Doll, neu und geschmackvoll eingerichtete Nichtraucherwohnungen im Zentrum von Forst. Ab 55 €. Forst, Im Kirchenstück 59a, ✆ 06326/8158, 📠 982727, www.ferienwohnungforst-doll.de.

Gästehaus Prinz, Stimmungsvolles Gästehaus mit drei schönen Zimmern im Landhausstil. DZ ab 52 €. Forst, Weinstr. 50a, ✆ 06326/701674, 📠 701582, www.prinz-forst.de.

• *Essen & Trinken* **Café Schellack**, sympathisches, mit vielen Antiquitäten bestücktes und doch nicht vollgestopft wirkendes Café in der Ortsmitte von Wachenheim. Entspannte Atmosphäre und selbst gemachter Blechkuchen, auch später am Abend noch Flammkuchen. Mi Ruhetag, sonst ab 15 Uhr. Wachenheim, Weinstr. 23, ✆ 06322/620646, 📠 620648, www.cafe-schellack.de.

Prinz, kleines, ambitioniertes Restaurant mit Terrasse direkt an der Weinstraße. In der hell eingerichteten Gaststube werden neben Pfälzer Spezialitäten auch klassische Gerichte mit mediterranem Einschlag serviert. Hauptgerichte 9–21 €. Mi und Do geschlossen, sonst 11–14 und 17–21.30 Uhr. Forst, Weinstr. 50a, ✆ 06326/701647, www.prinz-forst.de.

Magin's Weinstube Bacchus-Garten, hinter einem rot-weiß gestreiften Tor verbirgt sich eine der beliebtesten Forster Weinstuben. An den Wochenenden zwischen Mai und Okt. locken der dicht bewachsene Garten und die geschmackvoll eingerichtete, helle Weinstube. Im Juli gastiert hier das Ludwigshafener Mundarttheater Hemshofschachtel mit heiteren, bisweilen auch derben Stücken. Meist Fr ab 17.30 Uhr, Sa und So ab 11.30 Uhr. Zur Sicherheit vorher telefonisch nachfragen. Forst, Weinstr. 87, ✆ 06326/7765, www.weinstube-magin.de.

Gutsausschank Heinrich Spindler, traditionelle Weinstube mit romantischem, baumbestandenem Garten. Die bodenständigen Gerichte schmecken wie selbst gemacht. So/Mo geschlossen, sonst ab 11.30 Uhr, Weihnachten bis Anfang Feb. geschlossen. Forst, Weinstr. 44, ✆ 06326/5850, www.gutsausschank-spindler.de.

• *Camping* **Campingplatz Burgtal**, einfacher Campingplatz mit 40 Stellplätzen am westlichen Ortsausgang, mit Kiosk und Restaurant. Dez.–Feb. geschlossen. Stellplatz 16–23,50 €, bei mehr als 2 Pers. Erwachsene 3,50 €/Stellplatz, Jugendliche (15–18 J.) 2,40 €, Kinder (7–14 J.) 1,80 €. Wachenheim, Waldstr. 105, ✆ 06322/2689, 📠 791710, www.wachenheim.de.

• *Einkaufen* **Metzgerei Hambel**, manchmal scheint es, als könnte Klaus Hambel die Nachfrage nach seinem berühmten Saumagen kaum befriedigen. Seit Helmut Kohl hierherkam, um das Pfälzer „Nationalgericht" zu kaufen, ist die kleine, adrette Metzgerei in aller Munde. Freitags gibt es die Gelegenheit, dem Meister bei der Saumagenherstellung über die Schulter zu blicken (11.30 Uhr, nach Voranmeldung). Mo/Di/Do/Fr 8–18.30 Uhr, Mi/Sa bis 13 Uhr. Wachenheim, Hintergasse 1, ✆ 06322/4613, 📠 68809, www.metzgerei-hambel.de.

Sektkellerei Schloss Wachenheim, bekannte und traditionsreiche Sektkellerei im Ortskern, in der seit 1888 Sekt hergestellt wird. Bevor die Flaschen in den Verkauf kommen, lagern sie für mindestens neun Monate in den Kellergewölben des Schlosses. Kellereiverkauf Mo–Sa 10–18 Uhr, So 11–16 Uhr, Besichtigung und Verkostung März–Okt. So 10.30 Uhr, Do und Sa 14 Uhr, 6,50 €/Pers. Wachenheim, Kommerzienrat-Wagner-Str. 1, ✆ 06322/94270, www.schloss-wachenheim.de.

Die dazugehörige **Schloss-Vinothek** mit Sekt, Wein und kleinen Gerichten im Angebot hat Mo und Mi–Sa von 14–24 Uhr sowie So von 14–22 Uhr geöffnet. ✆ 06322/9472339.

Weingut Dr. Bürklin-Wolf, eines der renommiertesten Weingüter der Mittelhaardt. Die hier produzierten Weine haben den Anspruch, an der Weltspitze mitzumischen. Das VDP-Weingut wird seit Kurzem ökologisch bewirtschaftet, u. a. mithilfe von zwei gutseigenen Pferden. Zum Betrieb gehören auch die „Kanne" in Deidesheim und das Hofgut Ruppertsberg. Verkauf in der Vinothek tägl. 11–18 Uhr. Wachenheim, Weinstr. 65, ✆/📠 06322/95330, www.buerklin-wolf.de.

Weinberge bei Wachenheim, im Hintergrund die Wachtenburg

Weingut Jürgen Zimmermann, Dornfelder sucht man auf der Weinliste vergebens, Zimmermann setzt mit viel Erfolg auf Gewürztraminer, Riesling und Burgunder. Mo–Fr 9–12 und 14–18 Uhr, Sa 9–16 Uhr. Wachenheim, Grabenstr. 5, ✆ 06322/2384, 📠 65160.

Weingut Eymann, in dem bereits in der Ebene gelegenen Gönnheim baut Rainer Eymann seit 1982 seinen Wein ökologisch an. Die hervorragenden Weine und Sekte können in der Weinstube gekostet werden, in der auch mit hochwertigen Zutaten gekochte, feine Pfälzer Gerichte kredenzt werden (Do/Fr ab 18 Uhr, Sa ab 17 Uhr, sowohl im Sommer als auch im Jan. vier Wochen geschlossen). Weinverkauf Mo–Fr 8–12 und 13–19 Uhr, Sa 10–19 Uhr. Gönnheim, Ludwigstr. 35, ✆ 06322/2808, 📠 68792, www.weinguteymann.de.

Arcade Wein- und Käseladen, hinter einer roten Sandsteinfassade mit freundlichen grünen Fensterläden gibt es Rohmilchkäse, internationale Weine und frisch gerösteten Kaffee aus der Ludwigshafener Rösterei Mohrbacher. Do/Fr 9–18 Uhr, Sa 10–13 Uhr. Wachenheim, Weinstr. 54, ✆ 06322/409830, www.arcade-wachenheim.de.

Weingut Georg Mosbacher, 80 % der 15 ha umfassenden Rebfläche sind mit Riesling bestockt. Aufgrund der vielfältigen Lagen und der guten Kellerarbeit werden aber ganz unterschiedliche Rieslinge erzeugt, die gemäß der VDP-Richtlinien klassifiziert werden. Mo–Fr 8–12 und 13.30–18 Uhr, Sa 9–13 Uhr. Forst, Weinstr. 27, ✆ 06326/329, 📠 6774, www.georg-mosbacher.de.

Weingut Acham-Magin, die von Anna-Barbara Acham erzeugten Weine werden vom Gault Millau bis zum Feinschmecker gelobt. Markenzeichen sind die saftig-kräftigen Rieslinge aus umweltfreundlich bewirtschafteten Weinbergen in Forst und Deidesheim. VDP-Betrieb. Mo–Sa 9–12 und 15–18 Uhr, So 11–13 Uhr. Forst, Weinstr. 67, ✆ 06326/315, 📠 6232, www.acham-magin.de.

Sport & Freizeit/Kultur/Veranstaltung

• *Baden* **Freibad**, das 2005 komplett sanierte, zentral in Wachenheim gelegene Freibad ist von Mitte Mai bis Sept. tägl. 10–20 Uhr geöffnet. Eintritt 3 €, ermäßigt 1,80 €. Friedelsheimer Straße, ✆ 06322/7525.

• *Fahrradverleih* Günstiger Fahrradverleih auf dem **Campingplatz**, nur März–Nov., Reservierung sinnvoll, da nur wenige Räder, ✆ 06322/2678.

• *Nordic Walking* Ausgeschilderte Touren in verschiedenen Schwierigkeitsgraden. Auskünfte bei der Touristinfo Wachenheim oder bei der Nordic-Walking-Schule Becker, Wachenheim, Schwetzinger Str. 21, ✆ 06322/6130, www.gesundheit-fitness-schoenheit-becker.de.

• *Reiten* **Pfalzhof Ellerstadt**, Reitunterricht und geführte Ausritte für Kinder und Erwachsene. Ellerstadt, Lambsheimer Str. 60, ☎ 0176/23156654, www.pfalzhof.de.

• *Tennis* **Im Burgtal**, nahe dem Campingplatz, fünf Sandplätze. Platzreservierung unter ☎ 06322/64527.

Sportpark Friedelsheim, Hallen- und Freiplätze. Am Schwabenbachweg, ☎ 06322/92117, 📠 92118, www.sportpark-friedelsheim.de.

• *Wandern* Vielfältige Wandertouren, u. a. **Weinwanderwege** mit einer Länge von bis zu 10 km. Der Pfälzerwald-Verein und die Touristinfo bieten auch geführte Wanderungen an. Tourenvorschläge und Wanderprogramm unter ☎ 06322/958032.

• *Konzerte* **Wachenheimer Serenade**, klassisches Konzertprogramm von März bis Nov. in der Sektkellerei Schloss Wachenheim, Informationen und Karten bei der Touristinfo (☎ 06322/958032) oder im Internet unter www.wachenheimer-serenade.de.

• *Veranstaltung* **Burg- und Weinfest Wachenheim**, weithin bekanntes Weinfest in den Straßen des Zentrums bis hinauf zur Burg, jährlich an zwei Wochenenden Mitte Juni.

Hanselfingerhut-Spiel, seit 1722 wird alljährlich am dritten Sonntag vor Ostern in Forst der Winter ausgetrieben. Bevor er sein flammendes Ende findet, verwandeln Hanselfingerhut, Henrich-Fähnrich, die Nudelgret und viele Tausend Besucher die Dorfstraße in ein heiteres Theater. Auf dem Zug zum Festplatz neckt Hanselfingerhut junge Mädchen mit seinen Streichen. Die lange Tradition der Winterverbrennung geht vermutlich auf Schweizer Einwanderer zurück.

Weinkarussell beim Ungeheuer, Weinfest in den Höfen und Weinstuben entlang der Forster Hauptstraße am ersten Augustwochenende.

Sehenswertes

Wachtenburg: Heute dominiert der weithin sichtbare Bergfried der Wachtenburg nur noch optisch über die Gemeinde. Die Zeiten, als der dort ansässige Burggraf die Gemeinde regierte, sind lange vorbei. Vermutlich wurden die Ursprünge der Anlage, v. a. der hohe Bergfried und die Schuldmauer, unter den Hohenstaufen erbaut und später durch eine Ringmauer mit fünf Türmen, eine Burgkapelle und Nebengebäude erweitert. Aber schon 1470 wurde das Anwesen durch Kurfürst Friedrich I. zerstört und dann nie wieder aufgebaut. Heute kommen die meisten Besucher wegen der Burgschänke mit ihrer über dem Ort thronenden Terrasse.

Mai–Okt. Mi–Fr ab 16 Uhr, Sa ab 12 Uhr, So ab 10 Uhr, Nov.–April nur Fr–So, ☎ 06322/64656.

Schloss Wachenheim: Ohne Übertreibung kann der Wachenheimer Sekt als der bekannteste der Pfalz bezeichnet werden. Seine Bedeutung für die kleine Stadt kommt in der zentralen Lage der Wachenheimer Sektkellerei zum Ausdruck: Das große Areal umfasst neben einigen Betriebserweiterungen des 20. Jh. v. a. das barocke Schloss, welches die Etiketten der Wachenheimer Sekte zeigen. Teile der noch heute genutzten Anlage wurden 1725 von dem kurpfälzischen Hofgerichtsrat und Vizekanzler Freiherr Johann Georg von Sussmann auf den zerstörten Mauern eines alten Adelssitzes errichtet. Nachdem der Sussmann'sche Hof im Laufe des 19. Jh. gleich mehrmals seine Besitzer gewechselt hatte, kam die Anlage 1880 in Besitz der Weinhändlerfamilie Böhm. 1888 gründeten Friedrich und Ludwig Böhm zusammen mit dem Erfinder der Schaumweinherstellung im Fassgärverfahren, dem Stuttgarter Weinchemiker Friedrich Adolf Rheilen, die Deutsche Schaumweinfabrik in Wachenheim.

Seinen heutigen Charakter bekam das Sektschloss schließlich zwischen 1924 und 1939. Der Betriebsleiter und Eigentümer Carl Josef Wagner gestaltete die Anlage nach seinen Vorstellungen um und ließ Eingangsportal und Verwaltungsbau neu errichten. Der 1927 entstandene Festsaal steht auch heute noch für Veranstaltungen zur Verfügung, und am Eingang erinnert ein Zierbrunnen an den Erfinder des Champagners, den Benediktinermönch Dom Perignon. Neben der Umgestaltung des Wachenheimer Schlosses machte sich Wagner v. a. durch die Einführung der Flaschengärung einen Namen und begründete damit den Ruf der Wachenheimer Sektkellerei. Gegen Ende seiner umfassenden Modernisierungen gab er dem Unternehmen schließlich auch seinen bis heute gültigen Namen: Sektkellerei Schloss Wachenheim AG.

Zwischen Mai und Okt. werden Führungen durch die Kellerei des Schlosses angeboten, Do/Sa 14 Uhr, So 10.30 Uhr, inkl. Sektprobe ab 6,50 €. Kommerzienrat-Wagner-Str. 1, ✆ 06322/94270, www.schloss-wachenheim.de.

Villa Rustica: Die 1980 bei einer Flurbereinigung im Osten von Wachenheim entdeckten Reste eines stattlichen römischen Landgutes dokumentieren die lange Tradition von Ackerbau und Weidewirtschaft in dieser Gegend. Großzügige Außenanlagen und eine komfortable Innenausstattung mit Bädern und Hypokaustheizung deuten auf einen Besitzer aus der Oberschicht hin. Vermutlich entstand das Anwesen etwa 20 n. Chr. und wurde in den anschließenden Jahrhunderten erweitert. Bis Anfang des 5. Jh. waren die Gebäude bewohnt, dann wurde der Hof vermutlich infolge eines Germaneneinfalls fast vollständig zerstört. Die frei zugänglichen Ausgrabungen sind gut erläutert und ausgeschildert. Für Eilige befindet sich an der B 271 ein Rastplatz mit direktem Zugang zum Areal.

Kurpfalz-Park: In einem kleinen bewaldeten Tal gelegener Wild- und Erlebnispark oberhalb von Wachenheim. Neben heimischen Wildtieren in großzügigen Gehegen gibt es eine Vielzahl verschiedener Attraktionen, die v. a. Kinder begeistern. Die Fahrt auf der 590 m langen Sommerrodelbahn oder auf einer der Riesenrutschen wird schnell zum unvergesslichen Erlebnis. Schön sind auch die verwinkelte und weitläufige Spielburg und der riesige Abenteuerspielplatz mit Bereichen für unterschiedliche Altersgruppen. An heißen Sommertagen ist der Aufenthalt in dem hoch gelegenen Park trotz hoher Eintrittspreise eine willkommene Alternative zur Weinstraße.

Mai–Okt. tägl. 9–17 Uhr, während der Hauptsaison und an Wochenenden bis 18 Uhr. Erwachsene 14 €, Kinder 12 €. ✆ 06325/95900, www.kurpfalzpark.de.

Deidesheim

Viele Tausend Autos quälen sich an schönen Sommertagen durch die enge Ortsdurchfahrt des berühmten Weinortes. Die wahren Qualitäten Deidesheims aber bleiben einem vom Auto aus verschlossen. Enge Gassen, bekannte und stattliche Weingüter und ein malerischer, kleiner Park im ehemaligen Burggraben geben dem geschichtsträchtigen Ort einen besonderen Charakter.

Dass der ehemalige Bundeskanzler Helmut Kohl großen Gefallen an Deidesheim fand, lag nicht nur am ausgezeichneten Wein, sondern an einer weiteren Pfälzer Spezialität: dem Saumagen. Der Begeisterung Kohls ist es zu verdanken, dass der Name Deidesheim auf der ganzen Welt bekannt ist. Die Liste der Staats- und Regierungschefs, die in den Deidesheimer Hof zum Saumagenessen kamen, ist lang, der spanische König Juan Carlos steht ebenso im Gästebuch wie Boris Jelzin oder Jacques Chirac. Ob die Pfälzer Spezialität allerdings allen Gästen geschmeckt hat, bleibt diplomatisches Geheimnis. Fest steht, dass Deidesheim von seiner Berühmtheit profitiert und jährlich Scharen von Gästen kommen, um den wohl bekanntesten Weinort der Mittelhaardt zu besuchen.

Entlang der engen Hauptstraße reihen sich traditionsreiche Weingüter, kleinstadttypische Einzelhandelsgeschäfte und einige Gaststätten und Restaurants. Zwar

Das pittoreske Zentrum Deidesheims

kann auch die jüngst abgeschlossene Sanierung der Weinstraße die Automassen nicht aus dem Ortskern verbannen, insgesamt hat aber v. a. der Ortskern mit dem barocken Rathaus, der Kirche St. Ulrich und dem Marktplatz mit dem aus Eisen gegossenen Andreasbrunnen durch die Neugestaltung der Straße deutlich gewonnen. Die eigentliche Idylle Deidesheims findet man jedoch nach wie vor in den Seitenstraßen und alten Gassen: Kopfsteinpflaster, weitläufige Weingüter mit wohlklingenden Namen und historische Fachwerkbauten prägen das Bild der grünen und mit prächtigen Blumen geschmückten Kleinstadt. 2009 wurde Deidesheim als erste Stadt in Rheinland-Pfalz in den Kreis der sogenannten cittaslow-Städte aufgenommen und verpflichtet sich damit einer nachhaltigen und auf Qualität hin ausgerichteten Stadtentwicklungs- und Tourismuspolitik.

Geschichte

Zwischen 1100 und 1801 gehörte Deidesheim zum Hochstift Speyer, dessen Bischöfe hier nicht nur einen Verwaltungssitz betrieben, sondern die Sommermonate gerne selbst an der Haardt verbrachten. Sie residierten in einer 1292 erstmals erwähnten Wasserburg, die, mehrfach erweitert und umgebaut, 1689 während des Pfälzischen Erbfolgekrieges in Flammen aufging. Heute befindet sich in den Resten des teilweise verschütteten Wassergrabens der ansprechende Schlosspark. Einige der anderen im Pfälzischen Erbfolgekrieg zerstörten Gebäude, u. a. das barocke Rathaus am Marktplatz, konnten im Laufe des 18. Jh. wiederaufgebaut werden und geben der Stadt, die heute Sitz der Verbandsgemeinde Deidesheim ist und über eine gute infrastrukturelle Ausstattung verfügt, ihren historischen Charakter. In dem gegenüber dem alten Rathaus an der Weinstraße gelegenen Gasthaus Zur Kanne wurden schon im 12. Jh. Gäste beherbergt. Seit 1876 ist es ohne Unterbrechung in Betrieb und gilt als das älteste Gasthaus der Pfalz.

Information/Sightseeing

• *Information* **Tourist-Information Deidesheim**, Bahnhofstr. 5, 67146 Deidesheim, ☏ 06326/96770, 📠 967718, www.deidesheim.de. Mo–Fr 9–12 und 14–17 Uhr, April–Okt. auch Sa 9–12.30 Uhr, Aug.–Okt. Mo–Fr verkürzte Mittagspause (12.30–13.30 Uhr) sowie Fr bis 18 Uhr.

• *Sightseeing* Eineinhalbstündige **Stadtführungen** für Individualreisende finden von Mai bis Okt. samstags um 10 Uhr statt, 5 €/Pers. Treffpunkt an der Touristinfo. Darüber hinaus werden verschiedene Themenwanderungen und Radtouren angeboten.

Übernachten/Essen & Trinken

• *Übernachten* **** **Steigenberger Hotel**, großes und komfortables Haus in wunderbarer Lage zwischen Stadtpark und Weinbergen. Die Inneneinrichtung soll an die amerikanischen 1930er- bis 50er-Jahre erinnern. DZ ab 85 €. Am Paradiesgarten 1, ☏ 06326/970476, 📠 970446, www.deidesheim.steigenberger.de.

*** **Gästehaus Ritter von Böhl**, in den Räumlichkeiten des 1494 gegründeten Bürgerhospitals sind heute moderne und komfortable Gästezimmer untergebracht. Obwohl sich das Haus mitten im Ort befindet, wohnt man hier je nach Lage des Zimmers dennoch schön ruhig. DZ ab 79 €. Weinstr. 35–37, ☏ 06326/972201, 📠 972200, www.ritter-von-boehl.de.

Das heutige Weingut von Winning

Weingut-Gästehaus Hebinger, klassisch eingerichtetes Gästehaus im zentralen alten Teil Deidesheims. Schöner Blick auf den Schlosspark! DZ ab 80 €. Bahnhofstr. 21, ☏ 06326/965270, 📠 7494, www.weingut-hebinger.de.

Ferienwohnungen Königsgarten, großzügige und praktisch eingerichtete Wohnungen für bis zu 6 Pers. am südlichen Ortsende. Buchungsadresse: Norbert Funk, Meisenweg 6, 67167 Erpolzheim. Ab 60 €. Königsgarten 5, ☏ 06353/914846, 📠 914851, www.fewo-funk.de.

• *Essen & Trinken* Die Auswahl an Restaurants, Cafés, Bars und Kneipen ist vergleichsweise groß. Die meisten Lokale befinden sich am südlichen Abschnitt der Weinstraße sowie zwischen Schloss und Marktplatz.

> ***** **Deidesheimer Hof**, zweifellos das bekannteste Haus an der mittleren Weinstraße. Im Gourmetrestaurant „Schwarzer Hahn" aßen schon viele namhafte Gäste. Der Küchenchef hat mittlerweile gewechselt, aber auch Stefan Neugebauer braucht sich mit seinen originellen und harmonischen Kreationen nicht zu verstecken (Menüs ab 90 €, Di–Sa ab 18.30 Uhr). Das zweite Restaurant „St. Urban" ist günstiger und erinnert mit seinen dunklen Holzmöbeln und -wänden an einen guten Landgasthof (Hauptgerichte 14–29 €, tägl. 11–23 Uhr). Auch großzügige, elegante Zimmer, DZ ohne Frühstück ab 125 €. Am Marktplatz, ☏ 06326/96870, 📠 7685, www.deidesheimerhof.de.

Zur Kanne, im ältesten Gasthaus der Pfalz, das einst als Pilgerhospiz der Zisterzienserabtei Eußerthal entstand, zaubert der junge Küchenchef Florian Winter Gerichte aus ökologisch erzeugten Produkten heimischer Landwirte. Die Weine kommen aus dem Wachenheimer Weingut Bürklin-Wolf, zu dem die Kanne seit einigen Jahren gehört. Hauptgerichte 13–24 €. Mo/Di Ruhetag. Weinstr. 31, ☎ 06326/96600, 📠 966017, www.gasthauszurkanne.de.

Winzerverein, in der Gaststätte des Winzervereins mischen sich mediterrane Farben mit der Nüchternheit einer Vereinsgaststätte. Die vor wenigen Jahren erfolgte Neugestaltung hat den Räumlichkeiten gutgetan, schön ist v. a. die Terrasse mit ihren großen Kastanienbäumen. Die Karte beinhaltet klassische Pfälzer Gerichte zu moderaten Preisen. Di–So 11–24 Uhr. Weinstr. 67, ☎ 06326/967552, 📠 967553, www.winzerverein-deidesheim.de.

Schloss Deidesheim, in dem traditionsreichen Gebäude in einem der heimeligsten Teile Deidesheims liegt der Ausschank des Weingutes Dr. Kern. Schön ist die romantische Gartenterrasse, die Gerichte sind typisch pfälzisch, Hauptgerichte 6–19 €. Mai–Okt. tägl. ab 17 Uhr, Sa/So ab 12 Uhr, Nov.–April nur Fr–So. ☎ 06326/96690, 📠 966920, www.schloss-deidesheim.de.

Krack Weinbar, in der modern und ansprechend gestalteten Weinbar kann man in entspannter Atmosphäre rund 30 offene Weine verschiedenster Pfälzer Winzer probieren. Infos darüber, welche Weine gerade im Ausschank sind, findet man unter www.krackwein.de. Mi–Fr 14–24 Uhr, Sa ab 10 Uhr, So 12–22 Uhr. Marktplatz 5, ☎ 06326/700412.

Café Alt-Deidesheim, das Wort „alt" im Namen bezieht sich auf die Historie des einstigen Bürgerhospitals, in dem das Café untergebracht ist. Das Café selbst ist stilvoll-modern und harmoniert hervorragend mit den historischen Räumlichkeiten. Günstige Speisen. Di–Fr 12–18 Uhr, Sa/So 13–18 Uhr. Weinstr. 37, ☎ 06326/972150, 📠 972200.

Die Weinwirtschaft, im Deidesheimer Nachbarort Niederkirchen werden Weine der dortigen Winzergenossenschaft in einladenden und stilvoll renovierten Räumlichkeiten ausgeschenkt. Dazu gibt es gute, preislich moderate pfalztypische Speisen aus regional erzeugten Zutaten. Zu den großzügigen Räumlichkeiten gehört auch ein komplett eingerichtetes Spielzimmer für Kinder. Di Ruhetag, sonst ab 17 Uhr, an Wochenenden auch 11.30–14 Uhr. Friedelsheimer Str. 1, Niederkirchen, ☎ 06326/962499, www.die-weinwirtschaft.de.

Turm Stübl, angenehme und gemütliche Mischung aus alten Gemäuern, Antiquitäten und moderner Kunst. Preiswerte, originell zusammengestellte klassische Speisen und heimische Weine, die zusammen mit der Einrichtung zum Verweilen einladen. Mo Ruhetag, sonst ab 18 Uhr, So ab 12 Uhr, Turmstr. 3, ☎ 06326/981081, 📠 981082, www.turmstuebel.de.

Einkaufen/Sport & Freizeit/Kultur/Veranstaltungen

• *Einkaufen* **Geheimer Rat Dr. von Bassermann-Jordan**, mit seinen erstklassigen Lagen von Ruppertsberg bis Forst verfügt der Traditionsbetrieb über ein enormes Potenzial, was zum Gelingen der hervorragenden Weine neben der guten Kellerarbeit entscheidend beiträgt. Unzählige Auszeichnungen würdigen die Klasse der Weine. VDP-Betrieb. Mo–Fr 8–18 Uhr, Sa/So 10–15 Uhr. Kirchgasse 10, ☎ 06326/6006, 📠 6008, www.bassermann-jordan.de.

Weingut Biffar, vorwiegend trockenen Riesling, der aufgrund der vielfältigen Lagen ein breites Spektrum aufweist, gibt es in dem spätklassizistisch gebauten VDP-Weingut in freundlicher Atmosphäre zu probieren und kaufen. Auch die von der dazugehörigen Firma J. Biffar & Co. hergestellten kandierten Früchte sind über das Weingut zu beziehen. Mo–Fr 9–12 und 13–17.30 Uhr, Sa 10–16 Uhr. Niederkirchener Str. 13, ☎ 06326/967629, 📠 967611, www.weingut-biffar.de.

Reichsrat von Buhl, auch dieses Weingut besticht mit seinem eindrucksvollen Gebäude: Der komplette Betrieb steht unter Denkmalschutz, besonders sehenswert ist der alte Keller. Hervorragende Weine und Sekte, VDP-Betrieb. Mo–Fr 9–12 und 13–18 Uhr, Sa/So 10–12 und 13–17 Uhr. Weinstr. 16–24, ☎ 06326/965017, 📠 965024, www.reichsrat-von-buhl.de.

Weingut von Winning, klassische Rieslinge in äußerst guter Qualität produziert der VDP-Betrieb, der bis 2009 Dr. Deinhard hieß. Im Juni und Sept. werden Weinlagenwanderungen angeboten, rund um das Jahr kann das respektable Anwesen unkompliziert besichtigt werden. Mo–Fr 8–17.30 Uhr, Sa 9.30–17 Uhr, So 10–16 Uhr. Weinstr. 10,

✆ 06326/221, ℻ 7920, www.von-winning.de.

Weingut Georg Siben Erben, das bunte Weinmännchen weist den Weg zu dem biologisch wirtschaftenden Traditionsweingut. An zwei Samstagen während der Lese haben Kunden die Gelegenheit, mitzuhelfen und sich im Anschluss auf dem Hof bei Neuem Wein und Zwiebelkuchen zu stärken. Mo–Sa 8–12 und 14–19 Uhr. Weinstr. 21, ✆ 06326/989363, ℻ 989365, www.siben-weingut.de.

Sektkellerei Andres & Mugler, Ende der 1980er-Jahre entschieden sich zwei junge Winzer, ihren eigenen Sekt aus gereiften hochwertigen Trauben zu produzieren. Damit waren sie so erfolgreich, dass sie nicht nur schnell internationale Anerkennung fanden, sondern ihre Produktion auch ständig erweiterten. Der handgerüttelte Chardonnay-Auxerrois-Sekt ist vielleicht der beste der Pfalz. Ruppertsberg, Hauptstr. 33a, ✆ 06326/8667, www.andresundmugler.de.

• *Baden* Das beheizte **Freibad** liegt wunderschön zwischen Wald und Reben mitten im Paradiesgarten. Mai–Sept. Mo, Mi und Fr 10–20 Uhr, Di und Do 9–19 Uhr, Sa/So 10–19 Uhr. Eintritt 3,50 €, ermäßigt 2 €. Schwimmbadstr. 23, ✆ 06326/6466.

• *Nordic Walking* Verschiedene Touren in drei Schwierigkeitsgraden sind möglich. Bei der Touristinfo ist eine Übersicht der Strecken inkl. Karten und Höhenprofilen erhältlich.

• *Radfahren* Deidesheim liegt am **Weinstraßenradweg** und ist von einem dichten Radwegenetz umgeben. Die ausgeschilderte Paradiesgartentour (Fahrrad im hellgrünen Kreis) verbindet Deidesheim mit seinen Nachbargemeinden Forst, Niederkirchen, Meckenheim und Ruppertsberg.

Fahrradverleih Steinweg, verschiedene Rädergrößen und Ausstattungen ab 8 €/Tag, Vermietung nur nach vorheriger telefonischer Anmeldung. Kirschgartenstr. 49, ✆ 06326/982284, www.gepaeckservice-pfalz.de.

• *Tennis* **Tennisclub Deidesheim**, neun Sand- und zwei Hallenplätze, bewirtete Clubgaststätte. Fasanenweg 1, ✆ 06326/7233, ℻ 981200, www.tcdeidesheim.de.

• *Wandern* Deidesheim ist ein guter Ausgangspunkt für Wanderungen zwischen Wald und Reben. Beliebte Ausflugsziele wie die spätgotische Michaelskapelle oberhalb des Ortes oder die am Waldrand gelegene, mittelalterliche Fliehburg „Heidenlöcher" lassen sich auf gut ausgeschilderten Wegen beispielsweise vom Wanderparkplatz im Mühltal (Zufahrt zum Waldrand über die Königsgartenstraße) oder im Sensental erreichen.

• *Theater* **Boulevardtheater Deidesheim**, kleines Mundarttheater mit heiteren Stücken. Bahnhofstr. 11, ✆ 06326/981801, ℻ 981806, www.boulevard-deidesheim.de.

• *Veranstaltungen* **Geißbockversteigerung**, für die Nutzung von Weideflächen im Deidesheimer Wald musste die Gemeinde Lambrecht alljährlich zum Sonnenaufgang am Pfingstdienstag einen „gut gehörnten und gut gebeutelten" Geißbock nach Deidesheim liefern. Inzwischen ist daraus ein Volksfest geworden, bei dem die Abordnung aus Lambrecht am Morgen von Stadträten, Schulkindern und Trachtengruppen empfangen wird. Bis um 17.45 Uhr die Versteigerung des Bocks beginnt, verbringen die Deidesheimer und ihre Gäste einen lebendigen und traditionsbewussten Fest- und Feiertag.

Deidesheimer Advent, an den vier Adventswochenenden verwandelt sich Deidesheim in einen romantischen Weihnachtsmarkt. An über 100 Ständen werden Kunsthandwerk, Holzspielzeug und Weihnachtsschmuck angeboten, oft kann man den Kunsthandwerkern bei ihrer Arbeit über die Schulter schauen. Jeweils Fr 17–21 Uhr, Sa ab 14 Uhr, So ab 11 Uhr.

Sehenswertes

Historisches Rathaus und Museum für Weinkultur: Bisweilen wird von dem eher netten als herrschaftlich wirkenden Haus im Zentrum Deidesheims behauptet, es sei das meistfotografierte Gebäude der Weinstraße. Das untere Stockwerk in Form einer romanischen Halle wurde 1532 um ein zusätzliches Stockwerk erweitert, über das eine Zugangsmöglichkeit zur benachbarten Kirche bestand. 1724 wurde das Bauwerk um die sein Erscheinungsbild prägende zweiseitige Sandsteintreppe ergänzt. Der reich geschmückte Ratssaal mit seinen hochlehnigen Renaissance-Ratsstühlen und dem Bildnis des Königs Wenzel ist dagegen jüngeren Datums. Denn ein reich geschmücktes Rathaus konnte sich die Gemeinde in ihrer Abhängigkeit lange Zeit nicht leisten. Erst als sich Anfang des 20. Jh. wohlhabende Weinhändler, Fabrikanten und Gutsbesitzer – neben Reichsrat Franz Buhl auch der Gutsherr, Winzer und ehrenamtliche Bürgermeister Dr. Ludwig Bassermann-Jordan – des Baus annahmen, wandelte sich das verspielte Anwesen zu einem respektablen Ort.

Dass Wein mehr ist als irgendein Getränk, wird in dem im Rathaus untergebrachten Museum für Weinkultur deutlich. Die enge Verbindung von kultureller, religiöser, gesellschaftlicher und nicht zuletzt ökonomischer Entwicklung in der Pfalz mit dem traditionsreichen Schoppen ist durch allerhand detailreiche Ausstellungsstücke dokumentiert. Eindrucksvoll sind die Darstellungen einer Winzerwohnung aus der Zeit um 1900. In der liebevoll ausgestatteten Küche darf auch das Pfälzer Schoppenblech nicht fehlen, mit dem früher Flüssigkeiten und Korn abgemessen wurden und das die Grundlage der einen halben Liter fassenden Schoppengläser darstellt.

Mi–So, Fei 16–18 Uhr, Jan./Feb. geschlossen. Eintritt frei. In der Vinothek des Museums finden auch interessante Themenweinproben statt. Marktplatz, ☏ 06326/981561, www.weinkultur-deidesheim.de.

Beliebtes Fotomotiv: das Deidesheimer Rathaus

Deutsches Film- und Fototechnik-Museum: Das etwas versteckt gegenüber dem Rathaus liegende Museum zeigt die Geschichte der Film- und Fototechnik. Vor allem wahre Liebhaber kommen beim Anblick der über 4000 film-, foto- und fernsehtechnischen Geräte sicher ins Schwärmen. Die Sammlung gilt als eine der umfangreichsten in Deutschland.

Mi–So 14–18 Uhr. Eintritt frei, Spenden erwünscht. Weinstr. 33, ☏ 06326/981068, 981069, www.dftm.de.

Schlosspark: Der schönste Park der Stadt entstand in den 1970er-Jahren durch gemeinsame Arbeiten der Deidesheimer Bürger aus dem einstigen Wassergraben des Schlosses. Die Anlage kann zwar nicht durch ihre Größe punkten, wohl aber durch ihre heimelige Atmosphäre mit den üppigen und z. T. mediterranen Gewächsen, den Schatten spendenden Bäumen und historischen Mauern. Teil der ehemaligen Schlossanlage ist der runde Turmschreiberturm im romantischen Schlosspark. Alle zwei Jahre bekommt ein deutschsprachiger Autor die Gelegenheit, die Stadt Deidesheim und die ganze Pfalz kennenzulernen, wozu ihm die Stadt nicht nur sein Arbeitszimmer im Turm zur Verfügung stellt, sondern auch täglich zwei Liter Deputatwein.

Auch im Deidesheimer Schlosspark locken kulinarische Genüsse

Paradiesgarten: Ohne Übertreibung kann Deidesheim als der wichtigste Weinbauort der Pfalz bezeichnet werden. Dementsprechend groß ist das Angebot an guten und sehr guten Lagen: Hohenmorgen, Kalkofen, Herrgottsacker, Nonnengarten oder Mäusehöhle heißen die wichtigsten unter ihnen. Die bekannteste jedoch ist der Paradiesgarten. Der Bezeichnung liegt anders als bei den meisten Weinbergen keine lange Tradition zugrunde, erst Mitte der 1950er-Jahre wurde der Name kreiert. Die zahlreichen geladenen Gäste des Städtchens haben hier die Möglichkeit, ihren eigenen Ehrenweinstock zu pachten, von dessen Ertrag ihnen einmal im Jahr eine durch das Weingut Dr. Deinhard ausgebaute Flasche Wein zusteht. Und so bekommen Helmut Kohl, Michail Gorbatschow und viele andere einmal im Jahr ein Päckchen aus Deidesheim. Wer persönlich im Paradiesgarten vorbeischaut, hat nicht nur die Möglichkeit, die Weinstöcke der Prominenten zu betrachten, sondern entdeckt etwas versteckt auch noch Eva höchstpersönlich. Wegen anfänglicher Proteste wurde die Anfang der 1950er-Jahre hier platzierte Statue zunächst mit einem schmiedeeisernen Rebenkleid verziert, heute darf sie sich wieder in ihrer natürlichen Schönheit zeigen.

Wanderung 2: Über die Heidenlöcher und den Eckkopf

Vom **Parkplatz am Kirchberg (1)** verläuft der mit einem roten Punkt markierte Weg zunächst durch die Weinberge. Der steile Anstieg zur weithin sichtbaren **Michaelskapelle** (**2,** 267 m) erfolgt über einen vorwiegend mit Esskastanien bestandenen Hang. Die Kapelle wurde bereits 1470 errichtet, 1794 aber zur Ruine. 1951 baute sie ein Winzer aus Dankbarkeit für die Genesung von einer schweren Krankheit wieder auf. Von hier geht es weiter zu den **Heidenlöchern (3):** In einem ovalen Trockenmauerwall befinden sich Reste von einst ca. 120 Häusern, ihre Fundamente sind z. T. noch sehr klar zu erkennen. Im Frühmittelalter diente die Anlage auf der kleinen Hochebene als Fliehburg für die Bevölkerung der umliegenden Dörfer. Auf Tafeln sind Skizzen und weitere Informationen zu finden. Nachdem der Weg mit dem roten Punkt die Heidenlöcher durchquert hat, folgt man dem weißen Punkt

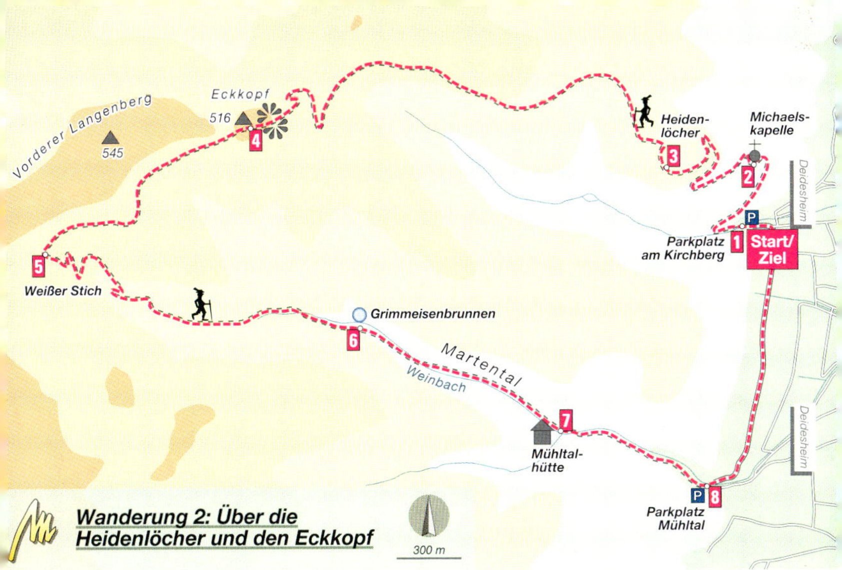

über zunächst breite Forstwege bis zum **Eckkopf (4,** 516 m). Hier kann an Wochenenden der lohnenswerte Aussichtsturm bestiegen werden. Weiter geht es mit dem weißen Punkt bequem bergab zum **Weißen Stich (5),** wo man auf den historischen Geißbockweg trifft. Jedes Jahr wird hier an Pfingsten ein Geißbock von Lambrecht nach Deidesheim geführt (→ S. 134). Weiterhin bergab geht es mit der blau-gelben Markierung in das Martental mit dem **Grimmeisenbrunnen (6),** der bewirtschafteten **Mühltalhütte (7)** und dem **Wanderparkplatz Mühltal (8).** Nach Verlassen des Waldes führt der Wanderweg Deutsche Weinstraße ein Stück nach Norden, bis der Parkplatz am Kirchberg 3–4 Std. nach Abmarsch wieder erreicht ist.

• *Einkehr* **Mühltalhütte/Waldschenke Deidesheim**, die auf dem kühlen Talboden gelegene, private Hütte bietet neben schönen Sitzgelegenheiten im und vor dem Haus auch eine Menge Spielmöglichkeiten für Kinder: Ein paar Spielgeräte, ein kleiner Bach und häufig angebundene Pferde sind große Attraktionen. Den direkten (kinderwagentauglichen) Weg vom Parkplatz Mühltal schaffen auch kleine Kinder problemlos. Die Küche ist gut und unkompliziert. Mi/Do/Sa/So/Fei 11–18 Uhr, Fr eigentlich geschlossen, bei trockenem Wetter aber ab 16 Uhr Dämmerschoppen. ✆ 06326/962626, 982496, www.waldschenke-deidesheim.de.

Neustadt an der Weinstraße

Das unangefochtene Zentrum der Weinstraße liegt verkehrstechnisch günstig an der Hauptverbindungslinie zwischen Rheinebene, Westpfalz und Saarland. Alljährlich wird hier nicht nur die Pfälzische, sondern auch die Deutsche Weinkönigin gekürt. Überragt von den beiden ungleichen Türmen der Stiftskirche, drängen sich die engen Gassen der Innenstadt mit ihrer Fußgängerzone und den vielen Weinlokalen in der Ebene, während an den Hängen großzügige Villen über der Stadt thronen. In den Vororten entlang der Weinstraße findet sich wahre Idylle mit urigen Höfen, gemütlichen Schänken und stattlichen Weingütern.

Zwischen dem tiefen Tal des Speyerbachs und einigen vielgeschossigen Wohn- und Bürohäusern im Osten liegt die gemütliche Altstadt, die einen Aufenthalt in

Der Rathausplatz

Neustadt trotz einiger Bausünden lohnenswert und reizvoll macht. Das Zentrum bilden das Rathaus, die Mitte des 14. Jh. errichtete Stiftskirche und prächtige Stadthäuser, die sich um den ebenso beschaulichen wie geschäftigen Marktplatz gruppieren. Mehrmals wöchentlich findet um den belebten Marktbrunnen der Neustadter Wochenmarkt mit vielfältigen und reichlich bestückten Ständen statt. Unweit des Marktplatzes beginnt die verzweigte Fußgängerzone, deren Hauptstraße sich eng und geradlinig wie ein Riegel vor den Ausgang des Tals legt. Im Saalbau an ihrem südlichen Ende werden alljährlich die Pfälzische und die Deutsche Weinkönigin gekürt. Ein paar Schritte weiter, auf dem Bahnhofsvorplatz, ist eine andere Neustadter Tradition beheimatet: die Haiselscher, nachgebildete Fachwerkhäuser, in denen alljährlich während des Deutschen Weinlesefestes zwischen Ende September und Anfang Oktober neuer und alter Wein ausgeschenkt werden. Zwischen Strohmarkt und Kellereigasse sowie rund um den Marktplatz finden sich das ganze Jahr über nette urige oder moderne Weinstuben. Etwas versteckt auf dem Marstallplatz ist den Elwetritschen ein eigener Brunnen gewidmet. Wer sich unter den Pfälzer Fabelwesen nicht viel vorstellen kann, dem sei ein Besuch der heiteren Darstellungen empfohlen.

Geschichte

Wie so oft an der Weinstraße brachten auch um Neustadt herum bereits die Römer den Weinbau und damit eine erste große Blütezeit. Vermutlich waren es zu Beginn des 13. Jh. die bayerischen Pfalzgrafen Ludwig I. und Otto II., die den Grundstein für eine „Neue Stadt“ legten, bevor die Stadtrechte 1275 durch König Rudolf I. verliehen wurden.

Schon vor der Gründung Neustadts muss der 774 erstmals urkundlich erwähnte und 1892 eingemeindete Ort **Winzingen** existiert haben. Deutlichstes Zeichen seiner einstigen Eigenständigkeit ist die jährlich stattfindende Winzinger Kerwe auf der Festwiese. Von der zu Winzingen gehörenden gleichnamigen Burg, die im 10. Jh. nördlich des Ortes am Hang der Haardt entstand, sind nur noch magere Reste wie Teile der Ringmauer und die Ruinen einer Kapelle erhalten. Ebenfalls nur noch als Ruine existiert die **Wolfsburg,** die wohl zu Beginn des 13. Jh. oberhalb des Tals von Pfalzgraf Ludwig I. erbaut wurde, um den Verbindungsweg zwischen Neustadt und Kaiserslautern zu sichern. Die Burg diente bis 1432 als Amtssitz der kurpfälzischen Vögte, die zeitweise auch Statthalter von Neustadt waren und als solche in Abwesenheit des Pfalzgrafen das Land verwalteten. Während des Bauernkrieges wurde sie zweimal erobert und geplündert, im Dreißigjährigen Krieg dann endgültig zur Ruine.

Das Casimirianum und die Neustadter Bibel

Ein wenig abseits der Hauptstraßen im Zentrum Neustadts steht im Schatten der Marienkirche ein unverkennbar historischer Bau. Das 1578 von Pfalzgraf Johann Casimir gegründete Casimirianum entstand zu einer Zeit, als in weiten Teilen Deutschlands der calvinistische Glaube zugunsten des lutherischen Bekenntnisses zurückgedrängt wurde. Auch in der Kurpfalz, in deren Hauptstadt Heidelberg erst 15 Jahre zuvor der weit über die Grenzen hinaus bekannte Heidelberger Katechismus eingeführt wurde, kehrte man zum strengen lutherischen Glauben zurück. Alle Lehrenden und Studierenden, die sich dem Kurswechsel nicht anschließen wollten und ihre Unterschrift unter die Konkordienformel verweigerten, mussten die Stadt verlassen und fanden in Neustadt eine neue Wirkungsstätte. Damit befand sich in Neustadt eine der wichtigsten Universitäten des deutschsprachigen Raumes. Auch Zacharias Ursinus, Theologe und Mitautor des Heidelberger Katechismus, zog es an das Casimirianum. Allerdings blieb die neu gegründete Universität nur fünf Jahre in Neustadt. Bereits 1584 wurde der Lehrbetrieb unter dem damals noch minderjährigen Kurfürsten Friedrich IV. wieder zurück nach Heidelberg verlegt. In diese fünf Jahre fielen wohl aber auch die Vorbereitungen für die Neustadter Bibel, die David Pareus 1587 herausgab und die als erste reformierte Bibel Deutschlands gilt. Pareus nutze die Übersetzung Martin Luthers und ergänzte diese durch reformierte Kommentare.

Ein Gang durch die Neustadter Gassen verrät auch heute noch einiges über die historische Stadt. Zwar wurde auch Neustadt im Dreißigjährigen Krieg weitgehend zerstört, doch die zweite große Zerstörungswelle des 17. Jh. durch den Pfälzischen Erbfolgekrieg ging weitestgehend glimpflich an der gerade wiederaufgebauten Stadt vorüber. Ob allerdings die legendäre Beziehung der Neustadter Bürgerstochter Kunigunde Kirchner mit einem französischen Offizier wirklich der Grund dafür war, dass ihre Heimatstadt verschont blieb, ist fraglich. Unübersehbar sind die vielen stattlichen Fachwerkhäuser. In der Metzgergasse steht das vermutlich älteste Fachwerkhaus der Pfalz. Wahre Begeisterung unter Fachleuten löste aber weniger die wohl 1604 entstandene Fachwerkkonstruktion im Stil der Spätrenaissance aus als vielmehr die Erkenntnis, dass weiter von der Gasse entfernt liegende Teile des Gebäudes bereits 1380 entstanden und die ursprüngliche Lehmausfachung noch heute vorhanden ist.

Information/Sightseeing/Parken/Taxi

• *Information* **Tourist-Information**, Hetzelplatz 1, 67433 Neustadt, ☎ 06321/92680, ✆ 92689, www.neustadt.eu. Mo–Fr 9.30–17 Uhr, April–Okt. bis 18 Uhr sowie Sa 9.30–12.30 Uhr.

Deutsche Weinstraße e. V., Martin-Luther-Str. 69, 67433 Neustadt, ☎ 06321/912333, ✆ 912330, www.deutsche-weinstrasse.de.

Pfalz.Touristik e. V., Martin-Luther-Str. 69, 67433 Neustadt, ☎ 06321/39160, ✆ 391619, www.pfalz.de.

• *Sightseeing* **Stadtführungen** finden April–Okt. jeweils Sa und Mi um 10.30 Uhr statt und starten vor der Touristinfo (4 €, ermäßigt 2,50 €). Darüber hinaus werden zu unregelmäßigen Terminen besondere Stadtführungen angeboten. Beliebt sind die abendlichen **Nachtwächterführungen** durch die engen, von Laternen beleuchteten Gassen der Altstadt. Erwachsene 7 €, Kinder 3 €, Anmeldung unter ☎ 06321/926892. Besteigung des **Turms der Stiftskirche** jeden Sa um 12 Uhr.

• *Parken* Die innerstädtischen Parkplätze sind rar und gebührenpflichtig. Rund um die Innenstadt sind verschiedene Parkplätze und -häuser ausgeschildert. Die Tiefgarage Klemmhof ist insbesondere für Familien nicht zu empfehlen, da sie sehr eng gebaut ist und der Kinderwagen nur auf beschwerlichen Umwegen ans Tageslicht findet. Kostenfrei kann man auf der **Festwiese** parken. Von dort führt ein schöner, ausgeschilderter Weg entlang dem Speyerbach, vorbei an einem neuen Spielplatz, in die Innenstadt.

• *Taxi* Am Bahnhof oder unter ☎ 06321/77581.

Übernachten/Camping

*** **Ramada Hotel (14)**, großes, solides Hotel in zentraler Lage am Bahnhof. DZ ab 110 €. Exterstr. 2, ☎ 06321/8980, ✆ 898150, www.ramada.de.

Panorama Hotel (1), das Hochaus am nordöstlichen Stadtrand erscheint von außen wenig einladend. Von innen bieten die frisch renovierten und freundlich eingerichteten Zimmer jedoch einen tollen Blick über die Stadt. Wer nur die Aussicht genießen will, kann an jedem 2. Sonntag im Monat zum Brunch kommen (Ausnahmen beachten, 25,50 €). DZ ab 82 €. Mußbacher Landstr. 8, ☎ 06321/39920, ✆ 399239, www.pr-hotel.de.

bed & breakfast (16), Tradition und Moderne harmonisch kombinierendes Nichtraucherapartment mit Teeküche, Holzofen und DSL-Anschluss oberhalb der Altstadt am

Waldrand. Die Zutaten für das Frühstück stammen überwiegend aus ökologischem Anbau. Ab 66 €. Von-Wißmann-Str. 1, ✆ 06321/31171, 📠 482248, www.heldrich-bauer.de.

Ferienwohnungen im Baudenkmal (3), helle und freundlich eingerichtete Nichtraucherferienwohnungen in einem stilvoll sanierten Fachwerkhaus am Rande der Altstadt. Ab 50 €. Rathausstr. 32, ✆ 06321/481971, 📠 481972, www.ferienwohnung-neustadt-weinstrasse.de.

Pfalz-Jugendherberge und Jugendgästehaus (17), modernes Haus inmitten eines angenehmen Wohngebiets im Stadtteil Hambacher Höhe. Kleine Zimmer, alle mit

Das Neustadter Rathaus

eigenem Bad. DZ 51 €. Hans-Geiger-Str. 27, ✆ 06321/2289, ℻ 82947, www.diejugendherbergen.de.

• *Camping* Campingplätze gibt es in Neustadt nicht. Für Wohnmobile stehen Stellplätze mit Ver- und Entsorgungsmöglichkeiten an der Martin-Luther-Kirche zur Verfügung, ab 2,50 €/Tag. Nächstgelegene Campingplätze: St. Martin und Wachenheim.

Essen & Trinken (siehe Karte S. 144/145)

Das gastronomische Angebot Neustadts ist erstaunlich groß. Rund um den Marktplatz findet man einige Cafés, Bistros und Weinbars, urige Weinstuben liegen v. a. in der Mittel- und Hintergasse.

Novalis (4), sympathische Mischung aus Bistro, Café und Kneipe, in der man freitags und samstags gemütlich frühstücken, sonntags ausgiebig brunchen und an schönen Tagen den Hof genießen kann. Mo–Do ab 16 Uhr, Fr–So ab 11 Uhr. Hintergasse 26, ✆ 06321/2760, www.novalis-neustadt.de.

Altstadtkeller bei Jürgen (11), statt routinierter Bedienung erwarten einen hier Pfälzer Gastlichkeit und eine persönliche Begrüßung durch den Chef Jürgen Reis. Im Sommer empfiehlt sich die Gartenterrasse als Alternative zum historischen Gewölbekeller. Mittleres Preisniveau. Küche Di–Sa 12–14 und 18–22 Uhr, So nur 12–14 Uhr. Kunigundenstr. 2, ✆ 06321/32320, ℻ 7280, www.altstadtkeller-neustadt.de.

La Fontana (2), v. a. an schönen Tagen laden die Tische an einem kleinen Platz am Ende der Hintergasse zum Verweilen ein. Innen ist die Einrichtung eher spartanisch, die italienischen Gerichte sind aber zu empfehlen. Gehobene Preise. Mo Ruhetag, sonst 11.30–14.30 und 17.30–23 Uhr. Hintergasse 38, ✆ 06321/84652.

1604 (9), Weinbar und Cocktaillounge in einer der ältesten Gassen Neustadts. Der Name der verwinkelten, modernen und einladenden Bar bezieht sich auf das Baujahr des benachbarten Fachwerkhauses, das eines der ältesten der Pfalz ist. Tägl. ab 11 Uhr. Metzgergasse 11, ✆ 06321/899756.

Konfetti (5), beliebtes Gasthaus und Kulturkneipe. Die Produkte stammen fast ausschließlich von ökologisch wirtschaftenden Betrieben aus der Region, das Angebot an vegetarischen Gerichten ist vielfältig. Hauptgerichte 7–19 €. So Ruhetag, sonst

10–23 Uhr. Friedrichstr. 36, ✆ 06321/355545, ✆ 399449, www.konfetti-neustadt.de.

La macchina per caffè (8), Espressobar mit vielen leckeren Kaffeespezialitäten. Im dazugehörigen Laden gibt es alle Zutaten und Geräte, um daheim weiterzuprobieren. So Ruhetag, sonst 9–18.30 Uhr, Sa bis 15 Uhr. Marktstr. 5, ✆ 06321/929023, ✆ 929024, www.la-macchina.de.

Zur Herberge (7), die urig-enge Weinstube ist die älteste der Stadt und ein Musterbeispiel für traditionelle Pfälzer Weinkultur. Di–Fr ab 16 Uhr, Fr zusätzlich 12–14 Uhr, Sa ab 11.30 Uhr. Mittelgasse 3, ✆ 06321/7688.

Eissalon De Rossi (10), traditioneller und traditionsreicher Eissalon mit wechselnden sowie ausgefallenen Eissorten. Bei der Herstellung des Eises wird gänzlich auf Farbstoffe und künstliche Aromen verzichtet. Im Sommer tägl. 10–22 Uhr. Hauptstr. 60, ✆ 06321/32524.

Café Confiserie Sixt (15), einladend und modern gestaltetes Cafe mit über 100-jähriger Tradition und einer großen Auswahl an originellen Kreationen. Mo–Sa 8–18 Uhr, So ab 11 Uhr. Hauptstr. 3, ✆ 06321/2192, www.cafe-confiserie-sixt.de.

Einkaufen (siehe Karte S. 144/145)

Kleine Leute (13), in einer Seitengasse der Fußgängerzone. Kleiner, sympathischer Laden für Kinderkleidung mit unbekannteren internationalen Marken zu vernünftigen Preisen. Do–Sa 10–11.45 Uhr sowie Do/Fr 15–18 Uhr. Stangenbrunnengasse 1, ✆ 0173/8002638.

Haus des Weines (6), in einem der ältesten gotischen Häuser Deutschlands – es stammt wohl aus dem Jahre 1277 – präsentiert Dirk Kabisch Wein und Sekt von 30 Neustadter Winzerbetrieben. Außerdem gibt es 1-mal im Monat eine thematische Weinprobe, ab und zu auch erweiterte Sensorikseminare. Di–Fr 10–18 Uhr, Sa 10–15 Uhr. Rathausstr. 6, ✆ 06321/355871, www.haus-des-weines.com.

Tabak Weiss (12), hier gibt es nicht nur Zigaretten von der Stange zu kaufen, sondern auch hauseigene Tabakmischungen für Pfeifen. Spezialität des Ladens ist Tabak aus der Pfalz. Mo–Fr 9–18.30 Uhr, Sa bis 16 Uhr. Hauptstr. 61, ✆ 06321/2942, ✆ 481146, www.tabak-weiss.de.

Sport & Freizeit/Kino & Kultur (siehe Karte S. 144/145)

• *Baden* Das Neustadter **Stadionbad** wird während der Sommermonate als Freibad mit großzügiger Liegewiese und Rutsche betrieben, im Winter wird das Becken überdacht. Im Sommer tägl. 9–19 Uhr (Mi ab 7 Uhr, Do bis 21 Uhr), im Winter ganz unterschiedliche Öffnungszeiten. Eintritt 3,50 €, ermäßigt 1,70 €, Familienkarte 8 €. Talstr. 120, ✆ 06321/402530. Freibäder auch in Hambach und Mußbach (s. u.).

• *Golf* **Golfclub Pfalz e. V.**, 18-Loch-Platz in schöner Parklandschaft. Greenfee 9-Loch-Platz ab 30 €, 18-Loch-Platz ab 50 €. Clubhaus tägl. ab 9 Uhr bis eine halbe Stunde nach Einbruch der Dunkelheit geöffnet, Restaurant und Shop Mo Ruhetag. Geinsheim, Im Lochbusch, ✆ 06327/97420, www.gc-pfalz.de.

• *Spielplatz* Mitten in der Fußgängerzone gibt es Stangen zum Turnen (Klemmhof) und einen kleinen Spielplatz (Marstall). 2010 sind entlang dem Speyerbach gleich zwei tolle Spielplätze entstanden: Am Rande der Festwiese (→ Parken) locken Wasser, Sand und ein Piratenschiff, etwas weiter Richtung Zentrum (Wallgasse) Schaukeln und Klettergerüste.

• *Tennis* **Tennisclub Grün-Weiß e. V.**, mit sechs Freiplätzen und einem Hallenplatz. Haltweg 45, ✆ 06321/65771.

• *Radfahren* Durch die zentrale Lage an der Weinstraße und die gute Zuganbindung eignet sich Neustadt perfekt für Radtouren auf dem **Weinstraßenradweg**.

• *Wandern* Von der westlich des Bahnhofs die Gleise querenden Zwockelsbrücke aus sind verschiedene Routen des Pfälzerwald-Vereins ausgeschildert (Wandertafel). Schöne Touren führen vom Strohmarkt im Stadtzentrum über den Sonnenweg (roter Punkt) auf die **Wolfsburg** (3 km; → Wanderung 4, S. 156) oder von der Zwockelsbrücke zum **Hambacher Schloss** (5 km; → Wanderung 5, S. 162). Neustadt ist auch Start- bzw. Zielort des 50–85 km langen **Pälzer Keschdewegs**, der den Neustadter Hauptbahnhof mit Hauenstein verbindet. Vor allem während der Blüte der Kastanienbäume im Juni oder zur Erntezeit im Okt. ist der Weg für Kastanienfreunde ein Genuss. Tipps für kleinere Touren rund um Neustadt enthält das Faltblatt „Pfade zum Wohlfühlen“, das bei der Neustadter Touristinfo erhältlich ist.

• *Kino* **Roxy**, kleines Kino mit aktuellem und abwechslungsreichem Programm. Eintritt 7 €, ermäßigt 4,50–6 €, Di günstiger. Konrad-Adenauer-Str. 23, Kartenreservierung unter ✆ 06321/2659, Programm unter ✆ 06321/2660, www.roxy.de.

• *Kultur* Das Kulturamt (✆ 06321/88961) gibt regelmäßig ein Programm mit Theater- und Konzertterminen heraus, das bei der Touristinfo ausliegt.

Kleinkunst, seit 20 Jahren stellt der Verein „Die Reblaus“ ein buntes Programm mit z. T. überregional bekannten Künstlern auf die Beine. Auch Kinderprogramm. Theater Katakombe, CJD Neustadt, Sauterstr. 6, ✆ 06321/968081, www.reblaus-kleinkunst.de.

Holiday Park

Einige Kilometer östlich von Neustadt geht es bei Haßloch hoch her: tanzende Kaffeetassen und Fahrten mit der Blumenbahn für die Kleinen, der Free Fall Tower und die Achterbahn „GeForce“ für die Großen und dazwischen ganz viele Fahrattraktionen für Groß und Klein. Der mit vielen hohen Bäumen und bunten Blumen gestaltete Holiday Park ist einer der größten Erlebnisparks Deutschlands und eine der Hauptattraktionen der Pfalz.

Geöffnet von April bis Ende Okt., meist 10–18 Uhr. Besucher ab einem Meter Größe zahlen 25 €, 0,85–1 m 5 €, unter 0,85 m Eintritt frei. Wer mit der Bahn anreist, sollte den Kauf eines Kombitickets erwägen, Bahnfahrt, Shuttleservice (20 Min. Fahrzeit) und Parkeintritt ab 41,80 €, buchbar an allen DB-Fahrkartenautomaten und in den Reisezentren. Haßloch, Holiday-Park-Str. 1–5, www.holidaypark.de .

Veranstaltungen

Deutsch-Französischer Bauernmarkt, der beliebte Markt findet an einem Sonntag Ende April/Anfang Mai auf dem Neustadter Marktplatz statt. Ökologisch wirtschaftende Direktvermarkter aus den Nordvogesen und dem Pfälzerwald bieten hier ihre Produkte an.

Weinlesefest, das wichtigste Fest dreht sich natürlich um den Wein. Die Haiselscher vor dem Saalbau laden ab dem letzten Freitag im Sept. zur Weinverkostung ein, im Rahmen des Festes werden die Pfälzische (am letzten Freitag im Sept. oder ersten Freitag im Okt.) und kurz darauf die Deutsche Weinkönigin gewählt und gekrönt. Jährlich kommen rund 200.000 Besucher, um beim abschließenden Winzerfestumzug am Sonntag die Prunkwagen der beiden frisch gekrönten Weinköniginnen und ihrer Prinzessinnen zu bestaunen. An diesem Tag sollte man Neustadt keinesfalls mit dem Auto besuchen!

Weihnachtsmarkt, während der Adventszeit drängen sich die einladenden Stände des Weihnachtsmarkts stimmungsvoll um den Marktbrunnen. Wildbret aus den nahen Wäldern, Holzwaren und jede Menge gut duftende Köstlichkeiten lassen die kalten Winterabende ein bisschen angenehmer werden. Mo–Do 12–20 Uhr, Fr 12–21 Uhr, Sa 11–21 Uhr, So 11–20 Uhr.

Sehenswertes

Stiftskirche: Die gotische Stiftskirche gilt nach dem Speyerer Dom als zweitwichtigster mittelalterlicher Kirchenbau der Pfalz. Sie wurde auf Veranlassung Ruprechts I. ab 1368 erbaut und diente zunächst als Begräbnisstätte der fürstlichen Familie. Auffälligstes Merkmal der aus sorgfältig behauenen roten Sandsteinquadern errichteten Kirche sind die unterschiedlichen Türme. Als eines der Wahrzeichen Neustadts überragen diese stolz und mächtig die gesamte Stadt. Auf dem südlichen der beiden Westtürme wurde 1739 das barocke Türmerhaus erbaut, das bis 1970 bewohnt wurde. Auf dem nördlichen Turm erklingt heute die gewaltige Kaiser-Ruprecht-Glocke. Mit ihren 3 m Durchmesser und rund 14 t Gewicht gilt sie als die größte Gussstahlglocke der Welt. Angeschlagen wird sie mittlerweile nicht mehr vom Türmer, sondern elektrisch. Und damit die Neustadter stets zuverlässig erfahren, wie spät es ist, ist das historische Uhrwerk der Stiftskirche an die Atomuhr in Braunschweig gekoppelt.

Die Stiftskirche,
das Wahrzeichen Neustadts

Noch heute spiegelt sich in der Neustadter Stiftskirche die verworrene religiöse Geschichte der Pfalz wider: Nach der Reformation wurde die Kirche zunächst calvinistisch, aufgrund wechselnder Herrschaften fiel sie in den folgenden Jahrzehnten jedoch immer wieder anderen Glaubensrichtungen zu. Schließlich einigte man sich im Rahmen der Religionsfreiheit auf eine gemeinsame Nutzung durch Reformierte, Lutheraner und Katholiken, die jedoch nicht konfliktfrei blieb. Und so wurde im Rahmen der 1705 erwirkten Religionsdeklaration die simultane Nutzung der Kirche aufgehoben und stattdessen die Teilung vorbereitet, die 1714 mit dem Bau einer Mauer zwischen Langhaus und Chor vollendet wurde. Ersteres fiel an die Reformierten, Letzterer an die Katholiken, die Lutheraner konnten sich eine eigene Kirche bauen. Seitdem hat sich an der Besitzregelung der Stiftskirche nichts geändert. Bis 1984 stellte die Trennmauer zwischen Langhaus und Chor eine strikte Grenze dar. Erst dann wurde im Zuge der Ökumene eine Tür in die Trennwand gebrochen und eine gemeinsam genutzte Sakristei eingerichtet.

Die evangelische Seite blieb in den vergangenen Jahrhunderten größtenteils erhalten. 1928/29 führte man einige größere Umbaumaßnahmen durch, die allerdings z. T. schon wieder rückgängig gemacht wurden. Die deutlichste Veränderung war sicherlich die Ostung des bis dahin zentriert angeordneten Kirchenraumes. Der katholische Teil wurde im barocken Stil ausgestattet. Vor allem der 1732 entstandene Hochaltar mit seinen üppigen Engel- und Heiligenfiguren zeugt von dieser Entwicklung. Aus der Gründungszeit der Kirche stammt das gut erhaltene Deckengemälde, auf dem neben Christus als Weltenrichter auch Vertreter der kurfürstlichen Familie (Ruprecht III. und dessen Sohn Ludwig III. mit ihren Gemahlinnen) zu betrachten sind.

Juliusplatz und Marienkirche: Als die geteilte Stiftskirche für die wachsende Anzahl katholischer Gläubiger nicht mehr genug Platz bot und eine Übernahme der gesamten Stiftskirche durch die katholische Kirche scheiterte, entschlossen sich namhafte Kaufleute mit Unterstützung durch den bayerischen König Ludwig I. 1860 zum Bau einer neuen Kirche, der Stadtpfarrkirche St. Marien. Mit ihrem neugotischen Turm überragt sie den hübschen, von historischen Gebäuden und viel Grün gesäumten Juliusplatz südlich des Rathauses.

Otto-Dill-Museum: Neben Max Slevogt gehört der 1884 in Neustadt geborene Otto Dill zu den bekanntesten Künstlern der Pfalz. Auf seinen Reisen durch Afrika und Südeuropa ließ er sich von der einprägsamen Tierwelt, von packenden Stierkämpfen und faszinierenden Landschaften inspirieren. All dies findet sich in seinen ausdrucksstarken und durch die kräftige Pinselführung bisweilen dramatisch wirkenden Bildern wieder, die in dem kleinen, aber ansprechenden Museum ausgestellt sind. Die Sammlung spannt einen weiten Bogen von seinen expressionistisch geprägten Tierbildern bis zum eher impressionistischen Spätwerk.

Mi/Fr 14–17 Uhr, Sa/So ab 11 Uhr. Eintritt 2,50 €, ermäßigt 1,30 €. Führungen auf Anfrage. Rathausstr. 12, Ecke Bachgängel 8, ✆ 06321/398321, www.otto-dill-museum.de.

Villa Böhm: In der 1886 im italienischen Neorenaissancestil errichteten Villa Böhm ist seit einigen Jahren das Neustadter Stadtmuseum untergebracht. In den zum Großteil originalgetreu renovierten Räumen wird die lange Geschichte der Stadt modern und ansprechend präsentiert. Dabei werden neben der Gründung der Stadt, den glanzvollen Jahren, in denen Neustadt als kurpfälzische Residenz- und Universitätsstadt diente, und den Kämpfen um eine demokratische Republik auf deutschem Boden auch weniger ruhmreiche Zeiten angesprochen. Der Ort der Ausstellung selbst diente zwischen 1935 und 1944 als Sitz des Gauleiters und Reichskommissars Josef Bürckel, der sich insbesondere durch die rigorose Deportation der Juden aus der Pfalz einen alles andere als ehrenvollen Namen machte.

Mi/Fr 16–18 Uhr, Sa/So 11–13 und 15–18 Uhr. Eintritt frei. Maximilianstr. 25/Villenstr. 16b, ✆ 06321/855540, 📠 855402, www.stadtmuseum-neustadt.de.

Eisenbahnmuseum: Das in der Nähe des Bahnhofs in einem ehemaligen Lokschuppen der zwischen Ludwigshafen und Neustadt 1847 in Betrieb genommenen Pfalzbahn gelegene Museum zeigt eine Vielzahl alter und nachgebauter Dampflokomotiven und Waggons der süddeutschen Länderbahnen. Darüber hinaus finden Eisenbahnfreunde in dem von der Deutschen Gesellschaft für Eisenbahngeschichte betriebenen Museum zwei Modellbahnanlagen.

Di–Fr 10–13 Uhr, Sa/So bis 16 Uhr. Eintritt 3 €, Kinder (4–15 J.) 1 €. Zugang über Schillerstr. 3, ✆ 06321/30390, 📠 398162, www.eisenbahnmuseum-neustadt.de.

Marktplatz und Rathaus: Der Marktplatz mit seinem großen Brunnen und den zahlreichen Cafés ist das historische Zentrum Neustadts. An der Nordseite überragen die Türme der Stiftskirche den kopfsteingepflasterten Platz, westlich liegt das barocke Rathaus, in dem seit 1838 der Rat der Stadt tagt. Vor dem Eingang wacht ein mächtiger Löwe, das Wappentier Neustadts. Gemeinsam mit der Eule im Rathaushof und einem bronzenem Igel im Ratssaal symbolisiert er Stärke, Klugheit und Wehrhaftigkeit. Ursprünglich wurde das Gebäude 1729 als Jesuitenkolleg errichtet und bis 1779 auch als solches genutzt. Andere Gebäude am Marktplatz sind deutlich älter. Das von Joseph Victor von Scheffel besungene Kennel'sche Haus wurde bereits 1580 im Renaissancestil erbaut und ist eines der schönsten Fachwerkhäuser Neustadts (Marktplatz 8). Bereits im 15. Jh. entstand das heute als Ordenshaus der Weinbruderschaft genutzte Gebäude am Marktplatz 11.

Das Kuckucksbähnel im Zielbahnhof Elmstein

Das Kuckucksbähnel

Mit dampfendem Schornstein schnaubt die Lokomotive des Kuckucksbähnels sonntagmorgens aus dem Neustadter Bahnhof. Dort, wo an anderen Tagen S-Bahnen, Schnellzüge und ICEs zwischen Frankfurt und Paris verkehren, scheint dann kurz die Zeit stehenzubleiben. In Lambrecht verlassen die Museumszüge die Hauptstrecke der Bahn und dampfen genüsslich durch das von steilen, bewaldeten Flanken und geschichtsträchtigen Burgruinen dominierte Elmsteiner Tal. Auf Drängen der dortigen Fabrikanten, Waldbesitzer und Bewohner wurde die romantische Strecke zwischen 1904 und 1909 erbaut. Der Anstieg der Motorisierung und die geringe Siedlungsdichte im Tal führten jedoch dazu, dass der Personenverkehr zwischen Elmstein und Lambrecht bereits 1960 wieder eingestellt wurde. Nachdem 1977 schließlich auch der Güterverkehr unrentabel wurde, fiel die Strecke in eine Art Dämmerzustand, der bis zur Aufnahme der Museumsfahrten im Jahr 1984 anhielt. Seitdem finden hier an ausgewählten Wochenenden und Feiertagen Fahrten statt.

Das Kuckucksbähnel verkehrt von April bis Okt. und im Dez., die genauen Verkehrstage sowie Fahrpläne sind über die Touristinfo Neustadt, das Eisenbahnmuseum oder unter www.kuckucksbaehnel.de zu erfahren. Die Fahrt zwischen Neustadt und Elmstein kostet hin und zurück 14 €, für Kinder (6–15 J.) 7 €, Familienkarten gibt es für 29 €. Tickets sind am Fahrkartenkiosk am Gleis 5 im Hauptbahnhof Neustadt und am Bahnhof Elmstein vor Abfahrt der Züge erhältlich, an den anderen Bahnhöfen erfolgt der Verkauf im Zug.

Wanderung 3: Die große Runde über die Kalmit

Südlich von Neustadt liegt der mit 673 m höchste Berg des Pfälzerwalds. Über die Kalmitstraße ist der Gipfel mit seinem prägnanten Sendemasten von Maikammer aus fast gänzlich mit dem Auto zu erreichen. Stilvoller freilich ist es, ihn zu Fuß zu erklimmen.

Die 13,5 km lange Wanderung beginnt am Parkplatz bei der südwestlich von Neustadt inmitten des Waldes gelegenen **Kaltenbrunner Hütte (1).** Von dort folgt man zunächst der blau-weißen Wegmarkierung zum **Parkplatz Hahnenschritt (2)** hinauf und anschließend dem roten Punkt bis kurz unterhalb des Gipfels. Der letzte Teil des hier recht steilen Aufstiegs zum Gipfel mit dem **Kalmithaus (3)** erfolgt auf dem grün-weiß markierten Weg, der dann wieder bergab in Richtung **Wanderparkplatz (4)** führt. Der grün-weißen Markierung weiter folgend, erreicht man bald das eindrucksvolle **Felsenmeer (5)** mit seinen bizarren Felsformationen aus Sandstein. Über den **Parkplatz Hüttenhohl (6)** gelangt man nach einer halben Stunde an die **Totenkopfhütte (7).**

Wenn es der Hunger zulässt, sollte man die gut 1,5 km lange Etappe durch den wunderbar duftenden, lichten Wald bis zur **Hellerhütte (8)** noch meistern und sich hier auf einer der zahlreichen schattigen Bänke niederlassen. In der Silvesternacht 1960/61 wurde die einsam liegende Hütte zum Ort eines Verbrechens. Mitglieder der Kimmel-Bande, die durch Banküberfälle und Anschläge auf PWV-Hütten in der ganzen Region bekannt war und sich gut getarnt in den Wäldern rund um Lambrecht aufhielt, ermordeten aus Angst vor ihrer Entdeckung den Hüttenwart Karl Wertz. An der heute friedlich und einladend wirkenden Hütte erinnert ein Gedenkstein an jene Tat. Der Rückweg zur Kaltenbrunner Hütte erfolgt sanft bergab auf der weiß-roten Route.

• *Einkehr* **Kaltenbrunner Hütte**, einfache Gaststube mit Selbstbedienung und Terrasse. Im oberen Stockwerk auch Gästezimmer für Anspruchslose, DZ ab 52 €. Do Ruhetag (Nov.–Ostern auch Fr), sonst ab 10.30 Uhr. Kaltenbrunner Tal, ✆ 06321/84071, 7354, www.kaltenbrunnertal.de.

Kalmithaus, PWV-Hütte mit einem herrlichen Blick über die Rheinebene, häufig sehr voll. Sa/So 9–18 Uhr, Mai–Okt. auch Mi. ☏ 06321/5224.

Totenkopfhütte, mit dem Auto erreichbare Hütte des PWV direkt an der Totenkopfstraße zwischen St. Martin und dem Elmsteiner Tal. Sa/So 10–18 Uhr, in den Sommerferien tägl. ab 11 Uhr. ☏ 06323/2764.

Hellerhütte, große, schön gelegene PWV-Hütte am Kreuzungspunkt verschiedener Wanderrouten. Sa/So und während der Sommerferien tägl. 10–18 Uhr, am letzten Augustwochenende geschlossen. ☏ 06325/8620 oder 06321/14818, ☏ 481421.

Die nördlichen Stadtteile

Oberhalb der Rheinebene verkörpern Königsbach, Gimmeldingen und Haardt mustergültig das Bild traditioneller Weinstraßendörfer. Vor allem Haardt, das über den Haardter Treppenweg in wenigen Gehminuten von der Neustadter Innenstadt aus zu erreichen ist, und Gimmeldingen sind ausgezeichnete Spazier- und Einkehrziele. Beide Orte liegen im Schatten des 554 m hohen Weinbiets, sodass hier besonders wenig Niederschlag fällt. In Kombination mit idealen Böden gedeihen hier ausgezeichnete Weine. Auch deshalb wird das aristokratisch anmutende Haardter Weingut Müller-Catoir zu den besten Weingütern Deutschlands gezählt.

Weingut Müller-Catoir

Manchmal weiß man nicht, wie Orte auf einen Slogan gekommen sind. Weshalb sich **Haardt** als „Balkon der Pfalz" bezeichnet, ist dagegen nicht zu übersehen. Der 1256 erstmals erwähnte Ortsteil zieht sich entlang dem Mandelring, der knapp unterhalb des Waldrandes hoch über der Rheinebene zu schweben scheint und grandiose Blicke auf die Nachbardörfer sowie bei guter Fernsicht bis nach Mannheim und Heidelberg ermöglicht. Auf diesem Balkon finden sich alte Wohnhäuser und urige Weinstuben ebenso wie prächtige „Winzerschlösschen". Oberhalb des Mandelrings thront das Haardter Schlössel, ein schlossähnliches Villengebäude, das 1875 durch den Kommerzienrat Dr. August Ritter von Clemm, einen der Mitbegründer der BASF, auf dem Gelände der ehemaligen Burg Winzingen erbaut wurde.

Trotz der angesehenen Weinlagen verbindet sich der Name **Gimmeldingen** eher mit einem anderen Gewächs. Während die meisten Orte an der Weinstraße alljährlich ihre Weinprinzessin krönen, wird hier die Mandelblütenkönigin gekürt. Wer eine Begründung für diese Ausnahme sucht, sollte Gimmeldingen im März besuchen, wenn die Bäume an den Wegen im und um den Ort üppig blühen. Der Frühling hält majestätischen Einzug! Sobald sich die ersten Knospen öffnen, wird kurzfristig ein Termin für das seit über 60 Jahren begangene Mandelblütenfest gefunden und die pfälzische Festsaison damit eröffnet. Schon König Ludwig I. von Bayern schätzte die von Mandelbäumen bestandenen Hügel um Gimmeldingen. Gerade noch auf Gimmeldinger Gemarkung liegt der nach ihm benannte König-Ludwig-Pavillon, von dem aus er den Blick auf die Weinberge und die Ebene genossen haben soll. Aber auch zu den anderen Jahreszeiten überzeugt Gimmeldingen durch seine charmanten Gassen mit Sandsteingemäuern und rebenumrankten Torbögen. Die sonnenexponierte Lage auf den Hügeln begeisterte schon die Römer. Diese beließen es nicht beim Anbau von Wein, sondern errichteten im Jahre 325 dem persischen Lichtgott Mithras zu Ehren einen Tempel. Dieser wurde 1926 im Bereich der Kurpfalz- und Loblocher Straße bei Bauarbeiten entdeckt.

Die Weinorte Königsbach und **Mußbach** wirken weniger spektakulär. Ein wenig entsteht der Eindruck, als hätte der Tourismus den Orten kaum etwas von ihrer nicht immer lieblichen Ursprünglichkeit rauben können. In Mußbach liegen die vom Durchgangsverkehr strapazierten Straßen und ruhige Gassen eng beieinander, bekannt ist der Ort v. a. für seine Weinlage „Eselshaut" und den denkmalgeschützten, weitläufigen *Herrenhof*. Dieser liegt etwas versteckt neben der ebenfalls sehenswerten Kirche St. Johannes, die ab 1375 gebaut und ab 1685 als Simultankirche genutzt wurde. Bis ins 7. Jh. reichen die Gründungsurkunden des Herrenhofs zurück, womit er als das älteste ununterbrochen bewirtschaftete Weingut der Pfalz gilt. Die bis zu 5 m hohe Ringmauer machte die Anlage mit ihren Gebäuden aus Hochgotik, Renaissance, Barock und Gründerzeit zu einer wehrhaften Erscheinung. Ursprünglich gehörte der Herrenhof zum Kloster Weißenburg, ab 1290 wurde der Johanniterorden zum Grundherrn in Mußbach und blieb dies für 500 Jahre. Der selbst angebaute sowie der als Zehnt abgegebene Wein wurde per Floß auf dem Speyerbach an das Ordenshaus in Speyer geliefert. Nach der Reformation blieb der Hof im Besitz des weiterhin katholischen Folgeordens, der Malteser. Im 17. Jh. ging es Mußbach und dem Herrenhof schlecht: Zuerst fand 1621, im dritten Jahr des Dreißigjährigen Krieges, auf der Gemarkung Mußbach ein schweres Gefecht statt. Die kämpfenden, raubenden und mordenden Soldaten hinterließen eine breite Spur der Verwüstung. In einem ordensinternen Bericht aus dem Jahr 1626 heißt es: „Von den Pachten ging knapp ein Achtel ein, weil durch die Kriegsgelegenheiten die Pächter teils vertrieben, teils gestorben und die übrigen also ruiniert waren, daß die Wiesen öde und brach liegen und schier niemand vorhanden, der dieselben anzunehmen begehrte." Die Bevölkerung hatte sich kaum von diesem bitteren Ereignis und seinen weitreichenden Folgen erholt, als Ludwig XIV. die Pfalz niederbrennen ließ. Teile Mußbachs und des Herrenhofs blieben stehen, aber die Bauern waren noch ärmer und arbeitsunfähiger als zuvor. Heute ist der Herrenhof ein wichtiges Kulturzentrum, in dem neben Ausstellungen auch viele Feste stattfinden. Infos dazu erteilt die Fördergemeinschaft Herrenhof e. V. (An der Eselshaut 18, ✆ 06321/9639990, 📠 96399913, www.herrenhof.de und www.kabarettissimo.de).

Das 1220 zum ersten Mal als „Kuningisbach" erwähnte **Königsbach** ist auf den ersten Blick trotz der erhabenen Lage im Vergleich zu seinen Nachbarorten wenig attraktiv. Dabei hat es sich im Zuge von zwei Siedlungserweiterungen im 20. Jh. vom kleinen Weindorf zu einem beliebten Wohnstandort entwickelt. Lässt man sich von den gealterten Neubaugebieten nicht abhalten und folgt den Straßen immer weiter bergauf, so erreicht man ein kleines, teilweise noch sehr authentisches Zentrum mit Marienbrunnen, hohen Gassen und der am oberen Ortsrand gelegenen Kirche *St. Johannes der Täufer*. Deren Grundstein wurde 1753 gelegt, an gleicher Stelle gab es jedoch schon früher eine Kapelle und dann eine Kirche. So erklärt sich auch die Anwesenheit des kostbaren, im Chorraum stehenden Flügelaltars von 1485 oder 1487, welcher zu den herausragendsten Kunstschätzen der Pfalz zählt.

Information/Sightseeing

• *Information* Zuständig ist die zentrale **Tourist-Information Neustadt**, spezielle Informationen gibt es auch unter www.neustadt-haardt.de, www.gimmeldingen.de, www.mussbach.de und www.neustadt-koenigsbach.de.

• *Sightseeing* Zweistündige **Ortsführungen durch Haardt** werden bei genügend großer Nachfrage mittwochs ab 16 Uhr angeboten, im Sommer und Herbst häufiger. **Botanische Führungen** finden in Haardt meist am Dienstag statt. 3 €/Pers., Kinder bis 14 J. frei. Termine und Treffpunkte können unter ✆ 06321/60138 bei Familie Gauweiler erfragt werden, Gruppen sollten sich anmelden.

Übernachten/Camping/Essen & Trinken

• *Übernachten* **Gästehaus Loblocher Schlössel**, im Weingut Hick-Estelmann. Drei tolle Ferienwohnungen im modernen Landhausstil mit je 50 m², kinderfreundlich und allergikergerecht. Von den Balkonen hat man einen weiten Blick über die Weinberge bis nach Deidesheim. Im Haus befindet sich auch eine kleine, feine Weinstube, Mo Ruhetag, sonst ab 11.30 Uhr. Ab 55 €. Gimmeldingen, Kurpfalzstr. 76, ✆ 06321/6173, www.hick-estelmann.de.

Gästehaus Hellmer, gemütliche Zimmer mit viel Holz und Balkon oder Terrasse, eines der Zimmer ist behindertengerecht. DZ ab 49 €. Mußbach, Meckenheimer Str. 1, ✆ 06321/968920, 📠 60191, www.gaestehaus-hellmer.de.

• *Camping* **Weingut Schäfer**, fünf Stellplätze im Hof und im angrenzenden Weinberg. Alle Plätze mit Stromanschluss und Licht, Wasseranschluss und Abwasserentsorgung im Hof. Schöne, neue sanitäre Anlagen mit Dusche und WC. Stellplatz 6 €, Dusche/WC 2 €/Pers. u. Tag. Mußbach, Schießmauer 56, ✆ 06321/6447, 📠 68770, www.weingutschaefer.com.

• *Essen & Trinken* **Muglers Kutscherhaus**, kleines, gemütliches Sandsteinhaus, in dessen urigen Räumen vorwiegend pfälzische, aber auch andere nationale und internationale Köstlichkeiten zu Weinen vom Weingut Mugler (schräg über die Straße) serviert werden. Im Sommer stehen im Hof winzige Tischchen. Mittleres Preisniveau. Mo Ruhetag, sonst ab 17 Uhr, im Winter So zusätzlich 12–14.30 Uhr. Gimmeldingen, Peter-Koch-Str. 47, ✆ 06321/66362, 📠 600588, www.muglers-kutscherhaus-atzler.de.

Gimmeldinger Winzer, typisches, beliebtes Weinstraßenlokal im Zentrum von Gimmeldingen. Die Speisekarte wechselt jahreszeitlich, die Qualität der pfälzischen bis internationalen Gerichte ist ausgezeichnet (Hauptgerichte 10–20 €). Mo/Di geschlossen, sonst 11.30–14 und ab 17.30 Uhr. Gimmeldingen, Meerspinnstr. 24, ✆ 06321/481971, www.gimmeldingerwinzer.de.

> **Musikantenbuckel**, versteckt in einem Hinterhof liegt der günstige und überaus urige „Mubu", eine Mischung aus Weinstube und Szenekneipe. Man sitzt an einem der wenigen langen Tische, schaut ins Kaminfeuer und genießt neben Speis (lecker, aber überhaupt nicht geruchsneutral ist das Knobibrot) und Trank die fröhliche Atmosphäre. Fr–So ab 18 Uhr, meist im Mai und Sept. geschlossen. Haardt, Mandelring 75, ✆ 06321/69607.

Weinstube Kommerzienrat, klassische Weinstube mit großem Angebot an offenen Pfälzer und internationalen Weinen. Begleitend gibt es gute regionale Küche. Hauptgerichte 9–15 €. Do Ruhetag, sonst ab 18 Uhr. Gimmeldingen, Loblocher Str. 34, ✆ 06321/68200, 📠 679033, www.weinstube-kommerzienrat.de.

Eselsburg, der Maler und Bildhauer Fritz Wiedemann hat in den 1960er-Jahren mit der Mußbacher Eselsburg eine Mischung aus Weinstube und Galerie geschaffen, die seit 2008 von Anette Ueberschaer authentisch und fröhlich weitergeführt wird. Empfehlungen durch Gault Millau und Michelin. Im Sommer kann man schön im schattigen Hof sitzen. Di–Sa ab 17 Uhr. Mußbach, Kurpfalzstr. 62, ✆ 06321766984, 📠 60919, www.eselsburg.de.

Cafe Schneckel, zeitgemäßes, kinderfreundliches Café mit sehr guten, eher weniger süßen Kuchen und Torten. Mo Ruhetag, sonst 10–18 Uhr. Mußbach, An der Eselshaut 35, ✆ 06321/491921.

Einkaufen/Sport & Freizeit/Veranstaltungen

• *Einkaufen* **Weingut Müller-Catoir**, hinter der prunkvollen Gründerzeitfassade können in dem imponierenden Probierraum aus dem 18. Jh. tendenziell vollmundige, vielfach preisgekrönte Weine gekostet und gekauft werden. Mo–Fr 8–12 und 13–17 Uhr, Sa 10–14 Uhr. Haardt, Mandelring 25, ✆ 06321/2815, 📠 80014, www.mueller-catoir.de.

Weingut Weegmüller, seit über 300 Jahren wird das Weingut im Familienbesitz geführt. Dass dies seit einigen Jahren unter der Leitung der Schwestern Steffi und Gabi Weegmüller geschieht, fand in der Presse ein großes und aufgrund der tollen Weine auch sehr positives Echo. Mo–Fr 8–12.30 und 13.30–17 Uhr, Sa 9–14 Uhr, an jedem 1. Sa im Monat geschlossen. Haardt, Mandelring 23, ✆ 06321/83772, 📠 480772, www.weegmueller-weine.de.

Weingut Christmann, es sind nicht wenige Weinexperten, die dieses Weingut für eines der besten der Pfalz halten. Seit 2004 werden die Weine nach den Kriterien des ökologischen Landbaus erzeugt. Mo–Fr 9–12 und 14–17 Uhr, Sa 9–12 Uhr. Gimmeldingen, Peter-Koch-Str. 43, ✆ 06321/66039, 📠 68762, www.weingut-christmann.de.

• *Baden* Das **Mußbacher Schwimmbad** wird seit 1993 von einer Fördergemeinschaft getragen. Für Nichtmitglieder während der Sommersaison tägl. 13–19 Uhr, in den Sommerferien und am Wochenende ab 10 Uhr geöffnet. Eintritt 3,50 €, ermäßigt 1,70 €. Am Weißen Haus 23, ✆ 06321/69766, 📠 11111, www.schwimmbad-mussbach.de.

• *Wandern* Ob durch die Weinberge oder in den Wald, die Möglichkeiten sind vielfältig. Wer hoch hinaus möchte, kann auf verschiedenen Wegen das **Weinbiet** (554 m) oberhalb von Haardt erwandern. Gemütlicher läuft es sich ab Gimmeldingen im flachen **Silbertal** bis zu den rustikalen Einkehrmöglichkeiten Looganlage und – kurz dahinter – Forsthaus Benjental. Der Weg ist selbst für kleinere Kinder gut zu laufen und dank des Mußbachs auch interessant. Einst sollen in diesem Tal 14 Mühlen gestanden haben. Die hinteren davon östlich des Forsthauses Benjental gehörten den Deidesheimern, die auf dem Weg dorthin kurpfälzisches Gelände zu queren hatten. Als die Gimmeldinger schließlich Zoll für dieses Wegerecht verlangten, entschlossen sich die Deidesheimer zum Bau des **Eselspfades** über die Weggabelung Knoppenweth. Wie mühsam der Weg für die bepackten Esel und deren Führer gewesen sein muss, lässt sich auf einer Wanderung vom Forsthaus Benjental nach Deidesheim erahnen.

• *Veranstaltungen* In Gimmeldingen wird das Festjahr vom **Mandelblütenfest** eingeleitet. Sobald sich die Knospen der Mandelbäume kurz vor dem Aufblühen befinden, werden die beiden Festwochenenden (meist im März) festgelegt. Über Pfingsten wird das **Loblocher Weinzehnt** gefeiert, das 2001 zum schönsten Weinfest der Pfalz gekürt wurde. Im Spätsommer (am dritten Augustwochenende) steigt die **Gimmeldinger Kerwe**. Sobald am Freitag die Kerwe „ausgemottet" ist, stehen die Winzerhöfe offen, nehmen Festredner das örtliche Geschehen des vergangenen Jahres aufs Korn und können die Teilnehmer des „Logellaufs" ihr Geschick im Transport eines mit Wasser gefüllten Logels (Weinlesegefäß) beweisen. Der Rundkurs ist eng und steil, der Wasserverlust soll aber möglichst gering ausfallen.

In Mußbach beginnt der Festereigen ebenfalls im März. Während der **Mußbacher Spitzen** präsentieren sich die örtlichen Spitzenwinzer und lassen alle, die den Eintrittspreis bezahlen, bereitwillig kosten. An den ersten beiden Juliwochenenden steigt im Herrenhof das Mußbacher **Eselshautfest** mit viel Essen, Wein und Livemusik. Das erste Augustwochenende lädt mit der **Mußbacher Weinkerwe** zum Weiterfeiern ein. Einer der Höhepunkte ist hier die Predigt „uff Pälzisch" am Sonntag.

Viele Lacher gibt es auch beim Zwetschgenkernweitspucken auf der **Haardter Woi- und Quetschekuche-Kerwe** am ersten Septemberwochenende.

Wanderung 4: Über die Wolfsburg aufs Weinbiet

Die 9,5 km lange Wanderung startet auf dem **Haardter Mandelring (1).** Zuerst folgt man dem mit einem roten Punkt markierten Spazierweg und kommt am Ortsende zu den **Welsch-Terrassen (2).** Der Anfang des 20. Jh. vom protestantischen Haard-

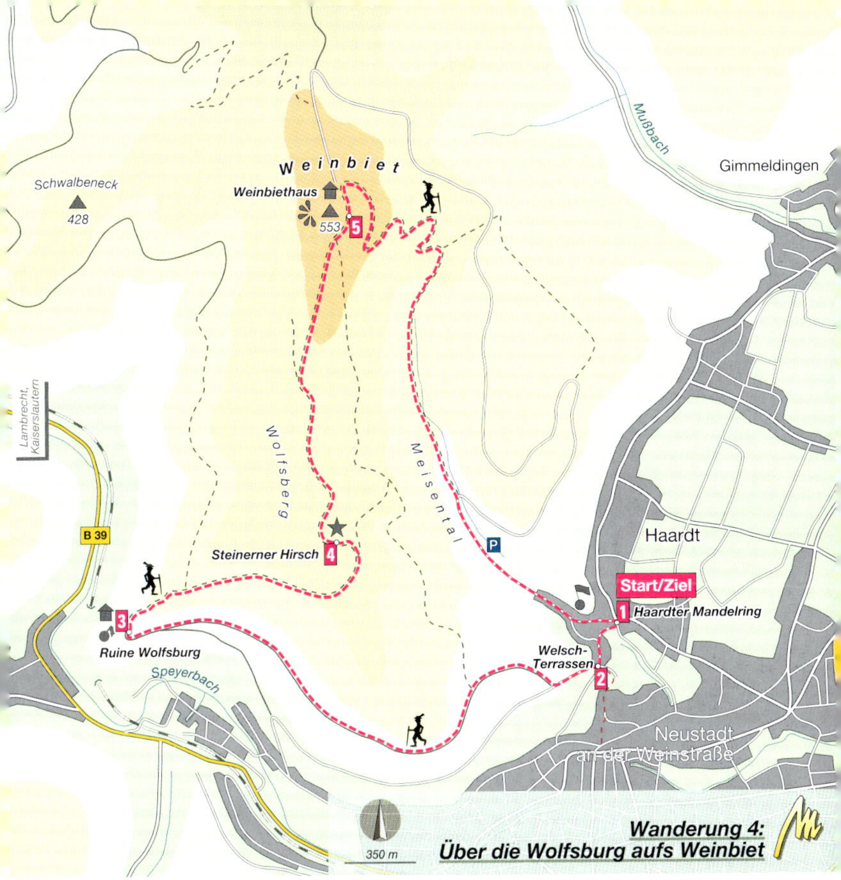

ter Pfarrer angelegte und mit botanischen Raritäten bepflanzte Park war früher ein Schmuckkästchen, heute fristet er ein eher trauriges Dasein. Der Blick auf Neustadt und die Rheinebene ist dennoch lohnenswert. Dann führt der rote Punkt aus dem Ort hinaus und durch Weinberge und einen lichten Kiefernwald bis zur **Ruine Wolfsburg (3).** Die vermutlich in der ersten Hälfte des 13. Jh. errichtete, mehrfach zerstörte und wiederaufgebaute Burganlage liegt hoch über dem Tal auf einem langen Felsvorsprung. Aufgrund der Topografie ist die Burg zwar 140 m lang, aber nur 30 m breit. Die Ruine ist jederzeit zugänglich, nur der Palas ist von Anfang März bis Ende Juni wegen der dort brütenden Vögel verschlossen.

Felsig und wunderschön geht es nun weiter: Der rote Punkt führt über einen durch Sandsteinfelsen herausgebildeten Grat stets bergauf. An herausfordernden Stellen testen hier auch Mountainbiker und Kletterer ihr Können. Nach dem Felspfad folgen breite Forstwege, die sanft ansteigend um den Wolfsberg herum und am **Steinernen Hirsch (4)** vorbei in Richtung Weinbiet führen. Die letzten Meter auf den Gipfel sind dann richtig steil, sodass man, oben angekommen, im **Weinbiethaus (5)** besonders gerne einkehrt. Bei Kindern sehr beliebt ist der große, neue Spielplatz, der auch müde kleine Wanderer wieder aufleben lässt. Unbedingt in

Angriff nehmen sollte man auch die vielen Stufen auf den Panoramaturm. Von hier oben hat man nicht nur Aussicht auf das Weinbiethaus und den danebenliegenden, 133 m hohen Sendemasten des Südwestfunks, sondern – bei geeignetem Wetter – auch auf einen Großteil der Pfalz. Apropos Wetter: Im Turm befindet sich auch eine Wetterstation des Deutschen Wetterdienstes. Zu sehen ist außer einer verschlossenen Tür und einigen umzäunten Geräten im Außenbereich aber leider nichts.

Für den Abstieg durch das *Meisental* folgt man dem blauen Punkt. Einen Teil des Weges geht man auf einem Forstlehrpfad und kann dabei lernen, wie eine Suhle aussieht und was ein Malbaum ist. Dann folgt man der Straße Im Meisental, bis man wieder auf dem Mandelring angelangt ist.

Eine denkbare Erweiterung (besonders für ÖPNV-Nutzer) ist der ausgeschilderte Haardter Treppenweg, der in Verbindung mit einem Bummel durch die Neustadter Hauptstraße zum Hauptbahnhof Neustadt führt.

• *Einkehr* **Burgschänke Wolfsburg**, einfache Schänke mit schöner Sitzgelegenheit. April–Okt. Sa/So 10–18 Uhr bei gehisster Fahne.

Weinbiethaus, das Ende der 1920er-Jahre von der Gimmeldinger Ortsgruppe des Pfälzerwald-Vereins gegründete Gasthaus bietet einfache, deftige Kost für hungrige Wanderer und Mountainbiker. Moderate Preise, der Andrang ist bisweilen gewaltig. Fr Ruhetag, sonst 10–18 Uhr (im Winter bis 17 Uhr), im Juli vier Wochen Betriebsferien. ✆ 06321/32596.

Die südlichen Stadtteile

Im unmittelbar an das Zentrum Neustadts angrenzenden Ort **Hambach** wechseln sich ausgedehnte und großzügige Neubaugebiete mit engen und lang gestreckten Gassen ab. Selbst der historische Ortskern ist ein wenig verstreut, schließlich entstand der von Weinbergen und Wald durchzogene Ort aus drei verschiedenen Siedlungskernen. Aus der Ferne entdeckt man zunächst die im 12. Jh. als Wehrkirche erbaute Oberhambacher Jakobuskirche, die noch heute ihren trutzigen Charakter zeigt. In Mittelhambach führt die enge Schlossstraße vom barocken Rathaus zum Schloss Geispitz mit seinen hohen Ringmauern. Ein Stückchen weiter südlich, im Ortsteil Unterhambach, entstanden um 1600 ein fürstbischöfliches Jägerhaus und in dessen unmittelbarer Umgebung einige Weingüter. Heute finden sich hier, von Weinbergen umgeben, verschiedene Gästehäuser und Ferienwohnungen.

Vielleicht liegt es an der vom Haardtrand etwas entfernten Lage, dass es in **Diedesfeld** vergleichsweise ruhig und unspektakulär zugeht. Versteckt liegt der Ortskern rund um die im 18. Jh. erbaute, von außen gedrungen wirkende Barockkirche St. Remigius. Im Inneren prunkt ihre Rokokokanzel, die eine Kopie der Kanzel der Mannheimer Jesuitenkirche darstellt. Vor der Kirche steht der sehenswerte Remigiusbrunnen mit prächtiger Natursteinkeramik. Diedesfeld ist der geografische Mittelpunkt der Deutschen Weinstraße, ein großer Stein am südlichen Ortsausgang soll dies symbolisieren.

Information/Sightseeing

• *Information* Zuständig für die Ortsteile ist die zentrale **Tourist-Information Neustadt**. Für spezielle Fragen kann man sich auch an die jeweilige Ortsverwaltung wenden. Hambach: ✆ 06321/2831 (Mo/Mi/Fr 9–11.30 Uhr); Diedesfeld: ✆ 06321/86146 (Mo/Mi/Fr 8–12 Uhr). Weitere Infos unter www.neustadt-hambach.de.

• *Sightseeing* Vom 1. Do im April bis zum letzten Do im Okt. werden wöchentlich um 16 Uhr zweistündige Dorfführungen durch **Hambach** angeboten, Begrüßungsumtrunk

Wahrzeichen der Weinstraße: das Hambacher Schloss

im Rathaus inklusive. Treffpunkt ist die Jakobuskirche, Erwachsene 4 €, Kinder frei. Anmeldung bei der Gästeführerin Heidemarie Heß unter ✆ 06321/480273.

In **Diedesfeld** ist die Ortsführung noch weinlastiger. Ein Gästeführer verbindet die Besichtigung des Dorfes mit einer anregenden, 8-teiligen Weinprobe – daher der Name Guck-unn-Schlucktour. Mai–Okt. jeden 2. Mi im Monat, Treffpunkt um 16 Uhr am Weingut Rumsauer, Von-Dahlheim-Str. 11. Erwachsene 6 €, Kinder frei. Anmeldung unter ✆ 06321/86146.

Übernachten/Camping/Essen & Trinken

• *Übernachten/Essen & Trinken* **Ferienwohnung Stachel**, zwei kleine, am Ortsrand von Mittelhambach gelegene Nichtraucherferienwohnungen mit moderner, geschmackvoller Einrichtung, Liegewiese und Gartenterrasse. Ab 38 €. Hambach, Weinstr. 299, ✆ 06321/88838, www.ferienwohnung-stachel.de.

Gästehaus Rebstöckel, kleine, kinderfreundliche Pension im Zentrum (Kreuzstraße) des Stadtteils Diedesfeld mit hellen, klassisch eingerichteten Zimmern in einem alten Winzerhaus. Infos beim Weingut Schönhof oder im Hotel Alte Rebschule (06323/70440). DZ ab 65 €. Diedesfeld, Weinstr. 600, ✆ 06323/70440, ℻ 704470, www.weingut-schoenhof.de. **Mohre Jule**, in der engen Weinstube in dem alten Fachwerkhaus von 1556 gibt es neben viel familiärer Atmosphäre auch schlichte, aber gute und preiswerte Hausmannskost und Hambacher Wein. Während der Sommermonate sind auch Hof und Garten für die Gäste geöffnet. Im Innenraum keine Hunde, kinderfreundlich. Mo Ruhetag (Nov.–März auch Di), sonst ab 16 Uhr. Hambach, Schlossstr. 58, ✆ 06321/84072, www.mohre-jule.de.

Wirtshaus Zum Gockel, versteckt gelegene, urige Mischung aus Restaurant und Weinstube mit großer, bestuhlter Wiese und Spielplatz. Di–Fr ab 17 Uhr, Sa/So ab 11 Uhr. Nov.–April auch Di Ruhetag. Diedesfeld, Weinstr. 540a, ✆ 06321/484812, www.zum-gockel.de.

• *Camping* **Weingut Wolfgang Hammer**, drei schöne Stellplätze auf einer Wiese am Rand der Weinberge. Strom und Wasser sind vorhanden. Stellplatz 5 €. Diedesfeld, Zum Klausental 29, ✆ 06321/86522

Das Hambacher Schloss

Oberhalb des Neustadter Ortsteils Hambach überragt ziemlich genau am geografischen Mittelpunkt der Deutschen Weinstraße das Hambacher Schloss die weite Rheinebene. Die Burg ist zwar bei Weitem nicht die einzige auf Neustadter Gemarkung, aber wohl die für die jüngere deutsche Geschichte bedeutsamste. Das kantige Gebäude wurde am 27. Mai 1832 zum Treffpunkt Tausender freiheitsliebender Menschen. Auf ihrer Demonstration für ein freies, demokratisches und geeintes Deutschland hissten sie hier erstmals die schwarz-rot-goldene Fahne.

Die bauliche Geschichte des Hambacher Schlosses beginnt allerdings viel früher. Schon die Kelten sollen sich die Lage auf dem Bergkegel am Rande des Pfälzerwalds zunutze gemacht haben. Die Grundmauern der heutigen Burg gehen auf Überreste einer um 350 n. Chr. entstandenen römischen Höhensiedlung zurück. Zu einer trutzigen Burg wurde die Anlage schließlich um das Jahr 1000 durch die salischen Kaiser ausgebaut. Schon damals war der Schlossberg von Kastanienbäumen bewachsen, was der Burg den Namen Kästenburg einbrachte. Zu Beginn des 12. Jh. wurde sie durch eine Schenkung an das Hochstift Speyer übertragen, das bis in das 18. Jh. hinein Eigentümer blieb. Während dieser Zeit soll das prächtig gelegene Schloss zu den bevorzugten Aufenthaltsorten der Speyerer Bischöfe gehört haben. Von der Blütezeit der Anlage im 13. und 14. Jh. zeugen Teile der Schildmauer und des Bergfrieds. Nachdem die bischöfliche Verwaltung im 15. Jh. verlegt wurde, sank auch die Bedeutung der Kästenburg. Im Bauernkrieg 1525 wurde sie besetzt und wenige Jahrzehnte später durch einen Raubzug des Markgrafen Albrecht Alkibiades von Brandenburg-Kulmbach weitgehend zerstört. Im Pfälzer Erbfolgekrieg vernichteten die Truppen des Sonnenkönigs fast die gesamte Anlage. Nach der Französischen Revolution kam das Anwesen 1797 zunächst zu Frankreich, nach dem Wiener Kongress fiel es wie die gesamte Pfalz an Bayern und wurde 1832 von wohlhabenden Bürgern erworben. Zehn Jahre später wurde es als Hochzeitsgeschenk an den bayerischen Kronprinzen Maximilian übergeben und in Maxburg umbenannt. Da dieser nicht viel mit der Pfalz anzufangen wusste, verfiel das Schloss zunehmend und überdauerte bis nach dem Zweiten Weltkrieg als Ruine.

Seit 1814 hatten immer wieder Feste und Demonstrationen von national und freiheitlich gesinnten Pfälzern stattgefunden. Warum sich die Anhänger einer einheitlichen, demokratischen Republik auf deutschem Boden ausgerechnet auf der ehemaligen Burg bei Hambach trafen, ist nicht bekannt. Das bedeutsamste Ereignis war schließlich die Kundgebung im Mai 1832, die aus heutiger Sicht den Beginn der deutschen Demokratiebewegung markiert. Nach der Julirevolution in Paris, die 1830 die Bourbonen in Frankreich endgültig vom Thron gestürzt und den Weg zum Aufbau eines demokratischen Landes bereitet hatte, fühlten sich die bayerischen Herrscher in der Pfalz gezwungen, die Bürgerrechte und die Pressefreiheit unter Missachtung der Pfälzer Verfassungsrechte zunehmend einzuschränken. Als Reaktion auf die zunehmende Zahl von Zensuren und Druckverboten gründete der Hegel-Schüler und Journalist Johann Georg August Wirth zusammen mit dem ehemaligen bayerischen Beamten Philipp Jakob Siebenpfeiffer und anderen Bürgern und Journalisten 1832 den Deutschen Press- und Vaterlandsverein zum Schutze der Pressefreiheit. Noch im gleichen Jahr organisierte dieser auf dem Hambacher Schlossberg ein mehrtägiges Volksfest, an dem fast 30.000 Menschen aus Deutschland, Frankreich und Polen teilnahmen und das von Anfang an mehr sein sollte als

nur ein unterhaltsames Beisammensein. „Volksfest" wurde das **Hambacher Fest** nur deshalb genannt, weil politische Demonstrationen und Kundgebungen von der bayerischen Regierung verboten worden waren. Doch schon bei dem Zug vom Neustadter Marktplatz auf das Hambacher Schloss wehten viele schwarz-rot-goldene Trikoloren, die symbolisch für den Kampf um Freiheit, Bürgerrechte und die nationale Einheit Deutschlands standen. Trotz der zahlreichen Reden und Diskussionen schritt die Obrigkeit zunächst nicht ein, verschärfte aber in den folgenden Monaten die Repressalien gegen Anhänger der Republik. Die wichtigsten Redner wurden angeklagt und teilweise auch verurteilt. Einigen gelang die Flucht, andere wurden nach dem Absitzen ihrer Gefängnisstrafen zu tragenden Säulen der badisch-pfälzischen Revolution von 1848/49.

Die Hambacher selbst, über deren Köpfen die Demonstrationen für Freiheit und Demokratie stattgefunden hatten, waren anfangs alles andere als begeistert von der plötzlichen Bekanntheit ihrer Heimat. Die Bezeichnung „Hambacher" war nach dem Ereignis ein Schimpfwort. Es dauerte, bis sich die Wut über die staatsfeindlichen Aufständischen in Begeisterung für deren Mut beim Eintreten für die Demokratie gewandelt hatte. Spätestens seit der Eröffnung der ersten Ausstellung zur Geschichte des Schlosses und der deutschen Demokratie im Jahr 1982 ist die Bedeutung des Ortes für alle Besucher fassbar. Symbolisch wählte auch der US-amerikanische Präsident Ronald Reagan bei seinem Deutschlandbesuch 1985 diesen Ort für seine Rede an die Jugend der Welt. Im Jahr 2009 wurde das Schloss grundlegend renoviert und eine neue Ausstellung eröffnet.

Anfahrt auf den Hambacher Schlossberg durch den Ortsteil Hambach (Ausschilderung). Die Parkplätze am Fuße des Schlosses sind kostenpflichtig und nur begrenzt verfügbar. Ab dem Neustadter Hauptbahnhof verkehren tagsüber stündlich Busse der Linie 502 zum Hambacher Schloss. Öffnungszeiten Museum und Schloss: tägl. 10–18 Uhr, Nov.–März 11–17 Uhr. Eintritt 4,50 €, ermäßigt 1,50 €. Mind. drei Führungen täglich, inkl. Eintritt 8 € bzw. ermäßigt 5 €. ✆ 06321/30881, 📠 482672, www.hambacher-schloss.de.

Sport & Freizeit/Veranstaltungen

• *Baden* Das schöne **Hambacher Freibad** mit seinen vielen Schatten spendenden Bäumen ist nur von Mitte Juni bis Ende Sept. geöffnet, Mo–Fr 13–19 Uhr, Sa/So/Fei sowie in den Ferien ab 10 Uhr. Erwachsene 3,50 €, Kinder ab 6 J. 1,70 €. Diedesfelder Weg 88, ✆ 06321/32362, www.freibadhambach.de.

• *Tennis* Zwölf Sandplätze und eine Tennishalle bietet der **TC Rot-Weiß Neustadt**. Hambach, Horstweg 50, ✆ 06321/7507, www.tc-rot-weiss-neustadt.de.

• *Wandern* Für kleine Spaziergänge rund um Hambach bieten sich der Kirchbergweg und der Obergasserweg mit einem tollen Blick in die Rheinebene an. Ansonsten sind die Wege zum Hambacher Schloss, zur Hohen Loog (→ Wanderung 5) und – wenn es mal eine richtig ordentliche Tour sein soll – auf die Kalmit (673 m; → Wanderung 3, S. 152) lohnenswert.

• *Veranstaltungen* Am 1. Mai und dem darauffolgenden Wochenende feiern die Hambacher das **Andergasser Fest**. Es folgen am dritten Juniwochenende das **Brunnen- und Gässelfest** und am letzten Wochenende im Juli die familienfreundliche **Jakobuskerwe**. Die große **Hambacher Leistungsweinprobe** findet am ersten Freitag im Sept. im Festsaal des Hambacher Schlosses statt. In Hambach gibt es aber nicht nur Weinfeste, neben dem **Internationalen Hambacher Theaterfestival** (Sept./Okt.) findet auch das **Hambacher Musikfest** (Fronleichnamwochenende) statt. Der **Christkindelmarkt** auf dem Rathausplatz in Mittelhambach ist sehr familiär und wirkt erstaunlich unkommerziell. Vor der Kulisse des barocken Rathauses, das einst als Elendsherberge diente, und der auf das Hambacher Schloss ausgerichteten Schlossgasse gibt es kleine, stimmungsvolle Konzerte, ein paar Schafe zum Streicheln und v. a. eine geruhsame Atmosphäre. Erstes und zweites Adventswochenende, Sa 15–20 Uhr, So ab 11 Uhr.

Wanderung 5: Über die Hohe Loog zum Hambacher Schloss

Die 15 km lange Wanderung startet am **Neustadter Hauptbahnhof** (**1,** 140 m) und führt zunächst durch Wohngebiete stets bergauf (roter Punkt). Kurze Zeit nach Ende der Bebauung bietet sich ein grandioser Blick auf Neustadt. Der schöne Weg verläuft weiterhin ansteigend bis zur **Schutzhütte Speierheld** (**2,** 465 m). Ab hier wird der Weg flacher, kurz vor dem **Hohe-Loog-Haus** (**3,** 619 m) wartet aber noch ein kurzer steilerer Anstieg. Die Belohnung winkt auf zweierlei Art: Zum einen hat man einen wunderbaren, erstmaligen Ausblick in Richtung Maikammer und Edenkoben, zum anderen locken die herzhaften Düfte der Hütte. Kinder haben auf dem Spielplatz oberhalb der Hütte viel Spaß.

Bis zur nächsten Kreuzung folgt man weiter dem roten Punkt, dort nimmt man den mit einem „W" markierten Weg nach links. Dieser ist Teil der Weinspange, eines historischen Weintransportwegs vom Hambacher Schloss nach Erfenstein, der – z. T. noch mit dem alten Pflaster versehen – am Sommerberg entlangführt. Das **Hambacher Schloss** (**4,** 339 m) kündigt sich langsam durch die Bäume hindurch an. Dort hat man dann die Möglichkeit, sich in den Bus zu setzen und zum Bahnhof zurückzufahren. Wer den Weg zu Fuß fortsetzen möchte, tut dies über den mit einem roten Rechteck gekennzeichneten Weg. Dieser verläuft oberhalb von Hambach und mündet kurz vor dem Nollensattel wieder auf den mit einem roten Punkt markierten Hinweg. Der Abstieg zum Bahnhof ist dann mit dem Aufstieg identisch.

• *Einkehr* **Hohe-Loog-Haus**, die beliebte, zur PWV-Ortsgruppe Hambach gehörende Hütte ist Mi/Sa/So/Fei 9.30–18 Uhr geöffnet. Die Sonderöffnungszeiten während der Sommer- und Herbstferien können unter ✆ 06321/480092 erfragt werden.

Restaurant 1832, modernes Restaurant mit saisonaler und regionaler Karte im Hambacher Schloss. Hauptgerichte 10–20 €. Öffnungszeiten wie Museum (abends aber länger), für Abendessen wird um eine Reser vierung gebeten. ✆06321/9597880, www.hambacherschloss.eu.

Beliebtes Wanderziel mit schönem Blick: die Kleine Kalmit

Südliche Weinstraße

Auf sanften Hügeln erstrecken sich Weinberge von den Höhen des Waldes bis weit in die abwechslungsreiche Ebene. Vorbei an lichten Wäldern und durch vielfältige, kleine Orte führt die Südliche Weinstraße auf ihrem kurvenreichen Verlauf bis zur französischen Grenze.

Rebenüberspannte und enge Ortsdurchfahrten machen das Reisen auf diesem Abschnitt der Weinstraße zu einer idyllischen Sache. In den Sommer- und Herbstmonaten muss man sich in einigen der stimmungsvollen Orte mit ihren historischen Kernen allerdings auf etwas Gedränge einstellen. Besonders die Region westlich der Südpfälzer Hauptstadt Landau ist landschaftlich reizvoll und abwechslungsreich. Von den Burgen am Waldrand bieten sich herrliche Ausblicke, die schönen, gepflegten Orte laden mit urigen Weinstuben und guten Restaurants zum Verweilen ein. Die Kalmit, der höchste Berg des Pfälzerwalds, und ihre Schwester, die wegen ihrer botanischen Bedeutung unter Naturschutz stehende Kleine Kalmit südwestlich von Landau, stellen beliebte Wander- und Spazierziele dar.

Informationen zur Region erteilt Südliche Weinstraße e. V., An der Kreuzmühle 2, 76829 Landau, ✆ 06341/940407, 📠 940502, www.suedlicheweinstrasse.de.

Maikammer und St. Martin

Aneinandergekauert scharen sich die Häuser der kleinen Weinbaugemeinde St. Martin um die am Hang gelegene katholische Kirche. Als „Metropole der Pfälzischen Toskana" bezeichnet sich der gerade mal 2000 Einwohner zählende Ort mit seinen von prächtigen Fachwerkhäusern gesäumten, engen und steilen Gassen. Der vom Rebenmeer umgebene Nachbarort Maikammer ist deutlich größer und geschäftiger.

Mit seiner kleinen, verkehrsberuhigten Ortsmitte und guten Einkaufs- und Einkehrmöglichkeiten ist **Maikammer** in mancherlei Hinsicht eher funktional als schön. Dennoch: die herrliche Lage und der kleine mediterrane Garten mit seinen über 150 verschiedenen Pflanzenarten geben der Gemeinde einen durchaus südländischen Charme. Auf dem Marktplatz erinnert ein im Jahr 1900 aus Kanonen-

Maikammer zur Mandelblüte

material errichtetes Bronzestandbild an Jakob Freiherr von Hartmann, den wohl berühmtesten Sohn der Gemeinde. Als Jakob Hartmann wurde er hier 1795 geboren und tat sich in der Königlich Bayerischen Armee u. a. während des Deutsch-Französischen Krieges 1870/71 hervor. Nicht ganz so heldenhaft und kriegerisch war das Leben der Gebrüder Franz und Anton Ullrich, die hier 1886 den Zollstock mit Federsperre erfanden und patentieren ließen. Bemerkenswert ist, dass der Ort in den letzten Jahren einen Ruf für qualitätsvolle Weine erworben hat. Denn während lange Zeit eher Masse als Klasse produziert wurde, überbieten sich heute zahlreiche Winzer mit innovativen und modernen Weinkreationen.

Im Ortsteil **Alsterweiler** beherbergt die in der Kalmitstraße gelegene, um 1845 errichtete Mariä-Schmerzen-Kapelle ein beeindruckendes Beispiel spätgotischer Tafelmalerei. Der dreiflügelige Maikammer Altar zeigt die Leidensgeschichte Jesu und entstand vermutlich durch Straßburger Meister in der Mitte des 15. Jh.

Das heimelige **St. Martin** wird bisweilen als das schönste Dorf der Weinstraße bezeichnet. Die in den Herbstmonaten verkehrsberuhigte Hauptstraße verläuft entlang barocker Häuser mit Heiligenfiguren im Erker, stellenweise begleitet ein Bach die Straße, und nach einem scharfen Knick in Richtung Norden sieht man über sich die majestätisch wirkende Kirche St. Martin mit einer respektablen Statue des hl. Martin. Unterhalb reihen sich Gasthäuser mit bodenständiger wie niveauvoller Pfälzer Küche an traditionsreiche Winzerhöfe. Seit Langem gilt der Ort als traumhafte Kulisse für einen Weinstraßenurlaub. Überragt wird er von der Ruine der zu Beginn des 13. Jh. als Lehensburg des Hochstifts Speyer erbauten Kropsburg. Bei einem Rundgang durch den Ort entdeckt man viele architektonische Details. Der liebevoll „Briefmarkeneck“ genannte Erker eines um 1800 entstandenen Winzerhauses diente 1949 als Vorlage für eine rheinland-pfälzische Briefmarke. In St. Martin beginnt auch die malerische **Totenkopfstraße.** Sie führt auf einer Länge von knapp 16 km über ihren bei 520 m ü. d. M. gelegenen Höhepunkt in das abgeschiedene Elmsteiner Tal.

Information/Übernachten/Camping/Essen & Trinken

• *Information* **Büro für Tourismus in Maikammer**, Johannes-Damm-Str. 11, 67487 Maikammer, ☎ 06321/952768, ✉ 589916, www.maikammer.de. Mitte Nov. bis Mitte März Mo–Fr 9–12 und 14–17 Uhr, Mitte März bis Mitte Nov. bis 18 Uhr sowie Sa 10–12 Uhr.

Büro für Tourismus in St. Martin, Kellereistr. 1 (in der Alten Kellerei), 67487 St. Martin, ☎ 06323/5300, ✉ 981328. Mitte Nov. bis Mitte März Mo–Fr 9–12 Uhr, Mitte März bis Mitte Nov. zusätzlich Mo–Fr 15–18 Uhr, Sa 10–12 Uhr.

• *Übernachten/Essen & Trinken* *** **Waldhaus Wilhelm**, am Waldrand gelegenes, klassisch eingerichtetes Hotel mit freundlichem Service. Die Küche bietet u. a. glutenfreie Ernährung mit Produkten aus der nahen Hammermühle. Durch eine Glasscheibe kann man den Köchen bei der Arbeit zuschauen. Hauptgerichte 14–25 €. Mo Ruhetag, sonst 12–14 und 18–21 Uhr. Unspektakuläre, aber freundlich und solide eingerichtete Zimmer. DZ ab 74 €. Maikammer, Kalmithöhenstr. 6, ☎ 06321/58044, ✉ 58564, www.waldhaus-wilhelm.de.

Gasthaus zum Winzer, unübersehbar und gut zum barocken Ensemble passend, hängt das schwere Gasthausschild in Form eines Traubenhenkels über dem Torbogen. In den hellen, einladenden Räumlichkeiten verwöhnt Familie Albers ihre Gäste mit mediterran angehauchten, aber bodenständigen Köstlichkeiten. Hauptgerichte 9–24 €. Mo/Di Ruhetag, sonst 11.30–14.15 und 17.30–23 Uhr. Auch einige geschmackvoll eingerichtete DZ für 72 €. Maikammer, Weinstr. Süd 8, ☎ 06321/5410, ✉ 576758, www.winzer-maikammer.de.

Ferienhaus Heilweck, neu und praktisch eingerichtete Ferienwohnungen auf dem familienfreundlichen Winzerhof Heilweck unweit des Zentrums von Maikammer. Ab 30 €. Maikammer, Marktstr. 66, ☎ 06321/5111, www.weingut-heilweck.de.

Pension Herty, im Gästehaus der Familie Herty kann man in vier „Weinzimmern" schlafen, im hellen Aufenthaltsraum frühstücken und die Küche sowie die große Terrasse mitbenutzen. Ab 40 €. Maikammer, Alsterweiler Hauptstr. 40, ☎ 06321/952634, www.weingut-herty.de.

Gästehaus im Rebenland, geschmackvoll eingerichtete Ferienwohnungen beim Weingut Schreieck am westlichen Ortsrand. Ab 43 €. Alsterweiler, Mühlstr. 13, ☎ 06321/5067, ✉ 58759, www.weingut-heinz-schreieck.de.

*** **Consulat des Weins**, ein größeres Hotel am Ortsrand mit gutem, nicht ganz billigem Restaurant und üppig bestückter, tägl. geöffneter Vinothek. Restaurant So/Fei ab 15 Uhr und Mo ganztägig geschlossen. DZ ab 112 €. St. Martin, Maikammerer Str. 44, ☎ 06323/8040, ✉ 804426, www.schneider-pfalz.de.

*** **Restaurant und Pension Dalberg**, das 1168 errichtete Haus in der Ortsmitte von St. Martin beherbergt ein sympathisches, familiär geführtes Hotel und eine urige Weinstube mit guter Küche. Hauptgerichte 8–22 €. Dez.–Aug. Di/Mi Ruhetag, sonst 11–14 und 17–21 Uhr; Sept. bis Mitte Nov. tägl. 11–21 Uhr. Die gemütlichen Zimmer sind zum Hause passend eher klein. DZ ab 61 €, Appartement im Nebengebäude 90 €. St. Martin, Tanzstr. 18, ☎ 06323/989224, ✉ 989225, www.cafedalberg.de.

Haus Palatinum, nördlich des Ortskerns von St. Martin gelegen. Individuell eingerichtete Zimmer und eine Ferienwohnung mit schönem Blick über den Ort und die umliegenden Weinberge. DZ ab 65 €, Ferienwohnung 65 €, Dez.–Feb. z. T. deutlich günstiger. St. Martin, Jahnstr. 11, ☎ 06323/5337, ✉ 7667, www.weingut-ziegler.de.

Gästehaus Chalet Raabe, hell und freundlich eingerichtete Zimmer und Ferienwohnungen im gleichnamigen Weingut. Wer Lust hat, kann im Herbst bei der Lese helfen oder in der Straußwirtschaft schlemmen (im Sommer und Herbst tägl. ab 11.30 Uhr). DZ ab 83 €, Ferienwohnungen ab 96 €. St. Martin, Emserstr. 4, ☎ 06323/704955, ✉ 980152, www.weingut-raabe.de.

Ferienhaus Kohl, schön renoviertes, im Zentrum von St. Martin gelegenes Häuschen mit zwei einfach und rustikal ausgestatteten Wohnungen, von jener im oberen Stockwerk hat man einen schönen Blick über den Ort und auf den Dorfbrunnen. Ab 41 €. St. Martin, Bergstr. 22, ☎ 06323/7609, ✉ 81530, www.weinstrassenurlaub.de.

Café Centner, das traditionelle Café ist nicht nur sonntagnachmittags ein beliebter Treffpunkt von Einheimischen und Gästen. Die Auswahl an Kuchen und Torten ist riesig, die Bananencremetorte ist für Kinder die perfekte „Tigerententorte". Mo 10–18 Uhr, sonst 8.30–18.30 Uhr, So ab 7.30 Uhr. Maikammer, Schulstr. 4, ✆ 06321/5014, 📠 50672, www.cafe-centner.de.

Steiningers Ritterstube, großzügig und freundlich eingerichtetes Restaurant mit schöner Terrasse und einer vielfältigen Karte, auf der auch Kleinigkeiten wie verschiedene Pfannkuchen stehen, u. a. der einfache, aber leckere Speckpfannkuchen mit Quark. Gutes Preis-Leistungs-Verhältnis. Di/Mi geschlossen, sonst ab 11 Uhr. St. Martin, Maikammerer Str. 34, ✆ 06323/948727, 📠 948727, www.steiningers-ritterstube.de.

Sankt Martiner Weinhäusel, bodenständige Weinstube mit Pfiff und persönlicher Atmosphäre. Neben guten Weinen gibt es eine große Auswahl an preiswerten und ansprechenden Speisen. Mi Ruhetag, sonst ab 17.30 Uhr. St. Martin, Hornbrücke 2, ✆ 06323/981387.

• *Camping* **Campingplatz Wappenschmiede**, einer der ältesten Campingplätze der Weinstraße, 1952 im Tal am westlichen Ortsende von St. Martin auf Terrassen angelegt. Stellplatz 7 €, Erwachsene 6,50 €, Kinder (3–14 J.) 3 €. Ab Ostern bzw. 1. April bis 1. Nov. geöffnet. St. Martin, Talstr. 60, ✆ 06323/6435, www.campingplatz-wappenschmiede.beep.de.

Die Kalmit, der höchste Gipfel des Pfälzerwaldes

Einkaufen/Sport & Freizeit/Veranstaltungen

• *Einkaufen* **Dengler Seyler**, besonders die frischen mineralischen Weißweine sind hervorragend. Zum Kosten empfiehlt sich ein Besuch im „Winzer", dem zum Weingut gehörenden Restaurant (s. o.). Mo–Sa 9–18 Uhr. Maikammer, Weinstr. Süd 6, ✆ 06321/5103, 📠 57325, www.dengler-seyler.de.

Weingut Ullrichshof, hervorragende Weine, für manche die besten in ganz Maikammer, werden in den Kellern der eindrucksvollen Jugendstilvilla am Ortsrand erzeugt. Auch DZ mit Stil und Eleganz ab 65 €. Maikammer, Marktstr. 86, ✆ 06321/5048, 📠 57388, www.ullrichshof-faubel.de.

Weingut Ziegler, aus ihren Weinbergen rund um Maikammer und an der Mittelhaardt holen die Gebrüder Ziegler feine, aromatische Weine. Die Deutsche Landwirtschafts-Gesellschaft setzte das Weingut in ihrem Qualitätsranking 2009 auf Platz 1. Mo–Fr 8–18 Uhr, Sa 9–15 Uhr. Maikammer, Bahnhofstr. 5, ✆ 06321/95780, 📠 957878, www.august-ziegler.de.

• *Baden* **Kalmitbad**, beheiztes Freizeitbad mit verschiedenen Becken und großzügiger Liegewiese. Schwimmer kommen im 50-m-Becken auf ihre Kosten. Mai–Sept. Mo/Mi/Fr 10–20 Uhr (in den Sommerferien ab 9 Uhr), Di/Do 6–20 Uhr, Sa/So/Fei 8–19 Uhr. Eintritt 3,50 €, ermäßigt 2 €, Familienkarten ab 8 €. Maikammer, Wiesenstr. 18, ✆ 06321/5585.

• *Fahrradverleih* In Maikammer und St. Martin werden Fahrräder über die Büros für Tourismus verliehen.

• *Wandern* Ideale Ausgangspunkte für Wanderungen sind die Parkplätze an den Ortsausgängen. Der am westlichen Ende von Maikammer in Alsterweiler gelegene Parkplatz bietet sich für sonnige Touren entlang der Haardt an und liegt an der weiß-grün markierten Route, die Maikammer mit dem Gipfel der **Kalmit** und dem **Felsenmeer** verbindet (→ Wanderung 3, S. 152).

Westlich von St. Martin liegt das einfache und preiswerte **Rasthaus an den Fichten** am Waldrand (PWV-Hütte, Mi–So 9.30–20 Uhr, Mitte Nov.–März bis 18 Uhr, ✆ 06323/7844). Großzügige Parkmöglichkeiten machen es zu einem guten Ausgangspunkt für Wandertouren. So gelangt man beispielsweise über die grün-weiß markierte Route in Richtung St. Martin, wo man kurz vor dem Ortseingang über einen mit einem roten Punkt gekennzeichneten Fußweg zur **Kropsburg** aufsteigen kann. Von dort geht man entweder über Wiesen und alte Gärten in den Ortskern von St. Martin oder aber weiter (roter Punkt) zur **Edenkobener Hütte** (auch „Hüttenbrunnen" genannt, schöner Spielplatz, mit Übernachtungsmöglichkeit, Nov.–Juli Di Ruhetag, sonst 10–18 Uhr, ✆ 06323/2827). Rückweg zum Parkplatz: auf der blau-weiß markierten Route zur St. Martiner Schutzhütte und von dort auf grün-weißer Strecke hinunter zum Rasthaus an den Fichten.

• *Veranstaltungen* Der **Maikammerer Weinmarathon** eröffnet im März die Saison der Weinfeste. Die Namensgebung bezieht sich auf die Ausdauer, die man braucht, um 24 Std. lang Weine und Sekte zu probieren. Traditioneller sind die **Kerwen**, die am letzten Wochenende im Juni (Alsterweiler), am dritten Wochenende im Juli (Maikammer) und am ersten Wochenende im Aug. (St. Martin) stattfinden. Am zweiten Juniwochenende (Sa ab 16 Uhr) laden Stände mit Wein und Essen entlang dem **St. Martiner Weinweg** zum kulinarischen Spaziergang ein. Den Abschluss des jährlichen Weinfestreigens bildet das **Martinusweinfest**, das um den 11. Nov. herum in den romantisch beleuchteten und geschmückten Gassen von St. Martin stattfindet.

Edenkoben

Eine reine Augenweide ist der Hauptort der Verbandsgemeinde Edenkoben mit seinen 6700 Einwohnern nicht. Hohes Verkehrsaufkommen, gute Einkaufsmöglichkeiten und einige große Arbeitgeber unterstreichen, dass der Ort seine wichtigste Funktion in der Versorgung der näheren Umgebung hat. Nichtsdestotrotz ist auch Edenkoben Weinbaugemeinde mit langer Tradition und einigen versteckten Kleinoden.

Schon seit dem 8. Jh. ist der Weinbau in Edenkoben belegt. Vermutlich wurde aber bereits viel früher um „Zotingkowe", wie Edenkoben bei der ersten urkundlichen Erwähnung 769 genannt wurde, und Wazzenhofen (heute westlicher Teil von Edenkoben) Weinbau betrieben. Auch in dem im 13. Jh. gegründeten Kloster Heilsbruck westlich des Zentrums in Verlängerung der Klosterstraße wurde von Anfang an Wein angebaut. Während der östliche Stadtbereich rund um den Bahnhof weder durch historischen Charme noch durch Weinbauromantik glänzt, gibt es in der Altstadt einige schöne Ecken. Auf dem zentralen Ludwigsplatz, dem ehemaligen Marktplatz, erinnert ein Denkmal an Ludwig I., dessen Name seit dem Bau der oberhalb von Edenkoben gelegenen Villa Ludwigshöhe eng mit der Gemeinde verbunden ist. Die Stadt selbst hat aber eher landwirtschaftliche Wurzeln, auch wenn sie 1802 während der französischen Herrschaft für kurze Zeit Kantonsstadt im Departement Mont Tonnere wurde. Während der kurpfälzischen Epoche vom 16. bis ins 18. Jh. war Edenkoben Marktstadt und Weinbauort gewesen. Die dicht beieinander stehenden Winzer- und Handwerkerhäuser mit ihren großen Hofeinfahrten erinnern ebenso wie der gotische Turm der protestantischen Kirche an diese Zeit. Während der bayerischen Herrschaft ab 1816 entstanden schließlich, den neu erworbenen Stadtrechten angemessen, einige stattliche Wohn- und Amtsgebäude.

Sehr reizvoll ist die umgebende Landschaft, mit der sich Edenkoben als „Garten Eden der Pfalz“ vermarktet. Die Mischung aus Weinbergen, Wald und Wiesen gibt dem Gebiet einen parkähnlichen Charakter. Und so verzichtete König Ludwig beim Bau seiner Sommerresidenz Villa Ludwigshöhe auch auf die Anlage eines Schlossgartens. „Um mich herum ist Park genug“, soll der Monarch mit fester Überzeugung gesagt haben.

Reisepraktische Informationen

• *Information* **Südliche Weinstraße Edenkoben e. V.**, Büro für Tourismus, Poststr. 23, 67480 Edenkoben, ☎ 06323/959222, 📠 959288, www.garten-eden-pfalz.de. April–Okt. Mo–Fr 9–12.30 und 14–17 Uhr, Sa 10–12 Uhr; Nov.–März Mo–Fr 9–12 und Mo–Do 14–16 Uhr.

• *Übernachten/Essen & Trinken* ***S **Pfälzer Hof**, besonders schön sitzt es sich im freundlichen Innenhof. Die Gaststube ist urig und dunkel, die Küche bietet regionale Gerichte. Im Angebot sind auch Wildgerichte aus dem Edenkobener Tal. Hauptgerichte 7–24 €. Tägl. 11.30–14.30 und 17.30–22 Uhr. Bis auf den Okt. und an Feiertagen ist Do Ruhetag. Klassisch eingerichtete Hotelzimmer. DZ ab 80 €. Weinstr. 85, ☎ 06323/2941, 📠 980505, www.pfaelzerhof-edenkoben.de.

*** **Gästehaus Eden**, freundlich renoviertes und familiär geführtes Haus am historischen Marktplatz von Edenkoben. Die mit rustikal-modernen Holzmöbeln eingerichteten Nichtraucherzimmer sind großzügig geschnitten, sodass bei Bedarf für bis zu 4 Pers. Platz ist. DZ ab 65 €. Ludwigsplatz 3, ☎ 06323/988773, 📠 988771, www.gaestehaus-eden.de.

Prinzregent, größeres, solides Hotel am Ortsrand von Edenkoben, direkt in den Weinbergen gelegen. Ab 95 €. Unter dem Kloster 1, ☎ 06323/9520, 📠 952222, www.prinzregent-edenkoben.de.

Weinstube Edel-Brauch, in dem zwischen Edenkoben und St. Martin gelegenen Weingut kann man nicht nur (kostenlos) sein Wohnmobil abstellen und guten Wein und Sekt kaufen, sondern auch in der großzügigen, hellen Weinstube einfache und preiswerte Gerichte genießen. Fr/Sa ab 17 Uhr, So/Fei ab 11 Uhr. St. Martiner Str. 30, ☎ 06323/2555, 📠 1352, www.edel-brauch.de.

• *Einkaufen/Genießen* Im nahen Venningen werden auf dem romantischen **Doktorenhof** feine Essige aus eigenen Weinen hergestellt, die auch in der gehobenen regionalen Gastronomie häufig Verwendung finden. Mo/Di/Do/Fr 8–16 Uhr, Mi 8–18 Uhr, Sa 9–14 Uhr. Venningen, Raiffeisenstr. 5, ☎ 06323/5505, 📠 6937, www.doktorenhof.de.

Ebenfalls in Venningen lädt der Genussexperte Matthias Mangold zur **Genusstur** ein. Seminare zu Wein, Tabak, Destillaten, Schokolade u. v. m. regen zum Genießen an. Venningen, Hauptstr. 20, ☎ 06323/949550, 📠 949540, www.genusstur.de.

• *Wandern* Die gute Verkehrsanbindung macht Edenkoben zu einem beliebten Start- und Zielort für Streckenwanderungen entlang der Weinstraße. Schöne Touren führen durch die **Weinberge** in die charmanten Nachbarorte St. Martin und Rhodt unter Rietburg. Vom Wanderparkplatz unterhalb der **Villa Ludwigshöhe** bieten sich zahlreiche Rundtouren an. Eine schöne Tagestour (ca. 18 km) führt auf blau-gelb markierten Wegen hinauf zur Ludwigshöhe und zur **Rietburg** und weiter zum **Schänzelturm** auf dem 614 m hohen Steigerkopf. Hier findet man Spuren verschiedener kriegerischer Auseinandersetzungen: Die im Dreißigjährigen Krieg von den Schweden angelegten Schanzen gaben dem 1874 erbauten Turm seinen Namen. In den Ende des 18. Jh. geführten Koalitionskriegen fanden in diesem Abschnitt des Pfälzerwalds langwierige Stellungskriege zwischen Franzosen und Preußen statt, welche die Franzosen schließlich für sich entscheiden konnten. Der Rückweg erfolgt über den Parkplatz Lolosruhe entlang dem roten Kreuz zum **Hilschweiher** (mit Bootsverleih) und an der einfachen Waldgaststätte Siegfriedschmiede (Mi–So 11.30–21 Uhr, Klosterstr. 181, ☎ 06323/3912) vorbei zurück zum Ausgangspunkt.

• *Veranstaltungen* Die alljährlich ab Fronleichnam vier Tage lang stattfindende **Owwergässer Winzerkerwe** ist einer der festlichen Höhepunkte der Region. Entlang der vom Ortskern hangaufwärts verlaufenden Klosterstraße sind nicht nur zahlreiche Höfe und Weingüter zu bewundern, sondern auch ein mittelalterlicher Markt und viele verschiedene Stände. Den Höhepunkt bildet der Festumzug am frühen Sonntagnachmittag, an dem neben historischen Gruppen auch die Weinhoheiten der Region teilnehmen. Am vierten Wochenende im Sept. findet das **Große Weinfest der Südlichen Weinstraße** in Edenkoben statt. Mitte Okt. lädt das Schloss Villa Ludwigshöhe zum meist gut besuchten und interessanten **Wein- und Kastanienmarkt**, wo sich alles um die in den umliegenden Wäldern wachsenden Esskastanien dreht.

Sehenswertes

Museum für Weinbau und Stadtgeschichte: Die lange Geschichte des Weinbaus und der Gemeinde Edenkoben wird in dem 1992 eröffneten Museum anschaulich dargestellt. Im jüngsten Teil der mit viel Akribie und Liebe zusammengetragenen Ausstellung dreht sich alles um den Wein. Der Edenkobener Ökonomierat Gustav Adolf Froelich war es, der 1876 zum ersten Mal besonders leistungsfähige Rebstöcke getrennt vermehrte und so die Klonenselektion entwickelte, mittels derer reine und ertragreiche Sorten Einzug im modernen Weinbau hielten. Seine Erfolge sind im Gebäude der ehemaligen Berufsschule ebenso zu sehen wie der Kampf der Winzer gegen Schädlinge. So wird beispielsweise die Geschichte einer Schädlingsplage im Jahr 1905 erzählt, bei der mit 360 Klebködern auf der Gemarkung Rhodt fast 40.000 Motten gefangen und anschließend verbrannt wurden.

April–Okt. Fr 16–19 Uhr, Sa 15–18 Uhr sowie ganzjährig So 14–17 Uhr. Eintritt 2 €, ermäßigt 1 €, Kinder unter 10 J. frei. Weinstr. 107, ✆ 06323/81514, 📠 959288, www.museum-edenkoben.de.

Kloster Heilsbruck: Das weitläufige, hinter mächtigen Klostermauern gelegene Anwesen am westlichen Ortsausgang von Edenkoben blickt auf eine lange Geschichte zurück. Im Jahre 1262 wurde das Kloster von Zisterzienserinnen gegründet und seitdem als Weinbaubetrieb geführt. Dort, wo man heute auf der gemütlichen Terrasse unter einem 400 Jahre alten Maulbeerbaum die Weine aus einem der ältesten Weinkeller Deutschlands genießen kann, herrschten bis zur Säkularisierung im Jahr 1565 strenge Ordensregeln. Dabei mussten die Nonnen nicht nur weltlichen

Im Kloster Heilsbruck

Genüssen entsagen, sondern es war ihnen auch verboten, Zinsen und Erträge aus Verpachtungen zu erzielen. So wurden die gewaltigen Rebflächen, die weit über die Mauern des Klosters hinausgingen, ausschließlich im Eigenbetrieb bewirtschaftet. Seit Beginn des 19. Jh. ist das Weingut in Privatbesitz. Lohnend ist v. a. eine Führung durch den 1533 mit freitragenden Wölbungen errichteten Weinkeller, der als einer der größten seiner Art gilt und in dem rund 100.000 Liter Weine in Holzfässern lagern.

Klosterstr. 170, ✆ 06323/2883, ✆ 4293, www.klosterheilsbruck.de.

Friedensdenkmal: Weithin sichtbar überragt das Friedensdenkmal auf dem Werderberg die Rheinebene. 1899 wurde es als Sieges- und Friedensdenkmal in Erinnerung an den Sieg über die Franzosen im Krieg von 1870/71 erbaut. Zusammen mit den kleineren Denkmälern Straßburger Stein (1872), Bismarck-Stein (1898) und Moltke-Stein (1902) bildet es ein imposantes Denkmalensemble. Demjenigen, der sich für das monumentale Bauwerk, das seit 1969 ausschließlich als Friedensdenkmal bezeichnet wird, nicht so recht erwärmen kann, sei der grandiose Blick von der Aussichtsplattform empfohlen.

Schloss Villa Ludwigshöhe: Auf einem sanften, von Kastanienwäldern und Weinbergen gesäumten Hügel ragt die Villa Ludwigshöhe erhaben, aber nicht entrückt über die Weiten der Kulturlandschaft um Edenkoben und Rhodt unter Rietburg. Es bedarf keiner großen Vorstellungskraft, um die Begeisterung des bayerischen Königs Ludwig I. für diese Region nachvollziehen zu können. Beinahe ein wenig Liebe schwang mit, wenn er von der Sommerresidenz „in des Königreichs mildesten Teilen" erzählte. Dabei war das Verhältnis Ludwigs zur Pfalz keineswegs einfach. Der Grundstein für sein Schloss wurde 1846 gelegt, gerade zwei Jahre bevor sich der bayerische Staat in seinen Pfälzer Teilen den Herausforderungen der jungen deutschen Demokratiebewegung gegenübersah. Die Revolution von 1848 zwang Ludwig I. schließlich zum Rücktritt. Die Bauarbeiten der durch Friedrich von Gärtner und Leo von Klenze errichteten Anlage zogen sich noch bis 1852 hin, sodass Ludwig schon königlicher Pensionär war, als er zur Einweihung des in einer bisweilen etwas irritierenden Mischung aus kühlem Spätklassizismus, verspieltem Dekor und mediterraner Farbgebung errichteten Schlosses in die Pfalz reiste. Freude an sei-

Die Residenz Ludwigs I. in den Weinbergen: Schloss Villa Ludwigshöhe

nem Anwesen hatte er dennoch. Zwischen 1852 und 1866 kam er alle zwei Jahre während der Sommermonate hierher, feierte seinen Geburtstag, genoss die Natur und erkundete diese auf ausgedehnten Wanderungen. Die umliegenden Orte profitierten von dem königlichen Gönner, stiftete er doch für die Edenkobener die St. Ludwigskirche und das Krankenhaus „Ludwigsstift" (heute ein Altenheim), während seine Frau den Kindergarten im nahe gelegenen Rhodt erbauen ließ. Seine Nachfahren zeigten allerdings wenig Interesse an dem malerischen Schloss, das in der Folge häufig die Besitzer wechselte, zunehmend verfiel und erst 1980 nach der Übernahme durch das Land Rheinland-Pfalz wieder zu alter Pracht fand.

Im West- und Südflügel ist mit der *Max-Slevogt-Galerie* eine umfassende Sammlung des Impressionisten und Pfalz-Bewunderers zu bestaunen. Neben wechselnden Ausstellungen werden v. a. Bilder aus dem Frühwerk Slevogts gezeigt, darunter auch einige von jenen, die er sein Leben lang nicht verkaufen wollte.

• *Anfahrt* Über Edenkoben, der Ausschilderung folgen. Wer kann, sollte sein Auto unterhalb der Ludwigshöhe stehen lassen und die letzten Meter durch den lichten Kastanienwald wandern. Von Mai bis Okt. verkehren an Sonn- und Feiertagen vormittags Busse von Edenkoben zur Villa Ludwigshöhe und am Nachmittag wieder retour.

• *Öffnungszeiten/Führungen* Di–So 9–17 Uhr, April–Sept. bis 18 Uhr, Dez. geschlossen. Die Galerie ist frei zugänglich, die übrigen Räumlichkeiten können nur im Rahmen einer Führung betreten werden. Führungen jeweils zur vollen Stunde, Erwachsene 3 €, Kinder 1 €, Familien 6,50 €. Villastraße, ✆ 06323/93016, 📠 93017, www.max-slevogt-galerie.de.

Rietburg: Historisch gesehen, nimmt die ehemalige Raubritterburg oberhalb der Ludwigshöhe wohl keine herausragende Stellung ein. Die Gründung der Burg liegt im Dunkeln, wenngleich Hinweise darauf bestehen, dass die Rietburg eine der ältesten Burgen der Pfalz ist. Bekannt wurde sie durch Hermann von Rietburg im November 1255. Dieser entführte die sich auf dem Weg von Worms zum Trifels befindende Ehefrau des Gegenkönigs Wilhelm von Holland und den königlichen Hofrichter Graf Adolf von Waldeck, beraubte sie und führte sie als Gefangene auf die Burg. Erst als die Wormser Bürger mit Unterstützung durch Pfalzgraf Ludwig II., Graf Friedrich III. von Leiningen, Werner IV. von Bolanden und andere die Rietburg belagerten, kam es zur Freilassung. Wiederentdeckt wurde die auf 550 m Höhe gelegene Anlage erst Mitte des 20. Jh., wenngleich der Weg dorthin zu den Lieblingsausflügen König Ludwigs I. während seiner Aufenthalte auf Schloss Villa Ludwigshöhe gehört haben soll. Ohne große Rücksicht auf die historische Substanz entstand seitdem auf der Oberburg eine Höhengaststätte mit großzügiger Aussichtsterrasse. Von der Ludwigshöhe aus fährt die älteste Sesselbahn der Pfalz zur Rietburg hinauf.

Sesselbahn: April bis Anfang Nov. tägl. 9–17 Uhr, Sa/So bis 18 Uhr, im März So 9–17 Uhr, Berg- und Talfahrt Erwachsene 5,50 €, Kinder (4–14 J.) 2,50 €, ✆ 06323/1800. Höhengaststätte: Karfreitag bis Anfang Nov. tägl. 9–18 Uhr, ✆ 06323/2936.

Rhodt unter Rietburg

Prunkvoll mediterran und ein wenig pittoresk präsentiert sich der geschäftige Weinort unterhalb der Rietburg. Die prächtigen Weingüter mit ihren aufwendigen Torbögen zeugen von der Tradition des Ortes, der zu Recht als einer der schönsten an der Weinstraße gilt.

Über den von üppigen Pflanzkübeln gesäumten Straßen ranken sich alte Weinreben, die dem Ortsbild einen heimeligen Charme verleihen. Die gepflasterte und in ihrem oberen Teil mit ausladenden Kastanienbäumen bepflanzte Theresienstraße ist von ehrwürdigen Winzerhöfen gesäumt, die sie zu einer der klassischsten Dorfstraßen in den Weinbaugemeinden der Pfalz macht. Einen Spaziergang über die Theresienstraße hinauf zum Schloss Villa Ludwigshöhe (→ S. 170) sollte man sich zumindest bei schönem Wetter nicht entgehen lassen, wobei man meist von zahlreichen anderen Spaziergängern und Wanderern begleitet wird – Rhodt und der Weg zur Ludwigshöhe gehören zu den beliebtesten Ausflugszielen an der gesamten Weinstraße.

Nicht ohne Stolz wird in Rhodt darauf hingewiesen, dass ein Großteil des Ortes unter Denkmalschutz steht und dass die meisten der Weingüter über eine lange Tradition verfügen. Davon, dass sich die Gemeinde ihres kulturellen Erbes sehr wohl bewusst ist, zeugt die Gestaltungssatzung zum Schutz des Ortsbildes, die den Rhodtern detailliert vorgibt, was sie beim Bau oder Umbau zu tun und zu lassen haben. Und bei einem Gang durch den übersichtlichen Ortskern der gut 1000 Einwohner zählenden Gemeinde gewinnt man schnell den Eindruck, dass diese die Vorgaben sehr ernst nehmen und bei der Gestaltung ihrer Häuser tatsächlich das Wohl des Ortes im Blick haben. Nur die Weinstraße selbst büßt in Rhodt wie auch anderswo aufgrund des vielen Verkehrs an Gemütlichkeit ein.

Geschichte

Von den Ursprüngen Rhodts ist außer einer anfänglich engen Verknüpfung mit der oberhalb des Ortes thronenden Rietburg bis heute wenig bekannt. Viele Jahrhunderte hindurch gehörte der Ort als Exklave zu Württemberg und nach 1603 zur Markgrafschaft Baden-Durlach. Die Württemberger gaben Rhodt den Namenszusatz „unter Rietburg“ zur Unterscheidung von anderen gleichnamigen Orten im Herrschaftsgebiet. Die Markgrafen brachten den Weinbauern eine lang anhaltende wirtschaftliche Blüte, die sich bis heute in den alten und stattlichen Anwesen widerspiegelt. 1752 erließ der Markgraf Karl Friedrich für seinen „Flecken Rhod“ das „Gebot gegen das Weinschmieren“, das wohl erste Weinreinheitsgesetz der Welt. Darin wurde festgelegt, dass „alle und jede Vermisch- und Verfälschungen des Weins lediglich und ohne Ausnahme verboten seyn sollen“. Die Zugehörigkeit zu Württemberg und zum Hause Baden-Durlach hatte auch zur Folge, dass die Rhodter im Gegensatz zu den umliegenden Orten schon früh protestantisch waren. Ob sie mit dieser Sonderstellung immer glücklich waren, ist umstritten. Anfangs jedoch sollen sie so begeistert von den Predigten des 1570 hierher gesandten Pfarrers Magister Martin Cleß gewesen sein, dass die nicht eben kleine St. Georgskirche kaum ausreichte, um die Mengen darin unterzubringen.

Reisepraktische Informationen

• *Information* **Fremdenverkehrsverein Rhodt**, Weinstr. 44 (im Durlacher Hof), 76835 Rhodt unter Rietburg, ✆ 06323/980079, www.rhodt.de. Mo/Do/Sa 10–12 Uhr, Fr 17–18 Uhr.

• *Übernachten/Essen & Trinken* **** **Alte Rebschule**, das Wohlfühlhotel oberhalb des Ortes inmitten der heimeligen Weinlandschaft bietet alles für einen anspruchsvollen Pfalzurlaub: gutes Essen, modern eingerichtete Zimmer und einen am Wein orientierten Vitalbereich. Das hat seinen Preis: DZ mit „Genießerpension“ (Frühstück, Nachmittagsjause, abends 4-Gänge-Menü) ab 178 €. Theresienstr. 200, ✆ 06323/70440, 704470, www.alte-rebschule.de.

*** **Gästehaus Pabst**, das wunderbar zwischen Theresienstraße und Weinbergen gelegene Ferienhaus überzeugt durch seine Lage sowie die freundlichen, mit hellen Kiefernmöbeln eingerichteten Zimmer. DZ ab 55 €. Theresienstr. 29, ✆ 06323/81191, 81191, www.rhodt.de. → Tourismus.

Weinstraßenidylle an der Rhodter Theresienstraße

Weingut Seelos, helle, freundliche Zimmer und Ferienwohnungen in einem authentischen Winzerhaus und dessen Nachbarhaus im Zentrum von Rhodt. Im Herbst lockt an Wochenenden die Straußwirtschaft im Hof mit einfachen, aber guten Gerichten. DZ ab 50 €. Theresienstr. 1, ✆ 06323/2676, ✆ 2382, www.weingut-seelos.de.

Alte Schneiderei, geschmackvoll-rustikal eingerichtetes Gästehaus mit einladendem Innenhof. Neben individuell ausgestatteten Zimmern gibt es eine schöne Ferienwohnung mit Blick bis zum Hambacher Schloss. DZ ab 50 €. Theresienstr. 57, ✆ 06323/989838, ✆ 937938, www.alteschneiderei.de.

Schneckenhäusl und Alte Backstube, wunderbar romantische, exklusive Ferienhäuser für 2–4 Pers. Bei der Renovierung der ehemaligen Bäckerei, die einst auch das königliche Schloss auf der Ludwigshöhe belieferte, wurden bevorzugt biologische Baustoffe verwendet. Ab 60 €. Theresienstr. 42, ✆ 06323/980023, www.altebackstube-rhodt.de.

Theresienhof, das 2007 frisch renovierte Hofensemble von 1601 besticht durch seine charmanten, atmosphärischen Details: In der engen Weinstube brennt der Kamin, im Hof sitzt man auf modernen Sofas oder einfachen Holzmöbeln, die Küche ist regionaltypisch und kreativ. Hauptgerichte 6–16 €. Fr ab 17 Uhr, Sa/So ab 11 Uhr. Theresienstr. 46, ✆ 06323/9493780, www.theresienhof-rhodt.de.

Vinorant Fleischmann-Krieger, schlicht, schön und mit viel Atmosphäre präsentiert sich die Weinstube des gleichnamigen Weingutes. Gute Küche, Hauptgerichte 6–17 €. Do/Fr ab 17 Uhr, Sa/So ab 11.30 Uhr. Theresienstr. 22, ✆ 06323/81372, http://fleischmann-krieger.de.

• *Einkaufen* **Weingut Christian Heußler**, der junge Kellermeister zaubert herrliche Weine, während sein Vater einen der Weinberge traditionell mit Pferden bewirtschaftet, was in der Pfalz eine echte Besonderheit ist. Wer möchte, kann bei den Heußlers auch Kutschfahrten unternehmen. Mo, Mi–Fr 9–12 und 13.30–18 Uhr, Sa 9–17 Uhr, So/Fei 10–12 Uhr. Mühlgasse 5, ✆ 06323/2235, ✆ 980533, www.heussler-wein.de.

Weingut Jürgen Heußler, das andere Weingut Heußler im Ort gibt sich nicht damit zufrieden, sehr gute Weine auszubauen, eine Destillerie mit guten Bränden gehört auch zum Betrieb. Mo–Fr 9–12 und 14–18 Uhr, Sa 10–12 und 13.30–15 Uhr, So nach telefonischer Vereinbarung 10–12 Uhr. Weyherer Str. 34/35, ✆ 06323/5506, ✆ 2537, www.weingut-heussler.de.

• *Fahrradverleih* **Gästehaus Reinfrank**, Fahrräder ab 7 €/Tag. Kronacher Str. 7, ☏ 06323/3110, 📠 981127.

• *Wandern* Für Wanderungen entlang der Haardt, hinauf zur Villa Ludwigshöhe (→ S. 170) oder zur Rietburg (→ S. 171) ist Rhodt der ideale Ausgangspunkt. Der Weg, den König Ludwig und Königin Therese über die Theresienstraße hinauf zu ihrer Sommerresidenz zurücklegten, ist besonders an schönen Herbsttagen sehr beliebt.

Sehenswertes

St. Georgskirche: Über dem Haupteingang erinnert das Wappen der Markgrafschaft Baden-Durlach aus dem Jahr 1720 an die ungewöhnliche Geschichte von Rhodt. Der gut 40 m hohe gotische Turm ist eines der Wahrzeichen des Ortes und wurde bereits 1470 errichtet. Das Schiff mit seinem für die Region eher ungewöhnlichen Retabelaltar entstand erst 1720–1722 im Zuge eines Umbaus und hatte die Speyerer Dreifaltigkeitskirche zum Vorbild. Die reichen Bürger Rhodts konnten sich damals Plätze im Gestühl erkaufen. Noch heute kann man an einigen Plätzen die Namensschilder der einstigen Besitzer betrachten.

Ältester Weinberg der Welt: Viele Orte der Pfalz blicken mit Stolz auf ihre lange Tradition im Weinbau zurück. Auch in Rhodt ist dies nicht anders. Schon zu Zeiten der Württemberger Herrschaft wurde hier eifrig Wein angebaut, und unter den Markgrafen von Baden-Durlach erlebte der Flecken dann seine größte Blüte. Grundlage für den wirtschaftlichen Erfolg waren nicht nur die fleißigen Rhodter Winzer und die durchaus ergiebigen Böden, sondern auch die Traminer-Trauben, die unter den Württembergern im 16. Jh. erfolgreich eingeführt und dann mit großen Gewinnen an die Badener verkauft wurden. Noch heute wird diese aromatische Weinsorte in Rhodt angebaut, u. a. im angeblich ältesten Weinberg der Welt: Gegenüber der Winzergenossenschaft Rietburg stehen in drei Reihen jene Weinstöcke, die vor rund 400 Jahren gepflanzt wurden und aus denen noch heute alljährlich Wein gekeltert wird.

In der Umgebung

Edesheim: Im „Garten Eden der Pfalz“ präsentiert sich die Weinbaugemeinde Edesheim als idealer Wohn- und Urlaubsort. Ein breit gefächertes Angebot an Einkehrmöglichkeiten und die Edesheimer Schlossfestspiele, die jeden Sommer viele Besucher zur Seebühne vor dem Schloss locken, haben den Ort in den vergangenen Jahren zunehmend beliebter werden lassen. Schon im 14. Jh. sollen die Speyerer Bischöfe hier eine Wasserburg bewohnt haben. Das mitten in Edesheim gelegene Schloss entstand dann 1594, wurde seitdem jedoch mehrmals verändert und beherbergt heute in seinen klassizistischen Räumlichkeiten ein elegantes Hotel. Bei einer Ortsdurchfahrt fallen die imposanten Höfe und Anwesen auf, in denen es einige große Winzerbetriebe, z. B. das Weingut Anselmann, gibt.

• *Übernachten/Essen & Trinken* **** **Hotel Schloss Edesheim**, in dem schön gelegenen, von Wasser und Wein umgebenen Haus lässt es sich herrschaftlich wohnen. Im dazugehörigen eleganten Restaurant Da Nico wird italienische Küche auf höchstem Niveau geboten. Hauptgerichte 15–26 €. Tägl. 12–14 und 18–1 Uhr, So und Mo mittags nur einfache Gerichte. DZ ab 137 €. Luitpoldstr. 9, ☏ 06323/94240, 📠 942411, www.schloss-edesheim.de.

Wein-Castell Diehl, gemütliches Restaurant, in dem Pfälzer Köstlichkeiten genauso angeboten werden wie internationale Gerichte. Hauptgerichte 10–17 €. Mo/Di geschlossen, sonst 11.30–14 und 17.30–24 Uhr. Auch Gästezimmer. DZ ab 72 €. Staatsstr. 21, ☏ 06323/938940, 📠 9389428, www.wein-castell-edesheim.de.

Hainfeld: In dem gemütlichen Ort mit seiner winkeligen Dorfstraße und dem markanten Kirchturm ist noch viel alte Bausubstanz erhalten. Nicht zu Unrecht nennt sich Hainfeld „Weinort in Barock“, viele der Gebäude und Winzerhöfe entstanden im Zeitalter des Barock und Rokoko. Seit Ende des 15. Jh. gehörte Hainfeld zu Speyer und wurde dadurch katholisch geprägt. Die Heiligenfiguren im Ortsbild und die an der zentralen Kreuzung zu bewundernde, farbenfrohe Maria Immaculata erinnern daran. Dass Hainfeld nicht nur architektonisch einiges zu bieten hat, beweisen die selbst vermarktenden Winzer, deren Weine den Vergleich mit anderen entlang der Weinstraße nicht zu scheuen brauchen. Zu den empfehlenswerten Weingütern gehört jenes der Familie Koch, dessen Weinpavillon am Ortsausgang in Richtung Burrweiler typisch pfälzische Öffnungszeiten hat: „Wann's Licht brennt, isch uff.“

Im katholischen Hainfeld: Maria Immaculata auf der Weltkugel

• *Essen & Trinken* **Dorfbrunnen**, in dem ehemaligen Schulhaus gibt es in gemütlicher Atmosphäre typische Pfälzer Gerichte: Saumagen, Bratwurst und Leberknödel gehören zu den Klassikern. Im Okt. traditionelles Schlachtbuffet. Hauptgerichte 6–18 €. Mo/Di Ruhetag. Weinstr. 28, ☎ 06323/980734, 📠 980735, www.dorfbrunnen-hainfeld.de.

• *Einkaufen* **Weingut Borell-Diehl**, in dem blumengeschmückten, fast 400 Jahre alten Fachwerkhaus an der Weinstraße reifen klare, fruchtige Weißweine ebenso wie stimmige Rotweine. Mo–Sa 8–12 und 13–18 Uhr. Weinstr. 47, ☎ 06323/980530, 📠 980570, www.borell-diehl.de.

Weingut Koch, ein Weinpavillon an zentraler Stelle weist nicht immer auf beste Weinqualität hin. Im Falle des umfangreichen Angebots des Weinguts Koch jedoch ist auf die Qualität Verlass. Ein Gläschen Wein auf einer der Bänke vor dem Pavillon ist ein herrlicher Abschluss einer Weinstraßenradtour. Mi–So 14–22 Uhr. Weinverkauf im Weingut Mo–Fr 9–12 Uhr und 13–18 Uhr, Sa 10–12 Uhr und 13–17 Uhr. Weinstr. 1, ☎ 06323/2728, 📠 7577, www.weingut-koch.com.

Weingut Gerhard Klein, im schönsten Winzerhaus an der Weinstraße (Auszeichnung 2001) kann man hervorragende Weine probieren und kaufen, eine besondere Spezialität ist der rote Frühburgunder. Gutsausschank im Sept. geöffnet, Verkauf Mo–Fr 9–19 Uhr, Sa 9–16 Uhr. Weinstr. 38, ☎ 06323/2713, 📠 81343, www.weingut-gerhard-klein.de.

Weyher: Unterhalb der mit Kastanienbäumen bestandenen Ausläufer des Pfälzerwalds liegt auf rund 300 m Höhe der kleine und ein wenig verschlafene Ort Weyher. Von überall im Dorf hat man einen prächtigen Blick über die Ebene. Davon, dass Weyher ein frommer und im Gegensatz zum größeren Nachbarn Rhodt tief katholischer Ort ist, zeugen Heiligenfiguren an den Häusern und in der Flur. Die großzügig ausgestattete barocke Pfarrkirche St. Peter und Paul und die oberhalb des Ortes zu Beginn des 20. Jh. errichtete Lourdesgrotte sind weitere gottesfürchtige Merkmale des engen und doch sehr sonnigen Dorfes. Wenn heute vom Turm der Kirche die Glocken schlagen, dann erinnern sie an eine ganz besondere

Geschichte: Als die französischen Revolutionsheere 1794 die Pfalz eroberten, raubten sie vielen Kirchtürmen ihre Glocken. Auch die Glocken von Weyher lagen bereits abholfertig vor der Kirche bereit. Doch als sie am nächsten Morgen verladen werden sollten, waren die mächtigen Teile spurlos verschwunden und konnten auch nach längerer Suche nicht ausfindig gemacht werden. Junge Weyherer Männer hatten sie über Nacht in der Erde eines frisch gerodeten Weinbergs vergraben und die Spuren fein säuberlich verwischt. Erst als die Luft 1804 wieder rein war, wurden die Glocken geborgen und in den Kirchturm gebracht. An die Heldentat von einst erinnert heute der Glockenbrunnen am südwestlichen Ortsrand.

• *Übernachten* **Gäste- und Ferienhaus Herrmann**, hell und ansprechend renoviertes Gästehaus in zentraler Lage. DZ und Ferienwohnungen ab 38 bzw. 34 €. Oberdorf 42, ✆ 06323/5172, ℻ 704947, www.gaestehaus-herrmann.de.

Weingut-Gästehaus Graf, vom Balkon oder dem schön angelegten Garten kann man den Blick in die Weinberge genießen. Die Gästezimmer und Ferienwohnungen sind rustikal eingerichtet. DZ ab 40 €, Ferienwohnungen ab 40 €. Borngasse 7, ✆ 06323/980064, ℻ 980065, www.weingut-graf.de.

• *Einkaufen* **Weingut Rudi Möwes**, von außen wirkt das Weingut wie eine in die Jahre gekommene Winzergenossenschaft, es werden hier aber frische, sehr gute Weine produziert, die 2010 auch mit einer Gault-Millau-Traube ausgezeichnet wurden. Wunderschön ist das dazugehörige Ferienhaus „An der Dorflinde" für bis zu 5 Pers. (ab 50 €). Hübühl 10, ✆ 06323/5602, ℻ 980158, www.weingut-moewes.de.

Der Balkon der Südpfalz – Burrweiler, Gleisweiler und Frankweiler

Unterhalb des Teufelsbergs und der auf seiner östlichen Flanke thronenden St. Annakapelle liegen die drei malerischen Orte so dicht an die steilen Hänge des Kastanienwalds gedrängt, als müssten sie der Ebene entfliehen. Tatsächlich hat man hier oben den Eindruck, als würde einem ein Rebenmeer zu Füßen zu liegen.

Südlich des Modenbachtals, das für den Weinanbau aufgrund der aus dem Pfälzerwald kommenden kalten Winde ungeeignet ist und früher einmal durch Ackerbau und Viehzucht, heute aber durch Obstanbau gekennzeichnet ist, reihen sich die alten Häuser von **Burrweiler.** Gleich zwei Gotteshäuser prägen den kleinen Ort: Oberhalb von Burrweiler befindet sich unweit des höchstgelegenen Weinbergs der Pfalz die in ihrer heutigen Form 1895 errichtete St. Annakapelle. Unten im Dorf steht die gut erhaltene spätgotische Kirche Mariä Heimsuchung, die 1523 von dem Ritter Christoph von Dahn und der Äbtissin Odilia von Heilsbruck errichtet wurde und die Gräber der Herren von Dahn beherbergt. Im Ort findet sich auch der Hof der einstigen Ortsherren. Heute ist in dem festungsartig wirkenden Herrenhaus die Gaststätte von der Leyen untergebracht, deren Name von jenem Geschlecht stammt, das zwischen 1657 und 1794 die Geschicke des kleinen Dorfes lenkte. Die Grafen von der Leyen müssen ob der unsittlichen Umtriebe bisweilen so verzweifelt gewesen sein, dass sie zu drastischen Mitteln griffen. Im Jahr 1768 erließ Graf Franz Karl von der Leyen eine Verordnung, welche die Strafe bei Ehebruch regelte: „Dieselben sollen ohne Unterschied des Geschlechts an den Pranger gestellt, mit Rut scharf aufgestrichen und des Landes auf ewig verwiesen werden."

Der mit 284 m ü. d. M. auf gleicher Höhe wie Burrweiler gelegene Ort **Gleisweiler** bezeichnet sich gerne als der wärmste der Pfalz. Eindrucksvoll untermauert der über 150 Jahre alte Garten der Privatklinik Bad Gleisweiler mit seinen mehr als 80 zumeist südländischen Pflanzen diesen Ruf. Oberhalb der 1844 von dem Landauer Arzt Ludwig Schneider als eine der ersten Kaltwasserheilanstalten Deutschlands erbauten Klinik verspricht der Sonnentempel bei schönem Wetter von morgens bis abends Sonnengenuss ohne Unterbrechung. Zu der ehemaligen Heilanstalt gehörte auch die noch heute zu nutzende Walddusche im Hainbachtal, unter der die Patienten zwischen 1849 und 1878 ihre Abwehrkräfte stärken konnten.

Der verwinkelte und an dem engen Platz zwischen der katholischen Pfarrkirche St. Stephanus und der evangelischen Martin-Bucer-Kirche seinen Mittelpunkt findende Ortskern von Gleisweiler wirkt bisweilen wie ein belebtes Freiluftmuseum. Statt der sonst so weinstraßentypischen Autos tummeln sich Wanderer, Spaziergänger und Flaneure an schönen Wochenendtagen auf der Badstraße und der Lindenallee. Letztere führt vom südlichen Ortsende hinüber in den Nachbarort Frankweiler und ist wohl einer der schönsten Panoramawege der Pfalz. **Frankweiler** wirkt trotz seiner vielen Brunnen und gemütlichen Winzerhöfe vergleichsweise unspektakulär. Das auf eine alte fränkische Siedlung zurückgehende Weindorf wird von dem mächtigen Steinbruch am Ringelsberg überragt, dessen Steine viele der herrschaftlichen Häuser der Region prägen.

Hier residierte einst der Merowinger Dagobert: Burg Landeck

Dagoberthecke

Etwas außerhalb von Frankweiler steht in der Lage Königsgarten ein ansehnlicher Weißdornbusch. Daneben nennt ein Stein seinen Namen: Dagoberthecke. An eben dieser Stelle soll bis zu einem Blitzeinschlag im Jahr 1823 ein noch gewaltigerer, heiliger und heilender Busch gestanden haben. Der auf Burg Landeck residierende Merowinger Dagobert soll sich hier im Jahr 626 mithilfe von Frankweiler Bauern vor seinen Verfolgern versteckt haben. Weil er – für die damalige Zeit ungewöhnlich – einen Schuldspruch zuungunsten eines Edelmanns erlassen hatte, wollten ihn die Großen und Starken des Reiches nicht länger dulden. Er entkam ihnen jedoch durch sein Versteck im Weißdornbusch und war so dankbar für die Rettung, dass er den Bauern der Haardt in seinem Testament die Nutzung seiner ausgedehnten Vogesenwaldungen überließ.

Reisepraktische Informationen

• *Information* Burrweiler und Gleisweiler sind Teile der Verbandsgemeinde Edenkoben. Auskünfte erteilt **Südliche Weinstraße Edenkoben e. V.**, Büro für Tourismus, Poststr. 23, 67480 Edenkoben, ✆ 06323/959222, 📠 959288, www.garten-eden-pfalz.de. April–Okt. Mo–Fr 9–12.30 und 14–17 Uhr, Sa 10–12 Uhr; Nov.–März Mo–Fr 9–12 Uhr, Mo–Do 14–16 Uhr. Weitere Infos unter www.gleisweiler.de und www.burrweiler.de.

Informationen zu Frankweiler erhält man über das **Büro für Tourismus**, Marktstr. 50, 76829 Landau in der Pfalz, ✆ 06341/13180, 📠 13179, www.landau.de. Nov.–April Mo–Do 8.30–12 und 14–17 Uhr (Do bis 18 Uhr), Fr 8.30–12.30 Uhr, Mai–Okt. zusätzlich Fr 13–15 Uhr, Sa 10–12 Uhr.

• *Übernachten/Essen & Trinken* **Burrweiler Hof**, die gepflegten und großzügigen Ferienwohnungen sind meist ab 7 Tagen buchbar. Ab 55 €/Tag. Burrweiler, Gaisbergstr. 1, ✆ 06345/2770, 📠 7917, www.burrweilerhof.de.

St. Annaberg, der auf halber Höhe zwischen Burrweiler und St. Annakapelle gelegene Gutsausschank ist Teil des höchstgelegenen Weinguts der Pfalz. Ursprünglich diente das Anwesen der Verpflegung von Pilgern. Heute wird man für den Aufstieg nicht nur mit gutem, bodenständigem Essen, sondern auch mit einem herrlichen Terrassengarten und einem ebensolchen Blick entschädigt. Hauptgerichte ab 8 €. Mo/Di geschlossen, sonst ab 15 Uhr, Sa/So ab 12 Uhr. Auch einige helle und freundliche Zimmer. DZ ab 60 €. Burrweiler, St. Annaberg, ✆ 06345/3258, 📠 918140, www.restaurant-sankt-annaberg.de.

Weinstube Brand, nette, urige Weinstube mit sehr guten regionalen Gerichten, die bei Bedarf auch mal asiatisch-kreativ abgewandelt werden. Di 17–22 Uhr, Mi–Sa 12–14 und 18–22 Uhr. Frankweiler, Weinstr. 19, ✆ 06345/959490, 📠 959490.

Winzergaststätte von der Leyen, im Obergeschoss des im 16. Jh. entstandenen Amtshauses der Grafen von der Leyen war seit 1953 zunächst ein Gutsausschank der Burrweiler Winzergenossenschaft untergebracht. Seit den 1960er-Jahren kann man in der gemütlichen, gutbürgerlichen Gaststätte speisen. Hauptgerichte 8–23 €. Fr Ruhetag, sonst ab 11 Uhr, warme Küche bis 21 Uhr, Do bis 15 Uhr. Burrweiler, Weinstr. 18, ✆ 06345/3620, www.winzergaststaette-burrweiler.de.

Burrweiler Mühle, das Ausflugsrestaurant liegt in den sanft geschwungenen Ausläufern des Modenbachtals. Die freundlichen, urigen Räumlichkeiten befinden sich in einer alten Mühle. An Sonnentagen locken ein schattiger Garten und Spielgeräte für die Kinder. Hauptgerichte 8–16 €. Mo/Di geschlossen, sonst ab 15 Uhr, So/Fei ab 12 Uhr. Burrweiler, Burrweiler Mühle 202, ✆ 06323/980751, 📠 980751, www.burrweilermuehle.de.

• *Einkaufen* **Weingut Argus**, seit einigen Jahren werden die Weine des kleinen Gleisweiler Familienbetriebs zunehmend gelobt. Der Betrieb blickt auf eine lange Tradition zurück, schon 1610 entstand der urige Gewölbekeller, in dem heute v. a. Rieslinge und im Holzfass ausgebaute Rotweine entstehen. Sa 10–17 Uhr sowie nach Vereinbarung. Gleisweiler, Hauptstr. 23, ✆ 06345/919424, 📠 919425, www.argus-wein.de.

Weingut Meßmer, mineralische Rieslinge und andere gute Weine aus dem VDP-Weingut können auch im gutseigenen Restaurant „Ritterhof zur Rose" gekostet werden. Restaurant Di Ruhetag, Weinverkauf Mo–Fr 8–11.30, Mo–Mi zusätzlich 13.30–17 Uhr, Sa 9–13 Uhr. Burrweiler, Gaisbergstr. 5, ✆ 06345/2770, 📠 7917, www.weingut-messmer.de.

• *Wandern* Burrweiler, Gleisweiler und Frankweiler bieten sich für kurze Abstecher zu Aussichtspunkten am Waldrand ebenso an wie für ausgedehnte Tagestouren. Die Orte liegen nur wenige Kilometer voneinander entfernt, und von dem zumeist oberhalb verlaufenden **Weinstraßenwanderweg** ergeben sich herrliche Blicke. Burrweiler und Gleisweiler sind ideale Ausgangspunkte für Wanderungen zur **St. Annakapelle**, zur Trifelsblick- und Landauer Hütte sowie zur **Ruine Neuscharfeneck** (→ Wanderung 6, S. 204). In Frankweiler informiert der 3 km lange **Waldlehrpfad** auf Tafeln über den Lebensraum Wald und die Waldbewirtschaftung (Beginn am Wanderparkplatz westlich von Frankweiler).

Burrweiler Weinstraße

Sehenswertes

St. Annakapelle: Die imposant auf einem östlichen Ausleger des Teufelsbergs errichtete Kapelle ist seit vielen Jahrhunderten Ziel von Pilgern. In ihrer heutigen Form entstand sie 1895 durch den Burrweiler Pfarrer Michael Hendel. Neben den großen Wallfahrten in den Sommermonaten ziehen die Burrweiler alljährlich am 1. Mai zu ihrer Kapelle hinauf. Schließlich soll nach dem Gelöbnis, jedes Jahr an diesem Tag eine Bittprozession abzuhalten, 1748 eine todbringende Seuche von den Burrweiler Bürgern abgelassen haben.

Die Kapelle ist ab dem Parkplatz am Restaurant St. Annaberg zu Fuß über den Fahrweg in rund 15 Min. zu erreichen. Informationen über Wallfahrten beim Pfarrbüro Burrweiler (Di/Do 9–12 Uhr, ✆ 06345/3610) oder unter www.annakapelle.de. Die einfache PWV-Hütte an der Kapelle ist Mi und So, von Juli bis Okt. auch Sa 10–18 Uhr geöffnet (✆ 06345/3931).

Kurpfälzisches Zehnthaus: Der überall präsente, aufgeklärte Kurfürst Karl Theodor ließ das für das kleine Gleisweiler ein wenig überdimensioniert wirkende Zehnthaus 1753 durch seinen Hofbaumeister Sigismund Zeller errichten. Von hier aus wurde nicht nur die Abgabe des Zehnts an die örtliche Kirche organisiert und verwaltet, auch der katholische Pfarrer lebte lange Zeit in seiner Wohnung im vierten Stockwerk. Schon 1797 wurde das Zehntrecht in der Pfalz abgeschafft, und das stattliche Anwesen verlor einen großen Teil seiner Bedeutung. Da das Gebäude bautechnische Mängel aufweist, ist das in seinen Räumen untergebrachte Gleisweiler Papiermuseum, in dem u. a. die Papierherstellung bis zu Beginn der Industrialisierung im 19. Jh. dargestellt wird, derzeit leider geschlossen.

Am südlichen Ende der Fußgängerzone steht Luther

Landau

Das Zentrum der Südpfalz kann sich seiner Geschichte kaum entziehen. Breite Straßen und weitläufige Plätze lassen schon bei der Ankunft erahnen, dass hier einst große Paraden und Aufmärsche stattgefunden haben müssen. Nach dem Abzug des Militärs ist Landau heute ziviler Mittelpunkt der Region, Universitäts-, Verwaltungs- und Einkaufsstadt und dank der vielen eingemeindeten Dörfer im Umland die größte Weinbaugemeinde Deutschlands.

Das Zentrum von Landau hat mit der Gemütlichkeit der Weinstraßendörfer nicht viel gemein. Wer das Glück hat, zu Marktzeiten am Samstagmorgen hierherzukommen, erlebt städtische Betriebsamkeit. Der weitläufige Rathausplatz, 1689 als Waffen- und Paradeplatz angelegt, bildet den Mittelpunkt der Stadt, die aufgrund ihrer bisweilen wenig einladenden Außenbereiche oft verschmäht wird. Dabei zeigen sich die Straßen der Innenstadt erfrischend grün und viele Ecken ansprechend renoviert. An schönen Sommertagen sind die Cafés der Innenstadt voll mit jungen Leuten, von denen nicht wenige an der in ihrer heutigen Form erst 1990 gegründeten Universität studieren.

Das alles kann freilich nicht ganz darüber hinwegtäuschen, dass städtebaulich auch in Landau die eine oder andere Sünde begangen wurde. Und wie so oft in Städten mittlerer Größe hört die geschäftige Umtriebigkeit jenseits der Hauptstraßen schnell auf. Dafür entschädigt Landau mit seinem kleinen, aber ansprechenden Zoo, einladenden Parkanlagen und der die Stadt bis heute prägenden Festungsanlage. Es profitiert von seiner guten Lage an einem der schönsten Abschnitte der Weinstraße.

Geschichte

Die Geschichte Landaus als Markt-, Militär- und Verwaltungsstadt ist lang und wechselhaft. Die Verleihung der Stadtrechte erfolgte 1274 und damit nur wenige Jahre nach der ersten urkundlichen Erwähnung. Schon damals bewilligte König Rudolf von Habsburg dem pfälzischen Landau auch einen Wochenmarkt. Keine 20 Jahre später erfolgte 1291 der Aufstieg zur Reichsstadt. 1324 jedoch rächte sich Ludwig der Bayer dafür, dass die Abordnung aus Landau ihm bei der Wahl zum römisch-deutschen König die Stimmen verwehrt hatte, und verpfändete die gesamte Stadt an die Bischöfe von Speyer, unter deren fast 200-jähriger Herrschaft sie ruhige Zeiten erlebte. Der 1508 durch Landau von den Herrschern der Madenburg (→ S. 193) erworbene Weinort Nußdorf wurde 1525 zum Ausgangspunkt des Pfälzischen Bauernkrieges. Hier sammelte sich bei der Kirchweih am 23. April jener Nußdorfer Haufen, der im Kampf um die Rechte der Bauern Klöster und Herrschaftshäuser plünderte und Neustadt kampflos eroberte. Zwei Monate später wurden die Bauern jedoch im rheinhessischen Pfeddersheim durch die Truppen des Kurfürsten Ludwig V. vernichtend geschlagen. Heute erinnert ein Denkmal in Nußdorf an den Aufstand, der rund 8000 Bauern den Tod brachte.

Im Jahre 1688 schließlich begann nach dem Eintritt Landaus in den elsässischen Zehnstädtebund der Ausbau zu einer Festung durch den französischen Baumeister Sébastien Le Prestre de Vauban. Bis 1691 sollte Landau nach seinen Plänen zu einer der „mächtigsten Festungen der Christenheit“ werden. Auf einem eigens für den Bau errichteten Kanal wurden mächtige Gneisgesteine von Albersweiler nach Landau transportiert und hier von 20.000 Arbeitern zu einer gewaltigen achteckigen Festung errichtet, die bis 1871 zunächst unter französischer und später unter bayerischer Herrschaft bestehen blieb. Erst nach dem Schleifen der als Gefängnis empfundenen Festung konnte die Stadt wieder frei atmen. In den folgenden Jahren gab es neue Stadterweiterungen, und es entstanden weiterführende Schulen und eine Bahnverbindung nach Neustadt. Infolge der Weltkriege kehrten französische Truppen noch zweimal nach Landau zurück.

Information/Sightseeing/Parken/Taxi

• *Information* **Büro für Tourismus**, Marktstr. 50, 76829 Landau in der Pfalz, ✆ 06341/13180, ℻ 13179, www.landau.de. Nov.–April Mo–Do 8.30–12 und 14–17 Uhr (Do bis 18 Uhr), Fr 8.30–12.30 Uhr, Mai–Okt. zusätzlich Fr 13–15 Uhr, Sa 10–12 Uhr.

Südliche Weinstraße e. V., An der Kreuzmühle 2, 76829 Landau, ✆ 06341/940407, ℻ 940502, www.suedlicheweinstrasse.de.

• *Sightseeing* Das Büro für Tourismus bietet **Stadtführungen** mit unterschiedlichen Schwerpunkten an. Anmeldung für Gruppen und Termine für Individualreisende unter ✆ 06341/13181. Hier werden auch Fahrten mit dem **Schoppenbähnel** durch die Landauer Weindörfer vermittelt.

• *Parken* Wer bereit ist, ein paar Schritte zu laufen, der findet viele Parkmöglichkeiten für den vergleichsweise günstigen Preis von 1,50 € für 24 Std. Die größte Chance auf einen freien Platz hat man auf dem am nördlichen Rand der Innenstadt gelegenen **Alten Messplatz**. Direkt an der Fußgängerzone sind die Parkplätze erheblich teurer.

• *Taxi* Taxistand am Bahnhof, ansonsten unter ✆ 06341/86506.

Übernachten/Camping (siehe Karte S. 182/183)

Die Übernachtungsmöglichkeiten in Landau sind begrenzt. In den umliegenden Orten gibt es meist ein größeres und auch preisgünstigeres Angebot.

An der Deutschen Weinstraße

Gästehaus Stentz, in einem charmanten, um 1700 errichteten Fachwerkhaus hat Familie Stentz geschmackvolle Gästezimmer eingerichtet, welche die Tradition des Hauses mit modernen Elementen verbinden. DZ ab 58 €, z. T. mit kleiner Küche. Mörzheim, Mörzheimer Hauptstr. 47, ✆ 06341/30121, ℻ 34565, www.stentz.de.

**** **Parkhotel Landau (9)**, zentral und schön am Ostpark zwischen Bahnhof und Innenstadt gelegenes Haus mit gehobenem Standard. DZ ab 117 €. Mahlastr. 1, ✆ 06341/1450, ℻ 145444, www.parkhotel-landau.de.

Soho (10), schönes, modernes Hotel mit allem Komfort und gutem Restaurant. Schade nur, dass es nicht in fußläufiger Entfernung zur Innenstadt liegt. DZ ab 98 €. Marie-Curie-Str. 9, ✆ 06341/141960, ℻ 1419655, www.soho-landau.de.

Hochdörffers Gästechalet, großzügige und exklusiv eingerichtete Zimmer inmitten der

Weinberge. Der Garten des Hauses und das geschmackvolle Weincafé sorgen für mediterranes Ambiente. DZ ab 75 €. Auch Wohnmobilstellplätze mit allen Anschlüssen, 24 Std. 5 €. Nußdorf, Lindenbergstr. 79, ✆ 06341/61598, ✆ 64280, www.weingut-h-m-hochdoerffer.de.

• *Stellplätze* Am **Freizeitbad La Ola** (s. u.), inkl. Strom- und Wasserversorgung sowie Abwasserentsorgung. 24 Std. 10 €, inkl. Eintrittsgutschein für das Freizeitbad. Horstring 2, ✆ 06341/55115, ✆ 289170, www.la-ola.de.

Essen & Trinken/Nachtleben

• *Essen & Trinken* **Fünf Bäuerlein (3)**, das von fünf Winzern aus Orten entlang der Weinstraße übernommene Gasthaus hat sich in den vergangenen Jahren einen ausgezeichneten Ruf erarbeitet. Dieser gründet nicht nur auf den hervorragenden Burgundern und Rieslingen sowie der heimelig gastlichen Atmosphäre, sondern v. a. auch auf der feinen Küche. Hauptgerichte 8–18 €. Mo ab 17 Uhr, Di–Fr 11.30–14.30 und ab 17 Uhr, Sa 10.30–15 Uhr. Theaterstr. 2, ✆ 06341/20746, www.fuenf-winzer.de.

Weinstube Zur Blum (2), die im Frank-Loebschen Haus (→ S. 186) untergebrachte Weinstube besteht seit dem 17. Jh. In historischer Kulisse kann man bodenständige Pfälzer Kost und heimische Weine genießen. Hauptgerichte 12–18 €. So/Mo geschlossen, sonst ab 17 Uhr, Mi/Sa auch 11.30–17.30 Uhr. Kaufhausgasse 9, ✆ 06341/897641, ✆ 945977, www.zurblum.de.

Le Bistro (5), beliebte Mischung aus Bistro und Café an der südlichen Seite des Rathausplatzes. Die Küche ist die gleiche wie die der auf der Rückseite in der Kugelgartenstraße gelegenen Pizzeria „Pfeffer und Salz", wo schon seit Jahrzehnten gute klassische italienische Gerichte serviert werden. Tägl. 11–1 Uhr, Fr/Sa bis 2 Uhr, warme Küche bis 24 Uhr. Rathausplatz 6, ✆ 06341/80285.

Leo's (1), am Ende der Fußgängerzone in Richtung Uni und Zoo gelegen. Heimelige Mischung aus klassischer Kneipe, hipper Bar und gemütlichem Café. Vormittags lockt das Frühstück, abends die riesige Auswahl an Whiskeys. Tägl. 10–1 Uhr, Fr/Sa bis 2 Uhr. Pestalozzistr. 21, ✆ 06341/141174.

Riva (8), modern eingerichtete Kaffeebar an einem der neu gestalteten Abschnitte der Queich. Vor dem Café sitzt man in der Fußgängerzone und kann neben klassischem Kaffee auch Frappé oder Pralinen versuchen. So Ruhetag, sonst 10–19 Uhr. Bachstr. 2, ✆ 06341/919140.

Beat Lutz, das Restaurant, das genauso heißt wie sein Besitzer und Koch, hat sich zu einer beliebten Adresse für frisch zubereitetes und hochwertiges Essen entwickelt. Die Einrichtung ist gediegen und vermittelt ein wenig Wohnzimmeratmosphäre, der Service ist freundlich und fröhlich. Die Plätze sollten rechtzeitig reserviert werden. Hauptgerichte 10–30 €. So/Mo geschlossen, sonst 11.30–14 und 18–21 Uhr. Godramstein, Bahnhofstr. 28, ✆ 06341/60333, ✆ 960590, www.beatlutz.de.

Restaurant Friesenstube, friesische Küche in Pfälzer Fachwerk. Das kleine Restaurant ist mitsamt seinem liebenswerten maritimen Ambiente nicht nur für Fischliebhaber einen Besuch wert. Frisch zubereitet kommen die für die Pfalz außergewöhnlichen Speisen auf den Tisch. Hauptgerichte 8–19 €, Di Ruhetag, sonst ab 17.30 Uhr, So/Fei ab 11.30 Uhr. Arzheim, Rohrgasse 2, ✆ 06341/932581, www.friesenstube-landau.de.

Landhaus Herrenberg, das vor den Toren des ursprünglichen Weindorfs Nußdorf gelegene Landhaus ist ein beliebter Austragungsort für Feierlichkeiten. Über das weitläufige Rebenmeer reicht der Blick von den solide ausgestatteten Zimmern, während man im Restaurant oder auf der warmen Sonnenterrasse die feinen Ergebnisse der Winzerkunst probieren kann. DZ ab 95 €, Hauptgerichte 12–25 €. Mo Ruhetag, So ab 11.30 Uhr, sonst ab 18 Uhr. Nußdorf, Lindenbergstr. 72, ✆ 06341/60205, ✆ 60709, www.landhaus-herrenberg.de.

• *Nachtleben* **Colosseum (11)**, neuer Club südwestlich des Zentrums mit Cocktailbar, Buddhalounge und Danceclub (Rock, Latin, Drum'n'Bass). Einlass je nach Programm ab 16 oder 18 Jahren. Do–Sa ab 19 Uhr. Wollmesheimer Höhe 5, ✆ 06341/939981, www.colosseum-landau.de.

Einkaufen/Sport & Freizeit (siehe Karte S. 182/183)

• *Einkaufen* Als regionales Einkaufszentrum bietet Landau vielerlei Geschäfte rund um den Rathausplatz und in der Fußgängerzone. Dienstags und samstags findet von 7 bis 14 Uhr auf dem Rathausplatz der belebte **Markt** statt.

Oel de Vie (4), in dem kleinen Laden werden zum Großteil selbst importierte Olivenöle aus Norditalien und Südfrankreich angeboten. Darüber hinaus gibt es ein breites Angebot an mediterranen Köstlichkeiten. Mo–Fr 10–19 Uhr, Sa 8–16 Uhr. Marktstr. 44, ✆ 06341/87953, ✆ 890914, www.oeldevie.de.

Weingut Pfirmann, produziert werden hier durchgegorene und trockene Weine. Wollmesheim, Wollmesheimer Hauptstr. 84, ✆ 06341/32584, www.weingut-pfirmann.de.

Il Mio (6), pfälzischen Wein kauft man am besten in den zahlreichen Orten rund um Landau. Für italienische Weine gibt es einen modernen Laden im frisch renovierten Quartier Chopin, hier findet man auch italienische Feinkost. Mo–Fr 10–19 Uhr, Sa bis 17 Uhr. Ostbahnstr. 12, ✆ 06341/648330, ✆ 648331.

Besonders an Samstagen ist der Landauer Markt gut besucht

Käse Noe (7), kleiner Käseladen mit großer Auswahl. Mo–Fr 9.30–19 Uhr, Sa 8–14 Uhr. Gerberstr. 36, ✆ 06341/81039.

• *Baden* **La Ola**, das Freizeitbad bietet neben Riesenrutsche, Thermal- und Wellenbecken auch eine Saunalandschaft, Thaimassagen und einen türkischen Hamam. Mo 14–22 Uhr, Di/Mi/Sa 10–22 Uhr, Do bis 23 Uhr, Fr bis 24 Uhr, So/Fei bis 21 Uhr, Di/Do/Sa 6.45–9.45 Uhr für Frühschwimmer. Tageskarte 8 €, Jugendliche 6 €, Kinder unter 1 m 2 €, Sa/So/Fei alle Karten 1,50 € teurer. Nutzung der Saunalandschaft zzgl. 7 €. Horstring 2, ✆ 06341/55115, ✆ 289170, www.la-ola.de.

• *Golf* Landschaftlich wunderschön gelegener 18-Loch-Platz in dem zu Essingen (6 km nordöstlich von Landau) gehörenden **Golfclub Dreihof**. Greenfee ab 50 €. April–Sept. tägl. 8–19 Uhr, März/Okt. 8–18 Uhr, Nov.–Feb. 8.30–17 Uhr. Essingen, Am Golfplatz 1, ✆ 06348/6150237, www.golfclub-dreihof.de.

• *Klettern* **Rock & Climb**, der Landauer Anbieter organisiert neben Kletterreisen und Wochenendtouren nach Südeuropa und in der Pfalz auch Kurse in verschiedenen Schwierigkeitsstufen. Eintägiger Schnupperkurs inkl. Leihausrüstung ab 60 €. Lazarettgarten 35b, ✆ 06341/932351 oder 0172-6063740, www.rockandclimb.de.

• *Radfahren* Die sanften Hügel rund um Landau erlauben vielseitige und genussvolle Radtouren. Zum Kennenlernen des Landauer Umlands eignet sich der **Winzer-Radrundweg**, der auf seiner etwa 50 km langen Route rund um Landau durch malerische Weindörfer und eine abwechslungsreiche Landschaft führt (Informationen unter www.suedlicheweinstrasse.de oder www.adfc-rlp.de, noch nicht ausgeschildert). Landau liegt auch an dem schönen, in Hauenstein beginnenden und bis zur Queichmündung in Germersheim führenden **Queichtalradweg**, in dessen Verlauf sich die unterschiedlichen Landschaften der Pfalz erkunden lassen.

Frank-Loebsches Haus

• *Tennis* **Tennisclub Schwarz-Weiß 1896**, große Anlage mit zwölf Sand- und zwei Hallenplätzen, die auch Nichtmitgliedern zur Verfügung stehen. Friesenstr. 25, www.tennis-landau.de.

Sehenswertes

Rathausplatz: Das Zentrum Landaus wird von dem weitläufigen Rathausplatz dominiert. Heute finden hier keine Aufmärsche und Paraden mehr statt, nur das einsame Reiterstandbild des Prinzregenten Luitpold von Bayern erinnert an jene Zeiten, als sich Herrscher und Gefolge auf dem 1689 als Waffen- und Paradeplatz erbauten Platz versammelten. Rings um ihn gruppieren sich einige der imposantesten Landauer Gebäude. An der Nordseite liegen das 1790 als Wohnhaus erbaute Böckingsche Palais mit seiner frühgotischen Fassade und das ehemalige städtische Kaufhaus. Schon im 15. Jh. wurden hier durch städtische Kaufhausmeister kontrollierte Geschäfte getätigt; die im Erdgeschoss untergebrachten Woll- und Safranwaagen geben Einblicke in die einst so wichtigen Handelswaren der Region. Das inzwischen als Kulturzentrum betriebene Gebäude wurde in seiner heutigen Form um

1840 durch den bayerischen Architekten August von Voit erbaut. Den westlichen Abschluss des Rathausplatzes bildet seit 1827 das klassizistische Rathaus, das ursprünglich als Sitz der bayerischen Militärkommandantur entstand und heute die Stadtverwaltung und das Büro für Tourismus beherbergt.

Frank-Loebsches Haus: Gut versteckt in den engen Gässchen hinter dem alten Kaufhaus liegt ein wahres Kleinod Landaus. Der dreigeschossige Vierflügelbau mit Arkadenhof und einem Renaissance-Treppenturm entstand zwischen dem 15. und 17. Jh. und beheimatet die urige Wirtschaft Zur Blum (s. o.). Im 19. Jh. erwarb der Urgroßvater von Anne Frank, Zacharias Frank, das Anwesen als Wohnhaus. Bis zur Enteignung der Familie Frank-Loeb durch die Nationalsozialisten blieb es in deren Besitz. 1987 wurde es von der Stadt gekauft, heute sind hier neben einem Universitätsinstitut und einer Galerie eine Ausstellung über die Geschichte der Juden in Landau und eine Dokumentation über Sinti und Roma in der Pfalz untergebracht.

Di–Do 10–12 und 14–17 Uhr, Fr–So 11–13 Uhr. Eintritt frei. Kaufhausgasse 9, ✆ 06341/86472, 📠 13195.

Festung: Gemessen an der einstigen Größe der 1688 bis 1691 errichteten Festung wirken die erhaltenen Reste beinahe enttäuschend. Augenscheinlichste Zeugnisse der einst stadtbestimmenden Anlage sind das Deutsche und das Französische Tor mit jeweils entsprechender Ausrichtung. Darüber hinaus zeugen Teile des zu Beginn des 18. Jh. entstandenen Forts auf dem Kaffenberg vor den Toren des Hauptwalls von den Ausmaßen der einstigen Befestigungsanlagen.

Die Grundlagen für den Ausbau Landaus zu einer Festung legte der schon damals überaus bekannte und vom französischen Königshaus bewunderte Festungsbaumeister Sébastien Le Prestre de Vauban. Die Landauer selbst waren von ihrer Festung von Anfang an wenig begeistert. Sie litten nicht nur unter umfangreichen Enteignungen, sondern mussten 1689 sogar mit ansehen, wie weite Teile der Altstadt durch ein gewaltiges Feuer in Schutt und Asche fielen. In einer Denkschrift hatte Vauban zwei Jahre zuvor die enge Bebauung bemängelt, und dass schließlich französische Soldaten die Landauer Bürger daran hinderten, ihre Häuser zu löschen, nährte die Spekulationen über eine durch den leitenden Ingenieuroberst Tarade getätigte Brandstiftung. Beim Wiederaufbau wurde auf die vormaligen Besitzrechte keine Rücksicht genommen. Auf sich alleine gestellt, lebte die Landauer Bevölkerung viele Jahre unter schlechten Bedingungen in Baracken, weil Geld und Baumaterialien kaum zu bekommen waren.

Gleichzeitig wuchs und gedieh die Festung. Über 1000 Landwirte lieferten das Holz für den gewaltigen Bau, der bis zu 20.000 Arbeitern Beschäftigung gab. Viele davon kamen aus Frankreich und siedelten sich in Landau an. Die Stadt selbst wandelte sich zu einer nahezu perfekt geschützten Anlage. Nur über die beiden großen Tore konnte die Bevölkerung ein- und ausreisen.

Zoo: Der kleine, aber für seine Größe vielseitige Landauer Zoo liegt im Bereich der ehemaligen Festungsanlagen nördlich der Innenstadt. 1904 übernahm der Verein „Vogelfreund" die Anlage und errichtete erste Vogelhäuser und Tiergehege. Mittlerweile beteiligt sich der Zoo im Rahmen der europäischen Erhaltungszuchtprogramme an der Erhaltung von Braunkopfklammeraffen, Geparden und Humboldtpinguinen.

März–Okt. 9–18 Uhr, Nov.–Feb. bis 16 Uhr. Eintritt 6 €, Rentner 5 €, Jugendliche und Studierende 4 €, Kinder (4–12 J.) 3 €, Hunde 2,50 €. Hindenburgstr. 12–14, ✆ 06341/898229, 📠 898230, www.zoo-landau.de.

Die Landauer Festhalle

Festhalle: Nach der Schleifung der Festungsanlagen entwickelte sich Landau rasant zu einem aufstrebenden Zentrum der Südpfalz. Befreit von den Restriktionen und symbolischen Schranken der trutzigen Wehrmauern, entstand v. a. gegen Ende des 19. Jh. eine Aufbruchstimmung, welche die Stadt und ihre Bürger gleichermaßen ergriff. Zwischen 1905 und 1907 machte eine großzügige Spende des zunächst anonym gebliebenen Ziegelherstellers Dr. August Ludowici den Bau der Festhalle möglich, den Hermann Goerke meisterlich und imposant ausführte. Inzwischen gilt die Festhalle als eines der bedeutendsten Kulturdenkmäler des Jugendstils im süddeutschen Raum. 1200 Gäste finden hier bei verschiedenen Kulturveranstaltungen Platz.

Mahlastr. 3, Infos zu Veranstaltungen unter ✆ 06341/13933, www.jugendstil-festhalle.de.

Städtisches Museum im Haus Mahla: Das in einer repräsentativen Gründerzeitvilla untergebrachte Museum dokumentiert die Geschichte Landaus als Garnisonsstadt. Ein Modell der Stadt und der Festung gibt einen guten und detaillierten Überblick über das historische Landau. Darüber hinaus werden Gemälde bekannter heimischer Künstler gezeigt.

Mo–Do 8.30–12 Uhr sowie Mo–Mi 14–16 Uhr, Do bis 18 Uhr. Eintritt frei. Marienring 8, ✆ 06341/13155, ℻ 13154.

Strieffler-Haus: In dem ehemaligen Wohn- und Atelierhaus des Landauer Malers Heinrich Strieffler (1872–1949) befinden sich ein Museum und eine Galerie mit dem Nachlass des bedeutendsten pfälzischen Landschaftsmalers. Dessen Tochter Marie hinterließ es nach ihrem Tod 1987 der Stadt, die es weitestgehend unverändert der Öffentlichkeit zugänglich machte. So fühlt man sich tatsächlich in die Zeit des Malers hineinversetzt, der als zeichnerischer Schilderer des pfälzischen Weinbaus gilt.

Fr–So 14–17 Uhr. Eintritt 2,60 €, ermäßigt 1 €. Löhlstr. 3, ✆ 06341/86204.

Nußdorfer Bauernkriegshaus

Bauernkriegshaus: Das schöne Fachwerkhaus im Stadtteil Nußdorf gilt als die Keimzelle des pfälzischen Bauernaufstandes im Jahr 1525. Das im 15. Jh. erbaute Haus wurde während des Dreißigjährigen Krieges zerstört und 1671 auf den historischen Fundamenten wiederaufgebaut. Heute zeigt es eine kleine Sammlung über den Bauernkrieg und die Ortsgeschichte von Nußdorf.

Mai–Okt. Sa/So 14–17 Uhr. Eintritt frei. Nußdorf, Kirchstr. 66, ✆ 06341/62221.

Zwischen Landau und Pfälzerwald

Zwischen der dicht am Haardtrand verlaufenden Weinstraße und der durch Gemüse- und Tabakanbau gekennzeichneten Ebene im Osten liegen zumeist kleine Weindörfer in den sanften Tälern. Weitläufige Weinberge und kleine Obsthaine prägen die Landschaft, aus der hin und wieder ein Kirchturm erscheint. Zwischen Arzheim und Ilbesheim ragt die Kleine Kalmit aus dem geschwungenen Rebenmeer heraus.

Es gibt wenige solch dominierende Erhebungen wie die **Kleine Kalmit** in diesem Abschnitt der Pfalz. Die rund 270 m hohe Muschelkalkscholle bricht nach Westen in Richtung Ilbesheim jäh ab, während der Aufstieg von Osten her eher sanft verläuft. In früheren Tagen galt die Kleine Kalmit als Wetterberg und Heimat der Wetterhexe, Prozessionen führten zum Kreuz auf dem Gipfel, um gutes Wetter zu erbitten. 1851 erbaute der Arzheimer Pfarrer Michael Mohler auf dem imposanten Hügel die Kapelle zum „Troste der Armen Seelen“, von deren Vorplatz aus man einen herrlichen Ausblick genießen kann. Daneben sind es v. a. die seltenen Pflanzen und Tiere, welche die Kleine Kalmit zu einem besonderen Ort machen. Im Frühjahr blüht die violette Küchenschelle auf den Kalktrockenrasen der Flanken, im Herbst der Gefranste Enzian, Silberdisteln und verschiedene Orchideen. Zusammen mit seltenen Spinnen- und Schmetterlingsarten waren es diese Pflanzen, weswegen die Kleine Kalmit zum Naturschutzgebiet erklärt wurde.

Direkt unterhalb des Gipfels liegt der beschauliche Fachwerkort **Ilbesheim.** Affen bevölkern die kleinen Gässchen rund um den Birnbach – wie die Bewohner der umliegenden Orte haben auch die Ilbesheimer ihren Necknamen. Statt diesen jedoch zu verstecken, tragen sie ihn stolz und betonen die besonderen Eigenschaften der Tiere: Neugierde, Ehrgeiz und Geselligkeit. Historische Bedeutung erlangte der Ort 1704, als hier im Vertrag von Ilbesheim der Frieden zwischen Bayern und Österreichern verhandelt und damit der Spanische Erbfolgekrieg beendet wurde. Damals tagten die Parteien in dem 1558 erbauten Rathaus, das mit seiner offenen Halle im Erdgeschoss noch heute den Mittelpunkt des Ortes bildet. Im 15. und 16. Jh. war Ilbesheim ein Zentrum für den Anbau von Safran, über das der Botaniker und Prediger Hieronymus Bock Mitte des 16. Jh. berichtete. In den 1990er-Jahren wurde die Tradition des Safrananbaus in Ilbesheim wiederbelebt, die Gemeinde gilt heute als letztes Safrananbaugebiet der Pfalz. Rund 200.000 Blüten werden benötigt, um 1 kg des begehrten und teuren Gewürzes zu erhalten.

Das südlich von Ilbesheim gelegene **Göcklingen** wirkt auf den ersten Blick wie viele seiner Nachbarn: giebelständige, bescheidene Winzerhäuser und rebenbewachsene Torbögen, eine kleine Kirche im Zentrum und eine alljährlich stattfindende stimmungsvolle Kerwe. Doch zum 750-jährigen Bestehen der Gemeinde ließ sich Reiner Weißgerber etwas in der Pfalz durchaus nicht Alltägliches einfallen: Inmitten der Weinbaugemeinde eröffnete seine gemütlich eingerichtete Hausbrauerei und verkauft seitdem neben dem Göcklinger Hell und Dunkel auch verschiedene saisonale Biere.

Entlang der Weinstraße dominiert dann wieder der Rebensaft. In zahlreichen Restaurants und Weinstuben lässt er sich zum Essen oder einfach zwischendurch genießen. **Siebeldingen, Birkweiler, Ranschbach, Leinsweiler** und **Eschbach** entstanden dort, wo Flüsse und Bäche die Berge des Pfälzerwalds verließen und im Laufe der Jahrtausende tiefe Täler einschnitten. Zwischen den hübschen Orten liegen

Die ruhige Dorfstraße von Birkweiler

höher und vor kalten Winden aus dem Wald geschützt die wichtigsten Weinlagen der Südpfalz. In den oft vom Durchgangsverkehr befreiten westlichen Teilen der Orte findet man die authentische Weindorfidylle noch immer, während die an der Weinstraße gelegenen Bereiche in der Saison von Touristen und Neuen Wein anpreisenden Schildern bisweilen wimmeln. Manch herrlicher Platz findet sich im lichten Kastanienwald oberhalb der Weinorte. Der Slevogthof im beschaulichen Fachwerkort Leinsweiler und die Madenburg oberhalb von Eschbach erzählen viel von der Geschichte und den Menschen dieser Region. So wie die Ilbesheimer die Affen sind, sind die Eschbacher die Esel der Region. Vielerorts in dem durch zahlreiche Renaissancebauten geprägten Weinort stehen bunte, lebensgroße Esel. Und auch der Rutschbrunnen vor dem Haus am Schlossberg erzählt eine im Nachhinein durchaus heitere Geschichte: Als sich 1843 Besucher des Landauer Musikfests auf den Weg zur Madenburg machten, wurden sie von einem Gewitterguss überrascht und rutschten geradezu den steilen Berg wieder herunter.

Information/Übernachten

• *Information* **Büro für Tourismus**, Marktstr. 50, 76829 Landau in der Pfalz, ✆ 06341/13180, ℻ 13179, www.landau.de. Nov.–April Mo–Do 8.30–12 und 14–17 Uhr (Do bis 18 Uhr), Fr 8.30–12.30 Uhr, Mai–Okt. zusätzlich Fr 13–15 Uhr, Sa 10–12 Uhr.

Büro für Tourismus Landau-Land, Hauptstr. 4, 76829 Leinsweiler, ✆ 06345/3531, ℻ 2457, www.ferienregion-landau-land.de. Mo–Fr 9–12 Uhr, April bis Anfang Nov. zusätzlich 14–17 Uhr.

• *Übernachten* **** **Leinsweiler Hof**, die Lage des erstklassigen Hotels ist traumhaft. Von den geräumigen, soliden Zimmern aus lässt es sich – einen entsprechenden Geldbeutel vorausgesetzt – herrlich in die sanft geschwungenen Weinberge träumen. DZ ab 156 €. Leinsweiler, An der Südlichen Weinstraße, ✆ 06345/4090, ℻ 3614, www.leinsweilerhof.de.

*** **Rebmann**, etwas verwinkelt im Ortskern von Leinsweiler gelegenes Hotel mit klassischen, freundlich eingerichteten Zimmern. DZ ab 94 €. Leinsweiler, Weinstr. 8, ✆ 06345/95400, ℻ 954029, www.hotel-rebmann.de.

Villa Königsgarten, die Jugendstilvilla am

Ortsrand von Siebeldingen bietet verspielt-romantische Zimmer und familiäre Atmosphäre. Für Familien gibt es Suiten mit zwei Schlafzimmern. Besuchenswert ist auch die Weinstube „Faßschlubber" im Gewölbekeller. DZ ab 75 €. Siebeldingen, Bismarckstr. 1, ✆ 06345/5129, 📠 7790, www.villa-koenigsgarten.com.

Ferienweingut Stübinger, Weingut mit unterschiedlich großen Ferienwohnungen. Die Einrichtung variiert bezüglich Ausstattung und Qualität. Ab 39 €. Leinsweiler, Hauptstr. 12, ✆ 06345/1572, 📠 1000, www.weingut-stuebinger.de.

Haus Julia, komfortabel eingerichtete Ferienwohnungen am Rande von Leinsweiler. Ab 48 €. Leinsweiler, Hauptstr. 24, ✆ 06345/1679, 📠 918411, www.haus-julia.de.

Weingut Bosch, moderne, geräumige Ferienwohnungen und Gästezimmer mit Balkon direkt im Weingut, mediterranes Flair, Ausblick auf die Weinberge. Zusätzlich im Ortskern komfortables, rustikales Fachwerkhaus mit offenem Kamin, drei Schlafräumen, Wohnraum, Küche, Bad/WC. DZ und Ferienwohnungen ab 50 €. Ilbesheim, Mörzheimer Str. 5, ✆ 06341/33772, 📠 34601, www.weingutbosch.de.

Weingut Becker, mitten in den Weinbergen schön gelegenes Weingut mit einfachen Ferienwohnungen. Ab 27 €. Ilbesheim, Im Unteren Heißbühl, ✆ 06341/3595, 📠 33992, www.wein-gut-becker.de.

Dolce Casa, mediterran anmutendes Anwesen mit geschmackvoll eingerichteten Ferienwohnungen und einem stimmungsvollen Weinkeller (Do–Sa 17–22 Uhr, So 16–22 Uhr). Von den Balkonen aus bietet sich ein weiter Blick auf Wein und Wald. Je nach Wohnungsgröße 38–68 €, Frühstück 7 €/Pers. Göcklingen, Hauptstr. 55, ✆ 06349/6906, 📠 929873, www.dolce-casa-goecklingen.de.

Essen & Trinken/Einkaufen/Veranstaltung

• *Essen & Trinken* **Göcklinger Hausbräu**, kleine, mit viel hellem Holz standesgemäß eingerichtete Hausbrauerei mit unfiltrierten Bieren. Neben den Klassikern und Pfälzer Gerichten in ordentlichen Portionen gibt es mit Mai- und Weihnachtsbock, Schwarzbier und Festbier zu bestimmten Jahreszeiten ansprechende Angebote. Mai–Okt. tägl. ab 11 Uhr, Nov.–April unter der Woche erst ab 16 Uhr, Mi Ruhetag, Bierverkauf ganzjährig tägl. 10–18 Uhr. Göcklingen, Münsterweg 2, ✆ 06349/5335, 📠 963107, www.goecklinger hausbraeu.de.

Leinsweiler Hof, von dem auf der Anhöhe zwischen Leinsweiler und Eschbach gelegenen Restaurant kann man bei sehr gutem Essen fantastische Ausblicke genießen. Die Lage und die hochwertige Zubereitung traditioneller Gerichte haben ihren Preis, Hauptgerichte 14–24 €. Leinsweiler, An der Südlichen Weinstraße, ✆ 06345/4090, 📠 3614, www.leinsweilerhof.de.

Rebmann, gemütliches Restaurant in einem ehemaligen Weinkeller. Die Speisekarte bietet eine Mischung aus traditionellen Gerichten und modernen Kreationen. Gut sind auch die Pralinen, die René Rebmann mit Likören und Kastanien aus der Region herstellt. Hauptgerichte 13–25 €. Tägl. 11.30–14 und 17.30–21.30 Uhr, Nov.–März Mi Ruhetag. Leinsweiler, Weinstr. 8, ✆ 06345/95400, 📠 954029, www.hotel-rebmann.de.

St. Laurentiushof, in dem steinernen Erdgeschoss des im 17. Jh. erbauten Fachwerkhauses sitzt man etwas dunkel, aber durchaus urig. Wunderschön ist der Innenhof. Bei gutem Wetter kann man hier sitzen und die hochwertige Pfälzer Küche mit heimischen Produkten genießen. Mo Ruhetag, sonst ab 11 Uhr geöffnet. Birkweiler, Hauptstr. 21, ✆ 06345/942194, 📠 942195, www.stlaurentiushof-birkweiler.de.

• *Einkaufen* **Weingut Siegrist**, als einem der Vorreiter im Barriqueausbau kommt Thomas Siegrist in diesem Bereich heute seine enorme Erfahrung zugute. Mo–Fr 8–12 und 13.30–18 Uhr, Sa 9–16 Uhr. Leinsweiler, Am Hasensprung 4, ✆ 06345/1309, 📠 7542, www.weingut-siegrist.de.

Weingut Ökonomierat Rebholz, auch wenn es in der Pfalz viele gute Weingüter gibt, so wird dieses immer wieder als eines der besten bezeichnet. Stilistisch gelungene Etiketten runden das perfekte Erscheinungsbild des VDP-Betriebs ab. Mo–Fr 9–12 und 14–17 Uhr, Sa 9–15 Uhr. Siebeldingen, Weinstr. 54, ✆ 06345/3439, 📠 7954, www.oekonomierat-rebholz.de.

Weingut Gies-Düppel, Volker Gies hat als einer der jungen Südpfälzer Winzer im VDP-Weingut schon einiges verändert, die Qualität hat unter ihm einen deutlichen Sprung gemacht. Mo–Fr 9–12 und 14–18 Uhr, Sa 10–16 Uhr. Birkweiler, Am Rosenberg, ✆ 06345/919156, 📠 919157, www.gies-dueppel.de.

Weingut Dr. Steiner, inmitten von Weinbergen liegt oberhalb von Siebeldingen das kleine Weingut. Verkauft werden bodenständige trockene Weine. In den Sommermonaten lädt ein Gutsausschank (Do–So 14–21 Uhr) mit Sitzgelegenheit im mediterran anmutenden Garten zum Probieren ein. Mo–Fr 9–12 und 14–18 Uhr, Sa 9–13 Uhr, Mi nachmittags geschlossen. Siebeldingen, Johanneshof, ✆ 06345/3664, www.weingut-dr-steiner.de.

• *Veranstaltung* **Kalmitweinfest**, entlang der „Affenschaukel", dem Ilbesheimer Weinweg unterhalb der Kleinen Kalmit, laden Winzer und Gastronomen am vierten Wochenende im Juli zu einem der schönsten Weinfeste der Pfalz. Eine gelungene Mischung aus traditioneller Kerwe im Ortskern und einer qualitätsvollen Weinwanderung durch die Reben.

Sehenswertes

Slevogthof: Malerisch liegt die ehemalige Sommerresidenz Max Slevogts oberhalb des schönen Fachwerkortes Leinsweiler in ausgedehnten Kastanienwäldern. Über 100 Werke soll der Impressionist hier geschaffen haben. Das Anwesen, das sich immer noch im Familienbesitz befindet, wurde ursprünglich als Hofgut der oberhalb gelegenen Reichsburg Neukastel gebaut. Die Räume mit ihren farbenfrohen Wand- und Deckengemälden sind weitestgehend noch im Originalzustand erhalten. In der wenige Fußminuten unterhalb gelegenen Martinskirche heiratete Slevogt 1898 seine Frau Antonie Finkler. Bis zu seinem Tod 1932 zeigte er sich aufs Engste mit der Region verbunden.

• *Gaststätte/Führungen* Die Gaststätte im Slevogthof ist von März bis Nov. tägl. außer Do 10.30–18 Uhr geöffnet. In dieser Zeit finden auch Führungen statt: 11.15 und 13.30 Uhr, Sa/So zusätzlich 16 Uhr. Außerhalb der Führungen sind die Räumlichkeiten nicht zugänglich. Leinsweiler, Slevogthof, ✆ 06345/3685, 📠 918042, www.slevogthof-neukastel.de.

An der südlichen Weinstraße liegen viele romantische Orte

Weiter Blick von der Madenburg in die Rheinebene

Madenburg: Neben dem Trifels ist die Madenburg die markanteste Burg der Südpfalz. Von der Ebene aus sieht man sie oberhalb von Eschbach ausgedehnt auf einem flachen, bewaldeten Sporn des Rothenbergs liegen. Trotz mehrmaliger Zerstörungen und Plünderungen während des Bauernkrieges und im Pfälzischen Erbfolgekrieg vermittelt sie auch heute noch einen Eindruck der früheren Pracht. Im Laufe ihrer Geschichte wechselte die Madenburg gleich mehrmals ihre Besitzer. Leininger, Sickinger, Fleckensteiner und Württemberger residierten hier, bis sie 1516 an das Bistum Speyer fiel und mehrfach erweitert wurde. Teile der Kernburg lassen die Ausmaße der soliden Erweiterungsbauten durch Bischof Philipp von Flörsheim zwischen 1529 und 1552 erkennen. Bischof Eberhard von Speyer ließ die Burg 1593 durch den Eberhardsbau erweitern, bis heute sind davon zwei beeindruckende Renaissance-Treppentürme zu sehen. Seit 1800 befindet sie sich in privaten Händen. Bedeutung erlangte sie noch einmal 1848, als Robert Blum, Abgeordneter der Frankfurter Nationalversammlung, hier sein viel beachtetes Plädoyer für eine freiheitlich-demokratische Verfassung hielt.

Heute lohnt der Aufstieg auf die Madenburg v. a. wegen des Ausblicks: Nicht nur über die Rheinebene und zum nahen Slevogthof kann man schauen, sondern in Richtung Westen auch weit in den Pfälzerwald. Zahlreiche begeh- und besteigbare Bauten machen den Besuch für Kinder interessant.

- *Burgschänke* In der Madenburgschänke (✆ 06345/7110) gibt es kleine Gerichte und Erfrischungen. Da sich die Burg in Privatbesitz befindet, mitgebrachtes Essen offiziell nicht verzehrt werden darf und das Preis-Leistungs-Verhältnis der Madenburgschänke erfreulich ist, wird das gastronomische Angebot von vielen Besuchern angenommen. April–Okt. Mo Ruhetag, sonst 10.30–20 Uhr, Nov.–März Mo/Di geschossen, sonst 11.30–18 Uhr. Achtung: An Ruhetagen ist die gesamte Burganlage geschlossen!
- *Burgführungen* Nach Vereinbarung (✆ 06345/3531).
- *Wandern* Eine kurze Wanderung zur Madenburg führt in rund 15 Min. vom unterhalb gelegenen Wanderparkplatz (Zufahrt über den Eschbacher Sportplatz) hinauf zur Burg. Die Wälder zwischen Eschbach und Annweiler mit ihren geschichtsträchtigen Burgen Trifels und Madenburg sind schöne Wanderreviere mit gut ausgeschilderten Wegen.

Die heimelige Fußgängerzone von Bad Bergzabern

Bad Bergzabern

Gemütlich geht es zu in dem kleinen Kurstädtchen am Schnittpunkt von Deutscher Weinstraße und Wasgau. Zwischen dem romantischen, vierflügeligen Schloss und dem in den Pfälzerwald hineinreichenden, ausgedehnten Kurpark liegt die heimelige Altstadt.

Dass hier alles ein wenig ruhiger und gemächlicher verläuft als anderswo, mag auch an der großen Anzahl meist älterer Kurgäste liegen, die jedes Jahr nach Bad Bergzabern reisen. Der sich entlang dem Kurtal erstreckende Kurpark mit seinem alten Baumbestand und das überschaubare Angebot an einladenden Cafés und Restaurants scheinen der eher bescheidenen Nachfrage Rechnung zu tragen. Und auch der Wein spielt hier keineswegs die Rolle, die man aufgrund der weitläufigen Rebenmeere im Umland erwarten könnte. Der Hauch von Toskana ist hier weniger zu spüren als andernorts an der Weinstraße, ein bisschen wähnt man sich in dem kleinen Städtchen bisweilen schon tief im Pfälzerwald.

Der Charme Bad Bergzaberns liegt in seiner Altstadt. Das Schloss der Herzöge von Pfalz-Zweibrücken und das als das schönste Renaissancehaus der Pfalz bezeichnete Gasthaus Zum Engel machen die Königstraße zu einem durchaus herrschaftlichen Entree. Dazu gesellen sich alteingesessene Läden, die Einheimische, Kurgäste und Urlauber gleichermaßen zu ihrer Kundschaft zählen können. Am Marktplatz schließlich schlägt das Herz des romantischen Bad Bergzabern. Auch wenn die umliegenden Gebäude, das alte Rathaus, die Marktapotheke und das Haus der Buchhandlung Wilms, nach einem verheerenden Brand im Jahr 1676 erst zu Beginn des 18. Jh. entstanden, so schwingt in der Anlage des Ensembles doch ein wenig mittelalterliche Behaglichkeit mit. Schon hinter der alles überragenden Marktkirche zeigen sich jedoch die Grenzen der Illusion. Hier dominieren Parkplatz, Bundesstraße und überaus zweckmäßige Architektur, woran leider auch der durch den Bildhauer Gernot Rumpf geschaffene heitere Weinbrunnen vor der Sparkasse wenig ändert.

Amüsant wird hier mit einprägsamen Tierfiguren die Parodie auf den Schoppen erzählt: Wer einen trinkt, ist fromm wie ein Lamm, nach zweien gierig wie ein Affe, nach dreien brüllt man wie ein Löwe, und nach vieren schließlich grunzt und wälzt man sich wie ein Schwein. Beispielhaft für gelungene Stadtplanung ist die Neugestaltung des angrenzenden Ludwigsplatzes. Durch helles abwechslungsreiches Pflaster, einen lebhaften Brunnen und die zumindest optisch zurückgenommene Straße wirkt hier alles etwas freundlicher – das ist auch für die angrenzende Gastronomie ein großer Gewinn.

Information/Übernachten/Camping/Essen & Trinken

• *Information* **Tourist-Information**, Kurtalstr. 27, 76887 Bad Bergzabern, ✆ 06343/989660, 📠 9896666, www.bad-bergzabernerland.de. Mo–Fr 9–17 Uhr, außer Dez.–Feb. auch Sa bis 13 Uhr.

• *Übernachten* Abgesehen von den Kurkliniken ist das Bettenangebot begrenzt und meist wenig zeitgemäß.

Zur Linde, klassisches Hotel-Restaurant in einer ruhigen Seitenstraße zwischen Kurgebiet und Innenstadt. Die Zimmer sind solide und haben teilweise Balkon. DZ ab 73 €. Schlittstr. 1, ✆ 06343/939519, 📠 939529, www.linde-bad-bergzabern.de.

Südpfalz-Jugendherberge, im Sommer 2011 soll die Jugendherberge am nördlichen Stadtrand von Bergzabern nach umfangreichen Umbaumaßnahmen wieder eröffnen. Alle 111 Betten in Zimmern mit Dusche und WC. DZ ab 51 €. Altenbergweg, ✆ 06343/8383, 📠 5184, www.diejugendherbergen.de.

**** **Schlosshotel Bergzaberner Hof**, schickes Hotel, das nach zahlreichen Anlaufschwierigkeiten im Sommer 2010 eröffnet wurde. Im Gourmetrestaurant Walram werden exquisite Menüs, z. B. 5-Gänge-Wildmenü für 72 €, geboten. Mo/Di geschlossen, sonst 12–14 und 18–22 Uhr. DZ ab 153 €. Königstr. 55–57, ✆ 06343/936590, 📠 936599, www.bergzaberner-hof.de.

• *Camping* Stellplätze gibt es auf dem innerstädtischen Parkplatz an der Weinbergstraße.

• *Essen & Trinken* **Zum Engel**, in dem auffallenden Renaissancehaus ist bereits seit 1802 eine Gaststätte untergebracht. Heute wird in den mit viel Holz gestalteten Räumlichkeiten solide Pfälzer und gutbürgerliche Küche geboten. Hauptgerichte 7–17 €. Do Ruhetag, sonst 11–22 Uhr. Königstr. 45, ✆ 06343/934843, 📠 934844.

Café Herzog, klassisches Café in der Fußgängerzone mit feinen Kuchen und Torten. Die Spezialität des Hauses ist die Kurschnecke, eine witzige Praline mit wechselndem Inhalt. Di 10–18 Uhr, Mi–Fr 8.30–18.30 Uhr, Sa 8.30–18 Uhr, So 12–18.30 Uhr. Marktstr. 48, ✆ 06343/1535, 📠 2908, www.cafe-herzog.de.

Wilder Mann, in dem von außen unscheinbaren Gasthaus wird man freundlich bedient. Das Essen ist vielseitig, und ein Teil der Speisen entsteht ausschließlich aus Zutaten aus der heimischen Landwirtschaft. Hauptgerichte 9–16 €. Tägl. außer Di ab 11 Uhr. Weinstr. 19, ✆ 06343/988744, www.wilder-mann-pfalz.com.

Zwoggel, Bistro und Restaurant im alten Bahnhofsgebäude. Neben einfachen Kleinigkeiten gibt es Steaks und Vegetarisches zu fairen Preisen. Mo Ruhetag, sonst ab 10 bis ca. 22 Uhr, warme Küche über Mittag und am Abend. Bahnhofstr. 5, ✆ 06343/9341144, www.zwoggel.com.

Caffé Pola, italienisches Café und Eisdiele zwischen Stadt und Kurpark. Neben Cappuccino & Co gibt es in dem engen, aber gemütlichen Café tolles Eis und einen freundlichen Service. Im Sommer betreibt Familie Pola auch ein Eiscafé am Kurpark. Tägl. 9–20 Uhr. Weinstr. 28, www.pola-gelati.net.

Einkaufen/Sport & Freizeit

• *Einkaufen* **Buch & Kunsthandlung Wilms**, in dieser Buchhandlung gibt es nicht nur Bücher und Kunstgegenstände zu kaufen, sondern auch ein Zinnfigurenmuseum zu besichtigen. In diesem wird mit über 20.000 Zinnfiguren die Weltgeschichte nachgestellt. Mo–Fr 9–12.30 und 14.30–18 Uhr. Marktstr. 14, ✆ 06343/939172, www.buchhandlung-wilms.de.

• *Kur und Erholung* **Südpfalz Therme**, großes, neu gestaltetes Heil- und Thermalbad mit einem weitläufigen Außenbereich. Tägl. 9–22 Uhr, Fr/Sa bis 23 Uhr, Zutritt erst ab 3 J., unter 16 J. nur in Begleitung Erwachsener. Therme und Sauna ab 10,50 €. Kurtalstr. 27, ✆ 06343/934010, 📠 934040, www.suedpfalz-therme.de.

Kurpark, abwechslungsreiche Anlage mit Nordic-Walking-Zentrum, Kräutergarten, Kneipp-, Wald- und Naturlehrpfad.

Südpfalz Culinarium, im ehemaligen Haus des Gastes sind inzwischen ein gemütlich-abwechslungsreich gestaltetes Restaurant und Café mit schöner Terrasse und gehobener regionaler Küche, eine Weingalerie mit Tropfen verschiedener Winzer des Bergzaberner Umlandes, eine Gästeinformation sowie verschiedene Tagungs- und Veranstaltungsräume untergebracht. Tägl. 11–23 Uhr. Rötzweg 9, ✆ 06343/7007810, www.suedpfalz-culinarium.de.

• *Radfahren* Die 32 km lange und durchgehend gleich markierte **Petronella Tour** führt rund um Bad Bergzabern durch einige der schönen Weindörfer. Die Radtour beginnt am Bad Bergzaberner Schloss und folgt von hier aus den grünen Hinweisschildern mit einem Fahrrad und einer in ein Fass eingezeichneten „2". Zunächst geht es in Richtung Osten durch weite Weinberge und ab Billigheim entlang dem Klingbach bis Klingenmünster. Hier wendet man sich nach Süden und fährt an der Weinstraße wieder auf Bad Bergzabern zu. **Fahrradverleih** durch den Zweiradshop Kunz, Mo–Fr 9–12 und 14–18 Uhr, Sa 9–12.30 Uhr, Kurtalstr. 4, ✆ 06343/5699.

• *Wandern* Zum 30 m hohen **Bismarckturm** auf dem Neuberg kann man der Beschilderung ab dem Böhämmerbrunnen folgen. Wem es nur um die Aussicht geht, der kann auch auf dem Parkplatz vom Kloster Liebfrauenberg parken und ein paar Meter laufen. Nach **Dörrenbach** (→ S. 198) und über den 481 m hohen Stäffelsberg führt eine 10 km lange Runde, die am Kurpark in Bad Bergzabern beginnt. Von hier folgt man zunächst der roten Raute, dann dem grünen Dreieck auf weißem Grund nach Dörrenbach (291 m). Ab dem sehenswerten Rathaus von Dörrenbach führt die gleiche Markierung hoch zur Kolmerberg-Kapelle (394 m) und durch einen schönen Esskastanienwald auf den **Stäffelsberg**. Nach dem Abstecher auf den Berg geht es wieder ein kurzes Stück zurück zur Wegkreuzung „Bild". Von hier aus führt das weiße Dreieck über den „Schlauweg" wieder hinunter in Richtung Bad Bergzabern.

An Sonn- und Feiertagen fährt von Bad Bergzabern über Vorderweidenthal die **Wanderbuslinie 548** nach Dahn. Mit diesem Bus erreicht man u. a. auch die **Burg Berwartstein**.

In der Umgebung

Zwischen Bad Bergzabern und Klingenmünster: Unmittelbar nördlich von Bad Bergzabern geht es recht gemächlich und unaufgeregt zu. Wein wird häufig nur direkt am Haardtrand angebaut, dazwischen sorgen weitläufige Äcker, Hecken, Wiesen und verschlafene Dörfer für landschaftliche Abwechslung. Viele der hiesigen Winzer haben die Zeichen der Zeit allerdings noch nicht erkannt: Den alten Weinstraßentourismus, der die Nachfrage nach einfachen, günstigen Schoppen antrieb, gibt es kaum noch, Qualität wird immer wichtiger, und in dieser Hinsicht können die Weine nicht mit denen zwischen Landau und Bad Dürkheim mithalten. Hier und da erstrahlt aber ein Leuchtturm, der zeigt, dass der Wandel möglich ist. Ein Beispiel ist der wunderbar zwischen den sanften Rebenhängen gelegene Ort *Pleisweiler-Oberhofen*, der 1565 als Gutshof der Klosterabtei in Klingenmünster gegründet wurde und heute eine rühmliche Ausnahme beheimatet: das Weingut Wilker (s. u.). Am Ortsende in Richtung Bad Bergzabern steht die katholische Pfarrkirche „Apostel Simon und Judas", die, 1757 durch den kurpfälzischen Hofbaumeister Franz Wilhelm Rabaliatti erbaut, trotz ihrer geringen Größe als eine der ansehnlichsten Barockkirchen der Weinstraße gilt. Älter als das Langhaus ist der um 1300 erbaute Turm, der neben der eigentlichen Kirche steht und 1758 seine barocke Haube erhielt.

Etwas weiter nördlich wurde schon vor dem 9. Jh. auf einer kleinen Insel im Lauf des Klingbachs das Kloster *Klingenmünster* gegründet. Das genaue Alter der Anlage ist nicht bekannt. Eventuell waren es irische Missionare, die sich zur Zeit des Merowingerkönigs Dagobert hier niederließen. Das klösterliche Leben in Klingenmünster ging jedoch schon 1567 zu Ende. Teile der Klosteranlage wurden 1737 durch den kurpfälzischen Baumeister Kaspar Valerius in die neu errichtete St.-Michael-Kirche integriert, andere als Stall und Gesindehaus genutzt. Nach einer Mitte der 1980er-Jahre durchgeführten Renovierung erhält man heute wieder einen Eindruck von der ehemaligen Anlage. Die oberhalb der Gemeinde Klingenmünster gut sichtbar gelegene *Burg Landeck* entstand unter den Staufern im 12. Jh. Lohnenswert sind die Aussicht und der Flammkuchen in der schön eingerichteten Burgschänke (tägl. ab 11 Uhr, ✆ 06349/8744). Von oben sind auch die Gebäude des Pfalzklinikums für Psychiatrie und Neurologie, des größten Arbeitgebers der Stadt, zu sehen. Davor steht anmutig auf einer baumbestandenen Wiese die im 13. Jh. gegründete Nikolauskapelle.

• *Übernachten/Essen & Trinken* **Landhaus Wilker**, mitten in der kleinen Ortschaft Oberhofen liegt abgeschieden vom Durchgangsverkehr das Anwesen der Familie Wilker. Während im Weingut aromatische Weine entstehen, bezaubert das benachbarte Landgut durch Zimmer mit schönem Ausblick und die wunderbar eingerichtete Weinstube „Alter Wilhelm". Hauptgerichte 8–23 €. Mo Ruhetag, sonst ab 17 Uhr, So ab 11.30 Uhr. DZ ab 80 €, unter der Woche teilweise günstiger. Pleisweiler-Oberhofen, Hauptstr. 31, ✆ 06343/700700, ℻ 700707, www.wilker.de.

Weingut Fritz Walter, in dem im kleinen Weiler Niederhorbach gelegenen Weingut werden Tradition und Modernität stilvoll miteinander verbunden: In der sympathisch gestalteten und freundlichen Weinstube (preislich gehoben, Hauptgerichte 11–19 €) gibt es neben den ausgezeichneten Weinen des Hauses auch Pfälzer Klassiker und raffinierte Kreationen. Einladend sind auch die modernen, leicht verspielten Zimmer. DZ 34–51 €. Niederhorbach, Landauer Str. 82, ✆ 06343/936550, ℻ 9365551, www.fritz-walter.de.

*** **Hotel-Restaurant Südpfalz-Terrassen**, großes Haus am östlichen Ortsrand von Gleiszellen. Die teureren Zimmer verfügen über einen Balkon mit herrlichem Blick. Hallenbad und Wellnessbereich gehören ebenso zum Hotel wie verschiedene Restaurants mit z. T. guter Küche. DZ ab 75 €. Gleiszellen-Gleishorbach, Winzergasse 42, ✆ 06343/70000, ℻ 5952, www.suedpfalz-terrassen.de.

• *Veranstaltungen* Gleich 2-mal lädt Gleiszellen im Herbst zu beliebten Weinfesten: Das **Weinfest in der Winzergasse** (zweites Septemberwochenende) und das **Fest des Federweißen** (drittes Oktoberwochenende) ziehen alljährlich viele Besucher in die Höfe und die malerische Winzergasse.

Weitgehend autofreie Fachwerkidylle: Gleiszellen-Gleishorbach

Ein schöner Weg führt von Dörrenbach zur Kolmerberg-Kapelle

Dörrenbach: Der Ort Dörrenbach liegt inmitten von Kastanienwäldern romantisch versteckt am Ende einer Stichstraße unterhalb des Stäffelsbergs. Rund um das 1590 durch die Herzöge von Pfalz-Zweibrücken als Amtshaus errichtete Renaissance-Rathaus gruppieren sich urgemütliche, blumengeschmückte Fachwerkhäuschen und trutzige Sandsteinmauern. Im Zweiten Weltkrieg tobten hier heftige Gefechte. Um ein freies Schussfeld zu haben, ließ die Wehrmacht einen Großteil Dörrenbachs abreißen. Nach dem Ende des Krieges wurde vieles wiederaufgebaut, und so gilt der kleine Ort heute als einer der Höhepunkte der Pfalz. Dominant und außergewöhnlich ist der oberhalb der Hauptstraße gelegene Wehrfriedhof. Als die Pfalz im 15. Jh. zum Spielball verfeindeter Herrscher wurde und die Bevölkerung unter den heftigen Kämpfen zwischen dem Westpfälzer Pfalzgrafen Ludwig von Veldenz und seinem Vetter Pfälzer Fritz, dem in Heidelberg residierenden Kurfürsten Friedrich I., arg zu leiden hatte, fanden die Dörrenbacher hier und in der St. Martinskirche mit ihren im frühen 14. Jh. entstandenen Wandmalereien Schutz. Seit 1684 wird die Kirche als Simultankirche von katholischen und protestantischen Gläubigen genutzt.

• *Information* **Verkehrs-, Kultur- und Tourismusverein Dörrenbach e. V.**, Hauptstr. 10, 76889 Dörrenbach, ✆ 06343/4864, 📠 938778, www.doerrenbach.de. Mo, Mi–Sa 9–12 Uhr, Sept.–Okt. auch Sa.

• *Übernachten/Essen & Trinken* **Weinstube am Stäffelsberg**, rustikale und doch hell und freundlich wirkende klassische Weinstube mit bodenständigen, preiswerten Pfälzer Gerichten. Di/So geschlossen, sonst ab 17 Uhr, Nov.–März nur So ab 12 Uhr. Auch freundliche Ferienwohnungen ab 28 €. Heideweg 6b, ✆ 06343/7007540, 📠 7007550, www.staeffelsberg.de.

Unter den Linden, moderne Weinstube mit schönem Biergarten und gutem hausgemachtem Kuchen. Mo Ruhetag, sonst ab 12 Uhr, Küche bis 21 Uhr. Hauptstr. 8, ✆ 06343/939803.

Schweigen-Rechtenbach

So wie die Weinstraße in Bockenheim am Haus der Deutschen Weinstraße beginnt, so endet sie im Süden am Deutschen Weintor in Schweigen. Letzteres freilich ist deutlich älter und entstand bereits 1936 mit der gesamten Touristikroute entlang der Haardt.

Unmittelbar an der Grenze zum Elsass liegt der aus zwei Ortsteilen bestehende Weinort, dessen Weintor symbolisch für die ganze Weinstraße steht. Schon lange wurde hier ebenso wie auf der französischen Seite Wein angebaut. Als Mitte der 1930er-Jahre der deutsche Weinhandel zusammenbrach, weil die Nachfrage gesunken und viele der jüdischen Weinhändler von den Nationalsozialisten vertrieben worden waren, ersann man in Schweigen die Idee für eine neue Art des Weintourismus. Nach gerade mal acht Wochen Bauzeit wurde am 18. Oktober 1936 das monumental anmutende Deutsche Weintor eröffnet. Heute ist es Symbol der gleichnamigen, über 450 Mitglieder zählenden Winzergemeinschaft mit Sitz in Ilbesheim. Neben der großen Genossenschaft gibt es in Schweigen aber auch einige selbst vermarktende Winzer. Einige von ihnen ernten ihre Trauben auf französischem Grund, wo die deutsche Gemeinde rund 250 ha Weinberge besitzt. Der Qualität scheint dies förderlich zu sein, gibt es doch gerade in Schweigen einige sehr gute Weingüter.

Als **Oberer Mundatwald** wird der westlich von Schweigen aufsteigende Pfälzerwald bezeichnet. Seine Besonderheit ist, dass er zwar zum deutschen Hoheitsgebiet gehört, aber von französischen Förstern bewirtschaftet wird. 1946 hatte Frankreich das 7 km² große Waldgebiet annektiert, da es einen wesentlichen Bestandteil der Wasserversorgung des französischen Weißenburg (Wissembourg) darstellte. Erst 1986 wurde die Gebietshoheit wieder an Deutschland übertragen, Eigentümer des Großteils des Gebiets wurde im Gegenzug Frankreich. Die höchste Erhebung des südöstlichsten Teils des Pfälzerwalds ist mit 560 m die Hohe Derst.

Reisepraktische Informationen

• *Information* **Tourismusverein Wein & Kultur Schweigen-Rechtenbach e. V.**, Im Weintor, 76889 Schweigen-Rechtenbach, ☎ 06342/6321, 919587, www.schweigen-rechtenbach.info.

• *Übernachten/Essen & Trinken/Einkaufen* **Gästehaus Stefan Ehrhardt**, geschmackvoll restauriertes Fachwerkhaus mit im Landhausstil eingerichteten Zimmern. DZ und Ferienwohnung ab 39 €. Rechtenbach, Talstr. 29, ☎ 06342/7411, www.gaestehaus-ehrhardt.de.

Das Weintor: Anfang und Ende der Deutschen Weinstraße in Schweigen

Deutsches Weintor, das Restaurant in den Nebengebäuden des Weintors ist vor einiger Zeit komplett renoviert worden. So kann man nun in angenehmer und trotz der Monumentalität des Bauwerks gemütlicher Atmosphäre nett dekorierte Köstlichkeiten schlemmen und die Weine der Winzergenossenschaft probieren. Im Sommer lockt die Terrasse mit schönem Blick auf die Landschaft und den zum Anwesen gehörenden Kinderspielplatz. Hauptgerichte 10–22 €. Tägl. 10–18 Uhr, April–Okt. bis 19 Uhr. Weinstraße 4, ✆ 6342/9227888, 📠 9227888, www.weintor.de.

Weingut Leiling, in einem romantischen, schattigen Garten werden deutlich elsässisch inspirierte Gerichte mit Schnecken, Entenleber und Münsterkäse serviert. Moderate Preise. Do/Fr ab 17 Uhr, Sa/So/Fei ab 12 Uhr. Schweigen, Hauptstr. 3, ✆ 06342/7039, 📠 6351, www.weingut-leiling.de.

Weingut Jülg, neben ausgezeichneten Burgunderweinen wird in den charmanten Räumen des ehemaligen Forsthauses und im idyllischen Hof sehr einfache, aber äußerst gute Kost angeboten. Ob die Auszeichnung des Gault Millau den tollen Bratkartoffeln zu verdanken ist? Sehr gutes Preis-Leistungs-Verhältnis. Weinstube Do/Fr geschlossen, sonst 11.30–22 Uhr. Weinverkauf Mo–Fr 13–14 und 17–19 Uhr, Sa/So 11–18 Uhr. Schweigen, Hauptstr. 1, ✆ 06342/919090, 📠 919091, www.weingut-juelg.de.

Weingut Friedrich Becker, v. a. die Spätburgunder vom Schweigener Sonnenberg werden andernorts an der Weinstraße nur selten überboten. VDP-Weingut. Weinverkauf Fr 14–16 Uhr, Sa 10–17 Uhr. Schweigen, Hauptstr. 29, ✆ 06342/290, 📠 6148, www.weingut-friedrich-becker.de.

Weingut Gerhard Beck, einen ausgezeichneten Ruf haben v. a. die Gewürztraminer. Das traditionelle Weinlokal Traminerstube und der Verkauf sind Do–Sa 11.30–23 und So 10–23 Uhr geöffnet. Schweigen, Paulinerstr. 5, ✆ 06342/535, 📠 7448, www.weingut-beck.de.

• *Radfahren* Zahlreiche ausgeschilderte Radwege führen ins Elsass, in den Bienwald oder entlang der Weinstraße in Richtung Bad Bergzabern. **Leihfahrräder** durch Fahrradverleih Südpfalz am Schweigener Hof (✆ 0800/2288440, www.fahrradverleih-pfalz.de). Christian Kienel in Schweigen, Längelsstr. 7, ✆ 06342/919454.

• *Wandern* Eine leicht zu findende, 14 km lange Runde führt **durch den Mundatwald auf die Ruine Guttenberg**. Ab Schweigen folgt man zunächst dem Weinlehrpfad am Sonnenberg, um dann entlang dem weißen Strich mit schwarzem Punkt fast parallel zur französischen Grenze bis unterhalb der Guttenberg (503 m) zu laufen. Wer mag, besteigt die Burg aus dem 12. Jh. und genießt die tolle Aussicht. Danach geht es an 60 hölzernen Waldgeistern vorbei hinunter nach Oberotterbach (gelb-grünes Rechteck). Von hier führt das gelbe Rechteck durch Weinberge über Rechtenbach nach Schweigen.

In der Umgebung

Unweit von Schweigen liegt inmitten des Waldes der kleine Weiler **St. Germanshof.** Von Schweigen aus ist er nur mit einem Umweg über das französische Weißenburg (Wissembourg) zu erreichen. 1949 wurde St. Germanshof von Frankreich annektiert, kam aber nach heftigen Protesten der Einwohner einige Monate später wieder zu Deutschland. Am 6. August 1950 versammelten sich hier Hunderte von Studenten aus neun europäischen Staaten, um unter den machtlosen Blicken französischer und deutscher Zöllner die europäische Flagge zu hissen. Heute erinnern die zwölf Sandsteinstelen des Europa-Denkmals an jenen Tag, der von manchen als die Geburtsstunde Europas gesehen wird .

Blick von der Ruine Altdahn über Grafendahn zur Tanstein

Im Pfälzerwald

Endlose Mischwälder kennzeichnen den Pfälzerwald. Im südlichen Teil, dem Wasgau, ist er abwechslungsreich von Lichtungen durchzogen und von Burgen überragt. Weiter nördlich um Johanniskreuz dagegen wirkt er schroff und endlos.

Wenn im Sommer an der Weinstraße hohe Temperaturen herrschen, ist es hier angenehm kühl. Schöne Wander- und Fahrradrouten führen auf markierten Wegen zu unzähligen Gasthöfen und Wanderhütten. Mediterranes Flair macht sich an den kiefernbestandenen Südhängen breit. Auf dem roten Sandstein, der der Landschaft ihren warmen Charakter gibt, sonnen sich die Eidechsen, die rasch zur Seite springen, wenn sich Wanderer nähern. Dass sich hier das größte zusammenhängende Waldgebiet Deutschlands erhalten konnte, liegt an den unfruchtbaren, sandigen Böden, die kaum Ackerbau zulassen. So war das Leben im Pfälzerwald immer karg und ärmlich, neben der Holzwirtschaft ernährten sich die Bewohner vom Handel mit selbst gefertigten, einfachen Produkten. Nur im südlichen Teil, im zwischen dem Queichtal und der französischen Grenze gelegenen Wasgau, reichten die Bedingungen für spärlichen Ackerbau, sodass hier eine abwechslungsreiche Kulturlandschaft entstand. Im 19. Jh. führte der Aufschwung der Schuhindustrie zu einer wirtschaftlichen Blüte der Orte rund um die heutige Kreisstadt Pirmasens. In wenigen Jahren schossen zahlreiche Schuhfabriken aus dem Boden und brachten den Bewohnern der abgelegenen Waldregion eine neue Einkommensquelle. Heute stehen meist nur noch die Überreste der einst so bedeutenden Schuhfabriken, das hügelige und dicht bebaute Pirmasens hat sich zum traurigen Sinnbild für den Verfall der Industrie entwickelt. Am Nordrand des Pfälzerwalds liegt etwas versteckt Kaiserslautern, die Heimat der pfälzischen Fußballhoffnungen, einer Technischen Universität und vieler amerikanischer Soldaten.

Als eigene zusammenhängende Region wurde der Pfälzerwald übrigens erstmals 1843 bezeichnet. Damals trafen sich in seinem Herzen bei Johanniskreuz Forstbeamte, um Regeln für die Bewirtschaftung der Wälder festzulegen. Sie charakterisierten den Pfälzerwald als „Waldungen auf dem bunten Sandsteingebirge der Pfalz".

Trifelsland

Harmonisch ist der Übergang von der Weinlandschaft der Haardt zu den Wäldern und Felsen des südlichen Pfälzerwalds. Über allem schwebt die Burgruine Trifels, die nicht nur großes historisches, sondern auch landschaftsprägendes Gewicht hat.

Rückgrat des Trifelslandes ist der mittlere Abschnitt des Queichtals, an dessen Ausgang Albersweiler am sonnenbeschienenen Nordhang hängt. Weithin zu sehen ist der oberhalb davon gelegene Steinbruch, der einst die Grundlagen für den Bau der Landauer Festung lieferte. Die hier abgebauten Gneise gelten als die ältesten Gesteine der geologisch jungen Pfalz. Markantes Zentrum der Region sind der auf dem 497 m hohen Sonnenberg gelegene Trifels und das zu seinen Füßen liegende Städtchen Annweiler.

Informationen zur Region erteilt Südliche Weinstraße Annweiler am Trifels e. V. – Büro für Tourismus, Messplatz 1, 76855 Annweiler, ☏ 06346/2200, 📠 7917, www.trifelsland.de. Mai–Okt. Mo–Fr 9–18 Uhr, Sa 10–12 Uhr, Nov.–April Mo–Fr 9–12 sowie Mo–Do 14–16 Uhr.

Dernbachtal

Für wanderbegeisterte Urlauber ist das ruhig und idyllisch gelegene, aber dennoch gut erschlossene Tal ein wahres Paradies. Oberhalb davon locken ausgedehnte Waldgebiete und die Ruinen Neuscharfeneck und Ramburg.

Das mitten im nordsüdlich verlaufenden Tal gelegene **Dernbach** ist eine Art Vorort von Ramberg. Die von Obstbäumen bestandenen unteren Hänge des Tals ergeben zu Zeiten der Kirschblüte wunderschöne Anblicke. Das malerisch anmutende, auf dem schmalen Wiesengrund des Dernbachtals gelegene Besenbinderdorf **Ramberg** gehörte einst zu den Sorgenkindern der Region: Als eine der notorisch ärmsten Gemeinden der Pfalz wird es in einem Bericht der Regierung von 1855 genannt. Die Landwirtschaft an den steilen Hängen brachte nur geringe Erträge – zu wenig, um die 1300 Einwohner (fast ein Drittel mehr als heute) rund um das Jahr zu versorgen. Wie die Bewohner anderer Orte des rauen Pfälzerwalds versuchten sich auch die Ramberger im Hausierhandel und Marktverkauf. Dazu sammelten sie Beeren und Pilze, produzierten Leitern, Schindeln, Kochlöffel sowie Bürsten aus Materialien der nahen Wälder und zogen damit von Haus zu Haus und zu den Märkten nach Landau oder Edenkoben. Im 19. Jh. war die Herstellung von Bürsten der wichtigste Wirtschaftszweig. Fast in jedem Haus wurden diese in Heimarbeit gefertigt. Aber auch Bürstenfabriken entstanden und sicherten den Rambergern ein notdürftiges Einkommen. Noch 1924 sollen am Ort 186 Heim- und 154 Fabrikarbeiter Bürsten produziert haben. Darüber informiert heute das **Bürstenbindermuseum.** Mi/Sa/So 14–17 Uhr. Eintritt 2,50 €, ermäßigt 1,50 €. Hauptstr. 20, ☏ 06345/1555, 📠 7796, www.buerstenbindermuseum.de.

Reisepraktische Informationen

• *Information* www.dernbach-pfalz.de und www.ramberg.de

• *Übernachten/Essen & Trinken* *** **Landhaus St. Laurentius**, am westlichen Ortsrand von Ramberg in Hanglage. Das komplett neu renovierte Haus bietet sehr schöne Zimmer und eine feine, mediterran geprägte Küche zu fairen Preisen. Hauptgerichte 15–21 €. Mo Ruhetag, sonst 12–14 und 18–21.30 Uhr. DZ 82 €. Ramberg, Hermersbachstr. 4, ☏ 06345/954990, 📠 9549977, www.landhaus-sanktlaurentius.de.

Zum goldenen Lamm, das an der Ramberger Hauptstraße gelegene Restaurant bietet gute regionale Küche, in der den Wildschweinen aus dem Pfälzerwald und dem Lamm aus eigener Zucht eine große Rolle zukommt. Hauptgerichte 9–16 €. Di Ruhetag, sonst 10–14.30 und ab 17 Uhr. Schön ist die zum Gasthof gehörende Pension Schlossberg. DZ ab 40 €. Ramberg, Am Sonnenweg 1, ☏ 06345/8286, 📠 3354, www.gasthaus-hotel-lamm.de.

Zum Bürstenbinder, schönes und recht günstiges Restaurant mit Gartenterrasse, das ebenfalls Zimmer in der Pension Schlossberg vermietet. Mo Ruhetag, sonst ab 17 Uhr, So auch 11.30–14 Uhr. DZ ab 49 €. Ramberg, Schlossbergstr. 3, ☏ 06345/949490, 📠 9494999, www.buerstenbinder.de.

Ferienhaus Hettinger, kleines, gemütliches Ferienhaus für 2 Pers. mit viel Holz und bunten Accessoires. Ab 35 €. Ramberg, Dekan-Schill-Str. 1, ☏ 06345/1003, www.ferienhaus-hettinger.de.

Restaurant Schneider, sehr gutes, bodenständiges Restaurant der Familie Roth-Püngeler, zu dem auch gemütlich-rustikale Zimmer im Haus Dernbachtal gehören. Hauptgerichte 14–25 €. Mo/Di geschlossen (Sept./Okt. nur Mo), sonst 11.30–15 und 17.30–24 Uhr. DZ ab 90 €. Dernbach, Hauptstr. 88, ☏ 06345/8348, 📠 954444, www.schneider-dernbachtal.de.

• *Einkaufen* In Ramberg gibt es heute noch vier Bürstenfabriken. Bei der **Bürstenfabrik Karl**, heute europäischer Marktführer im Segment Tennisplatzbesen, kann man verschiedene Bürsten vor Ort kaufen. Mo–Fr 9–12 und 14–16 Uhr. Schlossbergstr. 55, ☏ 06345/94230, 📠 942322, www.karl-buersten.de.

• *Wandern* Das **Waldhaus Drei Buchen** (PWV, 399 m) ist von Ramberg über einen zunächst durch offenes Gelände, dann durch dichten Wald führenden Weg (roter Punkt) zu erreichen. Mi–So, im Sept./Okt. tägl. geöffnet. ☏ 06345/93282.

Eine schöne Wanderung führt über den Rundweg 22 in 6,4 km ab der Ortsmitte von Ramberg auf die **Ruine Ramburg**.

Bürstenbinder

Im Pfälzerwald

Sehenswertes

Neuscharfeneck: Vermutlich zur Mitte des 13. Jh. ließen die Scharfeneckerin Guda und ihr Mann Johann von Metz die Burg Neuscharfeneck bauen, woraufhin die Altscharfeneck auf dem Ringelsberg wahrscheinlich verlassen wurde und verfiel. Quer über den Bergsporn verläuft die 58 m lange und 12 m breite Schildmauer der Neuscharfeneck, die relativ spät gegen die aufkommenden Feuerwaffen errichtet wurde. Nachdem die Burg 1525 im Bauernkrieg ausgebrannt und anschließend wiederaufgebaut worden war, wurde sie 1633 während des Dreißigjährigen Krieges endgültig zerstört. Mit einer Taschenlampe können sich Mutige die Treppe hinunter ins „Verlies" wagen.

Ramburg: Die einstige Reichsburg Ramburg wurde im 12. Jh. unter den Staufern zum Schutz des Trifels erbaut. Nach dem Dreißigjährigen Krieg verfiel sie und wurde im 18. Jh. auch als Steinbruch genutzt, bis die Bewohner Rambergs sie in den 1970er-Jahren auf Vordermann brachten und mit einer Schänke ausstatteten.

Die vom Männergesangverein betriebene, einfache Schänke ist Sa/So/Fei ab 10 Uhr, während der Herbstferien tägl. geöffnet. www.ramburgschenke.de.

Zisterzienserkloster Eußerthal: Die 1148 aus Lothringen gekommenen Zisterzienser errichteten Mitte des 13. Jh. aus rotem Sandstein die Klosterkirche. Die strenge Form und die abgeschiedene Lage sind typisch für den Bau- und Lebensstil der äußerst genügsam lebenden Mönche. 1561 wurde das Kloster aufgegeben, erst über 100 Jahre später wurde Eußerthal durch die Ansiedlung von Flüchtlingen aus dem Piemont wiederbelebt. Eine umfangreiche Renovierung der lange als Steinbruch genutzten Kirche fand in den 1960er-Jahren statt. 300 Menschen leben heute in dem kleinen, schön gelegenen Dorf, das für Wanderer über den 12 km langen Mönchsweg mit Annweiler verbunden ist.

Wanderung 6: Neuscharfeneck und der Blick zum Trifels

Am **Parkplatz Drei Buchen (1)** startet die abwechslungsreiche Rundwanderung, die zuerst zur **Burgruine Neuscharfeneck (2)** führt (weißes Rechteck mit schwarzem Punkt). Die im 13. Jh. entstandene Ruine ist mit ihrer mächtigen Schildmauer eine der interessantesten Wehranlagen der Pfalz. Wer eine Taschenlampe dabeihat, kann auch das alte Verlies erkunden. Von der **Landauer Hütte (3)** aus folgt man der blau-weißen Markierung bis **Dreimärker (4)** und biegt dort nach rechts in Richtung **Trifelsblickhütte (5)** und **St. Annakapelle (6)** ab. Von Ersterer ist der imposante Trifels zu bestaunen, von Letzterer sollte man den herrlichen Ausblick über die Weiten des Rheingrabens genießen. Wenige Meter oberhalb der Kapelle liegt die **St. Annahütte (7),** die zur letzten Stärkung einlädt, bevor man sich auf den Rückweg bergab durch das tiefe und idyllische Modenbachtal macht (zunächst roter, im Tal gelb-weißer Balken). Nach einem **Parkplatz (8)** geht es mit dem roten Punkt an der nördlichen Flanke des Roßbergs entlang zurück nach Drei Buchen. Anstatt die rund 16 km lange Runde komplett zu laufen, kann man auch direkt von Dreimärker zum Parkplatz Drei Buchen zurückkehren.

• *Einkehr* Gleich drei PWV-Hütten bieten sich zur Einkehr an: Die kleine **Trifelsblickhütte** (530 m, Sa/So 9.30–18 Uhr, ✆ 06345/3403) überzeugt durch ihren herrlichen Blick, die **Landauer Hütte** (450 m, Sa/So sowie während der Oster- und Sommerferien 10–18 Uhr, ✆ 06345/3797) ist aufgrund ihrer Größe, des umfangreichen Speisenangebots und der Lage am Schnittpunkt etlicher Wanderrouten ein beliebtes Ausflugsziel, und direkt oberhalb der St. Annakapelle liegt die einfache **St. Annahütte** (420 m, Mi/So 10–18 Uhr, Juli–Okt. auch Sa, ✆ 06345/3931).

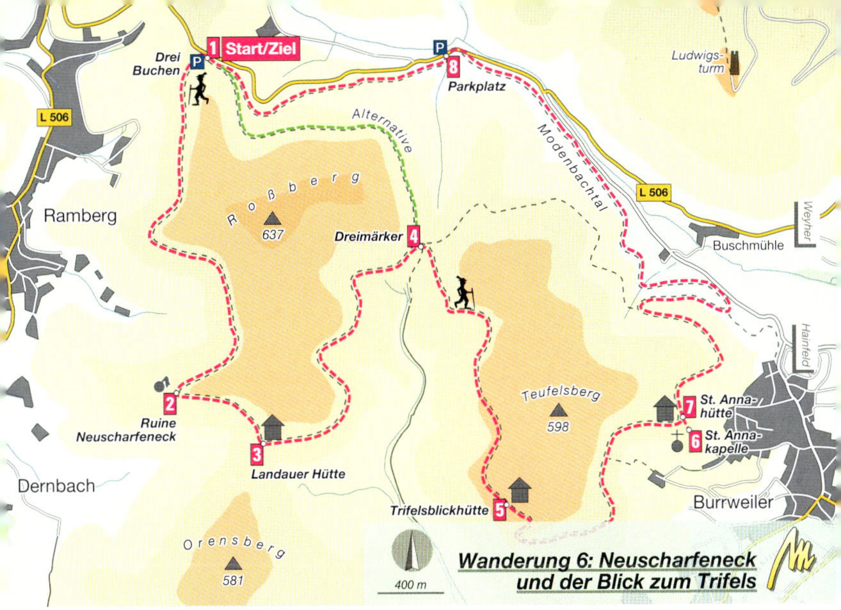

Annweiler

Schön im mittleren Queichtal gelegen, wird Annweiler vom weithin sichtbaren Trifels überragt. Die romantische Altstadt ist geprägt durch den von Brücken überspannten Arm der Queich, der einst viele Mühlräder antrieb.

An diesem Seitenarm, der auch als Queichbach bezeichnet wird, sind heute noch drei Mühlräder gelegen, von denen allerdings nur noch die **Stadtmühle** intakt ist. Ihre Kraft wird nicht mehr zum Mahlen von Getreide, sondern zur Gewinnung von Strom genutzt. Die Mühle am Beginn der Wassergasse trieb früher eine Lohmühle an: Hier wurde die Eichenrinde aus den umliegenden Wäldern zu der zum Gerben benötigten Lohe verarbeitet. Auch der vom Annweiler Künstler Karlheinz Zwick gestaltete Brunnen auf dem Rathausplatz veranschaulicht die Bedeutung des Wassers und der hier seit 1652 nachgewiesenen **Gerberei** für die Kleinstadt. Bis zu 36 Gerber lebten und arbeiteten in den typischen Fachwerkhäusern mit den Dachabstufungen, die Felle lagerten auf dem als Trockenspeicher dienenden Dachboden. Schöne Fachwerkhäuser aus dem 17.–19. Jh. stehen in der Apothekergasse, das prunkvollste ist das 1643 errichtete **Keyser'sche Haus** am Marktplatz.

Information/Sightseeing

• *Information* **Südliche Weinstraße Annweiler am Trifels e. V. – Büro für Tourismus**, Messplatz 1, 76855 Annweiler, ☎ 06346/2200, 📠 7917, www.trifelsland.de. Mai–Okt. Mo–Fr 9–18 Uhr, Sa 10–12 Uhr, Nov.–April Mo–Fr 9–12 sowie Mo–Do 14–16 Uhr. Weitere Infos unter www.annweiler.de.

• *Sightseeing* Von Mai bis Okt. jeden Mittwoch ab 10 Uhr eineinhalbstündige, kostenlose **Stadtführung** mit Gästebegrüßung im historischen Ratssaal. Anmeldung in der Touristinformation.

Übernachten/Essen & Trinken

Burgunderhof Schneider, die schön möblierten und gut ausgestatteten, neuen Ferienwohnungen für 2–4 Pers. liegen in einem kleinen Ortsteil von Annweiler. Handtücher sind mitzubringen. Ab 40 €. Gräfenhausen, Krummgasse 9–11, ☎ 06346/3557, 📠 928430, www.burgunderhof-schneider.de.

Zur Alten Gerberei, Weinstube und Restaurant in einem. Preiswert, gemütlich und kinderfreundlich. Im Angebot sind Flammkuchen und Pfälzer Klassiker wie Saumagen und Leberknödel. Terrasse direkt am Queichbach. Es werden auch geschmackvolle, rustikale Apartments und Zimmer vermietet. Mo Ruhetag, sonst ab 17.30 Uhr, So/Fei auch 11.30–14.30 Uhr. Apartments ab 40 €. Prangertshof 11, ☎ 06346/3566, 📠 929192, www.gerberei.de.

L'Antica Ruota (Zum alten Wasserrad), das Gebäude kann auf eine bewegte Geschichte als Gerberei und Schuhfabrik zurückblicken. Von der Gerberei ist das alte Wasserrad, das sich mitten im guten Ristorante dreht, erhalten geblieben. Hauptgerichte 11–21 €. Mo Ruhetag, sonst 11.30–14.30 und 17.30–23.30 Uhr. Einfache, teilweise romantisch verspielte Zimmer. DZ ab 80 €. Am Storchentor 8, ☎ 06346/93344, 📠 93346, www.zum-alten-wasserrad.de.

Conditorei Escher, klassische Konditorei mit gutem Kuchen und teilweise ausgefallenen Torten. Mo Ruhetag, sonst 8–18.30 Uhr. Die bis zu 70 m² großen Apartments im Obergeschoss sind auch als DZ mit Frühstück buchbar. DZ ab 40 €. Hauptstr. 57, ☎ 06346/8343, 📠 928313, www.cafe-escher.de.

Sport & Freizeit/Veranstaltungen

• *Baden* **Trifelsbad**, schönes, beheiztes Freibad mit 25-m-Becken und einem geschwungenen Freizeitbecken mit Rutsche. Mitte Mai bis Mitte Sept. Mo 11–20 Uhr, Di–Fr ab 8 Uhr, Sa/So ab 9 Uhr. Eintritt 1,80 €, ermäßigt 1 €. Zweibrücker Straße, ☎ 06346/928422.

• *Klettern* **Asselstein**, markanter, brettartiger Felsturm südlich von Annweiler, der 1860 erstmals bestiegen wurde. Die schwierigste Seite ist mit VIII bewertet. Je nachdem auf welcher Seite die Falken brüten, ist die andere Seite mit Einschränkungen zum Klettern freigegeben.

• *Kurpark* Der als **Markwardanlage** bezeichnete Kurpark verfügt über einen kleinen See, einen Spielplatz, eine Minigolfanlage, Wassertretbecken sowie schöne Spazierwege. Er ist Markward von Annweiler (1140–1202) gewidmet, der Markgraf von Ancona, Graf der Abruzzen, Reichsverweser von Sizilien und Erzieher des Stauferkaisers Friedrich II. war.

• *Radfahren* Dem von Hauenstein nach Germersheim verlaufenden **Queichtalradweg** kann man flussauf- oder flussabwärts folgen. Ab Siebeldingen hat man Anschluss an den Weinstraßenradweg.

• *Wandern* Von der bewirtschafteten Kletterhütte (tägl. außer Mo und im Winter Di von 10–19 Uhr, großer Außenbereich mit Spielgeräten, deftige Speisen, ☎ 06346/8825) an der Straße zum Trifels erreicht man den beeindruckenden **Asselstein**, den man schön umwandern kann (25 Min.). Der Rundwanderweg 4 (8 km, 2:30 Std.) führt vom Rathausplatz am Ortsteil Bindersbach vorbei zum Windhof. Auf den nun folgenden Kilometern liegen die Sehenswürdigkeiten wie auf einer Perlenschnur aufgereiht: die Burgruine **Münz**, die **Fensterfelsen**, die Burgruine **Anebos** und schließlich auf einem kleinen, steilen Gipfel der **Trifels** (497 m).

Im großzügigen **Wild- und Wanderpark Silz** südlich von Annweiler kann man heimisches Wild beobachten, Hauptattraktion sind die Wölfe (Fütterung April–Okt. tägl. 11 Uhr). Die Wege sind teilweise steil und uneben. März–Nov. ab 9 Uhr, sonst ab

10 Uhr. Erwachsene 6 €, Kinder ab 6 J. 3 €. Silz, Hauptstraße, ✆ 06346/5588, 📠 989403, www.wildpark-silz.de. Erreichbar in 20 Min. ab Annweiler mit dem meist stündlich verkehrenden Bus 528.

• *Veranstaltungen* **Richard-Löwenherz-Fest**, mittelalterliches Spektakel am letzten Juliwochenende. Eintritt 5 €, Gewandete günstiger.

Keschdefest, zur Kastanienernte Anfang Okt.

Sehenswertes

Museum unterm Trifels: Drei schöne Fachwerkhäuser und eine ehemalige Wassermühle bilden den Rahmen des chronologischen Rundgangs, bei dem die Historie der Burg Trifels, die Entwicklung der Stadt Annweiler und Aspekte der Landschaftsgeschichte dargestellt werden. Einen tollen Einblick in die lokale Geschichte der Gerberei liefert die historische Gerberwerkstatt.

Mitte März bis Okt. Di–So 10–17 Uhr, Nov. bis Mitte März Sa/So 13–17 Uhr. Eintritt 2,60 €, ermäßigt 1 €. Am Schipkapass 4, ✆ 06346/1682, 📠 928017, www.annweiler.de → Tourismus.

Burg Trifels: Wie keine andere Burg in der Pfalz bestimmte die auf dem nördlichen Gipfel eines dreifach gespaltenen Sandsteinfelsens gelegene Burg Trifels die hochmittelalterliche Geschichte: „Wer den Trifels hat, hat das Reich", hieß es in Anspielung auf die Reichskleinodien, die im 12. und 13. Jh. auf der majestätisch über Annweiler thronenden Reichsburg verwahrt wurden und diese zu einem Eckpfeiler der kaiserlichen Macht werden ließen. Unter den Staufern entwickelte sich der Trifels zum Mittelpunkt eines ausgedehnten Reichsgutkomplexes. Während Kaiser Friedrich Barbarossa wie seine Vorgänger und Nachfolger meist nur kurze Zeit am Stück auf seinen Gütern verbrachte, mussten unfreiwillige Gäste oft länger bleiben. Der englische König Richard Löwenherz beispielsweise verweilte als Gefangener 1193/94 auf dem Trifels. Mit dem Niedergang der Staufer setzte auch der Abstieg der Reichsburg ein. Sie ging durch verschiedene Hände, bevor ein Blitzeinschlag 1602 Teile der Burg unbewohnbar machte. Im Dreißigjährigen Krieg diente die Ruine den Bewohnern Annweilers als Zuflucht; nachdem 1635 jedoch eine Pestepidemie ausgebrochen war, wollte keiner mehr dort leben. Erst zwischen 1938 und 1966 erfolgte der Wiederaufbau. Heute präsentiert die Burg eine interessante Ausstellung über die Bedeutung der Pfalz während des Hochmittelalters.

Die Burg ist vom Parkplatz (2 € Parkgebühr) am Fuße des steilen Burgbergs in 20 Min. zu erreichen. April–Sept. tägl. 9–18 Uhr, Okt./Nov. und Jan.–März bis 17 Uhr, letzter Einlass 30 Min. vor Schließung. Erwachsene 3 €, Kinder 1,50 €. April–Okt. Schauspielführung „Die Befreiung des Richard Löwenherz", Sa und So jeweils 15 Uhr. Hunde dürfen nicht auf das Burggelände! Anmeldung zu Führungen unter ✆ 06346/2200, Infos bei der Burgverwaltung Trifels in Annweiler unter ✆ 06346/8470, www.annweiler.de → Stadtporträt.

Burgruinen Anebos und Scharfenberg: Auf dem mittleren und südlichen Gipfel der dreigliedrigen Sandsteinformation befinden sich die Überreste der Burgen Anebos und Scharfenberg. Von Ersterer bietet sich ein herrlicher Blick auf die Landschaft und den Trifels. Von der auch „Münz" genannten Ruine Scharfenberg sind der schmale Bergfried und Reste der ehemaligen Ringmauer zu besichtigen. Beide Anlagen entstanden im 12. Jh. und sind frei zugänglich.

Südlicher Wasgau mit Dahner Felsenland

Der südliche Wasgau an der Grenze zu Frankreich gilt vielen als der schönste Teil des Pfälzerwalds. Die Täler sind weit und offen, und kleine Bäche suchen sich in sanften Schleifen ihren Weg entlang charmanter, abgeschiedener Dörfer. An den Hängen der Berge und auf den Gipfeln ragen imposante Felsen hervor, deretwegen die Gegend um Dahn auch als Felsenland bezeichnet wird. Besonders beeindruckend sind die Felsen, wenn auf ihnen die Überreste einst mächtiger Burgen stehen.

Im 12. und 13. Jh. galt die Region als Zentrum des Heiligen Römischen Reiches. In großer Zahl entstanden Ehrfurcht einflößende **Burgen,** von denen nicht wenige schon kurze Zeit später wieder verfielen. Heute sind die Ruinen auf den steilen Felsen gigantische Kulissen und Stationen auf kinderfreundlichen Wanderungen. Von den Terrassen der Wegelnburg, der höchstgelegenen Burg der Pfalz, kann man einen weiten und je nach Lichtverhältnissen fast unwirklich anmutenden Überblick über den Wasgau und das nahe Elsass bekommen. Die abwechslungsreichen Wander- und Radwege sind gut ausgebaut und beschildert. Viele Gasthäuser und Restaurants machen es einem leicht, sportliche Aktivitäten mit einem guten und preiswerten Essen zu verbinden. Das **Biosphärenhaus** und der Baumwipfelpfad in Fischbach gehören zu den beliebtesten Zielen in der abgeschiedenen Landschaft. Entlang der deutsch-französischen Grenze sind viele Relikte des einstigen **Westwalls** wie z. B. Stollen, Panzersperren und Bunker zu sehen. Im Zweiten Weltkrieg sollte die waldreiche Grenze zu einer unüberwindbaren Befestigung ausgebaut werden. Für den größenwahnsinnigen Bau waren ab 1938 Tausende von Arbeitern im Einsatz.

Informationen zur Region erteilt die Tourist-Information Dahner Felsenland, Schulstr. 29, 66994 Dahn, ✆ 06391/5811, 📠 406228, www.dahner-felsenland.net. Mai–Okt. Mo–Sa 9–12.30 Uhr sowie Mo–Do 14–17 Uhr und Fr 14–18 Uhr; Nov.–April Mo–Fr 9–12 Uhr sowie Mo–Do 14–16 Uhr.

Dahn

Bewaldete Hügel mit Felsen und Burgen, ein grünes, breites Tal, in dem die Wieslauter sanft dahinfließt, und ein kleiner Ortskern mit einigen Sandsteinbauten und Fachwerkhäusern – Dahn als Zentrum des Felsenlandes zeigt sich als typischer Vertreter seiner Gegend.

Ein grüner Kurpark mit Elwetritschen-Lehrpfad und das einzige größere Schwimmbad der Region locken die Besucher in das Städtchen, dessen Zentrum sich auf wenige Meter entlang der Hauptstraße beschränkt. Vor allem aber sind es die Felsen und Burgen der Umgebung, die Dahn zum Wandern und Klettern attraktiv machen. Über den Ort ragt an einer schmalen Stelle der mächtige Jungfernsprung.

Der Ortseingang von Dahn mit dem Jungfernsprung

Information/Übernachten/Camping/Essen & Trinken

• *Information* **Tourist-Information Dahner Felsenland**, Schulstr. 29, 66994 Dahn, ☎ 06391/5811, 📠 406228, www.dahner-felsenland.net. Mai–Okt. Mo–Sa 9–12.30 Uhr sowie Mo–Do 14–17 Uhr und Fr 14–18 Uhr; Nov.–April Mo–Fr 9–12 Uhr sowie Mo–Do 14–16 Uhr. Weitere Infos unter www.dahn.de.

• *Übernachten* **** **Hotel Pfalzblick**, ein in den 1970er-Jahren in Terrassenbauweise errichtetes Hotel, das seit einigen Jahren Stück für Stück renoviert wird. Alle renovierten bzw. neu gebauten Hotelteile sind schick und luxuriös. Tolle Aussicht auf ein grünes Dahner Seitental. DZ mit erweiterter Halbpension ab 156 €. Goethestr. 1, ☎ 06391/4040, 📠 404540, www.pfalzblick.de.

**** **Hotel Felsenland**, im Hundertwasser-Stil gestaltetes Hotel mit verschiedenen Zimmertypen. Etwas außerhalb beim Schwimmbad Felsenland gelegen. DZ ab 162 € inkl. Verwöhnpension (Frühstück, Kaffee und Kuchen, 4-Gänge-Abendmenü, Eintritt ins Schwimmbad). Im Büttelwoog, ☎ 06391/92370, 📠 923799, www.meinfelsenland.net.

Jugendherberge Dahn, klassische Jugendherberge in grüner Umgebung am Ortsrand. DZ 42 €. Am Wachtfelsen 1, ☎ 06391/1769, 📠 5122, www.diejugendherbergen.de.

• *Camping* **Campingplatz Neudahner Weiher**, zwischen Hinterweidenthal und Dahn im schönen Moosbachtal, unterhalb der Ruine Neudahn gelegen. Viele Dauercamper. Mit Badeweiher, der aus Sicherheitsgründen nicht für Kinder geeignet ist. Stellplatz 7 €, Erwachsene 5 €, Kinder 4 €. Neudahner Weiher 5, ☎ 06391/1326, 📠 409591, www.neudahner-weiher.de.

Campingplatz Büttelwoog, von Felsen und Bäumen umrahmter Campingplatz am Rande von Dahn. Restaurant, Minigolf und Spielplatz vorhanden. In der Nähe des Schwimmbads. Stellplatz 6,50 €, Erwachsene 5,50 €, Kinder 4,50 €. Im Büttelwoog, ☎ 06391/5622, 📠 5326, www.camping-buettelwoog.de.

• *Essen & Trinken* **Altes Bahnhöfl**, in einem umgebauten Bahnhof zwischen Dahn und Bruchweiler-Bärenbach kann man gut essen und die urige Stimmung genießen. Hauptgerichte 7–18 €. Mo Ruhetag, sonst 11–14 und 17.30–22 Uhr, So ab 11 Uhr durchgehend. Reichenbach, An der Reichenbach 6, ☎ 06391/3755.

Café Eisheisel, selbst gebackene Torten und Kuchen, gutes Eis und viele Sitzgelegenheiten machen das Café zu einem beliebten Treffpunkt von Wanderern und Radfahrern. Do Ruhetag, sonst 10 bis mind. 18 Uhr, im Sommer länger. Pirmasenser Str. 39, ☎ 06391/3338.

Einkaufen/Sport & Freizeit

• *Einkaufen* Im Zentrum Dahns gibt es einige kleine Geschäfte, Apotheken und Bäcker. Etwas außerhalb befinden sich auch größere Supermärkte.

Eisel, in dem Haushaltswarenladen gibt es scheinbar alles, was man für Küche und Esszimmer benötigt. Zusätzlich ein großes Spielzeugangebot. Mo–Fr 9–12.30 und 14–18.30 Uhr, Sa 9–13 Uhr. Marktstr. 24, ✆ 06391/5629, 📠 3427.

• *Baden* **Felsland Badeparadies & Saunawelt**, schön und sehr beliebt. Badeparadies: Mo–Do 9–21 Uhr, Fr bis 22 Uhr, Sa/So/Fei bis 20 Uhr; Tageskarte 5,50 €, Kinder unter 4 J. frei. Saunawelt: Mo (nur Damen) 11–22 Uhr, Di/Mi 10–22 Uhr, Do–Sa bis 23 Uhr, So/Fei (Gemeinschaftssauna) bis 20 Uhr; Tageskarte Erwachsene 14 € (mit Schwimmbadbenutzung). Eybergstr. 1, ✆ 06391/2179, 📠 993166, www.felsland-badeparadies.de.

• *Klettern* Viele Felsen, z. B. der Jungfernsprung, Braut und Bräutigam und die Lämmerfelsen, können und dürfen meist beklettert werden. Anspruchsvoll sind der Hochstein mit Nadel (bis VIII) sowie der Franz-Seiler-Gedächtnisweg auf den Jungfernsprung mit dem Schwierigkeitsgrad VII+.

• *Tennis* Drei Hallen- und zwei Außenplätze bietet der **Sportpark Dahn**. Squashboxen vorhanden, Kegeln und Bowlen sind ebenfalls möglich. Tägl. 8–24 Uhr. Eybergstr. 4, ✆ 06391/2131.

• *Wandern* Ab dem Dahner Kurpark kann man über den Ehrenfriedhof schön zur Ruine **Altdahn** wandern.

Durch das **Moosbachtal** führt eine 9 km lange, fast ebenerdige Kinderwagentour.

Eine abwechslungsreiche, 10 km lange Runde durch und um Dahn führt vom Dahner Kurpark über den **Elwetrische-Weg** auf den Römerfelsen mit einem schönen Blick auf die Dahner Burgen, anschließend am Gerstberger Kopf vorbei und wieder hinunter ins Tal. Unterhalb des Jungfernsprungs (Abstecher möglich) überquert der Weg zweimal die Wieslauter und führt dann zum Kurpark zurück.

2 km südwestlich von Dahn befindet sich der **Große Eyberg** (513 m) mit toller Aussicht. Ausgangspunkt ist Büttelwoog (am Schwimmbad), von hier aus führt ein Weg an Büttelfels und Kleinem Eyberg vorbei auf den Großen Eyberg. Gleicher Rückweg oder am Fuß des Eybergs auf dem rot-weiß markierten Weg bis Büttelwoog.

Sehenswertes

Ehrenfriedhof: Auf dem seit 1952 bestehenden Soldatenfriedhof bei der Michaelskapelle unterhalb des Hochsteins liegen 2412 Soldaten begraben. Die meisten von ihnen kamen in den letzten Tagen des Zweiten Weltkrieges ums Leben. Der bekannteste hier bestattete Soldat ist Hans Graf von Sponeck, der am 23. Juli 1944 in der Festung Germersheim „in geheimer Staatssache erschossen“ wurde. 1941 hatte er eine Halbinsel im Südosten der Krim gegen den ausdrücklichen Wunsch des Führerhauptquartiers räumen lassen und damit viele Soldaten vor dem sicheren Tod bewahrt.

Vom Parkplatz am Kurpark ist der Ehrenfriedhof über den ansteigenden Kreuzweg in 15 Min. zu erreichen.

Elwetritsche-Brunnen und -Lehrpfad: Zwei Figuren zieren den von dem Dahner Künstler Richard Lenhard gestalteten Brunnen im Kurpark: Während der Elwetritschejäger mit Sack und Laterne auf den sagenhaften Vogel wartet, schießt die Elwetritsche Wasser aus ihrem Schnabel. Der Brunnen ist Teil des Elwetritsche-Lehrpfads, der es jedem Besucher durch große Schautafeln ermöglicht, eventuell vorhandene Wissenslücken über den wichtigsten Pfälzer Vogel zu schließen.

Dahner Felsen: Die vielen Felsen rund um Dahn lassen sich am besten über den lohnenswerten Dahner Felsenpfad erkunden. Der *Jungfernsprung* ist durch seine senkrechten Flanken direkt über den Dächern von Dahn für das Ortsbild bestimmend. Der Sage nach war eine Jungfrau im Dahner Wald unterwegs, um Beeren zu pflücken, als der Berwartsteiner Raubritter Hans Trapp auf sie zukam, um ihr die Unschuld zu rauben. Die Jungfrau raffte ihre Röcke und rannte, so schnell sie konnte, davon. Dummerweise achtete sie in der Eile nicht auf den Weg und stand bald darauf auf dem hohen Felsen. Da sie ihren Verfolger noch nicht abgeschüttelt hatte, sprang sie in die Tiefe. Das Wunder geschah: Sie überstand den Sprung unverletzt, und an der Stelle, wo ihre Füße auftrafen, sprudelt seither eine Quelle. Aus dem Blickwinkel der Geologie kann der 57 m hohe Jungfernsprung wesentlich nüchterner betrachtet werden: Er besteht, wie alle Felsen der Gegend, aus verwitterungsbeständigem Sandstein. Während das umgebende Gestein im Laufe der Zeit abgetragen wurde, blieben die bizarren Felsen erhalten. Quellhorizonte am Fuß der Formation führen zum Entstehen von Quellen.

Dahner Burgen: Vier mächtige Burgen stehen auf Dahner Gemarkung. Nordwestlich von Dahn überblickt die Ruine Neudahn auf dem Kauertberg das Tal. Auf den fünf Sandsteinfelsen des Schlossbergs bilden Altdahn, Grafendahn und Tanstein zusammen das größte Burgenmassiv der Pfalz.

Die waghalsig auf den beiden östlichen Felsen erbaute Burg *Altdahn* wurde um 1100 errichtet. Nach Jahren unter Speyerer Lehenschaft wurde sie 1236 an den Bruder des Speyerer Bischofs, Friedrich von Dahn, übergeben und blieb in Besitz der Herren von Dahn, bis der letzte von ihnen 1603 in seinem Burrweiler Schloss verstarb. Die nunmehr wieder an Speyer zurückgefallene Burg verwaiste zunehmend und wurde in den folgenden Jahrhunderten als Steinbruch und Unterschlupf in Notzeiten genutzt. Zuletzt feierten viele Dahner 1944 das letzte Weihnachtsfest während des Zweiten Weltkrieges auf Altdahn. Besucher betreten die Burg heute durch den nördlichen Torturm aus dem späten 15. Jh. mit einem spätgotischen, leicht zugespitzten Torbogen. Der südliche Teil der Anlage wird von dem schmächtigeren südlichen Torturm und dem Flankierungsturm, der gegen die Nachbarburg Grafendahn errichtet wurde, beherrscht.

Grafendahn entstand spätestens zu Beginn des 14. Jh. als Lehensburg der Bischöfe von Speyer. In den ersten Jahren fungierte sie unter mehreren Gemeinern (Burgherren) als eine Art Wohngemeinschaft, bevor sie 1339 als ungeteilter Besitz an Graf Johann II. von Sponheim fiel. Nach 1437 kam es zu zahlreichen Besitzerwechseln, mal gehörte sie dem Markgrafen von Baden, mal dem kurpfälzischen Fürsten und zuletzt, schon großteils verfallen, den Herren von Fleckenstein. Ende des 18. Jh. schließlich viel sie an das Bistum Speyer zurück und wurde nicht mehr verliehen. Von der Unterburg der kleinsten der drei Burgen blieb nicht viel erhalten, in einem der alten Ställe wurde 1987 ein kleines *Burgmuseum* mit interessanten Fundstücken aus allen Dahner Burgen eingerichtet.

Unklar ist der Ursprung der Burg *Tanstein,* die auf den zwei westlichen Burgfelsen erbaut wurde. Früher soll eine hölzerne Brücke die beiden hohen Felsen verbunden haben. Nach neuesten Forschungen ist es wahrscheinlich, dass Tanstein noch vor Altdahn bereits im frühen Mittelalter als Fliehburg bestand. Wie Altdahn war die Burg als Speyerer Lehen bis 1523 im Besitz der Herren von Dahn.

• *Öffnungszeiten/Eintritt* Vom Parkplatz sind die **Burgen** in 10 Gehminuten über einen breiten, kinderwagentauglichen Weg zu erreichen. Besonders für Kinder sind die vielen Gänge, gut gesicherten Treppen und Aussichtsfenster ein echtes Paradies. Karfreitag bis Ende Okt. tägl. 9–18 Uhr kostenlos zugänglich.

Restaurant „Burgschänke Burg Altdahn": April–Okt. tägl. außer Di 10–18 Uhr.

Burgmuseum: Karfreitag bis Ende Okt. tägl. 11–17 Uhr. Eintritt 1 €. ✆ 06391/3650.

• *Veranstaltung* Das **Mittelalterliche Spectaculum** mit Sängern, Gauklern und Rittern findet jeweils am zweiten Augustwochenende statt.

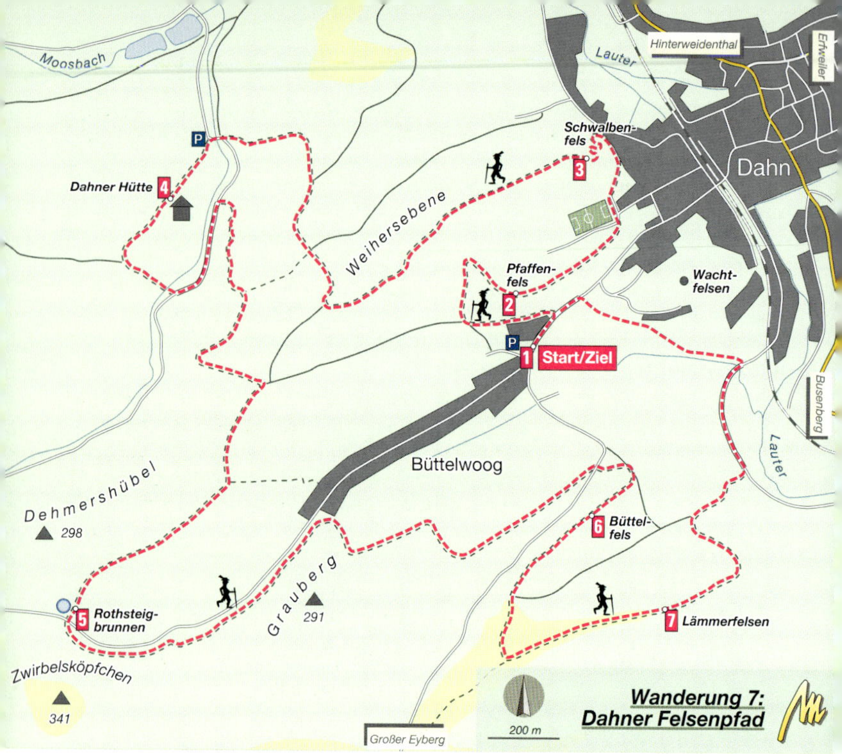

Auf dem Kauertberg liegt die relativ kleine und kompakte Burganlage von *Neudahn.* Sie war 1230 ursprünglich nur zum Schutz der Wegeverbindung zur Burg Altdahn errichtet worden, wurde dann aber stetig ausgebaut.

Die Ruine kann jederzeit besichtigt werden und ist vom Parkplatz aus über einen steilen Anstieg in 10 Min. zu erreichen.

Wanderung 7: Dahner Felsenpfad

14 östlich von Dahn gelegene Felsen sind über den beeindruckenden Felsenpfad miteinander verbunden. Zentraler Startpunkt ist der **Parkplatz (1)** am Fuße des Felsmassivs *Braut und Bräutigam,* das aufgrund der offensichtlichen Zuneigung der beiden Felsen zu seinem Namen kam. Der deutlichen, mit stilisierten Felsen gestalteten Markierung folgend, geht es über **Pfaffenfels (2)** und **Schwalbenfels (3)** zur **Dahner Hütte (4).** Kurz danach folgen viele Felsen unterschiedlichster Schattierungen und Formen auf einer kurzen Strecke, um dann von einer fast felsenfreien, am Trinkwasser spendenden **Rothsteigbrunnen (5)** vorbeiführenden Wegstrecke abgelöst zu werden. Bevor man den mit der Nr. 12 versehenen **Büttelfels (6)** erreicht, gibt es die Möglichkeit, im Bereich Büttelwoog (Campingplatz, Schwimmbad, Hotel) die Runde abzukürzen und an der Straße entlang zum Ausgangspunkt zurückzulaufen. Allerdings verpasst man dann die exponiert auf einem Bergrücken oberhalb des Wieslauterbogens gelegenen **Lämmerfelsen (7).** Von den formenreichen und bei Kletterern beliebten Sandsteinfelsen hat man abschließend einen herrlichen Blick.

Für die 12 km lange Strecke ist Trittsicherheit erforderlich, Kletterkünste werden aber nicht verlangt. Ein Flyer zum Felsenpfad ist bei der Tourist-Information Dahner Felsenland erhältlich.

Einkehr Dahner Hütte, PWV-Hütte. April–Okt. Mi–So 10–18 Uhr, sonstige Öffnungszeiten unter ✆ 06391/409903.

Erfweiler

Erfweiler liegt unweit von Dahn in einer Talsenke. Eine ansprechende Landschaft, hübsche Fachwerkhäuser und vielfältige Wandermöglichkeiten prägen das kleine Dorf.

Einst lebte Erfweiler von der Holz- und Landwirtschaft. Als dann der regionale Boom der Schuhindustrie ab Ende des 19. Jh. zur Entstehung kleinerer Betriebe führte, pendelten viele Einwohner nach Dahn und das über dem Berg befindliche Hauenstein. In dieser Zeit entstand auch die neue Pfarrkirche St. Wolfgang mit ihren frühgotischen Heiligenfiguren und der unter Denkmalschutz stehenden Orgel aus dem Jahre 1915. Heute ist der beschauliche Ort Ausgangspunkt zahlreicher Wanderungen.

Östlich von Erfweiler liegt der von den Kletterfelsen Klosterwand, Nonnenfels, Stern und Honig umrahmte **Bärenbrunnerhof** (→ Übernachten/Essen & Trinken). Der einmalig gelegene Bauernhof mit Gaststätte und Laden ist v. a. als Basisstation bei Kletterern beliebt. Aber auch Wanderer und Radfahrer kommen in dem schönen Tal und den angrenzenden Höhenzügen voll auf ihre Kosten.

Reisepraktische Informationen

- *Information* **Verkehrsverein Erfweiler**, 66996 Erfweiler, ✆ 06391/3972, www.erfweiler-pfalz.de.
- *Übernachten/Essen & Trinken* **Hotel Kleine Blume**, die Optik des gewaltigen, in den Hang gebauten Hauses ist Geschmackssache und will nicht so ganz zu dem heimeligen Namen passen. Aber die im rustikalen Restaurant servierten Speisen sind ausgesprochen lecker und die Zimmer neu und freundlich möbliert. Viele von ihnen verfügen über eine wunderbare Aussicht. Kleines Schwimmbad mit Wellnessbereich. Hauptgerichte 6–16 €. Tägl. 17.30–21 Uhr, Sa/So und Mitte März bis Anfang Nov. zusätzlich 12–14 Uhr. DZ ab 72 €. Winterbergstr. 106, ✆ 06391/92300, 📠 923030, www.kleine-blume.de.

Ferienwohnungen Jessl, Ferienwohnungen mit einem oder zwei Schlafzimmern. Die Räume können auch als Gästezimmer mit Frühstück gebucht werden. Schöne Liegewiese mit Grillmöglichkeit und Bachlauf hinterm Haus. Ab 35 €. Wiesenstr. 42, ✆ 06391/3184, 📠 4090142, www.ferienwohnung-jessl.de.

Bärenbrunnerhof, in der v. a. bei Kletterern und Wanderern beliebten Gaststätte gibt es neben Pfälzer Vesper auch Vollwertkost und einige wechselnde Gerichte zum Großteil aus ökologischem Anbau (Hauptgerichte 4–15 €. Im Sommer Mo–Fr ab 11 Uhr, Sa/So/Fei ab 9 Uhr, im Winter telefonisch nachfragen. ✆ 06391/5744). Auf dem Hof befinden sich auch zwei freundlich eingerichtete Ferienwohnung mit herrlichem Blick auf die umgebenden Berge und Felsen. Außerdem betreibt Familie Kill, die den Bärenbrunnerhof nach Bioland-Kriterien bewirtschaftet, einen kleinen Laden mit ihren Produkten (Wurst, Holzofenbrot, Kartoffeln, Honig). März–Dez. Fr/Sa 10–18 Uhr. Ferienwohnung ab 37 €. ✆ 06391/1564 und 409501 (Ferienwohnung), 📠 1564, Schindhard, Bärenbrunnerhof, www.baerenbrunnerhof.de.

Landgasthaus Zum Jägerhof, hier will man keine Gault-Millau-Punkte erkochen, aber was in dem typischen Landgasthaus von der freundlichen Bedienung auf den Tisch gebracht wird, ist gut und günstig. Di Ruhetag, sonst 11.30–14 und ab 17 Uhr. Winterbergstr. 34, ✆ 06391/1754, 📠 993142, www.jaegerhof-erfweiler.de.

• *Klettern* Ein beliebtes Kletterrevier ist das nordöstlich von Erfweiler gelegene **Glastal** mit Glasfelsen, Heegerturm, Klumptfels und Rappenwand.

Das vielfältigste Kletterrevier der Region befindet sich östlich von Erfweiler rund um den **Bärenbrunnerhof**. Auf dem Hof befindet sich auch das *Outdoor- und Klettersportgeschäft Bärenhöhle*. Die Öffnungszeiten variieren je nach Jahreszeit, im Sommer werktags außer Di 12.30–19.30 Uhr, Sa 10–20 Uhr. ✆ 06391/5868, 📠 924970, www.baerenhoehle.biz.

• *Radfahren* Nach Dahn führt parallel zur Straße ein Radweg durch die landschaftlich sehr reizvolle Gegend. In Dahn Anschluss an den **Wieslauterr adweg** und andere Strecken.

• *Tennis* Tennisanlage mit drei Sandplätzen des **TC Schlossberg**, Infos bei Alois Keller unter ✆ 06391/1608.

• *Wandern* Mit der Lokalmarkierung 55 über die bewirtschaftete PWV-Hütte **Dicke Eiche** zum Winterkirchel (→ Wanderung 9, S. 227). Von hier geht es auf dem Weg 57 am **Winterberg** und Wasserfall vorbei durchs Finstertal zurück zum Parkplatz am nördlichen Ortsende.

• *Kultur* In einem der ältesten Häuser Erfweilers kümmert sich eine Gruppe von Kunsthandwerkern aus der Region um den Fortbestand der alten Handwerkstechniken und des traditionellen Kunsthandwerks. **Die Werkstatt** ist nicht nur eine Galerie, sondern ein, gemessen an der Ortsgröße, vielfältiges Kulturzentrum. Mi/Do/So/Fei 14–17 Uhr. Winterbergstr. 85, ✆ 06391/1728, www.galerie-die-werkstatt.de.

• *Veranstaltung* Jedes Jahr findet in Erfweiler von Christi Himmelfahrt bis Pfingstsamstag die **Köhlerwoche** statt. Besucher können sich dabei über den Aufbau und das Anzünden eines Kohlenmeilers informieren sowie den Verkohlungsprozess über mehrere Tage hinweg mitverfolgen. Das Öffnen des Meilers und der Verkauf der Holzkohle bilden den Abschluss der Köhlerwoche.

Die Köhlerei in der Pfalz

Die Köhlerwoche in Erfweiler erinnert an einen viele Jahrhunderte alten Wirtschaftszweig. In den schier unendlichen Wäldern der Pfalz war die Holzkohleproduktion bis zur Einführung von Koks zur Mitte des 19. Jh. die Grundlage der Energieversorgung. In mächtigen Kohlenmeilern wurde Holz unter dem weitestgehenden Ausschluss von Luft bei rund 300 °C zwei bis drei Wochen lang verbrannt. Das Köhlerhandwerk war nicht ungefährlich, zu leicht gingen die Meiler in mächtige Feuer auf. Deswegen war das Kohlenbrennen lange offiziell verboten. Nur in Bannwäldern und mit Erlaubnis der Waldherren konnten der Köhler und seine Knechte arbeiten. Im Stumpfwald hatte der Schultheiß von Ramsen im 14. Jh. das Recht, alljährlich sechs Wochen vor und sechs Wochen nach Weihnachten Kohle aus Windbruch und Holzresten zu brennen. Im Isenachtal bei Bad Dürkheim sollen die Köhler während des 15. Jh. vortrefflich gearbeitet haben. Die umliegenden Burgen und die Ortschaften Dürkheim, Bockenheim, Großkarlbach, Wachenheim und Oggersheim wurden von hier aus beliefert, zunächst für den Hausbrand, später auch für den Antrieb von Maschinen und die chemische Industrie. Dass die Köhler trotz ihrer großen wirtschaftlichen Bedeutung immer ärmlich und zurückgezogen lebten, scheu und misstrauisch gegenüber anderen, liegt daran, dass sie ihr Leben fast ausnahmslos in einfachen Köhlerhütten verbrachten, ständig auf der Hut vor wilden Tieren, Gesinde oder ausbrechenden Flammen. So galten sie als raue und wilde Gesellen.

Bruchweiler-Bärenbach und Bundenthal

Seit die beiden Orte 1969 zur Gemeinde Wieslautern vereinigt worden waren, kämpften die Bundenthaler gegen diese Allianz mit dem ungleich größeren Bruchweiler-Bärenbach. Geschwärzte Ortsschilder und Wahlboykotte dienten ihnen als Ausdruck eines letztendlich erfolgreichen Protests: Seit der Auflösung der Gemeinde im Jahr 1989 versucht jeder der im schönen Wieslautertal gelegenen Orte wieder für sich, Touristen ein zentrales Standortquartier mit guter Infrastruktur zu bieten.

Das Ortsbild von **Bruchweiler-Bärenbach** ist entlang der Durchgangsstraße wenig einladend, auf der anderen Seite der oberen Wieslauter, um die Kirche und das Gemeindehaus herum, hat das Dorf seine schönen Ecken. Sehr gelungen ist die neue Parkanlage „Spießwiesen" am südlichen Ortsrand. Ein naturnaher Arm der Wieslauter durchzieht das mit vielen Bänken, Spielgeräten und Blumen abwechslungsreich gestaltete Gelände. Unter den Liebhabern der Orgelmusik gilt der Ort als Geheimtipp, da er mit seiner Mühleisenorgel in der Pfarrkirche „Heilig Kreuz" zu den Teilnehmern des Internationalen Orgelfestivals gehört. Die Unterkünfte sind in den

Bruchweiler und die Rote Zone

Die heute so friedlich wirkende grüne Grenze zu Frankreich war während des Zweiten Weltkrieges ein Ort von Leid, Kampf und Vertreibung. 1938 hatten hier Tausende von Arbeitern mit dem Bau des Westwalls begonnen, jener größenwahnsinnigen Verteidigungslinie, die das Deutsche Reich auf 630 km Länge gegen Westen sichern sollte. Allein auf Bruchweiler Gemarkung wurden fast 70 Bunker errichtet. Als am Morgen des 1. September 1939 deutsche Truppen in Polen einmarschierten und damit den Zweiten Weltkrieg auslösten, mussten im Westen des Landes 400.000 Menschen ihre Heimat verlassen. Wie 77 weitere Pfälzer Gemeinden lag auch Bruchweiler aufgrund seiner Nähe zur deutsch-französischen Grenze in der 20 km breiten „Roten Zone". Gerade einmal 15 kg Gepäck wurden den Evakuierten zugestanden, eilig zusammengepackt in den wenigen Stunden, die zwischen Bekanntgabe und Vollzug des „Freimachungsbefehls" verblieben. Mit Bussen, Lastwagen oder den nackten Füßen zogen die Bewohner der landwirtschaftlich geprägten Gemeinde in eine ungewisse Zukunft. Im Gepäck hatten sie die Sorge, was aus Heimat, Haus, Hof und Vieh werden würde. Die meisten der fränkischen und thüringischen Familien, welche die als „Franzosen" beschimpften Pfälzer bei sich aufnehmen mussten, waren alles andere als euphorisch ob der Zuwanderer von der Westgrenze. Glück im Unglück hatten jene Bruchweiler Landwirte, die nach Tagen der Reise in Oberelsbach in der fränkischen Rhön landeten. Auch hier hatten die Bewohner Vieh und spärliche Äcker, auch hier kannte man die harte Arbeit auf dem Lande und die Sorge um den Hof. Und so hielt die Verbundenheit zwischen den Dörfern auch, als die Vertriebenen nach Abschluss des deutsch-französischen Waffenstillstandsabkommens im Juni 1940 wieder in ihre zerstörte Heimat zurückkehren durften. Heute sind Bruchweiler-Bärenbach und Oberelsbach Partnergemeinden.

letzten Jahren zahlreicher und moderner geworden, sodass man heute eine gute Auswahl an schönen und wirklich preiswerten Übernachtungsmöglichkeiten hat. Im benachbarten **Bundenthal** überragt die Pfarrkirche „Peter und Paul" den Ortskern mit seiner von Fachwerkhäusern gesäumten, kopfsteingepflasterten Hauptstraße. Oberhalb von Bundenthal befinden sich die mächtigen **Fladensteine.** Um 1900 konnte man sie von Weitem sehen, da ihr Umland noch intensiv bewirtschaftet wurde. Heute ist der Wald so dicht gewachsen, dass man die bis zu 52 m hohen, beeindruckenden Steintürme nur von anderen Höhen wie dem benachbarten Jüngstberg (491 m) sehen kann. Die sieben aus flachen Sandsteinplatten (= Fladen) bestehenden Türme sind die Verwitterungsform eines Sandsteinriffs aus dem Mittleren Buntsandstein und somit ca. 240 Mio. Jahre alt. Typisch für diese Zeit sind eisenoxidhaltige, ausgeblichene, grobkörnige und geröllführende Schichten. Die Verwitterung des Gesteins führte allmählich zu den heute beobachtbaren Türmen mit Klüften, Rissen und wabenartigen Strukturen. Eine genauere Beschreibung der Prozesse und ihrer Folgen wird im Rahmen des **Geologischen Lehrpfads** gegeben. Dieser führt, mit Tafeln zur Geologie der Pfalz beschildert, vom Sportplatz Bundenthal hinauf zum Fuß des Erlenbacher Turms, dem westlichsten der Felsen, und von hier aus entlang weiterer Türme, die auch immer wieder Kletterer anlocken. Nördlich der Felsen befinden sich neben einem im Zweiten Weltkrieg als Unterschlupf genutzten Stollen auch mehrere Exemplare der giftigen Europäischen Stechpalme *(Ilex aquifolium).*

Reisepraktische Informationen

• *Information* Touristinfo beim **Heimatverein Bruchweiler-Bärenbach**, Hauptstr. 50, 76891 Bruchweiler-Bärenbach, ✆ 06394/5264, www.bruchweiler-baerenbach.de. Weitere Infos unter www.bundenthal.de.

• *Übernachten/Essen & Trinken* **Gästehaus Sonnenhöhe**, etwas versteckt am Westhang von Bruchweiler liegt das Gästehaus mit Zimmern, Apartments, Ferienwohnungen und einem neuen Ferienhaus. DZ ab 46 €, Ferienwohnungen ab 32 €. Bruchweiler-Bärenbach, Am Finkenschlag 1, ✆ 06394/705, 📠 993242, www.haus-sonnenhoehe.de.

Haus Wiesengrund, in den schönen Ferienwohnungen können bis zu 7 Pers. übernachten. Kinderfreundlich. Fahrradgarage und Parkplätze vorhanden. Ab 40 €. Bruchweiler-Bärenbach, Talstr. 27a, ✆ 06394/5139, 📠 993155, www.hauswiesengrund-kling.de.

Ferienhaus Burkhart, drei schöne, großzügige Wohnungen für bis zu 4 Pers. Besonders toll ist das riesige Grundstück mit vielen Spielmöglichkeiten für größere Kinder. Ab 34 €. Bruchweiler-Bärenbach, Sonnenstr. 26, ✆ 06394/5384, 📠 6559196, www.ferienhaus-burkhart.de.

Zu den Drei Königen, gemütliches Restaurant, dessen Küche eine leckere Mischung aus spanischen und deutschen Rezepten auf den Tisch bringt. Die Wirte sind engagiert und haben frischen Wind in das alte Fachwerkgemäuer gebracht. Mi–Fr ab 17 Uhr, Sa/So/Fei ab 11 Uhr. Bundenthal, Hauptstr. 136, ✆ 06394/920790.

Landhaus Felsengarten, der Top-Tipp im Dahner Felsenland: schöne, neue Zimmer mit viel hellem Holz, tolles Frühstücksbuffet, sehr nette, engagierte und kinderfreundliche Vermieter und ein riesiger, gepflegter Garten mit Teich. Ab und zu gibt es einen Pfälzer Grillabend oder sehr leckere Flammkuchen direkt aus dem Holzofen auf der Terrasse. Keine Hunde. DZ ab 58 €, Ferienwohnungen ab 40 €. Bruchweiler-Bärenbach, Gartenstr. 78, ☏ 06394/1661, 📠 993073, www.gaestehaus-felsengarten.de.

• *Radfahren* Beliebte Tagestouren führen von Bruchweiler auf dem **Radwanderweg Lautertal** nach Weißenburg (Wissembourg; hin und zurück ca. 65 km) und Fischbach (ca. 26 km). Wer nach einer vielfältigen und auch nicht ganz unanstrengenden Tour sucht, ist mit der **Raubritter-Tour** gut bedient. Auf 40 km Länge führt sie über Busenberg, Erlenbach, Vorderweidenthal, Oberschlettenbach, Erfweiler und Dahn-Reichenbach zurück nach Bruchweiler. Wer alle auf dem Weg liegenden Burgen besuchen möchte, dürfte die Runde kaum an einem Tag schaffen. Der genaue Streckenverlauf ist bei der örtlichen Touristinfo zu erfragen oder unter www.lvermgeo.rlp.de nachzulesen (mit Höhenprofil der Strecke).

• *Wandern* Zur **Drachenfelshütte** (PWV) und der oberhalb gelegenen, besuchenswerten **Ruine Drachenfels** gelangt man ab der Ortsmitte von Bruchweiler-Bärenbach in Richtung Erlenbach (rote Raute). Der Weg führt unterhalb des Jüngstbergs entlang und biegt danach an einer Lichtung in Richtung Drachenfelshütte ab (WW4 = Wanderweg 4). Auf dem Rückweg geht es zuerst ein Stück in Richtung Busenberg (WW5), dann folgt man dem sonnigen WW1 in Richtung Wieslautertal und später Bruchweiler-Bärenbach.

Mit Kinderwagen kann man die 5,5 km lange **Wöllmerstal-Tour** gehen: Vom Dorfgemeinschaftshaus Bruchweiler-Bärenbach durch Dorf- und Reinighofstraße zum Ortsausgang, dann auf der Straße durch das Wöllmersbachtal bis zum Abzweig zur PWV-Hütte am Schmalstein. Hier links ab und auf dem Wirtschaftsweg zur Hütte (Mi 13–18 Uhr, So ab 10 Uhr). Gleicher Rückweg.

Zwischen Burg Berwartstein und Wegelnburg

Abgeschiedene und landwirtschaftlich geprägte Dörfer wechseln sich mit weiten Wald- und Wiesenlandschaften ab. Umgeben von bewaldeten Hängen liegt das kleine Fachwerkdorf **Nothweiler** unterhalb der Burgruine Wegelnburg. Das touristisch nur wenig erschlossene **Erlenbach** steht ganz im Zeichen der sehr sehenswerten Burg Berwartstein (→ Kasten). Herrliche Wanderwege führen entlang ruhiger Täler und auf bizarre Felsgebilde.

• *Information* www.nothweiler.de und www.erlenbach.net.

• *Übernachten/Essen & Trinken* *****S Landgasthof Zur Wegelnburg**, im Restaurant mit klassischer gutbürgerlicher Küche sind v. a. die Flammkuchen empfehlenswert. Auch schön modernisierte Nichtraucherzimmer. DZ ab 64 €. Nothweiler, Hauptstr. 15, ☏ 06394/284, 📠 5049, www.zur-wegelnburg.de.

• *Baden* Der südliche Teil des **Seehofs** in Erlenbach ist als öffentlicher Badeplatz mit flachem Sandstrand, großzügiger Liegewiese und einem erweiterten Kiosk angelegt.

• *Spielplatz* Der deutsch-französische **Burgenspielplatz** zwischen Nothweiler und Lembach (F) am Gimbelhof zu Füßen der Burg Fleckenstein ist ein besonderes Erlebnis für etwas ältere Kinder. Im Aug. findet hier jährlich das große Kinderfest „Grenzenlose Ritterzeit“ statt.

Sehenswertes

Wegelnburg: Die lang gestreckte Burgruine unweit der Grenze zum Elsass gilt als die höchstgelegene (572 m ü. d. M.) der Pfalz. Entsprechend fantastisch ist bei klarer Wetterlage die Aussicht, Nothweiler wirkt von der nach Nordosten zeigenden Terrasse wie ein kleines Puppendorf. Die Burg wurde vermutlich noch während der

Regierungszeit des Stauferkaisers Friedrich Barbarossa als Reichsburg erbaut. Erstmals urkundlich erwähnt wurde sie 1247. Obwohl die Burg 1680 durch General Montclar geschleift wurde, sind heute noch beachtliche Teile der Anlage erhalten.

Eisenerzgrube Nothweiler: Bereits die Kelten gewannen hier im Übertagebau Eisenerz. Der Abbau unter Tage begann 1582 durch Herzog Johann I. von Pfalz-Zweibrücken. Im Jahr 1838 erwarb die Familie von Gienanth das Eisenerzbergwerk und führte es kurzzeitig zu großer Blüte, bevor 1883 das Aus kam. Das Kulturdenkmal St.-Anna-Stollen ist durch einen 420 m langen, ebenerdigen Rundgang erschlossen. Im Rahmen der Führung erfährt der Besucher viel über wichtige bergbauliche Tätigkeiten, Abbauorte und Lebensbedingungen der damaligen Zeit.

April–Okt. Di–So, Fei 10–18 Uhr. Erwachsene 3,50 €, Kinder 1,80 €. Festes Schuhwerk und warme Kleidung empfohlen. ✆ 06394/5354.

Instrumentarium Nothweiler: In der Ortsmitte von Nothweiler werden im ehemaligen Gemeindehaus vielfältige Geräte aus den Bereichen Optik, Messtechnik und Mathematik gezeigt. Unter den rund 400 Ausstellungsstücken sind ein Galvanometer aus den Anfangstagen der Elektrotechnik und Geräte zur Landvermessung.

Mai–Okt. Fr–So, Fei 16–18 Uhr, Sa/So/Fei auch 10–12 Uhr. Erwachsene 2 €, Kinder 1 €. ✆ 06393/1202.

Burg Berwartstein

Ein Besuch der erstmals 1152 urkundlich erwähnten Burg Berwartstein ist besonders für Kinder ein tolles Erlebnis. Rhetorisch begabte Burgführer zeigen auf der noch bewohnten Burg alles, was den Mythos „Burgen und Ritter“ ausmacht. Ein Becher Wasser wird in den Burgbrunnen geschüttet, die Länge der Zeit, die vergeht, bis es „klatsch“ macht, verdeutlicht die Tiefe des Brunnens. In den eingerichteten Kammern sieht man Burgfräuleins, Ritter in voller Montur, Waffen und Alltagsgegenstände. Beim Gang durchs Außengelände werden die verschiedenen Zugangsmöglichkeiten zur Burg erläutert, darunter auch ein in den Fels gehauenes Loch, durch das Gäste mit einem Korb nach oben gezogen wurden. Weniger willkommene Besucher wurden hier mit heißem Fett oder anderen unangenehmen Dingen begrüßt.

Die Burg Berwartstein war ab 1480 das Zuhause des legendären Hans Trapp. Er modernisierte die Befestigungen und verstärkte sie durch den Geschützturm „Kleinfrankreich“ auf dem südlich gelegenen Nestelberg. 1485 erreichte ein schon lange schwelender Konflikt mit dem Kloster Weißenburg um die Besitzrechte an der Burg seinen Höhepunkt: Hans Trapp ließ die nahe Wieslauter aufstauen und entzog so dem flussabwärts gelegenen Städtchen Weißenburg (Wissembourg) das Wasser. Nach Beschwerden des Abtes sorgte er prompt für die Zerstörung des Dammes, was in Weißenburg eine gewaltige Überschwemmung zur Folge hatte. Der Abt schäumte und erreichte bei Papst Innozenz VIII. die Verhängung des Kirchenbanns über den aufmüpfigen Ritter. Um nicht das gleiche Schicksal zu erleiden, musste sich der bisherige Gönner Trapps, der Kurfürst Philipp der Aufrichtige, von seinem Gefolgsmann lossagen. 1496 sah sich dann sogar Kaiser Maximilian I. gezwungen, gegen den Ritter die Reichsacht auszusprechen. Hans Trapp zeigte sich davon bis zu seinem Tod im Jahr 1503 unbeeindruckt.

Führungen und Gaststätte März–Okt. tägl., Nov.–Feb. nur Sa/So. Erlenbach, ✆ 06398/210, ✆ 99333518, www.burgberwartstein.de.

Schönau

Das an der Grenze zu Frankreich gelegene, 600 Einwohner zählende Dörfchen ist ein verschlafener Ferienort wie aus dem Bilderbuch. Es gibt einen See, viele wanderbare Kilometer, eine über den Ort wachende Kirche, zwei Restaurants mit gutem Essen, einen Briefkasten und viel schöne Natur.

In der Vergangenheit ging es in Schönau nicht immer so geruhsam zu wie heute. In dem örtlichen Hüttenwerk wurde einst Wasgauer Eisenerz verarbeitet. Der in der „Schönen Aue" gelegene ehemalige Klosterhof wuchs dank der Errichtung einer Eisenerzschmelze durch die Herzöge von Pfalz-Zweibrücken zum Ende des Mittelalters zu einem stattlichen Dorf heran. Eng verbunden mit der ehemaligen Schönauer Hütte ist der Name Gienanth. Die Industriellenfamilie kam im Zuge der Vertreibung der Hugenotten aus Frankreich in die Pfalz und wurde Besitzer vieler Hütten und Schmieden. Das Eisenwerk wurde 1883 stillgelegt, seither sind es v. a. der weitläufige Wald und die wohltuende Ruhe, die dem Ort durch Erholungssuchende eine wirtschaftliche Perspektive geben.

Reisepraktische Informationen

- *Information* www.schoenau-pfalz.de
- *Übernachten/Camping/Essen & Trinken*

*** **Landhotel Zur Wegelnburg**, einfaches Landhotel mit bodenständiger Küche und soliden Zimmern. Von Kräutern und ihren Wirkungen sind die Zimmer im separaten Kräuterhäuschen inspiriert. Hauptgerichte 7–17 €. Mi/Do geschlossen (Mai–Okt. nur Mi), sonst ab 11.30 Uhr. DZ ab 75 €. Hauptstr. 8, ☏ 06393/92120, 921211, www.hotel-wegelnburg.de.

Königsweiher, familienfreundliche Ferienwohnungen und kleiner Campingplatz direkt am Königsweiher, der im Sommer ein wunderbarer Ort zum Schwimmen, Bootfahren, Grillen und Faulenzen ist. Ferienwohnungen ab 35 €; Stellplatz 7 €, Erwachsene 5 €, Kinder 2,50 €. Am Zundelsfelsen 16, ☏ 06393/1213, www.fewo-am-koenigsweiher.de.

Heilsbach, zwischen Schönau und Fischbach liegt die unter katholischer Leitung stehende Bildungs- und Freizeitstätte Heilsbach. Auch als Individualgast ist man hier richtig, wenn man Ruhe und Erholung sucht. Großer Spielplatz und Freibad in der 75.000 m² umfassenden Parkanlage. Die Zimmer sind bewusst schlicht gehalten. DZ ab drei Nächten 28 €, sonst unverhältnismäßig teurer. An der Heilsbach 1, ☏ 06393/8020, 802288, www.heilsbach-schoenau.de.

Gästehaus Herberger, schöne Ferienwohnungen im Landhausstil in einem denkmalgeschützten Sandsteinhaus. Hinterm Haus befindet sich eine große, gepflegte Wiese, die direkt an einen Bach und den dahinter beginnenden Wald grenzt. Buchungsadresse: Rudi Herberger, Hochgasse 39, 67483 Edesheim. Ab 35 €. Hausadresse: Von Gienanthstr. 15, ☏ 06323/987172, 989079, www.gaestehaus-herberger.de.

Landhaus Mischler, hier wird kreative, sehr leckere Küche zu überaus fairen Preisen geboten. Da Udo Mischler sein traditionsreiches Haus mit viel Engagement führt, ist an jeden gedacht: Für Kinder gibt es Spielzeug, Senioren bekommen von fast allem auch halbe Portionen, und für alle Durstigen gibt es mit Kohlensäure versetztes heimisches Wasser als günstiges Tafelwasser. Hauptgerichte 7–24 €. Mi–So ab 11.30 Uhr, Jan.–März nur Freitagabend und Sa/So. Gebüger Str. 2, ☏ 06393/1425, www.landhaus-mischler.de.

Im Pfälzerwald

Wanderung 8: Sieben Burgen an einem Tag

Es gibt nicht viele Regionen, in denen man an einem einzigen Tag gleich sieben Burgen besteigen kann, die geschichtsträchtige Vergangenheit in der heute deutsch-französischen Grenzregion macht es aber möglich. Die ausnahmslos auf hohen Sandsteinfelsen erbauten Burgen erfordern manchen Anstieg, auf der 23 km langen Tour hat man insgesamt 1200 Höhenmeter zu bewältigen.

Ab dem **Parkplatz in der Schönauer Ortsmitte (1)** folgt man dem rot-gelben Balken einige Kilometer kontinuierlich bergauf. Das letzte Stück des Anstiegs auf die mit 572 m ü. d. M. höchstgelegene Burg der Pfalz, die **Wegelnburg (2),** erfolgt durch einen lichten Wald. Der Blick von oben ist herrlich und weit und gibt einen Vorgeschmack auf die kommenden Burgen. Diese erreicht man über einen kurzen Abstieg zur Kaiser-Wilhelm-Schutzhütte und über die französische Grenze zum **Maidenbrunnen (3).** Von hier aus erfolgt über den rot markierten Weg der kurze Aufstieg zu den **Ruinen Hohenbourg (4)** und **Löwenstein (5).** Bergab geht es zum *Col Hohenbourg* und auf dem durch ein rotes Dreieck markierten, imposanten **Felsenpfad (6)** zum **Besucherzentrum der Burgruine Fleckenstein (7),** einem ehemaligen Forsthaus. Vor dem Anstieg zur **Ruine Fleckenstein (8)** biegt der rote Balken links ab und führt durch den Wald hinunter in das Sauerbachtal. Unten angekommen, überquert man den Bach und steigt steil auf (roter Kreis). Anschließend führt der rote Balken an der südwestlichen Flanke des *Fuchsbergs* eben und zuletzt durch den Wald wieder leicht absteigend zur **Ruine Froensbourg (9),** die durch eine gewagte Treppenkonstruktion erschlossen ist. Auf dem z. T. durch lichten Fichtenwald führenden Weg mit dem roten Balken geht es weiter über den **Col de Hichtenbach (10)** und die besteigbaren **Zigeunerfelsen (11)** zur **Ruine Wasigenstein** (**12,** das letzte Stück auf einer gering befahrenen Straße). Der Rückweg

weg nach Deutschland und zur letzten der sieben Burgen, der **Ruine Blumenstein (13)**, erfolgt über den *Col du Maimont* entlang der roten Raute. Mit dieser geht es anschließend bis zum **Parkplatz An der Schanze (14)** und dann rechts (grüner Balken) zum Ausgangspunkt zurück.

Einkehr Nur am Start- und Zielort Schönau sowie im Besucherzentrum der Burgruine Fleckenstein möglich.

Seen, Flüsse und Sümpfe: Fischbach und Ludwigswinkel

Im weiten Tal der Sauer, umgeben von Felsen und flacher werdenden Bergen, liegt der kleine Ort **Fischbach.** Südlich davon ragt der mehrgipflige, bereits in Frankreich gelegene Maimont (515 m) auf. Die Lage von Fischbach ist landschaftlich wunderschön, der 1318 erstmals urkundlich erwähnte Ort hingegen wirkt etwas strukturlos und wenig einladend. Aber das architektonisch beeindruckende Biosphärenhaus lockt viele Besucher in die idyllische Abgeschiedenheit.

Rund um **Ludwigswinkel** ist das Gelände ebener und weiter, es gibt unzählige von Wald gesäumte Seen und Sümpfe. Der erst 1784 vom Landgrafen Ludwig IX. von Hessen-Darmstadt gegründete Ort wurde während des Zweiten Weltkrieges stark zerstört, historische Bausubstanz ist kaum noch vorhanden. Die heutige planmäßige, lockere Anlage des Ortes verdeutlicht, dass es sich bei Ludwigswinkel vorwiegend um ein Ferienhausgebiet handelt. Die zahlreichen Bade- und Wandermöglichkeiten sowie die Abgeschiedenheit sind optimal für eine solche Nutzung. Einige der Seen sind aufgrund der seltenen Tier- und Pflanzenwelt unter Naturschutz gestellt.

Reisepraktische Informationen

• *Information* Kultur- und Verkehrsverein Fischbach/Petersbächel im Sauertal e. V., Postfach, 66996 Fischbach bei Dahn, ✆ 06393/8090143, ℻ 5029, www.fischbach-bei-dahn.de.

Kultur- und Verkehrsverein Ludwigswinkel, 66996 Ludwigswinkel, ✆ 06393/498, ℻ 5744, www.ludwigswinkel.de.

• *Übernachten/Essen & Trinken* **NaturErlebnisZentrum Wappenschmiede**, in dem modernen, architektonisch interessanten Haus mit Jugendherbergscharakter kann man preiswert übernachten. Alle Zimmer mit Dusche/WC. Sehr beliebt, frühzeitig reservieren. DZ ab 50 €. Fischbach, Am Königsbruch 2, ✆ 06393/993406, ℻ 993706, www.wappenschmiede.de.

Blick zum Maimont, klassischer Landgasthof in der Ortsmitte mit solider Küche und Zimmern. Hauptgerichte 5–14 €. Mo Ruhetag, sonst 12–14 und ab 18 Uhr. DZ ab 60 €. Ludwigswinkel, Landgrafenstr. 32, ✆ 06393/921530, ℻ 9215355, www.maimont.de.

Zum Landgrafen, gemütliches Restaurant, dessen Atmosphäre etwas an ein Brauhaus erinnert. Samstags werden ab 18 Uhr leckere Flammkuchen im Holzofen zubereitet, aber auch die anderen Gerichte sind schmackhaft, preiswert und sehr reichlich bemessen. Mi Ruhetag, sonst ab 11 Uhr, warme Küche 11.30–14 und 17.30–22 Uhr. Ludwigswinkel, Landgrafenstr. 33, ✆ 06393/405, www.zumlandgrafen.de.

• *Baden* Nördlich von Ludwigswinkel lockt der **Schöntalweiher** mit einer großzügigen Liegewiese und Kiosk. Auch der **Saarbacher Hammer** und der **Sägmühlweiher** werden gerne zum Baden genutzt.

> **Barfußpfade** gibt es mittlerweile einige, aber in Ludwigswinkel stehen den Füßen besonders reizvolle Erlebnisse bevor. Ausgehend vom „Freizeitpark Birkenfeld" (mit Kiosk, Schuhdepot und tollem Spielplatz) führt der Weg u. a. über Wiese, sandige und kieselige Bachbette sowie Baumrinde durch die weite Talaue. Erwachsene 1,50 €, Kinder (6–16 J.) 1 €. ✆ 06393/498.

• *Wandern* Im von verschiedenen Seiten zugänglichen Wanderheim **Hohe List** (Sa ab 11 Uhr, So/Fei ab 9 Uhr) herrscht meist reges Treiben. Seit 1974 bewirtschaftet der

Pfälzerwald-Verein das ehemalige Forstdienstgebäude aus dem Jahre 1832. Von Ludwigswinkel führt ein 18 km langer Rundweg durch das mit einem grünen Rechteck markierte Saarbachtal und an zwei Felsen vorbei (grünes Kreuz auf weißem Grund) auf die Hohe List. Der Rückweg erfolgt mit dem rot-weißen Rechteck durchs Große Dielbachtal.

Auf die **Ruine Blumenstein** und den **Maimont** führt der 5 km lange Rundwanderweg Nr. 3 ab dem Wanderparkplatz „An der Schanze" östlich des Weilers Gebüg (→ Wanderung 8, S. 219).

Sehenswertes

Biosphärenhaus mit Baumwipfelpfad: Für Kinder scheint die lange Röhrenrutsche vom Baumwipfelpfad das Wichtigste am Biosphärenhaus zu sein. Doch es gibt noch mehr zu entdecken. In dem futuristischen Gebäude ist eine multimediale Ausstellung untergebracht, die über Tiere, Pflanzen und menschliches Wirtschaften im Bereich des Pfälzerwalds und der Nordvogesen informiert. Der mit zusätzlichen Informationen bestückte Baumwipfelpfad ist trotz seiner Höhe von 18 m auch für kleine Kinder und Rollstuhlfahrer problemlos zu bewältigen. Er gibt Einblicke in die Höhenstufen des Waldes und vom 35 m hohen Aussichtsturm interessante Ausblicke.

Baumwipfelpfad: Aussicht und lange Rutsche

Der 2 km lange *Wasser-Erlebnisweg* macht besonders an heißen Tagen viel Spaß, der in ein kleines Seitental abzweigende *Erlebnisweg* mit elf Stationen bietet Kindern hingegen bei jedem Wetter zahlreiche Informationen und viel Abwechslung. Besonders beliebt sind das Wassertretbecken mit angeschlossener Pumpe und die Genussstation mit Hängematten und Bankschaukeln.

April/Mai/Okt. tägl. 9.30–17.30 Uhr, Juni–Sept. tägl. 9.30–18.30 Uhr, Nov. tägl. 9.30–16 Uhr, ab Mitte Nov.–März (sofern geöffnet) Mo–Fr 9.30–15.30 Uhr. Erwachsene 8 €, Kinder ab 6 J. 6 €, diverse Familienkarten. Fischbach, Am Königsbruch 1, ✆ 06393/92100, 921019, www.biosphaerenhaus.de.

Maimont: Über den Kamm des mit 515 m höchsten Berges der Gegend verläuft die Grenze zu Frankreich. Rund um den Hauptgipfel zieht sich eine Ringwallanlage keltischen Ursprungs. Auf dem Nebengipfel befindet sich ein als Opferschale interpretierter Sandsteinblock mit einer Aushöhlung. Weitere keltische und auch römische Funde belegen, dass der Berg jahrhundertelang von großer Bedeutung war. Das in den 1950er-Jahren erstmals errichtete Friedenskreuz auf einem Felsvorsprung im Norden erinnert an die schweren und für beide Seiten verlustreichen Kämpfe, die sich hier zu Beginn des Zweiten Weltkrieges am 13. Mai 1940 abspielten. Das heutige Kreuz wurde 1990 durch in Deutschland stationierte US-Soldaten auf den Berg getragen. Auf einem Felsklotz am Nordosthang des Maimont thront in 361 m Höhe die *Ruine Blumenstein*. Sie ist eine typische Wasgauburg aus dem 13. Jh., die sich malerisch auf einem frei stehenden Felsen erhebt. Erhalten sind u. a. Teile der Schildmauer sowie gut sichtbare, rätselhafte Wetzrillen am oberen Burgeingang.

Die Schuhregion

Im 19. Jh. entwickelte sich die Schuhindustrie zum wirtschaftlichen Pfeiler des Wasgaus und der südwestlichen Pfalz. Außer den Hauptzentren Hauenstein und Pirmasens gab es viele weitere Orte mit kleinen Schuhfabriken oder -manufakturen.

Neben den Fabriken war es die Heimarbeit, welche die Region so erfolgreich machte. Frauen und Kinder leisteten am Küchentisch harte Arbeit, während ihre Männer und Väter in den aufstrebenden Schuhfabriken arbeiteten. Der politische und gesellschaftliche Wandel verbesserte allmählich die Arbeitsbedingungen, und der wirtschaftliche Erfolg brachte der gesamten Region einen bescheidenen Wohlstand. Als jedoch 1968 innerhalb der Europäischen Wirtschaftsgemeinschaft die Importzölle fielen, wurde aus dem Aufstieg ein rasanter und tiefer Abstieg. Einfach produzierte und preisgünstige italienische Schuhe kamen über Nacht in großen Mengen auf den deutschen Markt und besiegelten den Niedergang der Südwestpfälzer Schuhindustrie. Heute stehen in vielen der kleinen Gemeinden verlassene Fabrikgebäude.

Bronze-Schuster in Hauenstein

Hauenstein

Von den Schuhen lebt Hauenstein seit über 100 Jahren. Während die Fabriken einst der armen Landbevölkerung Verdienstmöglichkeiten für ein anspruchsloses, einfaches Leben boten, sind die heutigen Fabrikverkäufe ein Anziehungspunkt für Konsumenten und Touristen. Neben den vielen Schuhgeschäften ist es aber auch die schöne Waldlandschaft, die den Luftkurort Hauenstein attraktiv macht.

Die erste Hauensteiner Schuhfabrik eröffnete 1886, 1900 gab es bereits 11, 14 Jahre später war die Zahl auf 20 angestiegen. Fast 1200 Menschen fanden damals hier Arbeit. In den 1960er-Jahren erfolgte nach einem Boom mit 35 Schuhfabriken der rasche und schmerzhafte Abstieg. Heute gibt es nur noch eine in Hauenstein produzierende Fabrik, kaufen kann man Schuhe jedoch in über 20 Fachgeschäften. Am nördlichen Ortseingang liegen direkt an der B 10 zahlreiche Neubauten für den

Schuhverkauf. Der Weg von hier aus ins Zentrum führt durch den sog. Felsen, der für den Bau der Straße einst gesprengt wurde. Das Ortszentrum ist beschaulich und einladend. Hier sind Schuhe keine lukrative Einnahmequelle, sondern ein prägender Teil der Geschichte. Darauf verweist nicht nur die Skulptur der Schuster in der Ortsmitte, sondern v. a. das interessante und mit zahlreichen Hintergrundinformationen aufwartende **Deutsche Schuhmuseum.** Aber auch die katholische Kirche **St. Bartholomäus** mit ihren Heiligenstatuen und Bildern aus dem Mittelalter ist sehenswert.

Information/Übernachten/Camping/Essen & Trinken

• *Information* **Tourist-Information Hauenstein**, Turnstr. 5 (im Deutschen Schuhmuseum), 76846 Hauenstein, ✆ 06392/915119, ✆ 915160, www.hauenstein.rlp.de und www.hauenstein.de. Tägl. 10–17 Uhr, Dez.–Feb. Mo–Fr 13–16 Uhr, Sa/So 10–16 Uhr.

• *Übernachten/Essen & Trinken* *** **Hotel-Café-Restaurant Dorfstübel am Schuhmuseum**, in dem 2003 nach dem Abriss einer alten Schuhfabrik erbauten Haus kann man in hellen, rustikalen Räumlichkeiten gut essen. Die Zimmer sind ebenfalls im leicht bayerischen Stil gehalten. Freundlicher Service, Hauptgerichte 8–19 Uhr. Mo Ruhetag, Di–Sa 10–23 Uhr, So bis 22 Uhr. DZ ab 80 €. Burgstr. 18, ✆ 06392/409596, ✆ 409597, www.dorfstuebel.de.

***S **Ringhotel Felsentor**, gutes Hotel mit elegantem Komfort und gelungener gutbürgerlicher Küche. Zwischen den Schuhoutlets und der Ortsmitte gelegen. Hauptgerichte 9–26 €. Mo Ruhetag, sonst 11.30–22.30 Uhr. DZ ab 82. Bahnhofstr. 88, ✆ 06392/4050, ✆ 405145, www.felsentor.de.

**** **Landhaus-Restaurant am Hirschhorn**, hoch über dem Queichtal, am Rand des kleinen Örtchens Wilgartswiesen, liegt das Hotel mit der feinen (Fisch-)Küche. Außer der phänomenalen Aussicht ist der Wellnessbereich, den man auch als Tagesgast (Eintritt 24,50 €) besuchen kann, ein Highlight des Hauses. DZ ab 130 €. Wilgartswiesen, Am Hirschhorn 12–14, ✆ 06392/581, ✆ 3578, www.hotel-hirschhorn.de.

Ferienwohnung Uwe Kerner, sehr schöne, moderne Ferienwohnung für 2 Pers. mit separatem Wohnungseingang und großem Balkon. Zentrale, ruhige Lage. 32 €. Queichstr. 16, ✆ 06392/994670, www.uwekerner.de.

Ferienwohnung Irene, helle Wohnung für bis zu 6 Pers. mit neuer Küche und zwei Schlafzimmern in zentraler Lage mit toller Aussicht. Der Garten kann mitbenutzt werden. Ab 34 €. Kaiserstr. 1, ✆ 06392/2418, ✆ 993089 , www.fewo-irene.de.

**** **Ferienhaus Don Alfredo**, schönes, luxuriöses Ferienhaus mit drei Schlafzimmern, zwei Bädern, Waschmaschine, kindgerechter Ausstattung und großem Garten mit Gartenhaus und Schaukel. Buchungsadresse: Christina Giebel, Sportplatzstr. 39, 76838 Spirkelbach. Ab 57 €, nicht unter 7 Tagen zu mieten. Hausadresse: Spirkelbach, Hauptstr. 77, ✆ 06392/60625, www.fewo-donalfredo.de.

Herberge Hauenstein, insgesamt 38 Pers. können in den einfachen Ein- bis Sechsbettzimmern mit Dusche/WC nächtigen und sich in der Selbstversorgerküche verköstigen. Übernachtung ohne Frühstück 13 €. Landauer Str. 69, ✆ 06392/1346, ✆ 995851, www.herberge-hauenstein.de.

Wanderheim Dicke Eiche, die gut besuchte Hütte des PWV Hauenstein bietet günstiges Essen in einfacher, gepflegter Umgebung. Zahlreiche Wanderwege haben die Hütte mit den vielen Sitzplätzen im Freien und dem großen Spielplatz zum Ziel. Sa/So 9–18 Uhr, Mai–Okt. auch Mi 10–18 Uhr. Preiswerte Übernachtungsmöglichkeit (ab 10 €) in schlichten Zimmern, Selbstversorgerküche. Übernachtungen zu buchen bei Frau Helga Braun (Turnstr. 16), unter h.braun@pwv-hauenstein.de, ✆ 06392/4090098, ✆ 06392/993097, Wanderheim: ✆ 06329/3957, www.pfaelzerwaldverein-hauenstein.de.

Paddelweiher-Hütte, die 2001 neu erbaute, kinderfreundliche Gaststätte mit Selbstbedienung und vernünftigen Preisen liegt direkt am Paddelweiher im oberen Queichtal. Im Schatten noch kleiner Platanen kann man mit Blick ins grüne Tal ausspannen, während sich die Kinder im Tretboot oder auf dem tollen Kinderspielplatz austoben.

An kalten Tagen wird der Kachelofen befeuert und verbreitet eine gemütliche Stimmung. Vom Parkplatz Farrenwiese bequem in 5 Min. auf dem Fahrweg zu erreichen. April–Okt. tägl. ab 10.30 Uhr, Küche bis 19 Uhr, Nov.–März Sa/So ab 10 Uhr, Küche bis 18 Uhr. Dahner Str. 100, ☏ 06392/994518, 📠 994402, www.paddelweiher.de.

Zum alten Nussbaum, das Restaurant in Schwanheim bietet eine eigenwillige Mischung aus kulinarischen Köstlichkeiten und einem innenarchitektonischen Kuriositätenkabinett. Von den drei Tagesmenüs (knapp 20 €) ist eines vegetarisch. Hauptgerichte 8–22 €. Di Ruhetag, Mo, Mi–Sa 11.30–14 und 17–22 Uhr, So/Fei 11.30–21 Uhr. Schwanheim, Wasgaustr. 17, ☏ 06392/1886, 📠 993147, www.zumaltennussbaum.de.

• *Camping* **Wohnmobilstellplätze beim Deutschen Schuhmuseum**, zwölf Wohnmobilstellplätze in zentraler, ruhiger Lage mit allen Anschlüssen. 24 Std. 7 €. Auskünfte bei der Touristinfo (s. o.).

Einkaufen/Sport & Freizeit/Veranstaltungen

• *Einkaufen* Große **Schuhoutlets** finden sich direkt an der B 10. Manche Läden verkaufen aktuelle Kollektionen, andere vorwiegend Restbestände. Im Ortszentrum gibt es einige weitere Schuhgeschäfte. Kernöffnungszeit Mo–Fr 9.30–18 Uhr, März–Okt. auch So 13–18 Uhr.

Kaffeerösterei und Weinlädchen Feith, neben selbst geröstetem Kaffee gibt es Pfälzer und Südtiroler Weine, feine Liköre und Pralinen. Gemütlicher Laden mit freundlichem Service. Nur Fr 9–12 und 14.30–18 Uhr und Sa 9–12 Uhr. Gartenstr. 18, ☏ 06392/7376, 📠 409492, www.weinlaedchen-feith.de.

Schafshof Ruppert, vertreibt seine wolligen Produkte, Lammfleisch und eigenen Apfelsaft vorwiegend auf Märkten der Region, aber nach telefonischer Vereinbarung kann man auch den kleinen Hofladen in Schwanheim besuchen. Wasgaustr. 13, ☏ 06392/3129, www.schafshof-ruppert.de.

• *Baden* **Wasgaufreibad**, in dem weitläufigen Freibad am Ende der Backelsteinstraße kann je nach Witterung von Mai bis Sept. tägl. 9.30–20 Uhr gebadet werden. Wenn man im 50-m-Becken seine Bahnen zieht, blickt man dabei auf den nahen Wald und die an den Hängen aufragenden Felsen. Spielplatz, Kletterwand und Beachvolleyball. Erwachsene 3 €, Jugendliche 2 €. ☏ 06392/9150, www.wasgaufreibad.de.

Im **Paddelweiher** (s. u.) ist das Baden nicht gestattet.

• *Kanufahren* Auf dem **Paddelweiher**, Kanus und Ruderboote können in der Paddelweiherhütte ausgeliehen werden (30 Min. 4,50 €).

• *Klettern* **Südpfalz Adventures + Wasgau Kletterschule Hauenstein**, hier können alle, die beim Anblick der vielen Felsen Lust bekommen, einen zweistündigen Schnupperkletterkurs für 35 € belegen. Ganzjährig, ab 5 Pers. Auch Angebote für Könner. Prälat-Sommer-Str. 46, ☏ 06392/2390, 📠 7106, www.kletterschule.de.

• *Radfahren* Über 50 km führt der landschaftlich vielfältige **Queichtalradweg** nach Germersheim. Wer nicht zurückradeln will, muss 2 Std. Fahrzeit und zweimaliges Umsteigen mit dem ÖPNV in Kauf nehmen.

• *Wandern* Am Wanderparkplatz „Altwiesen" nahe dem Freibad kann man auf den aussichtsreichen, 10 km langen **Panoramaweg** rund um Hauenstein einsteigen. Der mit einem „P" markierte Weg verläuft meist in Sichtweite des Dorfes und führt über drei

Wahrzeichen des Pfälzerwalds: der Teufelstisch

Aussichtsfelsen. Vom Schwimmbad aus erreicht man nach kurzem, knackigem Aufstieg den **Backelstein**, der früher als Fliehburg genutzt wurde. Steile Treppen und Leitern führen auf den kleinen Gipfel mit seiner imposanten Aussicht (auch an der 60 m hohen Südseite des Felsens hinunter).

• *Veranstaltungen* **Keschde in Hääschde**, der traditionelle Kastanienmarkt mit vielen Gerichten aus und um die Esskastanie findet meist am 4. So im Okt. statt.

Hauensteiner Kerwe, am ersten Septemberwochenende.

Weihnachtsmarkt, der gemütliche, seit 1980 stattfindende Kunsthandwerkermarkt mit Anbietern aus der Pfalz und dem nahen Frankreich stimmt an den ersten beiden Adventswochenenden mit großen Holzfackeln auf die Weihnachtstage ein.

Sehenswertes

Deutsches Schuhmuseum: In dem nüchternen Gebäude im lupenreinen Bauhausstil, das bis 1976 als Schuhfabrik diente und heute unter Denkmalschutz steht, wird die Entwicklung der Schuhindustrie in der Region Pirmasens/Hauenstein durch zahlreiche Maschinen, Schuhe und ergänzende Exponate anschaulich dargestellt. 1998 wurde das zwei Jahre zuvor eröffnete Museum für die gelungene Aufbereitung der lokalen Geschichte mit dem Europäischen Museumspreis ausgezeichnet.

Lieblinge der rund 40.000 Besucher pro Jahr sind die getragenen Schuhe Prominenter: Joschkas Marathonschuhe, schwarze Stiefeletten von Angela und weiße Tennisschuhe von Boris. Manchmal gibt es noch eine kleine Geschichte dazu, wie etwa bei den Schuhen von Fernsehmoderator Johannes B. Kerner. In einem Begleitschreiben zu seinen Schuhen verrät er, dass zwei seiner Urgroßeltern aus der Gegend stammten und um 1900 selbst in der Schuhindustrie arbeiteten.

Die neu hinzugekommene *Ernst-Tillmann-Sammlung* ist mit 1800 Paar Schuhen die europaweit größte historische Schuhsammlung. Von der Römersandale bis hin zu waghalsigen Plateauschuhen aus den 1970er-Jahren ist hier allerlei Schönes und Nützliches, aber auch Kurioses zu sehen.

Tägl. 10–17 Uhr, Dez.–Feb. Mo–Fr 13–16 Uhr, Sa/So 10–16 Uhr. Eintritt 3,50 €, ermäßigt 3 €. Turnstr. 5, ✆ 06392/915165, 📠 915172, www.deutsches-schuhmuseum.de.

Gläserne Schuhfabrik: Seit 2003 werden die einzigen noch in Hauenstein produzierten Schuhe in der Gläsernen Schuhfabrik der Firma Josef Seibel gefertigt. Besucher können fast täglich einen Einblick in die Abläufe der modernen Schuhproduktion gewinnen. Der Slogan der 1886 gegründeten Firma lautet „The European Comfort Shoe“. Damit soll neben der Bequemlichkeit der Schuhe auch auf die Produktionsstandorte verwiesen werden. Die Firma, zu der auch die Marken Romika, DKM und Westland gehören, produziert 75 % ihrer jährlich 6 Mio. Paar Schuhe in Europa, der Anteil von Westeuropa ist mit 5 % aber gering. Hauenstein ist nach wie vor Firmensitz der internationalen Josef-Seibel-Gruppe.

April–Okt. Mo–Fr 10–12 und 12.45–16.30 Uhr, Sa/So/Fei 13–17 Uhr, Nov.–März nur Mo–Fr. Eintritt frei. Führungen nach Vereinbarung. Waldenburgerstr. 1, ✆ 06392/9221371, 📠 9221471, www.glaeserne-schuhfabrik.de.

X **Teufelstisch in Hinterweidenthal:** Der sagenumwobene Teufelstisch ist die größte Attraktion im westlich von Hauenstein gelegenen Hinterweidenthal. Sachlich betrachtet, handelt es sich um zwei 8 m hohe Sandsteinpfeiler, die eine 300 t schwere Platte tragen. Die Form entstand durch die Einwirkung der Erosion auf unterschiedlich widerstandsfähige Gesteinspartien. Der Sage nach wurde der Tisch vom herumwandernden Teufel gebaut, der eine Pause machen wollte, aber keine passende Stelle fand. So packte er die Steine übereinander und hatte ein schönes Plätzchen zum Niederlassen.

Unterhalb des Teufelstischs liegt der neu eröffnete **Erlebnispark Teufelstisch** für kleine und große Kinder. Highlight ist die über ein Felsenmeer zu erkletternde 50 m lange Riesenrutsche. Wasserspielanlagen, Wippen, kleine Rutschen, jede Menge Sand, ein 12-Loch-Minigolfplatz sowie eine kostenfreie Toilettenanlage mit Wickelmöglichkeit runden das positive Bild ab. Der Eintritt ist frei, in den Sommermonaten tägl. 10–18 Uhr, ✆ 06396/993276, www.hauenstein-pfalz.de.

Wanderung 9: Von Hauenstein zur Dicken Eiche und zum Winterkirchel

Die abwechslungsreiche, 9 km lange Runde beginnt am **Schuhmuseum in Hauenstein (1)** und führt zunächst die Turnstraße bergan bis zum Waldrand. Von dort geht es rechter Hand entlang einer alten Schuhfabrik auf dem Panoramaweg bis zum **Freibad (2)** und dann auf dem Weg Nr. 11 weiter durchs Tal. An dessen Ende folgt der steile Aufstieg zum Kurzen Dümpfel. Vorbei an eindrucksvollen Felsen erreicht man in gut 15 Min. das **Wanderheim Dicke Eiche (3).** Weiter geht es auf dem

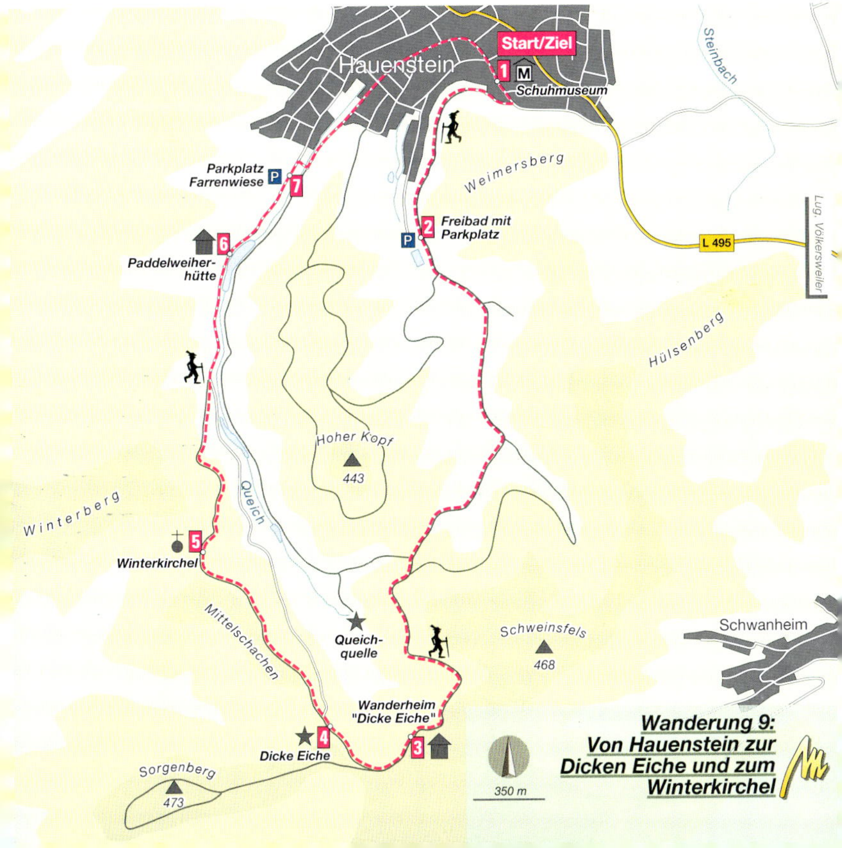

Weg Nr. 11 an den traurigen Resten der **Dicken Eiche (4)** vorbei bis zum **Winterkirchel (5).** Hier kreuzt der alte Schuharbeiterweg zwischen Erfweiler und Hauenstein, den die Arbeiter einst täglich auf dem Weg zur Arbeit gingen. An der höchsten Stelle steht die kleine Kapelle, deren Vorgängerin nach dem Dreißigjährigen Krieg als Dank für den hier gelegenen Unterschlupf errichtet wurde. Weiter geht es über den Weg Nr. 10 bergab ins Queichtal und zum **Paddelweiher (6)** und dann weiter über den Fahrweg bis zum **Parkplatz Farrenwiese (7).** Der Rückweg zum Schuhmuseum erfolgt entlang der Queich durch Hauenstein.

Einkehr Wanderheim Dicke Eiche und Paddelweiherhütte, Beschreibung → S. 224.

Pirmasens

Pirmasens war einst die ruhmreiche Schuhmetropole Deutschlands, heute versucht sich die Stadt gegen den wirtschaftlichen Verfall zu wehren. Reizvoll auf vielen Hügeln an der Grenze zwischen dem Pfälzerwald und dem landschaftlich offenen Westrich gelegen, hält Pirmasens beinahe verzweifelt nach neuen Perspektiven Ausschau.

Bis 1736 lebten die damals rund 200 Einwohner von Waldarbeit und Landwirtschaft. Dann beschloss der exzentrische Landgraf Ludwig IX. von Hessen-Darmstadt, mitten im Wald eine Garnison zu errichten. 7000 Soldaten ließen sich nieder, um zur Freude des Landgrafen Paraden abzuhalten. Nach seinem Tod fehlte den Soldaten und ihren Familien der Sold, und so entstand die Idee, aus Uniformresten Schuhe zu fertigen und sie in der Umgebung zu verkaufen. Dies war so erfolgreich, dass binnen weniger Jahrzehnte Hunderte von Schuhfabriken entstanden und Pirmasens zum Inbegriff der deutschen Schuhindustrie wurde. Der gewaltige Boom führte zu einer wirtschaftlichen Monostruktur. Und so traf es die 30.000 Arbeiter in den Schuhfabriken hart, als in den 1960er- und 70er-Jahren aufgrund der internationalen Konkurrenz eine Fabrik nach der anderen geschlossen wurde.

Altes Rathaus

Aus der Blüte der Stadt sind prächtige Sandsteinfassaden der Gründerzeit v. a. im Umfeld der ehemaligen Fabrik Rheinberger erhalten. Dominant sind auch die Schlosstreppe in der Innenstadt mit ihrer Stierplastik von Gernot Rumpf sowie die oberhalb gelegene Pirminiuskirche, das Alte Rathaus und der charakteristische Exerzierplatz. Insgesamt ist der Stadt die wirtschaftliche Depression jedoch deutlich anzusehen. Es ist zu hoffen, dass neue Projekte wie das Dynamikum (s. u.) von dauerhaftem Erfolg gekrönt sein werden und der Stadt damit einen positiven Entwicklungsschub verschaffen. Nach verhaltenen Jahren hat auch die erste und letzte

Pirminiuskirche

große Schuhfabrik der Stadt wieder großen wirtschaftlichen Erfolg vorzuweisen: Der Damenschuhproduzent Peter Kaiser (gegr. 1838) stellt einen Großteil seiner jährlich rund 600 Modelle in Pirmasens her und ist mit dem Markenzeichen „Made in Germany" in vielen Ländern der Welt im gehobenen Segment erfolgreich.

Reisepraktische Informationen

• *Information* **Bürger Service Center**, Exerzierplatzstr. 3, 66953 Pirmasens, ☎ 06331/842355, 📠 842283, www.pirmasens.de. Mo/Di/Do 8–18 Uhr, Mi/Fr 8–14 Uhr, Sa 9–12 Uhr.

Verkehrsverein Südwestpfalz e. V., Unterer Sommerwaldweg 40–42, 66953 Pirmasens, ☎ 06331/809126, www.suedwestpfalz-touristik.de. Mo–Fr 8–12 Uhr, zusätzlich Mo/Di 14–16 und Do 14–17 Uhr, i. d. R. kein Publikumsverkehr.

• *Parken* Zentrumsnah sind die Parkplätze im engen Pirmasens knapp. Ein annehmbares Parkhaus liegt unter dem Exerzierplatz, im Bereich Bahnhofstraße und Ringstraße befinden sich einige kostenpflichtige Parkplätze.

• *Taxi* **Taxi-Lang**, ☎ 06331/13315.

• *Einkaufen* **Wochenmarkt**, jeden Di, Do und Sa 6–12.30 Uhr auf dem Exerzierplatz.

Wawi-Schokoladenfabrik, Fabrikverkauf und gläserne Produktion mit kleiner Cafeteria. Mo–Fr 8–18 Uhr, Sa 9–13 Uhr. Unterer Sommerwaldweg 19–20, ☎ 06331/239990, www.wawi-schokolade.de.

Werksverkauf Peter Kaiser, Mo–Fr 9.30–17 Uhr und Sa 9.30–14 Uhr, Lemberger Str. 74a, ☎ 06331/41025, www.peter-kaiser.de.

• *Übernachten/Essen & Trinken*
**** **Hotel-Restaurant Kunz**, im unscheinbaren Vorort Winzeln steht das familiengeführte, schicke Haus, dessen Küche, gemessen an der hohen Qualität, preiswert ist. Der Service ist unkompliziert und freundlich. Das Verwöhnwochenende mit 5- und 6-Gänge-Menü gibt es ab 170 €/Pers. Mo–Do, So 12–14 und 18–22 Uhr, Fr/Sa nur 18–22 Uhr. DZ ab 90 €. Winzeln, Bottenbacher Str. 74, ☎ 06331/8750, 📠 875125, www.hotel-kunz.de.

Sehenswertes

Westwall-Museum im Festungswerk Gerstfeldhöhe: 1938 wurde mit dem Bau des Festungswerks Gerstfeldhöhe begonnen, das mit insgesamt 14 km Hohlgängen für Maschinenhallen, ein Lazarett, Schmalspurbahnhöfe, Munitionsdepots und eine

Kaserne für 800 Mann die größte unterirdische Anlage im Rahmen des Westwall-Bauprogramms werden sollte. Als die Arbeiten im Sommer 1940 eingestellt wurden, waren allerdings erst rund 5 km Hohlgänge geschaffen. Der 1 km lange Rundgang durch die Stollen ist ein faszinierendes und bedrückendes Erlebnis.

Sa/So 13–17 Uhr, im Winter geschlossen. Eintritt 5 €, ermäßigt 3 €. Aufgrund der niedrigen Temperaturen von ca. 8 °C im Museum wird warme Kleidung für den Besuch empfohlen. Kontakt über den Verein HGS Gerstfeldhöhe e. V. in Niedersimten, In der Litzelbach 2, ✆ 06331/46147, 📠 2190090, www.westwall-museum.de.

Dynamikum: Das 2008 eröffnete Dynamikum hat sich binnen weniger Jahre zu einer weit über die Granzen der Stadt hinaus bekannten Institution entwickelt. Nicht ohne Grund kamen seitdem über 250.000 Besucher in das stattliche und eindrucksvoll sanierte Gebäude der ehemaligen Schuhfabrik Rheinberger. In den 1920er- und 1930er-Jahren arbeiteten hier bis zu 2300 Menschen in der Schuhproduktion, Rheinberger galt damals als die größte Schuhfabrik Europas. Nach dem Niedergang der Pfälzer Schuhindustrie stand das eindrucksvoll am Hang errichtete siebenstöckige Gebäude größtenteils leer. Ab 2002 schließlich begann die Sanierung, Rheinberger wurde zum Impulsprojekt des Stadtumbaus. Heute können große und kleine Besucher auf zwei Etagen und über 4000 m^2 Fläche die Physik des Alltags erkunden. Spannend sind beispielsweise das Wettrennen gegen verschiedene Tiere, der Vergleich einer steilen und einer flachen Rutsche oder der Reaktionsfähigkeitstest. Die verschiedenen Experimente rund um das Thema „Bewegung“ sind fast ausnahmslos gut in Schuss, fachkundiges Personal erklärt die anschaulichen Phänomene aus Natur und Technik.

Mo–Fr 9–18 Uhr, Sa/So und feiertags 10–18 Uhr, Erw. 8,50 €, Kinder ab 5 Jahren 7 €. Im Rheinberger, Fröhnstr. 8, ✆ 06331/239430, www.dynamikum.de.

In der Umgebung

Nahe der französischen Grenze liegt der gemütliche Ort **Eppenbrunn.** In den Wäldern der Umgebung erstrecken sich zahlreiche Wanderwege. Am südlich von Eppenbrunn gelegenen Parkplatz „Am Spießweiher“ startet eine 6 km lange Wanderung zu den **Altschlossfelsen** (Weg Nr. 3 und weißes Kreuz), die auf einer Strecke von über 1,5 km bis zu 35 m über den sandigen Grund ragen. Im hellen Sonnenlicht leuchten die im Buntsandstein gebildeten, gebänderten Türme in einem imponierenden Rot.

Im Südosten von Pirmasens liegt das ausufernde **Lemberg.** Oberhalb des Ortes thront auf dem 458 m hohen Schlossberg die **Burgruine Lemberg.** Bereits Kelten und Römer siedelten hier, bevor Graf Heinrich I. von Pfalz-Zweibrücken vom Kloster Hornbach 1198 das Recht zum Burgbau erwarb. Im 17. Jh. wurde das Anwesen zerstört. Das schön gestaltete **Burgeninformationszentrum** (Mi–Sa 11–19 Uhr, So ab 10 Uhr, Eintritt frei, www.burg-lemberg.de) informiert über die Geschichte der Burg, und ein begehbarer historischer Brunnenstollen gewährt ungewöhnliche Einblicke. Alle zwei Jahre wird an Pfingsten ein großes Burgfest gefeiert.

• *Übernachten/Essen & Trinken* **Gasthaus Neupert**, traditionsreiches, gemütliches Restaurant unterhalb der Burg, das regionale, ambitionierte Küche bietet. Hauptgerichte 5–14 €. Mo Ruhetag, sonst 11.30–14 und 18–22 Uhr. Auch einige gut ausgestattete Zimmer. DZ ab 55 €. Lemberg, Hauptstr. 2, ✆ 06331/69860, 📠 40912, www.gasthausneupert.de.

Wanderung 10: Zum Maiblumenfels und der Ruine Ruppertstein

Die rund 10 km lange Tour beginnt am **Wanderparkplatz (1)** unterhalb der Ruine Lemberg und verläuft entlang der mit einem gelben Punkt markierten Strecke bis zum **Maiblumenfels (4),** von dem sich an klaren Tagen ein beeindruckender Blick bis weit in die nördlichen Vogesen bietet. Auf dem Weg lohnen Abstecher zum im Wald gelegenen **Rabenfels** (**2,** links dem schmalen Weg Nr. 2 folgen) und zur eindrucksvollen **Langmühler Aussicht (3)** über dem Buchbachtal (an der Schutzhütte den Weg Nr. 4 nehmen). Vom Maiblumenfels führt der Weg (grünes Dreieck) zunächst 2 km bergab und anschließend steil bergauf zu den spärlichen Resten der wohl im 12. Jh. entstandenen **Burg Ruppertstein (5).** Entlang dem Kamm des Hummelbergs folgt man schließlich dem mit einem roten Dreieck markierten Weg zur **Ruine Lemberg (6)** zurück.

Einkehr **Gasthaus Neupert** unterhalb der Burgruine Lemberg, Beschreibung s. o.

Ausflug nach Zweibrücken und Hornbach

Kurz vor der Grenze zum Saarland, nach dem Übergang vom Pfälzerwald in den weiten Westrich, liegen die Rosen- und Pferdestadt Zweibrücken und das alte Kloster Hornbach.

Die weite Landschaft ist von welligen Feldern und gesichtslos wirkenden Dörfern durchsetzt. Die in den tief eingeschnittenen Tälern liegenden Orte sind bis heute landwirtschaftlich geprägt. Selbst die grüne und bunte Stadt Zweibrücken, im 18. Jh. kulturelles Zentrum der Pfalz, muss um Aufmerksamkeit kämpfen. Seit einigen Jahren lockt vor ihren Türen das größte Outlet-Center Deutschlands.

Wenige Kilometer südlich befindet sich mit der kleinen Stadt Hornbach das Zentrum des Pirminiuslandes, in dem der weit gereiste Missionar Pirmin um 740 sein Kloster gründete.

Zweibrücken

Statt dichter Bebauung prägen weitläufige Anlagen die Innenstadt von Zweibrücken. Das ausgedehnte Landgestüt und der romantische Rosengarten repräsentieren die grüne und großzügig wirkende Stadt am Rande der Pfalz.

Zwischen 1477 und 1793 war Zweibrücken die Hauptstadt des Herzogtums Pfalz-Zweibrücken. In dieser Zeit entstanden prächtige Bauten, die der Stadt ihren beinahe herrschaftlichen Charakter geben. Das 1725 fertiggestellte Residenzschloss und die zwischen 1762 und 1772 erbaute barocke Herzogvorstadt stehen für die Zeit wirtschaftlicher Prosperität und politischer Bedeutung. In den meisten Repräsentativbauten sind heute Behörden und Verwaltungen untergebracht. Imposant ist auch der weitläufige Herzogplatz, der als Schnittstelle zwischen der Hauptstraße mit ihren Geschäften und dem in Richtung Landgestüt weisenden, baumbestandenen Goetheplatz fungiert. An den Goetheplatz schließt sich die Gestütsallee an, die parallel zum Schwarzbach und an den großflächigen Koppeln der Pferderennbahn vorbei bis zum romantischen Rosengarten führt.

Mit der Ansiedlung der 2001 eröffneten **style outlets Zweibrücken** oberhalb der Stadt war der Wunsch verknüpft, Zweibrücken und die gesamte Region wirtschaftlich und touristisch zu fördern. Angesichts der großen Beliebtheit des bereits mehrfach erweiterten Einkaufsparadieses scheint dieser Wunsch zumindest teilweise in Erfüllung gegangen zu sein. Und so kann Zweibrücken – auch wenn es an sein glanzvolles 18. Jh. so schnell nicht wieder anknüpfen wird – einer steigenden Zahl von Besuchern von der einstigen Größe erzählen. Der Einzelhandel im Zentrum der Stadt hat von den neuen Besuchern allerdings kaum profitieren können. Der Versuch, ein kleines Outlet direkt in der Stadtmitte anzusiedeln, scheint nicht gefruchtet zu

haben. Die dazugehörigen Ladengeschäfte stehen zum Großteil leer, was leider auch auf einige andere Geschäfte in der Innenstadt zutrifft.

Reisepraktische Informationen

- *Information* **Kultur- und Verkehrsamt**, Herzogstr. 1, 66482 Zweibrücken, ✆ 06332/871451, 📠 871460, www.zweibruecken.de. Mo/Mi 8–12 und 14–16 Uhr, Di/Do 8–18 Uhr, Fr 8–12 Uhr.
- *Parken* Das Parkplatzangebot ist recht gut, günstige Parkmöglichkeiten befinden sich zwischen Innenstadt und Rosengarten an der Saarlandstraße.
- *Taxi* **Funk-Taxen-Vereinigung**, ✆ 06332/12345.
- *Übernachten/Essen & Trinken* ****S **Landschloss Fasanerie (4)**, gut 2 km südwestlich der Innenstadt liegt das romantische Hotel mit schönen Zimmern und drei verschiedenen Restaurants: das einfache, aber feine Landhaus (tägl. 14.30–24 Uhr, Juni-Aug. ab 12 Uhr), die gehobene, mediterrane Orangerie (tägl. 11–24 Uhr, 5-Gänge-

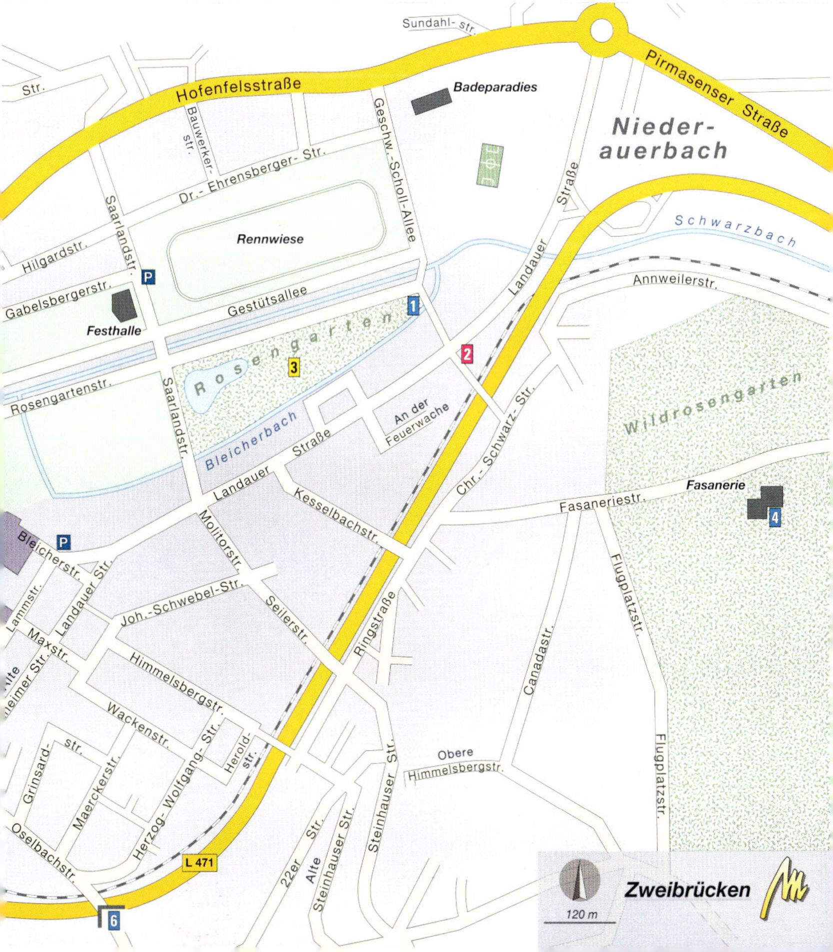

Menü ab 46 €) und das mit einem Stern dekorierte Gourmetrestaurant Tschifflik (Mi–Sa 18.30–23 Uhr, 5-Gänge-Menü ab 95 €). DZ ab 196 € (inkl. Schwimmbad- und Saunanutzung). Fasanerie 1, ✆ 06332/9730, ✆ 111, www.landschloss-fasanerie.de.

*** **Hotel Rosengarten (1)**, freundliches Hotel mit schöner Terrasse direkt am Rosengarten. DZ 93 €. Rosengartenstr. 60, ✆ 06332/9770, ✆ 977222, www.hotel-europas-rosengarten.de.

Ferienwohnung Kiefer (6), moderne Wohnung mit Balkon für bis zu 3 Pers. Ab 40 €. Galgenbergstr. 31, ✆ 06332/43462, www.fewo-zweibruecken.de.

Zum Storchennest (2), tolles Restaurant zum Wohlfühlen: Die Küche ist regional und saisonal orientiert, der Service engagiert und sehr (kinder-)freundlich. Hauptgerichte 10–18 €. Di Ruhetag, Sa ab 18 Uhr, sonst 11.30–14 und 18–22 Uhr, So/Fei bis 21 Uhr. Landauer Str. 106a (nahe dem Rosengarten), ✆ 06332/49410, www.zumstorchennest.de.

• *Einkaufen* **Dornröschen (3)**, Wintergarten mitten im Rosengarten mit schönen Accessoires rund um die Rose. April–Sept. tägl. 10–18 Uhr. Rosengartenstr. 60, ✆ 06332/17530, www.rosenladen.info.

style outlets Zweibrücken (5), in über 100 Shops (Adidas, Bogner, Falke, Levi's, Petit Bateau etc.) wird hochwertige Ware zu reduzierten Preisen angeboten. In der Centerinfo gibt es auch Informationen über die touristischen Angebote der Region. Mo–Sa 10–19 Uhr, manchmal auch So 13–18 Uhr. Gut zu erreichen über die A 8, Abfahrt 34/Flughafen. Londoner Bogen 10–90, ✆ 06332/99390, ✆ 993930, www.doz.com.

• *Baden* **Badeparadies**, klassisches, schön gestaltetes Schwimmbad mit Wellenbad und großer Rutsche. Vielfältiger und großzügiger Saunabereich. Schwimmbad: Mo 10–20.45 Uhr, Di–Sa 8–20.45 Uhr, So/Fei 8–17.45 Uhr, Eintritt (3 Std.) 4 €, ermäßigt 2,50 €. Sauna: Mo 13–23 Uhr, Di–Sa 8 bis mind. 21 Uhr, So/Fei bis 18 Uhr, Eintritt (3 Std., inkl. Bad) 10 €, ermäßigt 8,50 €. Hofenfelsstr. 120, ✆ 06332/874460, ✆ 874469, www.badeparadies-zw.de.

Sehenswertes

Europas Rosengarten: Die Anfänge des Wahrzeichens Zweibrückens liegen im Jahr 1914, als der Verein „Pfälzer Rosenfreunde" hier eine Freiland-Rosenschau durchführte. Damals blühten auf einer Fläche von 26.400 m² über 42.000 Rosen, bis heute wurde die Parkanlage auf 50.000 m² erweitert. Über 60.000 Rosen (gut 2000 Sorten und Arten) sind hier zu sehen. Schön ist der 2,5 km lange Spaziergang außerhalb des Geländes s entlang dem Schwarzbach ins Naherholungsgebiet Fasanerie, wo der Wildrosengarten eine andere Version der Rosen zeigt. Wildrosen und alte, ungefüllte Sorten, die als Zuchtbasis für moderne Rosenarten dienen, sind hier in verschwenderischer Fülle zu sehen. Im Juni wird während der Zweibrücker Rosentage alljährlich die Rosenkönigin gekrönt.

April/Mai/Sept./Okt. 9–19 Uhr, Juni–Aug. bis 20 Uhr. Eintritt 4 €, ermäßigt 2,50 €, Kinder und Jugendliche 1,20 €. Im Winter kostenloser Zugang über den Nebeneingang am Hotel Rosengarten. ✆ 06332/479330, www.europas-rosengarten.de.

Fasanerie: Das heute als Hotel genutzte Lustschloss wurde dem polnischen König Stanislaus Leszczynski von Karl XII., König von Schweden und Herzog von Zweibrücken, von 1714 bis 1719 als Asyl zur Verfügung gestellt. Stanislaus gab dem Schloss im verspielten türkischen Stil den Namen „Tschifflick" (Landhaus).

Landgestüt Zweibrücken: Weitläufige Koppeln und Reitanlagen, Wiesen und ausgedehnte Stallungen markieren das zwischen Innenstadt und Rosengarten gelegene Landgestüt. Nach einer Reise durch England Mitte des 18. Jh. war der Herzog von Pfalz-Zweibrücken so fasziniert von den dortigen Zuchtpferden, dass er kurz entschlossen Gestüte in seiner Heimat errichten und mit edlen britischen Pferden ausstatten ließ. Auch Napoleon war von den hier gezüchteten Zweibrücker Pferden begeistert und schenkte der Zucht 1806 seinen türkisch-arabischen Hengst Fayoum. Bis heute haben die Zweibrücker als leistungsfähige und freundliche Pferde einen guten Namen, seit einigen Jahren sind die einst als Jagd- und Kurierpferde eingesetzten Tiere auch im Pferderennsport erfolgreich.

Besucher können das Gestüt Mo–Fr 9–12 und 13–16 Uhr sowie Sa 9–12 Uhr besichtigen. Führungen nur nach Voranmeldung. Gutenbergstr. 16, ☎ 06332/17556, 75822, www.landgestuet-zweibruecken.de.

Stadtmuseum: In der 2006 wiedereröffneten Dauerausstellung wird die Geschichte der Stadt übersichtlich dargestellt. Sehenswert ist v. a. das Zweibrücker Porzellan, von dem es weltweit nur noch rund 230 Teile gibt. Hin und wieder zeigt das Museum auch interessante Sonderausstellungen. Im modernen Anbau befindet sich das Kulturcafé.

Di 10–18 Uhr, Mi–So, Fei ab 14 Uhr. Eintritt 2 €, ermäßigt 1 €, Sonderausstellungen 5 bzw. 2,50 €. Herzogstr. 9/11, ☎ 06332/871380, 871462, www.zweibruecken.de → Kultur & Tourismus.

Hornbach

Der kleinen Stadt an der französischen Grenze ist die historische und kulturelle Bedeutung auf den ersten Blick kaum anzusehen. Durch eine eher trostlose Umgebung erreicht man den von stattlichen Steinmauern umgebenen Klosterbezirk.

Als eine spannungsreiche Mischung aus kargen Mauerresten vergangener Epochen, klassizistischen Sakralbauten aus dem 18. Jh. und moderner Hotelarchitektur präsentiert sich das 742 von dem missionarisch tätigen Mönch Pirmin gegründete **Kloster Hornbach.** Schon bald nach seiner Erbauung entwickelte sich das nach den benediktinischen Regeln geführte Kloster zum bedeutendsten geistigen und kulturellen Mittelpunkt zwischen den Bischofsstädten Speyer, Metz und Trier. Auch in anderen Teilen der Pfalz hatte es zahlreiche Besitzungen, so z. B. die Klostermühle in Münchweiler am Donnersberg.

Wie allen reichen Benediktinerklöstern wurde auch der Abtei Hornbach im 12. Jh. ein Stift angegliedert, dessen als einschiffige Kreuzkirche erbaute Stiftskirche nach dem hl. Fabian benannt wurde und heute wieder zu besichtigen ist. Bei der Pirminiuskapelle und der Klosterkirche handelt es sich um Neubauten. Letztere wurde erst 1785/86 über Teilen der ehemaligen romanischen Basilika errichtet und überragt heute die gesamte Klosteranlage. Von der danebenliegenden ehemaligen Klosterkirche aus dem 11. Jh. sind nur noch Fragmente erhalten. Diese belegen, dass die dreischiffige Pfeilerbasilika mit einer Länge von 71 m größer war als der Speyerer Dom zu jener Zeit.

Das im Zuge der Restaurierungsarbeiten in der Remise und dem Refektorium entstandene **Hotel Kloster Hornbach** ist atmosphärisch kaum zu überbieten. Die Sandsteingebäude sind mit klaren Farben und Formen wunderbar in Szene gesetzt, kein Wunder, dass das Hotel zum Feiern von Hochzeiten außerordentlich beliebt ist. Auch wenn Kaffee und Kuchen in der Klosterschänke überteuert sind, lohnen sie sich doch, um das wunderbare Ambiente zu genießen. Die schönen Zimmer und der sehr stimmungsvolle Wellnessbereich bleiben den Hausgästen vorbehalten.

Einen interessanten Einblick in das Klosterleben und in die Arbeit des im Mittelalter hier lebenden Kräuterarztes Hieronymus Bock ermöglicht das **Historama Kloster Hornbach** im Alten Schulhaus, dessen multimediaunterstützte Ausstellung einen bunten und klingenden Überblick über die jahrhundertelange Blüte Hornbachs gibt.

Mai–Sept. Fr–So, Fei 14–18 Uhr, Erwachsene 3,50 €, Familien 8 €, ☎ 06338/1365.

• *Übernachten/Essen & Trinken* **** **Hotel Kloster Hornbach**, Gourmetrestaurant „Refugium" Mi–Sa 18–22.30 Uhr, So auch 12–14 Uhr, Hauptgerichte 31–42 €. Die einfachere Klosterschänke ist tägl. 11–22 Uhr geöffnet, Hauptgerichte 9–21 €. DZ ab 173 €. Im Klosterbezirk, ✆ 06338/910100, 9101099, www.kloster-hornbach.de.

Das Karlstal bei Trippstadt

Zwischen Pirmasens und Kaiserslautern

Neben einigen Burgruinen und einer parkähnlichen Landschaft rund um das kleine Trippstadt gibt es zwischen der einstigen Schuhmetropole Pirmasens und der Westpfälzer Hauptstadt Kaiserslautern v. a. eines: Wald in tausend Variationen.

Wer mit Einsamkeit und Abgeschiedenheit nicht viel anzufangen weiß, der sollte sich von den wenigen Straßen und spärlich gesäten touristischen Highlights nicht allzu weit entfernen. Für Puristen ist die Gegend ein Wanderparadies par excellence. Motorradfahrer und Mountainbiker lieben die Strecken rund um den Weiler Johanniskreuz.

Gräfensteiner Land

Unzählige Felsen und Steintürme verstecken sich in den weitläufigen Wäldern rund um die Burg Gräfenstein. Eintönigkeit und romantische Einsamkeit liegen hier oft dicht beieinander. Zwischen 1556 und 1794 gehörte die Region zur Markgrafschaft Baden.

Die an einem alten Grenzpunkt der Diözesen Speyer, Worms und Metz gelegene **Burg Gräfenstein** ist ein lohnendes Ziel für historisch Interessierte. Einzigartig in Deutschland ist der fensterlose, siebeneckige Bergfried, dessen Besteigung v. a. bei Kindern beliebt ist. Nach der Zerstörung im Bauernkrieg 1525 und dem kurz darauf erfolgten Wiederaufbau wurde die 1237 erstmals urkundlich erwähnte Burg durch einen Brand im Dreißigjährigen Krieg endgültig zur Ruine. Der Grundriss ist weitgehend erhalten, sodass man sich mithilfe der aufgestellten Tafeln gut vorstellen kann, wie das Leben hier einst organisiert war. Schön sind der deutliche Übergang von der Unterburg in die 12 m höher gelegene Oberburg und die dort befindlichen Fensternischen mit Sitzbänken im Wohntrakt zu sehen.

Die von wunderbaren Wäldern umgebene Gemeinde **Rodalben** ist mit 8000 Einwohnern die größte im Gräfensteiner Land. Liebevoll ist der Platz rund um die Marienkirche aus dem 14. Jh. gestaltet. Ein in kleinen Bächlein fließender Brunnen mit einer bronzenen „Grünesputschefraa" erinnert an jene Frauen, die früher auf Märkten der Umgebung Suppengrün (Grünesputsche) verkauften und zu echten Rodalber Symbolfiguren wurden.

Reisepraktische Informationen

• *Information* **Tourist-Information Gräfensteiner Land**, Am Rathaus 9, 66976 Rodalben, ✆ 06331/234180, ✆ 234105, www.rodalben.de. Mo–Fr 8.30–12 Uhr sowie Mo–Mi 14–16 Uhr, Do 14–18 Uhr.

• *Übernachten/Essen & Trinken* *** **Bolds Grüner Kranz**, das Ambiente des Hotels ist etwas angestaubt, aber die Küche hervorragend und der Service freundlich. Zusätzliche Zimmer in der Villa Bruderfels. Hauptgerichte 10–22 €. Do Ruhetag, sonst 11–14 und ab 17 Uhr, Di erst ab 17 Uhr. DZ ab 67 €. Rodalben, Pirmasenser Str. 2, ✆ 06331/23170, ✆ 231730, www.boldskranz.de.

Bikeparkhostel, das Übernachtungsangebot richtet sich vorwiegend an Mountainbiker und andere Natursportler. Wer möchte, kann seinen Aufenthalt nutzen, um an geführten Mountainbike-Toren in der Umgebung teilzunehmen. Ein Raum und Material zur Radreparatur sowie eine Sauna sind vorhanden. DZ 49 €. Merzalben, Höhstr. 2, ✆ 06395/7519 und mobil 0171-4418269, www.bikeparkhostel.de.

Restaurant Stern, der Dorfgasthof im Zentrum des kleinen Weilers Leimen ist v. a. bei Motorradfahrern ein beliebter Treffpunkt. Aber auch andere Gäste können sich in der einfachen Gaststube oder im Biergarten bei preiswerten Gerichten und freundlicher Bedienung erholen. Mo–Fr ab 16, Sa ab 11, So ab 10 Uhr. Haupstr. 22, Leimen, ✆ 06397/1411, www.restaurant-stern.de.

• *Camping* **Camping Clausensee**, schön an einem von Wald gesäumten Badesee gelegen, bietet der behindertengerechte Campingplatz komfortable Stellplätze und kinderfreundliche Atmosphäre. Ganzjährig geöffnet. Stellplatz ab 8,50 €, Erwachsene 7 €, Kinder 3,70 €.. Waldfischbach-Burgalben, ✆ 06333/5744, ✆ 5747, www.campingclausensee.de.

Einst verkauften die Rodalber Grünesputschefrauen Suppengrün auf den Märkten der Region

X

Wanderung auf dem Rodalber Felsenweg

Der vom Deutschen Wanderverband als „Qualitätsweg Wanderbares Deutschland“ ausgezeichnete, 45 km lange Weg entfernt sich nie weit von Rodalben, sodass man ihn nach Belieben abkürzen oder auf zwei Tage verteilen kann. Er ist mit einem „F“ gut markiert und verbindet 20 Felsenmassive, von denen einige auch Höhlen sind (Taschenlampe!). Die Rodalber **Bärenhöhle** ist die größte natürliche Buntsandsteinhöhle der Pfalz. Bei der Touristinfo ist eine genaue Wegbeschreibung erhältlich. Direkt am Weg gelegen ist das PWV-Wanderheim **Hilschberghaus** mit einfacher Kost und Übernachtungsmöglichkeit (DZ ab 27 €, Matratzenlager ab 8 €, ✆ 06331/18020, www.hilschberghaus.de).

Im tiefen Wald: Johanniskreuz

In der losen Siedlung Johanniskreuz trifft viel Gegensätzliches aufeinander: Wanderer auf Motorradfahrer, Autotouristen auf Besucher des Hauses der Nachhaltigkeit und das Einzugsgebiet des Rheins auf jenes der Mosel.

Als schön kann man die von kaum enden wollenden Wäldern umgebene Ansammlung von Häusern, Straßen und Parkplätzen auf 470 m Höhe kaum bezeichnen. Dass es dennoch so viele hierherzieht, liegt an der zentralen Lage und den kurvenreichen Straßen. Für Motorradfahrer ist der Ausflug an sommerlichen Sonntagen eine feste Größe, und Wanderer und Mountainbiker treffen sich, weil in Johanniskreuz alle mit einem einfarbigen Kreuz markierten Wanderwege des Pfälzerwald-Vereins zusammenlaufen. Der Name der Siedlung geht auf drei Kreuze zurück, die beim ehemaligen Forsthaus am Straßenrand stehen. Das älteste von ihnen soll hier, wo sich schon zu keltischen Zeiten wichtige Wege kreuzten, im 15. Jh. eine Grenze markiert haben.

• *Information* Johanniskreuz hat keine eigene Touristinfo, zuständig ist die **Tourist-Information Trippstadt**, Hauptstr. 26, 67705 Trippstadt, ✆ 06306/341, 📠 1529, www.trippstadt.de. Mo–Fr 8–12 und 14–16 Uhr, Mai–Sept. auch Sa 10–12 Uhr. Vor allem für Motorradfahrer sind die Infos auf www.johanniskreuz.de gedacht.

• *Essen & Trinken* Vor einer Einkehr direkt am Parkplatz muss schon fast gewarnt werden. Überteuerte Preise und unfreundlicher Service haben schon viele abgeschreckt. Alternativen siehe unter Trippstadt.

• *Mountainbiken* Alle im Rahmen des **Mountainbikeparks Pfälzerwald** erschlossenen Touren führen über Johanniskreuz. So gelangt man von hier über spezielle Wege nach Rodalben, Waldfischbach-Burgalben, Schopp, Kaiserslautern, Hochspeyer und Lambrecht. Höhenprofile und mehr unter www.mountainbikepark-pfaelzerwald.de.

• *Wandern* Der Pfälzerwald-Verein hat am Parkplatz eine große Schautafel mit knapp 20 Wandermöglichkeiten zwischen 5 und 21 km Länge aufgestellt, auch die entsprechenden Wegkennzeichnungen sind dargestellt.

Das moderne, mit viel Holz erbaute **Haus der Nachhaltigkeit** bietet eine 500 m² große Dauerausstellung zum Thema „Jeder bewegt was“. Für Kinder ist der Besuch mit viel Spaß und Information verbunden. Dazu kommen kleinere Wechselausstellungen oder auf die Jahreszeit bezogene Aktivitäten wie das Sammeln von Pilzen oder die Waldweihnacht im Advent. Johanniskreuz 1a, ✆ 06306/9210130, 📠 9210139, www.hdn-pfalz.de.

Elmsteiner Tal: Wenige Kilometer westlich von Johanniskreuz liegt tief im Wald versteckt der Zielpunkt des aus Neustadt kommenden Kuckucksbähnel (Infos siehe

Neustadt). Ein Museum zum Thema Wald- und Forstgeschichte, von Wald umgebene Burgruinen, Seen, Hütten und Naturfreundehäuser sowie jede Menge ausgeschilderte Wanderwege warten auf die Besucher. Während der Aufenthaltszeit des Bähnchens ist hier einiges los, danach sagen sich Fuchs und Hase meist schnell wieder gute Nacht.

Südlich von Elmstein, 2 km vom Kuckucksbähnel-Haltepunkt Helmbach entfernt, liegt in einem ruhigen Seitental der grüne, von Stegen gesäumte **Helmbachweiher.** Im Sommer lockt er mit seiner Liegewiese und dem kleinen Kiosk zum Baden. Wer Bewegung sucht, kann von hier über den schattigen Fahrweg zum gut 2 km entfernten Naturfreundehaus Lambrecht/Im Kohlbachtal wandern. Für Kinder warten hier außer Essen und Getränken ein kleiner Spielplatz und ein auch an heißen Tagen eiskalter, flacher Bach zum Spielen.

• *Information* **Tourist-Information Elmstein**, Mo/Di, Do und Fr 8.30–11.30 Uhr, Di auch 14–18 Uhr. Bahnhofstr. 14, 67471 Elmstein, ✆ 06328/234, 8233, www.elmstein.de.

• *Übernachten/Essen & Trinken* **Naturfreundehaus Elmstein**, großes Haus mit riesigem (Bier-)Garten und Spielplatz. Von der Endstation des Kuckucksbähnels durch einen 20-minütigen Spaziergang zu erreichen. DZ ab 46 €. Elmstein-Harzofen, Esthaler Str. 63–67, ✆ 06328/229, www.naturfreundehaus-elmstein.de.

Naturfreundehaus Lambrecht/Im Kohlbachtal, in den Sommerferien täglich geöffnet, sonst am Wochenende ab 9 Uhr, Sept./Okt. auch Mi. Günstige Übernachtungsmöglichkeiten in 4-, 7- und 13-Bett-Zimmern. Elmstein-Helmbach, Im Kohlbachtal, ✆ 06325/980666.

• *Museum* **„Alte Samenklenge"**, im Haus der Forst- und Waldgeschichte. In der 1913 eingerichteten staatlichen Forstsamendarre wurde das Saatgut nach der Ernte getrocknet, gereinigt und gelagert. Wie der Samen bearbeitet wurde, lässt sich heute in den Museumsräumen nachvollziehen. März–Nov. Mi, Sa, So/Fei 14–17 Uhr, Dez.–Feb. nur auf Anfrage unter ✆ 06328/234. Erwachsene 2 €, ermäßigt 1 €. Hauptstr. 52, www.alte-samenklenge.de.

Trippstadt

Westlich unterhalb von Johanniskreuz liegt Trippstadt. Von großer Bedeutung für die wirtschaftliche Entwicklung des netten Städtchens war die Eisenindustrie, deren Grundstein 1727 im nahen Karlstal durch Ludwig Anton Freiherr von Hacke gelegt wurde.

Die größte bauliche Sehenswürdigkeit der Stadt stammt aus dieser Zeit, es ist das zweigeschossige Rokokoschlösschen, das sich der Sohn Freiherr von Hackes 1767 bauen ließ und das heute als Forstamt genutzt wird. Der 1780 vom Landschaftsarchitekten Friedrich Ludwig von Sckell überarbeitete Schlosspark steht den Besuchern offen. Die Eisenwerke wurden 1804 von der in der gesamten Pfalz aktiven Familie von Gienanth übernommen und blieben bis 1892 in Betrieb, dann wurde der letzte Ofen stillgelegt. Das **Eisenhüttenmuseum** in der alten Schmiede, in der auch die Touristinfo untergebracht ist (gleiche Öffnungszeiten, Eintritt frei), gibt mit über 100 Exponaten einen Einblick in die Geschichte der Trippstadter Eisenindustrie. Der im Karlstal angelegte **Eisenhüttenweg** führt in zwölf Stationen an den Resten alter Hütten vorbei.

Reisepraktische Informationen

• *Information* **Tourist-Information Trippstadt**, Hauptstr. 26, 67705 Trippstadt, ✆ 06306/341, 1529, www.trippstadt.de. Mo–Fr 8–12 und 14–16 Uhr, Mai–Sept. auch Sa 10–12 Uhr.

• *Übernachten/Essen & Trinken* **Zum Schwan**, in dem seit 1726 bestehenden Landgasthof kann man in netter Atmosphäre gutbürgerlich essen. Hauptgerichte 7–

Das Trippstadter Schloss inmitten einer hügeligen Parklandschaft

17 €. Okt.–März Di Ruhetag, sonst tägl. ab 11.30 Uhr. Auch Zimmervermietung. DZ ab 75 €. Kaiserslauterer Str. 2–4, ☎ 06306/92130, 📠 921330, www.schwan-trippstadt.de.

Landhotel Schoner, einige Kilometer östlich von Trippstadt auf einer Lichtung gelegenes Hotel mit schöner Terrasse, gutem Restaurant und freundlichen Zimmern. Hauptgerichte 5–15 €. Do Ruhetag, sonst 11.30–19 Uhr, Mai–Sept. bis 21 Uhr. DZ 69 €. Stüterhof, Stüterhof 5, ☎ 06306/431, 📠 453, www.landhotel-schoner.de.

Naturfreundehaus Finsterbrunnertal, klassisches Naturfreundehaus, westlich von Trippstadt ruhig in einem Seitental gelegen. Spielplatz vorhanden. Übernachtung mit Frühstück 15,50 €. Finsterbrunnertal, ☎ 06306/2882, 📠 6639, www.naturfreundehaus-finsterbrunnertal.de.

• *Camping* **Campingplatz Sägmühle**, der ruhig gelegene, große Platz in Richtung Trippstadt-Neuhof bietet nicht nur viele Stellplätze, sondern auch einen großen See zum Baden und Angeln, einen Spielplatz, Tennisplätze, ein Restaurant und die Gelegenheit zum Wandern und Mountainbiken. Stellplatz ab 7,30 €, Erwachsene ab 6,20 €, Kinder ab 2,60 €. Anfang Nov. bis Mitte Dez. geschlossen. ☎ 06306/92190, 📠 2000, www.saegmuehle.de.

• *Baden* **Warmfreibad Trippstadt**, eingerahmt von viel Grün finden sich hier u. a. ein 50-m-Becken mit Sprungturm und eine Liegewiese mit fast 2000 m². Mai–Sept. Mo 11–20 Uhr, Di–Fr ab 9 Uhr, Sa/So/Fei ab 8 Uhr. Erwachsene 3 €, Kinder (3–16 J.) 1,50 €. Am Schwimmbad, ☎ 06306/429.

Wanderung 11: Durch das Karlstal

In Trippstadt beginnt die einfache, 10 km lange Wanderung durch das vielleicht schönste Tal der Pfalz. Idealer Ausgangspunkt ist der **Parkplatz (1,** mit Spielplatz) am Warmfreibad in der Nähe des herrschaftlichen Schlossparks. Von hier führt das grün-gelbe Kreuz am **Rathaus (2)** vorbei, kurz durch den Ort und anschließend auf einem schmalen Pfad hinab in das Kottelbachtal mit verschiedenen Campingplätzen und dem zum Baden einladenden **Kottelbachweiher (3).** Nun folgt der Weg Nr. 4 zunächst dem Waldrand, um dann im Wald auf den Großen Rothenberg zu führen. An dessen Südflanke gelangt man in das Tal der Moosalbe (rotes Kreuz).

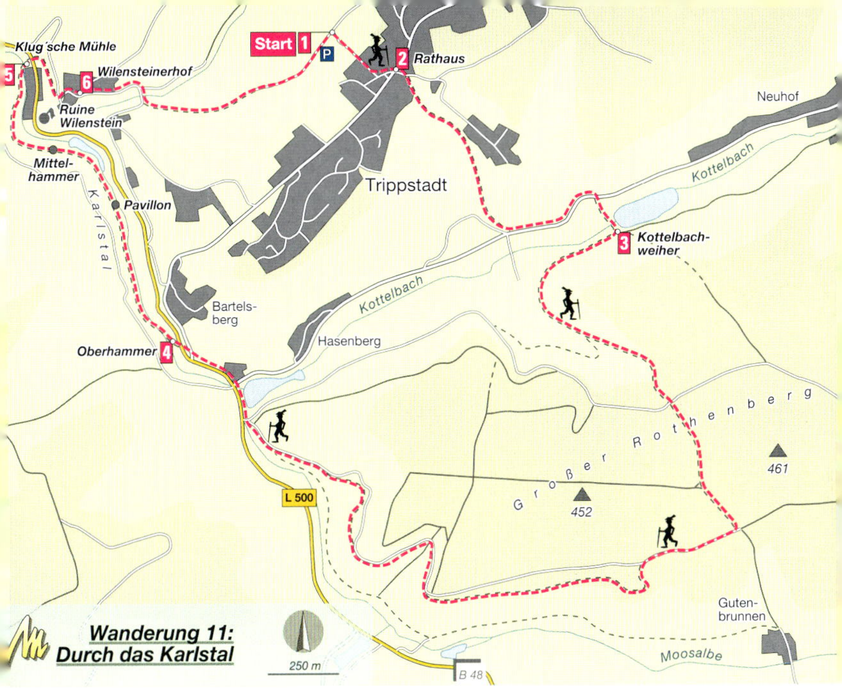

Wanderung 11: Durch das Karlstal

Wer mit dem Kinderwagen unterwegs ist, kann statt dem roten Kreuz auch einfach dem Fahrweg oberhalb folgen. Am **Oberhammer (4)** läuft man rund 100 m auf der Straße und steigt anschließend in das romantische Karlstal ab. Im weiteren Verlauf wird immer wieder der Bach auf flachen Holzbrücken überquert, in einem kleinen Pavillon kann man Rast machen. Da hier auch der Eisenhüttenweg verläuft, finden sich immer wieder Hinweise auf die montane Vergangenheit des heute so idyllischen Tals. Nach einem guten Kilometer überquert man bei der **Klug'schen Mühle** (**5**, mit Streichelzoo) die Moosalbe und die Straße und steigt anschließend am gegenüberliegenden Talhang zur heute als Schullandheim genutzten Burgruine Wilenstein und zum **Wilensteinerhof (6)** auf. Von hier aus erfolgt der Rückweg nach Trippstadt durch eine offene, parkähnliche Landschaft.

Einkehr Klug'sche Mühle, gutbürgerliche Küche. Im Sommer tägl. 10–22 Uhr. ✆ 06306/312.

Kaiserslautern

Das südlich der Innenstadt am Hang thronende Fritz-Walter-Stadion und das wuchtig hohe Rathaus prägen das Gesicht Kaiserslauterns aus der Ferne. Aus der Nähe betrachtet, fallen der schöne Kern der Innenstadt zwischen Stiftskirche und St. Martinsplatz sowie die starke Präsenz von Amerikanern auf.

Das unumstrittene Zentrum der Westpfalz mit knapp 100.000 Einwohnern ist vom Fußball und dem Militär geprägt. Nach dem Zweiten Weltkrieg entstanden hier, abgeschieden auf halber Strecke zwischen dem Ballungsraum Mannheim/Ludwigshafen und Saarbrücken, ausgedehnte Kasernen der Amerikaner. Bis heute prägen diese das Bild der gesamten Kaiserslauterer Region. Auf dem Betzenberg treffen sich regelmäßig die Fans des 1. FC Kaiserslautern, der in guten Zeiten die gesamte fußballbegeisterte Pfalz zusammenhielt. Wie wichtig der Fußball für die Region ist, wurde während der hier ausgetragenen Spiele der Fußballweltmeisterschaft 2006 deutlich. Die Euphorie erinnerte an 1998, als der 1. FCK direkt nach dem Wiederaufstieg zum letzten Mal die Meisterschaft gewann.

Der Betzenberg mit dem Denkmal für die Lauterer Helden von Bern

Dass auch die Region um Kaiserslautern zur Pfalz gehört, wird von den Pfälzern am Rhein gerne übersehen. Nichts bringt dies treffender zum Ausdruck als der Begriff der „Hinterpfalz", der sich nicht nur auf die geografische Lage bezieht. Abgeschiedenheit und Provinzialität wird Lauterern dort gerne nachgesagt, und tatsächlich ist die Stadt mit ihren sozialen und wirtschaftlichen Problemen alles andere als eine Weltstadt. Daran kann auch die 1970 gegründete Technische Universität nicht viel ändern. Immerhin haben deren über 10.000 Studierende einen Anteil daran, dass in den vergangenen Jahren sympathische Kneipen und Cafés entstanden, die der Fußgängerzone an schönen Tagen Leben einhauchen.

Davon, dass Kaiserslautern durchaus schon bedeutendere Zeiten gesehen hat, zeugt ein kurzer Blick in die Geschichte. Im Mittelalter im Zentrum des staufischen Reiches gelegen, erlebte die Stadt v. a. seit der Regierungszeit von Kurfürst Karl Theodor ihre Blüte. Zahlreiche repräsentative Gebäude entstanden in der Mitte des 19. Jh. Zerstörungen durch die Weltkriege und der Modernitätsglaube der zweiten Hälfte des 20. Jh. machten jedoch vieles zunichte. Und so steht v. a. das 84 m hohe Rathaus, das bei seiner Eröffnung 1968 als das höchste in ganz Deutschland galt, für die architektonischen Höhepunkte der vergangenen Jahrzehnte.

Information/Sightseeing/Parken/Taxi

• *Information* **Tourist Information Kaiserslautern**, Fruchthallstr. 14, 67657 Kaiserslautern, ✆ 0631/3652317, 📠 3652723, www.kaiserslautern.de. Mo–Fr 9–17 Uhr, Sa 10–14 Uhr.

• *Sightseeing* Die Touristinfo veranstaltet regelmäßig Führungen mit unterschiedlichen Themenschwerpunkten. Meist finden die Führungen am Freitag oder Samstag im Sommerhalbjahr statt.

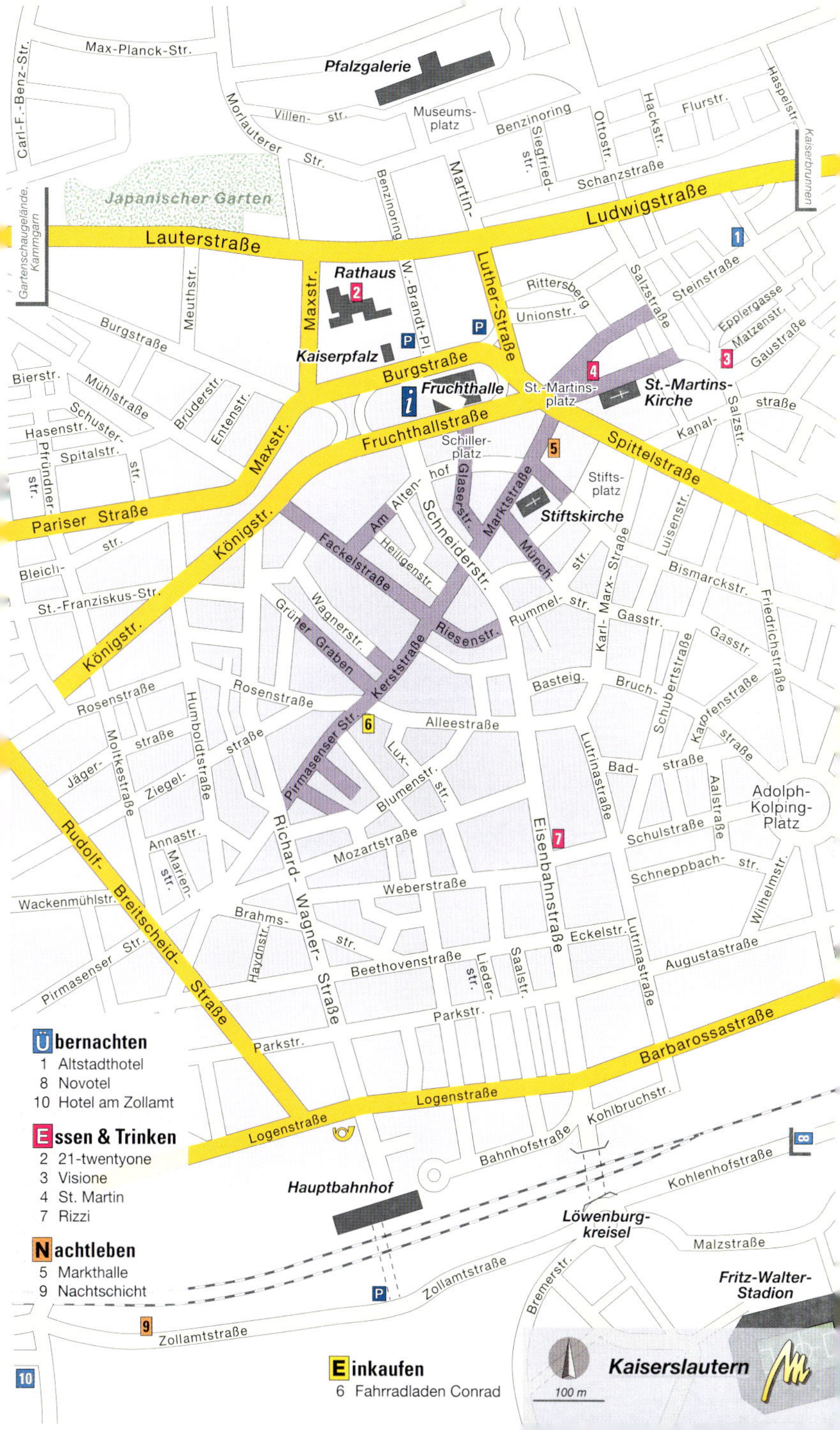
Übernachten
1 Altstadthotel
8 Novotel
10 Hotel am Zollamt
Essen & Trinken
2 21-twentyone
3 Visione
4 St. Martin
7 Rizzi
Nachtleben
5 Markthalle
9 Nachtschicht
Einkaufen
6 Fahrradladen Conrad
Kaiserslautern
100 m
Pfalzgalerie
Japanischer Garten
Rathaus
Kaiserpfalz
Fruchthalle
St.-Martins-Kirche
St.-Martins-platz
Stiftskirche
Stifts-platz
Schiller-platz
Museums-platz
Adolph-Kolping-Platz
Hauptbahnhof
Löwenburg-kreisel
Fritz-Walter-Stadion
Gartenschaugelände, Kammgarn
Max-Planck-Str.
Carl-F.-Benz-Str.
Villen-str.
Morlauterer Str.
Benzinoring
Martin-Luther-Straße
Siegfried-str.
Ottostr.
Hackstr.
Flurstr.
Haspelstr.
Kaiserbrunnen
Schanzstraße
Ludwigstraße
Lauterstraße
Meuthstr.
Maxstr.
W.-Brandt-Pl.
Rittersberg
Unionstr.
Salzstraße
Steinstraße
Epplergasse
Matzenstr.
Gaustraße
Burgstraße
Bierstr.
Mühlstraße
Brüderstr.
Entenstr.
Hasenstr.
Schusterstr.
Pfründnerstr.
Spitalstr.
Fruchthallstraße
Spittelstraße
Kanalstraße
Salzstr.
Am Altenhof
Glaserstr.
Marktstraße
Schneiderstr.
Pariser Straße
Königstr.
Fackelstraße
Heiligenstr.
Münchstr.
Luisenstr.
Karl-Marx-Straße
Bleichstr.
St.-Franziskus-Str.
Grüner Graben
Wagnerstr.
Riesenstr.
Rummelstr.
Gasstr.
Bismarckstr.
Friedrichstraße
Kerststraße
Basteig.
Bruchstraße
Schubertstraße
Karpfenstraße
Rosenstraße
Humboldtstraße
Moltkestraße
Jägerstraße
Ziegelstraße
Pirmasenser Str.
Alleestraße
Luxstr.
Blumenstr.
Lutrinastraße
Badstraße
Aalstraße
Rudolf-Breitscheid-Straße
Richard-Wagner-Straße
Eisenbahnstraße
Schulstraße
Annastr.
Marienstr.
Mozartstraße
Schneppbachstr.
Wilhelmstr.
Wackenmühlstr.
Weberstraße
Brahmsstr.
Haydnstr.
Eckelstr.
Beethovenstraße
Liederstr.
Saalstr.
Augustastraße
Pirmasenser Str.
Parkstr.
Barbarossastraße
Logenstraße
Kohlbruchstr.
Bahnhofstraße
Kohlenhofstraße
Malzstraße
Bremerstr.
Zollamtstraße

• *Parken* Die Stadt ist bekannt für ihre teuren Parkhäuser. Immerhin sind einige von ihnen gut und einladend erschlossen (z. B. Tiefgarage Pfalztheater) und bestens ausgeschildert. Günstiger ist das Parken auf einem der beiden Parkplätze an der Meuthstraße (Centrum Nord).

• *Taxi* **Funk-Taxi-Zentrale**, ✆ 0631/3667770.

Übernachten/Essen & Trinken/Nachtleben (siehe Karte S. 243)

• *Übernachten* ****** Novotel Kaiserslautern (8)**, das ruhig am Betzenberg gelegene Hotel verfügt über 149 im klassischen modernen Hotelstil eingerichtete Zimmer. DZ ab 80 €. St.-Quentin-Ring 1, ✆ 0631/20150, 📠 27640, www.novotel.de.

*****S Hotel Zollamt (10)**, neues, modernes Hotel mit viel urbanem Flair in zentraler Lage hinterm Bahnhof in Richtung Uni. Auf Wunsch bekommt man ein Zimmer mit extragroßem Bett. Bistro im Haus (Mo–Do). DZ ab 129 €. Buchenlochstr. 1, ✆ 0631/3166600, 📠 3166666, www.hotel-zollamt.de.

Altstadthotel (1), das vor über 200 Jahren erbaute und 1999 schön renovierte Hotel garni stellt durch seine zentrale, ruhige Lage am Rande der Altstadt einen guten Ausgangspunkt zur Erkundung der Stadt dar. Die Zimmer sind relativ klein und schlicht. DZ ab 96 €. Steinstr. 51, ✆ 0631/36430, 📠 643100, www.altstadthotel.com.

• *Essen & Trinken* **Visione (3)**, regionale und mediterrane Küche in modernem Ambiente. Barrierefrei. Hauptgerichte 8–17 €. So Ruhetag, sonst 11–24 Uhr, warme Küche 11.30–14 und 18.30–22 Uhr, Do–Sa bis 23 Uhr. Im Sommer drei Wochen geschlossen. Gaustr. 1, ✆ 0631/8923799, 📠 8923787, www.visione-lokal-kl.de.

St. Martin (4), in schönster Lage auf dem St. Martinsplatz mit einem großen Brunnen gelegen. Im Sommer locken draußen viele Tische zum Trinken und Essen. Im Inneren wirkt die Mischung aus Weinstube und Kaffeehaus einladend. Geboten wird pfälzische Küche zu moderaten Preisen. Tägl. 11–24 Uhr. St. Martinsplatz 4, ✆ 0631/3607490.

Rizzi (7), der Italiener am südwestlichen Rand der Innenstadt ist drinnen puristisch-modern, der Innenhof gemütlich-mediterran. Lecker essen kann man hier wie da. Spezialität des Hauses ist die Pizza Rizzi mit Trüffeln. Hauptgerichte 7–20 €. Mo–Fr 12–14 und ab 18 Uhr, Sa/So erst ab 18 Uhr. Schulstr. 1, ✆ 0631/4145539, www.rizzi-kl.de.

21 – twentyone (2), Restaurant-Bar im obersten Stockwerk des Rathauses. In der modern-unterkühlten Atmosphäre des Restaurants und auf seiner Terrasse kann man neben der Aussicht auf die Stadt auch eine Vielzahl internationaler Köstlichkeiten genießen. Hauptgerichte 11–27 €. So–Do 17.30–1 Uhr, Fr/Sa bis 2 Uhr. Willy-Brandt-Platz 1, ✆ 0631/3204370, 📠 3204372, www.21-lounge.de.

• *Nachtleben* **Nachtschicht (9)**, die große Disco südlich des Bahnhofs liegt etwas abseits. Donnerstags bis samstags finden ab 21 Uhr verschiedene Events mit aktueller Musik statt. Eintritt meist 5 € plus Mindestverzehr. Zollamtstr. 28, ✆ 0631/3105759, www.nachtschicht-kaiserslautern.de.

Markthalle (5), seit 20 Jahren zieht die Markthalle Fr und Sa ab 21 Uhr ein bunt gemischtes Publikum in die Innenstadt. Gespielt wird alles, zu dem man tanzen kann. Marktstr. 9a, ✆ 0631/61316, www.markthalle-kl.de.

Einkaufen/Sport & Freizeit/Kultur (siehe Karte S. 243)

• *Einkaufen* Trotz eines der Stadtgröße angemessenen Angebots hat sich Kaiserslautern nie zu einer Einkaufsstadt entwickelt. Die Fußgängerzone ist übersichtlich, und die Geschäfte bieten vorwiegend Waren im unteren bis mittleren Preissegment. Viele Geschäfte (z. B. C&A, Strauss Innovation) liegen an der lebhaften Eisenbahnstraße zwischen Bahnhof und Altstadt.

Fahrradladen Conrad (5), wenn auf der Radtour irgendein Zubehörteil vermisst wird, bekommt man es hier. Kleine Reparaturen werden nach Möglichkeit sofort erledigt. Mo–Fr 10–19 Uhr, Sa bis 15 Uhr. Glockenstr. 4, ✆ 0631/891489, 📠 891490, www.conrad-fahrradladen.de.

• *Baden* **Strandbad Gelterswoog**, auf dem zwischen Kaiserslautern und Trippstadt gelegenen Badesee mit rotem Sandstrand kann man auch rudern und Kanu fahren. Eine Minigolfanlage und ein Kiosk mit großem Biergarten sind ebenfalls vorhanden. Mo 12–20 Uhr, Di–So ab 9 Uhr. Erwachsene 2 €, Kinder ab 6 J. 1 €. Gelterswoog 1, ✆ 0631/3503599, www.gelterswoog.de.

Freibad Waschmühle, mit 165 m Länge und

einer durchschnittlichen Breite von 45 m hat das historische Freibad im Eselsbachtal das größte nicht überdachte Schwimmbecken Europas. Mai–Sept. tägl. 8–20 Uhr, Di ab 12 Uhr. Erwachsene 2 €, Kinder ab 6 J. 1 €. Waschmühle 1, ✆ 0631/3652313, www.kaiserslautern.de → Leben in KL → Freizeit und Sport.

monte mare, wenn das Wetter mal nicht so schön ist, lockt das vielfältige monte mare mit Sport- und Freizeitbad sowie einer Saunalandschaft. Mo–Fr 10–21 Uhr, Sa/So bis 19 Uhr. Erwachsene im Freizeitbad ab 8 €, Kinder über 1 m Größe 6 €. Mailänder Str. 6 (PRE-Park), ✆ 0631/30380, www.monte-mare.de.

• *Fußball* Tickets für Heimspiele des **1. FCK** sind unter www.fck-ticketshop.de und z. B. bei Toto Lotto Liebrich, Eisenbahnstr. 48, erhältlich.

• *Kultur* **Kammgarn**, traditionsreiches Konzerthaus in den Räumen einer ehemaligen, unter Denkmalschutz stehenden Spinnerei. Nationale und internationale Größen der Sparten Rock, Pop und Blues geben hier Konzerte, auch Kabarettprogramme finden ihr Publikum. Schoenstr. 10, ✆ 0631/950034, ✆ 0631/96614, www.kammgarn.de.

Der Kaiserbrunnen

Sehenswertes

Kaiserbrunnen: Der am Mainzer Tor am Ende der Altstadt gelegene Brunnen erzählt von der Geschichte und Gegenwart der Stadt. Gestaltet wurde das Wasserspiel mit seinen unzähligen figürlichen Darstellungen 1987 durch Gernot Rumpf. Mittel- und Höhepunkt sind die Rücken an Rücken stehenden Statuen von Friedrich Barbarossa und Rudolf von Habsburg. Zeichen der industriellen Prägung der Stadt ist eine Nähmaschine, die an die Firma Pfaff erinnern soll.

Fruchthalle: Einst war das mächtige Gebäude im Zentrum Getreideumschlagplatz, heute ist es der Kaiserslauterer Konzert- und Festsaal. Erbaut wurde die Markthalle von 1843 bis 1846 durch den Architekten August von Voit nach dem Vorbild des Palazzo Medici in Florenz. Historische Bedeutung erlangte das Gebäude 1849 als Sitz der pfälzischen Revolutionsregierung. Besonders prunkvoll ist der 2005 renovierte Festsaal im Obergeschoss.

Kaiserpfalz: Im Schatten des Rathausturms sind die Überreste der von Kaiser Friedrich Barbarossa ab 1152 errichteten Kaiserpfalz zu sehen. Zur besseren Vorstellung der einstigen Größe und Bedeutung gibt es informative Tafeln. Die erhaltenen Fluchtgänge aus der Stauferzeit können nur bei Stadtführungen besichtigt werden.

Pfalzgalerie: In dem zwischen 1875 und 1880 erbauten Museum, das ursprünglich als Gewerbemuseum gegründet wurde, wird vorwiegend Malerei und Plastik des 19.–21. Jh. präsentiert. Eine umfangreiche grafische Sammlung ist ebenfalls vorhanden.

Di 11–20 Uhr, Mi–So 10–17 Uhr. Eintritt in die Dauerausstellung 2 € für Erwachsene, Kinder bis 16 J. frei. Museumsplatz 1, ✆ 0631/3647201, ✆ 3647202, www.pfalzgalerie.de.

Japanischer Garten: Der erst 1997 in einem seit bereits 130 Jahren bestehenden Park eröffnete Garten ist derzeit noch nicht komplett fertiggestellt, bietet aber dennoch schon einen wundervollen Einblick in die japanische Gartengestaltung und Architektur. Beeindruckend sind der 12 m hohe Wasserfall und die in unregelmäßigen Abständen stattfindenden Teezeremonien im Teehaus.

Mitte März bis Ende April sowie Okt. 10–18 Uhr, Mai–Sept. 10–19 Uhr. Erwachsene 3,50 €, Jugendliche (12–17 J.) 1 €. Lauterstr. 18, ✆ 0631/3706600 (Mo–Fr vormittags), www.japanischergarten.de.

Gartenschau Kaiserslautern: Die seit Frühjahr 2000 bestehende Gartenschau ist Kaiserslauterns saisonaler Stadtgarten. Neben Gärten mit verschiedenen Themen beherbergt sie die größte Dinosaurierausstellung Europas. Auf dem Dino-Lehrpfad können über 80 originalgetreu nachgebaute Modelle von Dinosauriern, anderen Reptilien, Fischen und frühen Säugetieren besichtigt werden. Nicht nur bei Kindern ist der Aktiv-Garten beliebt, in dem man sich auf einer 20 m hohen Riesenrutsche, einer Skatebahn und einem Minigolfplatz je nach Aktivitätsbedürfnis austoben kann.

Mitte März bis Anfang Okt. Mo–Fr 9–19 Uhr, Sa/So/Fei und während der Sommerferien ab 10 Uhr. Hunde haben keinen Zutritt, Boxen stehen am Kaiserberg zur Verfügung. Erwachsene 6 €, Kinder ab 6 J. 3 €. Turnerstr. 2 (direkt am Bahnhof Kaiserslautern-West), ✆ 0631/7100700, ✆ 7100726, www.gartenschau-kl.de.

Fritz Walter und die Helden von Bern

Fritz Walter ist die Identifikationsfigur des Fußballs in Kaiserslautern. Seit 1985 trägt das Stadion auf dem Betzenberg seinen Namen. Doch er war nicht der einzige „Lauterer", der 1954 in Bern den WM-Titel holte. Auch sein Bruder Ottmar und drei weitere Stammspieler des 1. FCK waren Teil der von Sepp Herberger geführten, legendären Mannschaft. Den elf Freunden wird in Form von Fußball spielenden Betonfiguren im Löwenburgkreisel gehuldigt. Deutliches Zeichen für die damalige Stärke des 1. FCK waren auch die Titel als Deutscher Meister 1951 und 1953.

Fritz Walter verfügte nicht nur über eine hohe technische Qualität, sondern war auch ein ausgezeichneter Mannschaftsspieler. Für seine Popularität weit über das Karriereende hinaus war sicherlich von entscheidender Bedeutung, dass er trotz aller Ehrungen ein bescheidener Pfälzer blieb. Sein Grab auf dem Kaiserslauterer Hauptfriedhof wird auch Jahre nach seinem Tod noch von Fußballfans angesteuert.

In der Umgebung

Weilerbach: Die alte, um eine Apotheke gruppierte Ortsmitte von Reichenbach, das in luftiger Höhe gelegene Eulenbis mit grandioser Fernsicht und der versteckte, bäuerliche Weiler Pörrbach zählen zu den Höhepunkten im nördlichen Umland von Kaiserslautern. Wer Ruhe und Entspannung, Spazier- und Wandermöglichkeiten in unaufgeregter ländlicher Umgebung sucht, ist in den zur Verbandsgemeinde Weilerbach gehörenden Dörfern genau richtig. 1874 entdeckte man in Rodenbach ein stattliches *Fürstengrab der Kelten*. Der hier bestattete Mann muss von tragender gesellschaftlicher Bedeutung gewesen sein, die wertvollsten Beigaben waren ein

Platz für Schafherden bietet die Nordpfalz reichlich

goldener Armreif und ein goldener Fingerring. Die Originalfunde sind im Historischen Museum der Pfalz in Speyer (→ S. 72) zu sehen. Das Grab gilt aufgrund dieser Funde als bedeutendste Entdeckung der La-Tène-Zeit nördlich der Alpen. Während der Sommermonate kann die Grabkammer mit den rekonstruierten Grabbeigaben nach Vereinbarung besichtigt werden (Gemeindeverwaltung Rodenbach: ✆ 06374/6242). Das *Westpfälzer Musikantenmuseum* in Mackenbach (So 14–17 Uhr, Eintritt frei, Schulstr. 10, ✆ 06374/8010791, www.musikanten museum.de) zeigt bekannte und ungewöhnliche Musikinstrumente sowie anhand zeitgenössischer Fotos und Dokumente die Stationen von Westpfälzer Musikanten. Deren musikalisches Schaffen wird durch handgeschriebene Kompositionen dokumentiert. Das Prunkstück der Ausstellung ist das auch im Guinnessbuch der Rekorde stehende, große Modell des Zirkus Busch Berlin, das an die zahlreichen Musikanten erinnern soll, die als Zirkusmusiker Arbeit fanden.

Reisepraktische Informationen

• *Information* **Verbandsgemeindeverwaltung Weilerbach**, Rummelstr. 15, 67685 Weilerbach, ✆ 06374/9220, 📠 922149, www.weilerbach.de. Infos auch unter www.mackenbach.de und www.eulenbis.de.

• *Übernachten/Essen & Trinken* **Ferienhof Stemler**, auf dem Emmerwiesenhof am Ortsrand von Eulenbis ist die Aussicht toll: Von der Terrasse des kleinen Hofcafés sieht man den Donnersberg und die Kalmit. Die mit vier Sternen ausgezeichneten, kinderfreundlichen Ferienwohnungen ermöglichen einen längeren Aufenthalt, auch Zimmer. Hofcafé tägl. 12–19 Uhr. Ferienwohnungen ab 38 €, DZ 52 €. Eulenbis, Emmerwiesenhof, ✆ 06374/4030, www.fewo-stemler.de.

Eichwieserhof, ein solides Blockhaus, die einsame Lage inmitten von Weiden und Äckern und eine Gaststätte mit herzhafter Kost in ordentlichen Portionen – all diese Zutaten machen die rustikale Landpartie auf dem Eichwieserhof perfekt. Hauptgerichte 4–11 €, Fr ab 15 Uhr, Sa ab 11 Uhr,

So/Fei ab 10 Uhr. Auch Ferienwohnungen ab 40 €. Weilerbach, Eichwieserhof 3, ✆ 06374/992911, www.bernds-blockhaus.de.

Birnbaumhof, schöner Ferienhof mit Ferienwohnungen und Gästezimmern am Ortsrand von Schwedelbach. Die engagierte und sehr freundliche Besitzerin hat Teile des alten Hofes in ein gemütliches, gepflegtes Feriendomizil verwandelt. Ferienwohnungen ab 45 €, DZ ab 50 €. Preiswerte Wochenendarrangements. Schwedelbach, Mackenbacher Str. 19, ✆ 06374/5611, ✆ 994167, www.birnbaumhof.de.

Pörrbacher Hof, Pörrbach ist ein kleiner, malerischer Ortsteil von Schwedelbach. Im einzigen Restaurant des Weilers wird in den schönen Räumen einer alten Scheune eine deftige, aber dennoch feine Landküche zu moderaten Preisen serviert. Dicke Holzbalken in Kombination mit glänzenden Kronleuchtern ergeben eine gemütliche, sehr angenehme Atmosphäre. Im Sommer Biergarten unter großen Bäumen vorm Haus. Mo Ruhetag, sonst ab 17 Uhr, So/Fei ab 10 Uhr. Schwedelbach-Pörrbach, Talstr. 16, ✆ 06374/70776, ✆ 8952, www.poerrbacherhof.de.

• *Baden* **Waldfreibad Rodenbach**, schönes Schwimmbad mit drei Becken und einer großen Liegewiese, die einen guten Mix an Sonnen- und Schattenplätzen bietet. Tägl. 9–20 Uhr, jeden Fr im Juli und Aug. bis 23 Uhr Flutlichtschwimmen. Erwachsene 2 €, Jugendliche 1 €. Rodenbach, Sportstraße, ✆ 06374/5188.

• *Golf* **Golfclub Barbarossa**, der schöne 18-Loch-Platz, der sich über 85 ha erstreckt, lockt viele Gäste aus dem Umland, aber auch von weiter weg. Ein mittlerweile beachtlicher Teil der Touristen kommt wegen des Golfplatzes in die Region. Das Clubhaus mit Restaurant (✆ 06374/802700) und der Pro-Shop sind tägl. geöffnet, Golfkurse werden angeboten. Greenfee Mo–Fr 40 €, Sa/So 50 €. Mackenbach, Am Hebenhübel, ✆ 06374/994635, ✆ 994634, www.golfclub-barbarossa.de.

• *Klettern* **Kletterwald Schwedelbach**, in einem schattigen Waldstück bei Schwedelbach wurde im Sommer 2007 der erste „Monkey-Kletterwald" eröffnet. Durch spezielle Griffe können hier von nahezu jeder Altersgruppe die Bäume erklommen werden. Ab dem Sportplatz Schwedelbach ausgeschildert. Näheres unter www.monkeyhardware.com.

• *Wandern* Die Dörfer rund um Weilerbach kann man schön über Felder und Wiesen erwandern. Lohnenswert ist ein Abstecher nach **Eulenbis**, das sich dicht unter dem 453 m hohen Eulenkopf an den Hang schmiegt. Der Aussichtsturm auf dem Eulenkopf ist das weithin zu sehende, 1914 eingeweihte Wahrzeichen der Gemeinde. Ist die Tür zum Turm verschlossen, kann man sich den Schlüssel in der danebenliegenden Gaststätte des Eulenkopfvereins ausleihen (Di–So 14–18 Uhr).

Otterbach und Katzweiler: Otterbach, die Heimatgemeinde des ehemaligen Fußballschiedsrichters Markus Merk, liegt im Randbereich von Kaiserslautern. Architektonisches wie kulinarisches Highlight der Stadt ist der Gasthof Kipperhof aus dem Jahre 1750. Einen Besuch ist außerdem das *Motorradmuseum* wert (April–Okt. So/Fei 10–12.30 und 13.30–17 Uhr, Erwachsene 2 €, Kinder 1 €, Otterstr. 18, ✆ 06301/2367, www.vg-otterbach.de → Touristik). Dieses wurde 1980 von Heinz Luthringshauser in der ehemaligen evangelischen Kirche gegründet. Er selbst gewann 1974 die Tourist Trophy auf der Isle of Man, die als härtestes Straßenrennen der Welt gilt. Die Ausstellung ist eine Dokumentation von 80 Jahren Motorradgeschichte. Durch Otterbach führt auch der Lautertalradweg, für Familien mit Kindern lohnt sich ein Abstecher zum weitläufigen Naturspielplatz Ottertal, der zwischen Otterbach und Otterberg an einem Radweg gelegen ist.

Dem Lautertalradweg folgend, erreicht man bald Katzweiler. Ein alljährlicher Besuchermagnet sind die sommerlichen *Freilichtspiele,* die von Laien auf einer eigens dafür erbauten Freilichtbühne aufgeführt werden. Von Juni bis August werden zwei Stücke gespielt, eines richtet sich mehr an Erwachsene, das andere an Kinder (Erwachsene ab 7 €, Kinder ab 5 €, In der Eselsdelle, www.freilichtspiele-katzweiler.de). Sehenswert ist auch die evangelische Kirche des Ortes, die zwischen 1822 und 1826 als spätklassizistische, rechteckige Saalanlage erbaut wurde und über ein kunstvoll geschnitztes Rokoko-Orgelgehäuse verfügt.

• *Information* **Verbandsgemeinde Otterbach**, Konrad-Adenauer-Str. 19, 67731 Otterbach, ☎ 06301/60769, 📠 60773, www.vg-otterbach.de. Mo–Fr 8.30–12 Uhr, zusätzlich Mo 14–16 und Do 14–18 Uhr.

Katzweiler Touristik Verein e. V., Alte Brücke 4, ☎ 06301/8164, 📠 794164, www.touristik-katzweiler.de. Tägl. außer Di 14–18 Uhr.

• *Essen & Trinken/Einkaufen* **Gaststätte Kipperhof**, das schöne, 1750 errichtete Fachwerkensemble des Kipperhofs und der dazugehörige Innenhof wirken sehr einladend. Gute Speisen runden das positive Bild ab. Hauptgerichte 9–18 €. Mo Ruhetag, sonst 17–23 Uhr, So ab 10 Uhr. Otterbach, Hauptstr. 12, ☎ 06301/710310, 📠 710310, www.kipperhof.de.

Tinas Bauernhofeis, die Milch fürs leckere Eis kommt von den Kühen im Stall nebenan. Kinder fühlen sich hier wohl, neben dem Eis gibt es Spielmöglichkeiten und eben die Muhs. Der teilweise strenge Duft nach Silofutter und die etwas heruntergekommenen Gebäude schränken den Genuss eventuell ein. April–Sept. Fr/Sa 15–20 Uhr, So ab 12 Uhr. Katzweiler, Mühleckerstr. 49, ☎ 06301/719260, 📠 794574, www.tinaseis.de.

Forellenzucht Schneider, v. a. im Sommer lohnt sich ein Besuch bei den zahlreichen Fischteichen. Von Juni bis Sept. ist sonntags auch das schöne Gartenlokal geöffnet (11–18 Uhr). Hier kann man frische Fischspezialitäten genießen und die Lamas rund um den großen Fischteich beobachten. Fischverkauf Juni–Sept. Di–Sa 11–18 Uhr, So 10–18 Uhr. Katzweiler, Forellenwoog 1, ☎ 06301/9671, 📠 32287, www.forellenwoog.de.

• *Reiten* **Bonanza-Ranch**, Reiter- und Bauernhof mit vielen Attraktionen wie Westerntheater, Cowboy-Tagen und Planwagenfahrten. Auch Reiterferien und Reitkurse sind möglich. Tägl. außer Di 14–18 Uhr. Alte Brücke 4, ☎ 06301/8164, 📠 794164, www.bonanzaranch.de.

Otterberg: Im benachbarten Otterberg ist die 1254 geweihte *Abteikirche* sehenswert. Die sehr mächtige, lang gestreckte Sandsteinkirche liegt etwas oberhalb des Zentrums und ist von kleinen Altstadthäusern umgeben, was ihre Dimensionen noch gewaltiger erscheinen lässt. Nach dem Speyerer Dom ist die spätromanische bis frühgotische Kirche die zweitgrößte der Pfalz. Schön gestaltet ist die Fensterrose als Abbild des Kosmos an der Westfassade. 1564 wurde das Kloster infolge der Reformation aufgegeben. Seither wird die Kirche als Simultankirche genutzt, von 1708 bis 1979 mit einer trennenden Zwischenmauer, die aber im Zuge von umfangreichen Renovierungsmaßnahmen und der fortschreitenden Ökumene wieder entfernt wurde. Führungen sind von April bis Oktober am ersten Sonntag im Monat um 14.30 Uhr möglich.

• *Information* **Tourist-Information Otterberg**, Hauptstr. 27, 67697 Otterberg, ☎ 06301/31504, 📠 32761, www.otterberg.de. Mo–Fr 9–13 und 14–17 Uhr, April–Okt. auch Sa 9.30–12.30 Uhr.

• *Übernachten/Essen & Trinken* *** **Wartenberger Mühle**, ein beliebtes Ziel für Feinschmecker ist die nordwestlich von Otterberg gelegene, idyllische und modern gestaltete Wartenberger Mühle mit Martin Scharffs Gourmetrestaurant. Zum Betrieb gehört auch das mediterrane Restaurant Molino mit günstigerer, aber dennoch anspruchsvoller Küche. Die Zimmer des angeschlossenen Hotels sind mit viel moderner Kunst gestaltet. 3-Gänge-Menü im Restaurant um 70 €, im Molino um 35 €. Restaurant Mi–So ab 18 Uhr, So auch 12–14 Uhr; Molino Di–So 12–14 und ab 18 Uhr, für Hausgäste auch Mo geöffnet. DZ ab 88 €. Wartenberg, Schlossberg 16, ☎ 06302/92340, 📠 923434, www.wartenberger-muehle.de.

Blick vom Potzberg über die Nordpfalz

Im Nordpfälzer Bergland

Das Nordpfälzer Bergland ist im Vergleich zur Weinstraße und Rheinebene eine raue Gegend: Kühl weht der Wind über die bewaldeten Bergrücken, in den Tälern liegen abgeschiedene Dörfer zwischen Feldern und Weiden. Über die teilweise steilen Hügel führen neben den Straßen auch einige neue Radwege, die zum Erkunden der herben Schönheit einladen.

Hier am Übergang zwischen Pfälzerwald und Hunsrück sind die Städte und Dörfer klein, und auf den Weiden der weiten Landschaft tummeln sich zahlreiche Kühe und Schafe. Die wirtschaftliche Basis der Region war immer die Landwirtschaft. Wo sie nicht genügend Erträge brachte, zogen die Menschen in ferne Länder: Im 18. und 19. Jh. vertrieben Hungersnöte und Verfolgungen viele Nordpfälzer aus ihrer Heimat, bis heute gilt die Region als eine der strukturschwächsten der Pfalz. Auch der einst so bedeutende Bergbau ist mittlerweile gänzlich zum Erliegen gekommen. Das Kalkbergwerk im Königsberg bei Wolfstein und die Gruben in Imsbach am Donnersberg zeugen von einer Zeit, als in der gesamten Region nach Rohstoffen geschürft wurde. In den letzten Jahren sind auf alten Höfen gemütliche Gaststuben und Pensionen entstanden, in denen Landurlaub für Familien angeboten wird. Touristische Highlights der Gegend sind die Überreste einer großen Keltensiedlung auf dem Plateau des Donnersbergs und der Nachbau eines Keltendorfes in Steinbach.

Das Kuseler Musikantenland

Schon immer war die Gegend im äußersten Nordwesten der Pfalz vergleichsweise arm. Die Landwirtschaft spielte stets eine wichtige Rolle, brachte den Familien aber aufgrund magerer Böden, schmaler Parzellen und ungünstiger Betriebsstrukturen keine großartigen Erträge. So zogen im 18. und 19. Jh. Tausende von Menschen in fremde Länder, um fernab der Heimat ihr Glück zu versuchen.

Vor allem Musikanten waren es, die anderswo Erfolg hatten und mithilfe ihres verdienten Geldes halfen, die Familien in der verarmten Heimat zu ernähren. Inzwischen wird aus der einstigen Not eine Tugend gemacht und die Region als Musikantenland vermarktet. Zu nennenswertem Reichtum ist sie aber auch 100 Jahre nach dem Höhepunkt der Auswanderungswelle nicht gekommen. Wirtschaftliche Probleme und die abgeschiedene Lage verleihen den Tälern auch heute noch ein eher tristes Bild. Über der Region thront die Burgruine Lichtenberg, in der nicht nur das Musikantenland-Museum an die musizierenden Bauernsöhne erinnert, sondern die auch stellvertretend für jene Zeiten steht, in denen von hier aus das sog. Remigiusland um Kusel verwaltet wurde.

Informationen zur Region erteilt die Tourist-Information Kuseler Musikantenland, Trierer Str. 41, 66869 Kusel, ✆ 06381/424270, 424280, www.kuseler-musikantenland.de. Mo–Mi, Fr 8–16 Uhr, Do bis 18 Uhr, Fr bis 12 Uhr, März–Okt. Fr bis 16 Uhr, Sa 10–15 Uhr, So 10–14 Uhr.

Kusel

Die Kleinstadt im engen Tal des Kuselbachs könnte mit den am Hang gebauten Häusern und dem schönen klassizistischen Ensemble am erhabenen Marktplatz durchaus reizvoll sein. Einige grobe Bausünden, Ladenleerstände und der Eindruck, dass die Stadt schon mal bessere Zeiten gesehen hat, rauben ihr jedoch viel von diesem Potenzial.

Die teilweise als Fußgängerzone gestaltete Trierer Straße im Tal und die Marktstraße, die sich vom Talboden aus in zwei Kurven den steilen Anstieg hinaufschraubt und oben in den schräg an den Hang gebauten Marktplatz mündet, sollte man sich bei einem Besuch der 5000 Einwohner zählenden Kreisstadt nicht entgehen lassen. Oben angekommen, trifft man auf die klassizistische evangelische Stadtkirche und das Rathaus, das weniger durch seine Optik als durch das akustisch präsente Glockenspiel auffällt. Die Gründung der Stadt geht auf die Franken zurück, die hier auf den Ruinen eines römischen Gutshofes einen Königshof errichteten. Die Grafen von Veldenz, die auch die nahe Burg Lichtenberg (→ S. 252) erbaut hatten, setzten sich später für den Ausbau Kusels ein, um ihre Machtposition in der Gegend zu stärken; 1346 wurden Kusel dann die Stadtrechte verliehen. Heute ist die Stadt Sitz der Kreisverwaltung und trotz ihrer geringen Größe das unumstrittene Zentrum des Musikantenlandes und der westlichen Nordpfalz. Die Geschichte Kusels wird im kleinen **Heimatmuseum** (Di–So 14–17 Uhr; Eintritt frei, Marktstr. 27, ✆ 06381/8222, www.kusel.de → Kultur) gezeigt, in dessen oberen Räumen auch eine Gedenkstätte für den Sänger Fritz Wunderlich (→ Kasten) untergebracht ist.

Reisepraktische Informationen

• *Information* **Tourist-Information Kuseler Musikantenland**, Trierer Str. 41, 66869 Kusel, ✆ 06381/424270, 424280, www.kuseler-musikantenland.de. Mo–Mi 8–16 Uhr, Do bis 18 Uhr, Fr bis 12 Uhr, März–Okt. auch Fr 12–16 Uhr, Sa 10–15 Uhr, So 10–14 Uhr. Weitere Infos unter www.kusel.de.

• *Übernachten* **Hotel Saar**, einfaches Hotel garni mit dazugehöriger Konditorei im Stadtzentrum von Kusel. DZ 75 €. Trierer Str. 40, ✆ 06381/427317, www.hotelsaar.de.

Biohof Doll, 6,5 km von Kusel entfernt vermietet Familie Doll im bäuerlich geprägten Dorf Dennweiler-Frohnbach auf ihrem Biohof kinderfreundliche Ferienwohnungen, die im einfachen Landhausstil eingerichtet sind. Auch ein behindertengerechtes Apartment für 30 € steht zur Verfügung. Brötchenservice möglich. ab 36 €. Dennweiler-Frohnbach, Brunnenweg 13, ✆ 06381/994220, 994221, www.biohof-doll.de.

• *Essen & Trinken* **Café Schwinn**, klassisches Café mit freundlichem Personal und leckerer Kuchentradition seit 1832. Mo–Fr 7.30–18 Uhr, Sa bis 13 Uhr, So 7.30–11 und 14–18 Uhr. Trierer Str. 20, ✆/ 06381/2143.

• *Baden* **Bade- und Freizeitpark Kusel**, mit Hallen- und Freibad, zwei Riesenrutschen und vielen weiteren Attraktionen. Während der Freibadsaison tägl. 8–20.30 Uhr, in der Hallenbadsaison ganz unterschiedlich geöffnet, telefonische Nachfrage ratsam. Erwachsene 2,50 €, Jugendliche 1,50 €. Trierer Str. 194, ✆ 06381/918222, www.kusel.de → Freizeit, Sport.

- *Radfahren* Der 24 km lange **Fritz-Wunderlich-Weg** führt auf der ehemaligen Bahntrasse Kusel – Türkismühle in sanfter Steigung über Thallichtenberg nach Freisen im Saarland (hier Anschluss an den Saarland-Radweg).
- *Veranstaltung* **Kuseler Herbstmesse**, das größte Westpfälzer Volksfest findet alljährlich am ersten Septemberwochenende auf dem Koch'schen Markt und dem Messeplatz statt. www.kuseler-messe.de.

„Mein Kusel in der Pfalz"

Als Hauptstadt des Musikantenlandes kann sich Kusel mit einem besonderen Musiker schmücken: Der 1930 geborene und in den 50er- und 60er-Jahren bekannte Kammertenor Fritz Wunderlich ist ein Sohn der Stadt und wird als solcher ausgiebig gewürdigt. Das von ihm getextete und vertonte Lied „Mein Kusel in der Pfalz" erklingt als „Stadthymne" täglich um 12.20 Uhr durch das Glockenspiel am Rathaus:

„Wir saßen einst im Freundeskreis im schönen Schwarzwaldort.
Der Abendwind sang draußen leis', und keiner sprach ein Wort.

Der eine war vom Nordseestrand, der andre kam aus Wien.
Der dritte kam vom Schwabenland, der andre aus Berlin.

Das Heimweh war bei uns zu Gast, schlich sacht' sich ins Gemüt,
der Wind hat's Heimweh angefasst, trägt heimwärts auch mein Lied:

Ein Städtchen ist's im Pfälzerland, ein Tal, so wunderschön.
Dort ist's, wo meine Wiege stand, wo meine Träume geh'n.

Die alte Burg schaut stolz ins Tal, erzählt von alter Zeit,
sie sah mich schon so manches Mal als Kind voll Fröhlichkeit.

Der Mühlberg sah unser frohes Spiel, der Bach war unser Meer,
der Wald war unser liebstes Ziel, ihn liebte ich so sehr.

Zieh' in die Welt ich einmal fort, dann bitt' ich Gott: Erhalt's,
mein Städtchen, meinen Heimatort, mein Kusel in der Pfalz!"

Wunderlich starb bereits im Alter von 35 Jahren an einem Schädelbruch infolge eines Treppensturzes. Wenige Tage später hätte er sein Debüt an der Metropolitan Opera in New York gegeben. Mehr Infos zu Fritz Wunderlich findet man unter www.fritz-wunderlich-ges.com.

Burgruine Lichtenberg

Mit 425 m Länge ist die Burg Lichtenberg eine der größten Burgruinen Deutschlands. Neben einer Jugendherberge und einem Restaurant haben hier auch zwei Museen ihren Platz gefunden.

Die Burg wurde um 1200 von den Grafen von Veldenz auf dem Grund des in Reims ansässigen Klosters St. Remy erbaut. Nach dem Aussterben der Grafen ging sie 1444 an die Herzöge von Pfalz-Zweibrücken über. Im Gegensatz zu den meisten Burgen der Umgebung wurde sie nie von Feinden erobert oder zerstört, ein Großfeuer im Jahr 1799 beschädigte sie allerdings schwer. Vom Parkplatz kommend, betritt man die Burg von der alten Angriffsseite her. Durch zwei nacheinander entstandene Tore erreicht man die Oberburg. Hier sind das **Burgrestaurant** und die **Jugendherberge** harmonisch als Teil der Burgmauer in das Gesamtbild eingefügt und noch zahlreiche Spuren der ursprünglichen Bebauung zu sehen. Der heute dominierende Bergfried ist jedoch keinesfalls so alt, wie er erscheint, er wurde bereits zweimal wiederaufgebaut. Auf der Spornspitze befindet sich der wohl älteste Teil der Anlage, die kaum noch auszumachende Unterburg. Zwischen Ober- und Unterburg stehen die wiedererrichtete Zehntscheune, die heute das Musikantenland-Museum und die sog. Naturschau beherbergt, sowie das 1998 modern erbaute Geoskop. Das etwas angestaubt wirkende **Musikantenland-Museum** vermittelt anhand von lebensgroßen Figuren einen Einblick in das Leben der Wandermusikanten und ihrer Familien. Das **Urweltmuseum Geoskop** und die **Naturschau** bilden Zweigstellen des Bad Dürkheimer Pfalzmuseums für Naturkunde, das vom Naturkundeverein Pollichia getragen wird. Während in der Naturschau allerhand ausgestopfte Tiere und einige Tafeln zur Flora und Fauna der Region zu sehen sind, erlaubt das Geoskop einen spannenden und eindrucksvollen Blick in die Erdgeschichte. Gezeigt werden hier z. B. Fossilien und prächtige Mineralien.

Auf der Burg Lichtenberg

- *Öffnungszeiten/Eintritt* **Musikantenland-Museum und Naturschau**: April–Okt. tägl. 10–17 Uhr, Nov.–März 10–12 und 14–17 Uhr. Eintritt 2,10 €, ermäßigt 1,50 €, Kinder unter 6 J. frei, Familienkarte (2 Erwachsene mit Kindern) 5,10 €. Musikantenland-Museum ✆ 06381/8429, Naturschau ✆ 06381/993450. **Urweltmuseum Geoskop**: April–Okt. tägl. 10–17 Uhr, Nov.–März 10–12 und 14–17 Uhr. Eintritt 2,60 €, ermäßigt 2,10 €, Kinder unter 6 J. frei, Familienkarte 6,10 €. ✆ 06381/993450, 993452, www.urweltmuseum-geoskop.de. **Kombikarte** für beide Museen 3,60 €, ermäßigt 2,80 €, Familienkarte 9,20 €.

Reisepraktische Informationen

- *Information* **Burgverwaltung Burg Lichtenberg**, in der Zehntscheune, 66871 Thallichtenberg, ✆ 06381/8429. April–Okt. tägl. 10–17 Uhr, Nov.–März 10–12 und 14–17 Uhr.
- *Anfahrt* 2-mal tägl. fährt ein Bus ab dem Bahnhof Kusel über Thallichtenberg zur Burg Lichtenberg. Großer Parkplatz vor der Burg.
- *Burgführungen* Von April bis Mitte Okt. So/Fei um 15 Uhr, die Führungen starten an der Zehntscheune.
- *Übernachten* **Jugendgästehaus Burg Lichtenberg**, die neue und gepflegte Jugendherberge ist bei Schulklassen und Familien sehr beliebt, sodass für Ferienzeiten

und lange Wochenenden trotz der 106 Betten eine zeitige Reservierung notwendig ist. DZ 51 €. Thallichtenberg, Burgstraße 12, ✆ 06381/2632, 📠 80933, www.diejugendherbergen.de.

• *Essen & Trinken* **Burgrestaurant**, im hellen, gemütlichen Burgambiente kann man gut essen oder Kaffee trinken, die Preise sind aber natürlich höher als unten im Tal (z. B. 0,4 l Apfelschorle 3,60 €). Mo Ruhetag, sonst ab 10 Uhr, warme Küche 11.30–14 und 18–22 Uhr, dazwischen kleine Vesperkarte. ✆ 06381/2633, 📠 993182, www.burglichtenberg.de.

• *Veranstaltung* **Mittelalterlicher Weihnachtsmarkt**, neben Kunsthandwerk und teilweise altertümlich anmutenden Speisen gibt es am ersten Adventswochenende Ritter, Burgfräuleins, Gaukler und Feuerspucker zu bewundern. Sa ab 14 Uhr, So ab 10 Uhr. Als „Wegegeld" werden für Parkplatz und Bustransfer 2,50 € verlangt. www.burglichtenberg-weihnachtsmarkt.de.

Auf der Draisine durch das Glantal

Die in Altenglan beginnende, 40 km lange Draisinenstrecke führt über das pfälzische Lauterecken bis ins Naheland nach Staudernheim.

Durch das grüne, gewundene Tal geht es auf der 1986 stillgelegten, eingleisigen Teilstrecke der Glantalbahn auf den außergewöhnlichen vierrädrigen Gefährten vorwärts. In Lauterecken empfängt einen die kleine Altstadt mit Resten des Alten Schlosses Veldenz. Über die Lauter, die hier in den Glan mündet, führt die Rheingrafenbrücke, eine der schönsten und ältesten Steinbrücken der Pfalz.

Die mit Pedalen oder Handhebeln angetriebenen Draisinen verkehren von März bis Oktober: an geraden Tagen von Staudernheim und Lauterecken in Richtung Altenglan, an ungeraden Tagen umgekehrt. Die Tagesmiete für eine Fahrraddraisine, auf der maximal 5 Pers. Platz finden, beträgt unter der Woche 35 €, am Wochenende 39 €. Die Rückfahrt zum Startpunkt kann mit öffentlichen Verkehrsmitteln oder dem eigenen Fahrrad, dessen Mitnahme auf der Draisine möglich ist, erfolgen. Für die insgesamt 100 € teure Fahrt mit der Handhebeldraisine, die nur auf der Nebenstrecke zwischen Altenglan und St. Julian pendelt, sind neben dem Draisinenlenker mindestens 8 Pers. nötig.

Reisepraktische Informationen

• *Information und Buchung* **Tourist-Information Kuseler Musikantenland**, Trierer Str. 41, 66869 Kusel, ✆ 06381/424270, 📠 424280, www.kuseler-musikantenland.de. Mo–Mi 8–16 Uhr, Do bis 18 Uhr, Fr bis 12 Uhr, März–Okt. auch Fr 12–16 Uhr, Sa 10–15 Uhr, So 10–14 Uhr. Weitere Infos unter www.draisinentour.de.

• *Übernachten/Essen & Trinken* *****S Waldhotel Felschbachhof**, das auf den ersten Blick unscheinbare Hotel in ruhiger Lage oberhalb von Ulmet überrascht mit gepflegten Zimmern und einem sehr einladenden Restaurant. Die Speisen werden größtenteils aus biologisch erzeugten Zutaten zubereitet. Interessante Arrangements, z. B. Draisinenfahrt. Hauptgerichte 8–21 €. Restaurant tägl. durchgehend geöffnet, Küche 11.30–14 und 18–22 Uhr. DZ ab 80. Ulmet, Felschbachhof, ✆ 06387/9110, 📠 911234, www.felschbachhof.de.

Jugendherberge Wolfstein, die am Hang des Königsbergs gelegene Jugendherberge bietet neben einem tollen Blick über das Lautertal schöne, renovierte Zimmer (meist 4–6 Betten) und vielfältige Spielgelegenheiten. DZ 42 €. Wolfstein, Rötherweg 24, ✆ 06304/1408, 📠 683, www.diejugendherbergen.de.

Café/Bäckerei Wetzels Sahnehäubchen, im hellen Wintergarten lassen sich leckere Backwaren und feine Kuchen genießen. Mo–Fr 7–12.30 und 14–18 Uhr, Sa 7–13 Uhr, So 7.30–11.30 und 13.30–18 Uhr. Altenglan, Bahnhofstr. 6, ✆ 06381/70311.

• *Einkaufen* **Erdesbacher Ziegenkäse**, 120 Ziegen liefern die Bioland-Milch für viele verschiedene Käsesorten. Eine Hofführung mit Käseprobe ist nach Anmeldung für Gruppen möglich. Hofladen: Di/Fr 14–18 Uhr, Sa 9–14 Uhr. Erdesbach, Eckweg 2, ✆/℻ 06381/40418, www.erdesbacher-ziegenkaese.de.

• *Baden* **Sport- und Freizeitbad Altenglan**, großes Freibad mit vier Becken für alle Ansprüche. Mai–Sept. tägl. 9.30–20 Uhr. Eintritt 3,50 €, ermäßigt 1,80 €. Altenglan, In der Godersbach, ✆ 06381/2606, www.sportundfreizeitbad-altenglan.de.

• *Kanufahren* Der Glan bietet sich für einfache und genüssliche Kanufahrten an. Touren ab Medard organisiert Natur & Freizeit in Baumholder, Schulstr. 5, ✆ 0160-6910791.

• *Radfahren* Lauterecken liegt am Ende des **Lautertalradwegs**, der auf knapp 40 km der in sanften Schleifen fließenden Lauter meist abseits der Straße bis nach Kaiserslautern folgt. Höhenprofil und weitere Infos unter www.kaiserslautern-kreis.de → Tourismus.

Sehenswertes

Wildpark Potzberg: Dammwild, Elche, Hasen, Pferde, Ziegen und natürlich die Stars der täglichen Shows, die zahlreichen Greifvögel, leben auf dem 562 m hohen Potzberg. Von ihren weitläufigen Gehegen aus haben sie – ebenso wie die Besucher – einen herrlichen Weitblick. Ein Spielplatz und die Einkehrmöglichkeit im nahen Turmhotel (✆ 06385/720, www.turmhotel.com) runden den Besuch ab. Herrliche Ausblicke bietet der 35 m hohe *Aussichtsturm* (Schlüssel im Turmhotel, falls Zugangstür verschlossen). Viele vom Potzbergverein markierte Rundwanderwege führen um den imposanten Berg.

• *Öffnungszeiten/Eintritt* Ganzjährig geöffnet: März–Okt. tägl. 10–18 Uhr, sonst bis 17 Uhr, in den Wintermonaten kann der Park tageweise geschlossen sein, telefonische Nachfrage ratsam. Von Ende März bis Ende Okt. findet tägl. um 15 Uhr die Greifvogel-Flugschau statt. Erwachsene 6 €, Kinder ab 4 J. 4 €. Föckelberg, Auf dem Potzberg, ✆ 06385/6228, ℻ 999125 , www.wildpark.potzberg.de.

Einer der vielen Greifvögel im Wildpark Potzberg

Kalkbergwerk: Hoch über der im Lautertal gelegenen Stadt Wolfstein liegt der Königsberg, in dessen Inneren viele Jahrhunderte Kalk abgebaut wurde. Heute rentiert sich der Abbau nicht mehr, das Besucherbergwerk jedoch zeigt eindrucksvoll die Geschichte des Bergbaus.

• *Öffnungszeiten/Eintritt* Ende März bis Anfang Nov. So/Fei 13–18 Uhr. Der Besuch ist auch für Rollstuhlfahrer möglich. Festes Schuhwerk und warme Kleidung empfohlen. Erwachsene 4,50 €, Jugendliche 4 €. Infos erteilt die Verbandsgemeindeverwaltung Wolfstein, Bergstr. 2, ✆ 06304/913104, 📠 913199, www.kalkbergwerk.com.

Rund um den Donnersberg

Egal, ob man von den höheren Bergen des nördlichen Pfälzerwalds, von der Rheinebene oder von Kaiserslautern kommt, immer ist der fast vollkommen bewaldete Donnersberg mit seiner wuchtigen, ruhigen Erscheinung präsent.

An seiner dominanten Ausstrahlung lag es wohl auch, dass die Kelten auf dem flachen Gipfelplateau eine für damalige Begriffe riesige Stadt errichteten. Zudem waren die natürlichen Rahmenbedingungen, die ihnen der Donnersberg bot, günstig. Aufgrund der besonderen geologischen Situation gab es ausreichende Erzvorkommen, die als Grundlage für die Herstellung von Waffen und Alltagsgegenständen dienten, und die am Fuß des Donnersbergs gelegenen Äcker und Wiesen brachten gute Erträge. Noch heute werden die sanften Hügel südlich und östlich des Donnersbergs intensiv landwirtschaftlich genutzt. Im Frühjahr ergeben die frisch gepflügten, roten Äcker, die intensiv gelben Rapsfelder und die blühenden Hecken und Obstbäume ein farbenprächtiges Mosaik. Nach Einstellung des Bergbaus konnten sich keine nennenswerten Folgeindustrien entwickeln, sodass die Region bis heute ländlich geprägt ist. Viele der Bewohner pendeln in die umliegenden Städte, nicht wenige bis zur BASF nach Ludwigshafen. Davon, dass der Tourismus in den letzten Jahren immer mehr Beachtung erfährt, zeugen z. B. die Neuanlage des Golfplatzes bei Börrstadt und der Aufbau des Keltendorfes in Steinbach.

Informationen zur Region erteilt der Donnersberg-Touristik-Verband (DTV), Uhlandstr. 2 (in der Kreisverwaltung), 67292 Kirchheimbolanden, ✆ 06352/1712, 📠 710262, www.donnersberg-touristik.de. Mo–Fr 9–12.30 Uhr sowie Mo–Mi, Fr 14–17 Uhr, Do bis 18 Uhr; Sa 9.30–11.30 Uhr telefonisch erreichbar.

Wandern am Donnersberg

Der Donnersberg

Das aus mehreren Kuppen bestehende und mit 687 m höchste Bergmassiv der Pfalz ist zwar auch ein Ziel für Wanderer, beliebt ist es aber v. a. bei Bikern mit und ohne PS. An schönen Sommertagen kommen unzählige Motorradfahrer und konditionsstarke Radfahrer über die gut ausgebaute Asphaltstraße auf das flache, bewaldete Gipfelplateau heraufgefahren.

Auf dem weitläufigen Gipfel mit seinen großen Parkplätzen angekommen, lohnt es sich, ein paar Schritte zu gehen, um den Adlerbogen auf dem Moltkefelsen, den 1864/65 erbauten Ludwigsturm mit seinem tollen Ausblick und die Überreste des spätkeltischen **Oppidums** zu besichtigen. Letzteres war Hauptort der einst in Rheinhessen und in der nördlichen Pfalz siedelnden Kelten und gleichzeitig eine der größten Keltensiedlungen nördlich der Alpen. Um 50 v. Chr. wurde sie ebenso wie andere keltische Höhensiedlungen in der Pfalz geräumt. Die Ausmaße des einstigen Oppidums lassen sich am besten erahnen, wenn man dem 9 km langen Keltenweg (grüner Keltenkopf auf weißem Grund) entlang dem Wall folgt. Dieser führt nicht nur an den Dokumentationsstationen der Grabungen vorbei, sondern auch am **Königsstuhl,** der den höchsten Punkt des Bergmassivs darstellt und eine schöne Aussicht nach Norden und Westen bietet.

Der Königsstuhl auf dem Donnersberg

• *Essen & Trinken* **Keltenhütte**, die zum Hotel Bastenhaus (→ S. 258) und PWV gehörende Wanderhütte bietet sich als einfache und preiswerte Einkehrmöglichkeit an. Sa/So/Fei 10.30–18 Uhr. ☏ 06357/975900, ℻ 97590300, www.bastenhaus.de.

Waldhaus Donnersberg, im höchstgelegenen Gasthaus der Pfalz wird in gemütlicher Atmosphäre schnörkelloses, aber gutes Essen serviert. Mo Ruhetag, sonst 10–19 Uhr. Dannenfels, Am Donnersberg 1, ☏ 06357/254, ℻ 989580, www.waldhaus-donnersberg.de.

Dannenfels

Am steilen östlichen Abhang des Donnersbergs liegt auf einer Höhe zwischen 380 und 420 m inmitten von Obstplantagen das touristische Herz der Donnersbergregion.

Der Ausflugsverkehr setzte in Dannenfels schon früh ein, 1856 gab es fünf Gastwirtschaften, noch im 19. Jh. folgte der Bau verschiedener Kurhäuser und Heilstätten. Die touristische Vergangenheit des 1000-Seelen-Ortes ist ruhmreicher als die

Gegenwart, auch wenn man sich bemüht, an die gute alte Zeit anzuknüpfen. Mit dem 2006 eröffneten Park der Sinne und dem neuen Ortszentrum am Haus Linn, dem Haus des Gastes, könnte dies gelingen.

Reisepraktische Informationen

• *Information* **Tourist-Information im Haus Linn**, Oberstr. 14, 67814 Dannenfels, ✆ 06357/1614, 📠 975895, www.dannenfels.de. Di–Fr 14–17.30 Uhr, Sa 8.30–12.30 Uhr, So/Fei 10–13 Uhr. Ist die Touristinfo geschlossen, kann man auch im benachbarten Café Annodazumal (s. u.) Prospekte und Informationen erhalten.

• *Übernachten* **** **Bastenhaus**, das familiengeführte Hotel besticht v. a. durch seine tolle Lage zwischen Wald und Wiesen. Im Sommer kann man das Panorama vom Naturbadeteich im Garten genießen. Das im Rahmen der „Verwöhnpension" servierte 4-gängige Abendmenü ist solide in Qualität und Quantität. Teilweise interessante Pauschalangebote. Restaurant geöffnet tägl. 11–23 Uhr. DZ ab 78 €. Bastenhaus 1, ✆ 06357/975900, 📠 97590300, www.bastenhaus.de.

• *Essen & Trinken/Einkaufen* **Café Annodazumal**, gemütliches Café mit nostalgischem Flair und tollem Frühstück. Schöner Platz zum Draußensitzen. Zum Café gehört auch ein kleiner Laden, in dem man heimische Produkte und schönen Kleinkram erstehen kann. Di–Fr 9–18 Uhr, Sa/So ab 8 Uhr. Oberstr. 14, ✆ 06357/989780, 📠 989790, www.anno-dazu-mal.de.

Obsthof Baab, direkt ab Hof können hier viele verschiedene Apfelsorten, anderes Obst und einige Gemüsesorten gekauft werden. Tägl. 9–12 und 14–18 Uhr. Mittelstr. 2, ✆ 06357/454.

Manfred Braun Ceramics, modernes, eigenwilliges Keramikdesign, in dessen Mittelpunkt meist das Licht steht. Die Öffnungszeiten schwanken stark, aber durchs Fenster kann man einen Teil der tollen Werke immerhin betrachten. Mittelstr. 21, ✆/📠 06357/7178, www.manfredbraun-ceramics.de.

• *Nordic Walking* Touren und Technikkurse bietet Erwin Schottler, der Chef des Hotels Kastanienhof: ✆ 06357/97360, 📠 973636, www.donnersberger.de. Ausgeschilderte Routen beginnen am Kastanienhof oberhalb des Ortskerns.

• *Wandern* Zahlreiche Wanderwege führen um und auf den Donnersberg. Ein schöner Wanderparkplatz liegt etwas oberhalb von Dannenfels in der Nähe des Hotels Kastanienhof. Hier steht auch eine Wandertafel.

• *Veranstaltung* **Historischer Dorfmarkt**, in allen ungeraden Jahren am letzten Augustwochenende.

Park der Sinne: Am westlichen Ortsausgang in Richtung Bastenhaus liegt der neue Erholungspark. Als Erholung wird hier all das verstanden, was die Sinne anregt und zum Abschalten vom Alltag beiträgt. Nachdem man den teils angenehmen, teils fordernden Barfußpfad hinter sich gebracht hat, kann man sich im Klimapavillon unter Pergolen auf modernen Holzliegen entspannen und verschiedene Lichtwirkungen betrachten. Für Kinder sind neben dem Barfußpfad auch die Spielgeräte von Interesse, die auf verschiedene physikalische Phänomene aufmerksam machen sollen.

Steinbach

Im Jahr 2004 wurde der kleine Weiler Steinbach durch den Aufbau des Keltendorfs zur Touristenattraktion. Das wenige, das über die Siedlungs- und Lebensweise der Kelten bekannt ist, wird hier anschaulich dargestellt und erlebbar gemacht.

Die Grundrisse der Häuser und der umgebende Zaun entsprechen denen von Grabungen im Südpfälzer Westheim. Die genaue Ausgestaltung der Häuser, ihre Höhe

Blick vom Turm des Keltendorfs auf den Donnersberg

und die Möblierung sind dagegen nur denkbare Möglichkeiten. Eine detailgetreue Rekonstruktion ist schwierig, da die Kelten keine schriftlichen Zeugnisse hinterlassen haben. In manchen Punkten helfen römische und griechische Schriften weiter, so auch in Fragen zu Kampftechniken und zum Alltag. Viele der bekannten keltischen Handwerkstechniken können an Wochenenden selbst ausprobiert werden. Besonders Kinder lernen die Kelten so auf kreative und spielerische Weise kennen. Die fachkundigen, unterhaltsamen Führungen geben auch Erwachsenen einen tollen Einblick in das keltische Leben. Jede Führung endet in der Taverne, wo man die Kelten in Form von Met oder Apfelsaft auch schmecken kann. Aussichtsreicher Abschluss eines Besuchs ist die Besteigung des Aussichtsturms, von dem man den Donnersberg in ganzer Breite sehen kann. Als Ergänzung zum Keltendorf wird in dem weitläufigen, vom NABU initiierten **Keltengarten** gezeigt, wie Pflanzenwelt und Landwirtschaft zur Zeit der Kelten ausgesehen haben könnten. Der Spielplatz ist in Form eines Triskels, eines häufig verwendeten keltischen Symbols, gestaltet. Es gibt jedoch noch einige andere naturnahe Spielbereiche und viel Platz zum Toben.

• *Öffnungszeiten/Eintritt* Ende März bis Anfang Nov. Sa 11–17 Uhr, So/Fei 10–17 Uhr, Keltengarten im Sommer bis 18 Uhr, Keltendorf in den rheinland-pfälzischen Oster-, Sommer- und Herbstferien zusätzlich Do 15–19 Uhr. Der Eintritt ins Keltendorf kostet mit Führung und Getränk für Erwachsene 4 €, für 4- bis 12-jährige Kinder 2 €, eine Familienkarte gibt es für 10 €. Der Eintritt in den Keltengarten beträgt inkl. Führung 3 € für Erwachsene, 1,50 € für Kinder und 7 € für Familien. Außerdem sind Kombikarten für Keltendorf und Keltengarten erhältlich, Erwachsene zahlen 6 €, Kinder 3 € und Familien 16 €. Für Kinder und Erwachsene gibt es unter der Woche auch halb- und ganztägige Keltentage bzw. Workshops mit verschiedenen Inhalten. Weitere Infos unter www.keltendorf-steinbach.de, www.keltengarten.de und ✆ 06352/1712.

Reisepraktische Informationen

• *Information* www.steinbach-am-donnersberg.de

• *Übernachten* **Jugendherberge Steinbach**, 104 Betten in einfachen Zwei- bis Sechsbettzimmern (mit Waschgelegenheit), eine Café-Bar, eine Kinderspielecke sowie mehrere Aufenthalts- und Tagungsräume. DZ 42 €. Brühlstr. 41, ✆ 06357/360, 📠 1583, www.diejugendherbergen.de.

• *Essen & Trinken* **Pfälzerwaldhütte Steinbach**, die Hütte oberhalb des Keltendorfs bietet einen wunderbaren Ausblick und die Gelegenheit, sich bei einer Brotzeit oder bei Kaffee und Kuchen zu stärken. Die Hütte ist (außer im Juli/Aug.) jeden So geöffnet. Infos bei Hüttenwartin Edeltraud Molitor, ✆ 06357/7720.

• *Golf* **Golfclub am Donnersberg e. V.**, der ganzjährig geöffnete 18-Loch-Golfplatz 5 km von Steinbach verfügt über von Donald Harradine angelegte Bahnen, die sich schön in die Landschaft einfügen. Greenfee ab 40 €. Mo 10–14 Uhr, Di–So 9–18 Uhr. Börrstadt, Röderhof 3b, ✆ 06357/96094, 📠 1430. Am Golfplatz liegt das helle und einladende **Landgasthaus Röderhof**. Mo Ruhetag, sonst ab 9 Uhr. Röderhof 3a, ✆ 06357/509166, www.landgasthaus-roederhof.de, www.golfamdonnersberg.de.

Imsbach

Das idyllisch an die Ausläufer des Donnersbergs geschmiegte Dorf entstand als Ansiedlung von Bergleuten, die einst in den zahlreichen Gruben Arbeit fanden. Schon die Kelten und Römer schürften hier nach Erz.

Der mittelalterliche Bergbau begann in Imsbach vermutlich um 1120. Gegen Ende des 15. Jh. sollen bis zu 500 Bergleute in den Gruben um Imsbach beschäftigt gewesen sein. Der Dreißigjährige Krieg brachte den Bergbau zunächst zum Erliegen, bevor ihm die Verwendung von Schießpulver zu Beginn des 18. Jh. neuen Aufschwung brachte. Fünfzig Zentner Kupfer und zwölf Pfund Silber sollen damals monatlich aus den Imsbacher Gruben gewonnen worden sein. Ab 1746 waren diese dann nur noch zeitweise in Betrieb und wechselten häufig die Besitzer. Die in der wohl endgültig letzten Bergbauperiode gewonnenen Erze kamen zur Aufbereitung in die zu Beginn des 20. Jh. eigens dafür gebaute Laugerei am östlichen Ortsende von Imsbach. Heute lebt keiner der gut 1000 Einwohner mehr vom Bergbau, der 1923 wegen Unrentabilität eingestellt wurde. 1979 öffnete die Weiße Grube als erstes Besucherbergwerk des Ortes, die Grube Maria folgte 2006. In jenem Jahr wollten bereits 10.000 Besucher sehen, wie die Imsbacher früher nach Kupfererz schürften. Auch die jedes Jahr am dritten Septemberwochenende in der Gemeindehalle stattfindende Mineralien- und Fossilienbörse mit Tausenden von Besuchern knüpft erfolgreich an die montane Vergangenheit des Dorfes an.

Reisepraktische Informationen

• *Information* www.imsbach.eu

• *Übernachten/Essen & Trinken* *** **Ferienwohnung Familie Diehl**, in der 80 m² großen, neu möblierten Ferienwohnung für 2–4 Pers. befinden sich zwei Schlafzimmer, eine Küche, ein gemütlich eingerichteter Wohnraum und ein Bad. Brötchen- und Transferservice vom/zum nächsten Bahnhof möglich. Ab 39 €. Gienanthstr. 13, ✆ 06302/5472, 📠 5472, www.ferienwohnung-diehl-imsbach.de.

*** **Ferienwohnung Flur-Natur**, am östlichen Ortsrand befindet sich auf dem Hof von Familie Gros eine 62 m² große, gepflegte Ferienwohnung mit zwei Schlafzimmern und Blick auf die weiten Felder. Separater Eingang, Grill- und Spielmöglichkeit im Garten. Ab 42 €. Flurstr. 8, ✆ 06302/4044, 📠 6090320, www.ferienwohnung-flur-natur.de.

*** **Hotel Klostermühle**, südlich von Imsbach kann man in einer alten Mühle des Klosters Hornbach (→ S. 235) in hellen, großzügigen Zimmern übernachten, im offenen Restaurant (gehobene Preise) speisen und es sich entweder bei Wellnessanwendungen im gemütlichen Sandsteingewölbe oder im großen Naturgarten gut gehen lassen. Der landschaftlich abwechslungsreiche, 16 km lange Rundwanderweg Donnersberger Bauernpfad hat seinen Ausgangspunkt direkt am Hotel. Die Informationstafeln bieten einen Überblick über die Landwirtschaft in der Region. Sa mittags geschlossen, sonst 11.30–14 und 17.30–

21.30 Uhr. DZ ab 98 €. Münchweiler, Mühlstr. 19, ✆ 06302/92200, 📠 922020, www.klostermuehle.com.

Bergmannsstube, die einfache Bergmannsstube wird von dem jungen Ehepaar Daly mit viel Elan und Freundlichkeit geführt. Wer sich nach dem Grubengang preiswert stärken möchte, ist hier genau richtig. Do Ruhetag, sonst ab 11 Uhr. Gienanthstr. 35, ✆ 06302/924426.

Sehenswertes

Unter dem Schlagwort **BergbauErlebnisWelt Imsbach** (www.bew-imsbach.de) sind die Sehenswürdigkeiten des Ortes, das Pfälzische Bergbaumuseum, die Besucherbergwerke Weiße Grube und Grube Maria sowie drei Montanwanderwege, zusammengefasst. Im kleinen **Pfälzischen Bergbaumuseum** in einer ehemaligen Schule in der Ortsmitte wird ein Überblick über die in Imsbach und anderen pfälzischen Regionen geförderten Rohstoffe gegeben. Im Obergeschoss werden ab und zu ergänzende Sonderausstellungen gezeigt.

Blick auf das ehemalige Bergbauörtchen Imsbach

Die im Jahre 1145 erstmals in Betrieb genommene Silber- und Kupfermine **Weiße Grube** ist seit 1979 Besucherbergwerk. Weite Bereiche des Stollensystems wurden in den vergangenen Jahren wieder freigelegt und sind heute zugänglich. Beim Rundgang durch die mehrere Hundert Meter begehbaren Stollen sowie großen unter- und übertägigen Abbauweitungen können Spuren aus verschiedenen Bergbauepochen beobachtet werden: von sauber mit Schlägel und Eisen bearbeiteten, trapezförmigen Bereichen aus dem Mittelalter bis hin zu den mit Sprengstoff herausgeschossenen, nahezu kreisrunden Partien der letzten Bergbauphase zu Beginn des 20. Jh. Die Arbeiten in der nassen Grube waren hart und unangenehm, ihre Schichten verbrachten die Bergleute im kalten Wasser kniend. Häufige Lungenentzündungen und eine Lebenserwartung von nur 35 Jahren waren die Folge.

Die über 250 Jahre alte **Eisenerzgrube Maria** wurde erst 2006 für Besucher geöffnet. Ihre Besonderheit ist, dass man über ihren Hauptstollen und den mit einer Wendeltreppe angebundenen, höher liegenden Stollen den Berg durchqueren kann.

• *Öffnungszeiten/Eintritt* Die BergbauErlebnisWelt ist von April bis Anfang Nov. Sa 13–17 Uhr, So/Fei 10–17 Uhr und in den rheinland-pfälzischen Sommerferien zusätzlich Di 13–17 Uhr geöffnet. Der Eintritt in das Bergbaumuseum und in ein Besucherbergwerk nach Wahl (mit Führung, festes Schuhwerk und warme Kleidung empfohlen) kostet 4 €, ermäßigt 2 €, Familien zahlen 11 €. Die Eintrittskarten können sowohl im Museum als auch im **Zechenhaus** im Eingangsbereich der beiden Gruben gekauft werden. Im Zechenhaus gibt es auch Getränke und Snacks zu sehr günstigen Preisen.

eigenen Verlag gegründet, in dem regionale Literatur und Postkarten erscheinen. Mo–Fr 9–18 Uhr, Sa bis 13 Uhr. Rognacallee 10 (im Finkenhof), ✆ 06361/21300, 📠 21302, www.buecherhuette.de.

Ziegenkäserei Dreikäsehoch, guten Ziegen- und Schafskäse gibt es direkt von den Erzeugern auf einem idyllischen Hof im kleinen Dorf Gerbach. Ebenfalls lecker: frische Nudeln aus eigener Produktion. April–Okt. Do/Fr 16–18 Uhr, Sa 9–12 Uhr. Gerbach, Schulstr. 2, ✆ 06361/459230.

• *Radfahren* Der 27 km lange **Alsenztal-Radwanderweg** führt entlang der schmalen Alsenz von Münchweiler über Rockenhausen nach Alsenz.

Aus ihrer Milch wird vielerorts Käse gemacht (hier in Gerbach)

Sehenswertes

Gemessen an der Stadtgröße ist die Auswahl an Museen in Rockenhausen beeindruckend. Im **Nordpfälzer Heimatmuseum** werden umfangreiche Sammlungen zur Vor- und Frühgeschichte, Geologie und Paläontologie des Donnersbergraums und zum Bergbau und den Burgen in der Nordpfalz gezeigt. In der „Nordpfälzer Stube“ kann man das Leben der Urgroßeltern im 19. Jh. nachempfinden und die Arbeitsmaterialien alter Handwerksberufe vom Büchsenmacher bis zum Schmied studieren. Eine der größten Turmuhrensammlungen Europas beherbergt das **Pfälzische Turmuhrenmuseum – Museum für Zeit,** das in einem idyllischen Gebäude untergebracht ist. Gleich zwei kleine Museen widmen sich der Kunst des 20. Jh. Die im **Museum Pachen** zusammengetragene Sammlung deutscher Kunst des 20. Jh. ist sehr sehenswert, da sie ein unglaublich breites Spektrum abdeckt. Werke von bekannten Künstlern wie Karl Schmidt-Rottluff, Käthe Kollwitz, Max Slevogt, Otto Dix und Otmar Alt sind hier ebenso vertreten wie die weniger bekannter Künstler. Das **Kahnweilerhaus** ist dem 1884 in Mannheim geborenen und von Rockenhausener Vorfahren abstammenden Daniel-Henry Kahnweiler gewidmet. Er war in Paris als Kunsthändler und Verleger tätig und gilt als Entdecker, Förderer und Freund Pablo Picassos. Im 1981 eingerichteten Museum ist neben zwei durch Picasso gefertigten Lithografien Kahnweilers eine Fotodokumentation zur Kahnweiler'schen Biografie zu sehen. Regelmäßig finden auch Sonderausstellungen mit dem Schwerpunkt Malerei statt.

• *Öffnungszeiten/Eintritt* **Nordpfälzer Heimatmuseum**: Do/So 15–17 Uhr. Bezirksamtsstr. 7, ✆ 06361/3449.

Pfälzisches Turmuhrenmuseum: Do–So 14.30–17.30 Uhr. Schlossstr. 10, ✆ 06361/3430, www.museum-fuer-zeit.de.

Museum Pachen: Di–So 14.30–17.30 Uhr. Speyerstr. 3, ✆ 06361/451213.

Kahnweilerhaus: Do–So 15–17 Uhr. Am Marktplatz 7, ✆ 06361/3440.

Der Eintritt ist jeweils frei, Spenden sind aber willkommen. Weitere Infos unter www.rockenhausen.de → Kultur.

Kirchheimbolanden

Ein frisch renoviertes, am Hang gelegenes Stadtzentrum mit einem herrlichen Schlosspark, das zur Bergseite von einer malerischen Stadtmauer mit begehbarem Wehrgang abgeschlossen wird – so präsentiert sich die „Kleine Residenz" Kirchheimbolanden.

Als Sitz der Verwaltung des Donnersbergkreises und einiger Einzelhändler kommt der kleinen, hübschen Stadt eine gewisse Bedeutung bei der Versorgung der umliegenden Gemeinden zu. Rund um den jüngst aufgepeppten Marktplatz verlaufen die von viel historischer Bausubstanz geprägten, engen Straßen in alle Richtungen. Wie aus einem Bilderbuch vergangener Zeiten wirken die herausgeputzten bis vernachlässigt wirkenden detailreichen Gebäude. Eindrucksvoll sind die einheitlich strukturierte Amtsstraße mit zahlreichen Freitreppen und die authentisch sanierte Neue Allee, in der Kavaliershäuser im typischen Mansardenstil stehen. Die Repräsentativbauten um das Schloss und die klotzige Paulskirche markieren die einstige Größe der Stadt, die heute trotz vieler einladender Ecken eher verschlafen wirkt.

Seinen Höhepunkt erlebte Kirchheimbolanden unter nassauischer Herrschaft. Fürst Karl August (reg. 1719–1753) ließ es zur Mitte des 18. Jh. zur Sommerresidenz ausbauen und machte es neben Weilburg an der Lahn zum zweiten Mittelpunkt seines zerstückelten Fürstentums. Unter seinem Sohn Karl Christian (reg. 1753–1788) wurde die Stadt schließlich ständiger Regierungssitz und somit Residenz. Während der Regentschaft der beiden entstanden das Schloss mit Schlossgarten, die Hofkirche (heute Paulskirche), das Ballhaus und die schönen Kavaliersbauten in der Neuen Allee und der Amtsstraße. 1778 weilte Mozart in der „Kleinen Residenz" und spielte dabei auch auf der Orgel der Hofkirche. Zur Erinnerung trägt

Der ansehnliche Rest der Kirchheimbolander Residenz

Park an der Paulskirche

sie seinen Namen. Im Kampf um die Einheit und Freiheit des Vaterlandes gegen die Preußen fanden 1849 17 Freischärler im Kirchheimbolander Schlossgarten den Tod, denen 1872 ein Denkmal am Eingang des Friedhofs gesetzt wurde. Als Überbleibsel der Zeiten als Residenz war Kirchheimbolanden noch im 19. Jh. eine reine Beamtenstadt, erst spät setzte die Industrialisierung ein, gewaltige Ausmaße erreichte sie jedoch nie.

Reisepraktische Informationen

• *Information* **Donnersberg-Touristik-Verband** (DTV), Uhlandstr. 2 (in der Kreisverwaltung), 67292 Kirchheimbolanden, ✆ 06352/1712, 📠 710262, www.donnersberg-touristik.de. Mo–Fr 9–12.30 Uhr sowie Mo–Mi, Fr 14–17 Uhr, Do bis 18 Uhr; Sa 9.30–11.30 Uhr telefonisch erreichbar. Weitere Infos unter www.kirchheimbolanden.de.

• *Übernachten/Essen & Trinken* *** **Hotel Braun**, gepflegtes, familiäres Hotel in zentraler Lage unterhalb der Altstadt. Mit 40 kleinen, aber schönen, neu renovierten Zimmern. In der gemütlichen Hotelbar werden abends auch kleine Gerichte serviert. Wellnessbereich mit Sauna und Dampfbad. DZ max. 85 €. Uhlandstr. 1, ✆ 06352/40060, 📠 400699, www.hotelbraun.de.

*** **Parkhotel Schillerhain**, innen wirkt das Haus sympathischer als von außen. In schönem Ambiente wird sehr gute regionale und internationale Küche geboten. Besonders das Wildgulasch und die Pfälzer Platte sind zu empfehlen. Gutes Weinangebot, freundlicher Service und ein wunderschöner Blick über die Stadt. Auch klassische helle Zimmer. 3-Gänge-Menü um 29 €. Tägl. 11.30–14.30 und 18-22 Uhr. DZ ab 86 €. Schillerhain 1, ✆ 06352/7120, 📠 712100, www.schillerhain.de.

Akropolis, griechisches Restaurant mit schönem Gastraum und Sitzgelegenheiten im Freien. Das Restaurant ist aufgrund des leckeren, günstigen Essens und der freundlichen Bedienung sehr beliebt, sodass sich eine Reservierung empfiehlt. Tägl. 11.30–14.30 und 17.30–24 Uhr. Edenbornerstr. 9, ✆ 06352/6393.

Bahnhof Café, gemütliches Zwischending aus Kneipe und Café, das sich für einen Cappuccino oder einen kleinen Snack anbietet. Mittwochs ist Pizza-Tag, dann gibt's jede Pizza zum halben Preis. Sonntags

Frühstücksbuffet. Mo, Mi–Fr 11–14 und 16–24 Uhr, Sa 15–2 Uhr, So 10–24 Uhr. Bahnhofstr. 1, ☏ 06352/700866.

• *Einkaufen* **Das Radhaus**, der hinter dem Schlossgarten gelegene Fahrradladen bietet alles rund ums Rad, Reparaturen, Dachträger, Helme und natürlich jede Menge Fahrräder. Mo–Fr 9.30–12.30 und 13.30–18 Uhr, Sa 9–13 Uhr. Neumayerstr. 35, ☏ 06352/1894, 789674, www.das-rad-haus.de.

Buchhandlung Sigrid Sattler, mit einer großen Auswahl an Literatur zu Kirchheimbolanden, dem Donnersberg und der restlichen Pfalz. Mo–Fr 9.30–18.30 Uhr, Sa bis 12.30 Uhr. Schlossstr. 10, ☏ 06352/3462, 4181.

• *Veranstaltungen* **Residenzfest**, am zweiten Augustwochenende. Der Sonntag ist verkaufsoffen, begleitet wird das fröhliche Treiben von zahlreichen Konzerten und dem Residenzfestlauf am Samstagabend.

Der **Christkindelmarkt** findet am zweiten Adventswochenende statt.

Kirchheimbolanden

Sehenswertes

Stadtmauer und Türme: Die historische, 8 m hohe Stadtmauer schützte Kirchheimbolanden nach der Ernennung zur Stadt im Jahr 1368. Viele kleine Angriffe konnten dadurch abgewehrt werden, die Schäden infolge der kriegerischen Auseinandersetzungen im 17. Jh. waren jedoch erheblich. Dass große Teile der Stadtmauer an der Süd- und Westseite der Altstadt heute wieder begehbar sind, ist der 1986 begonnenen und viele Jahre andauernden Altstadtsanierung zu verdanken. Am *Grauen Turm* kann man gut erkennen, wie die Stadtmauer durch große, 3 m weite Steinbögen mit einem Wehrgang kombiniert wurde. Hier kann der mittlerweile renovierte Teil des Wehrgangs auch bestiegen und bis zum markanten *Vorstadtturm* verfolgt werden, dessen Aussehen durch die vor 250 Jahren entstandene Barockkuppel geprägt ist. Der *Rote Turm* hätte dagegen vor 100 Jahren beinahe sein Leben eingebüßt, als für einen Straßendurchgang einfach ein Loch in die Stadtmauer gehackt wurde und nur eine kleine Mehrheit im Stadtrat verhinderte, dass man den Turm gleich mitbeseitigte. Dieses Gebäude, frisch restauriert und neu gedeckt, ist als 6 m dicker und 12 m hoher Eckpfeiler der Stadtmauer besonders eindrucksvoll.

Schloss: Erst seit im Jahr 2003 beim Bau der „Seniorenresidenz Schloss Kirchheimbolanden" die Umrisse der einst dreiflügligen Schlossanlage aufgegriffen und zumindest der Ostflügel in seinem ursprünglichen Stil gestaltet wurde, erinnert das Gebäude wieder an den früheren fürstlichen Hof. Karl August von Nassau-Weilburg und sein Sohn Karl Christian hatten das von 1738 bis 1740 unter dem Architekten und Baumeister Guillaume d'Hauberat errichtete Schloss als fürstliche Sommerresidenz und Regierungssitz genutzt. Mit dem Einmarsch Napoleons in Mainz verließen sie aber Kirchheimbolanden, und die Eigentümer des Anwesens wechselten binnen weniger Jahrzehnte mehrfach, wodurch es auch zu verschiedenen Um- und Rückbaumaßnahmen kam. Der bayerische Baumeister Leo von Klenze gehörte ebenso zu den neuen Besitzern wie die Familie Brunck, die schließlich auch den Schlosspark anlegen ließ.

Schlosspark: Der sich hinter dem Schloss erstreckende Schlosspark wird von schmiedeeisernen Toren und einer hohen Mauer umschlossen. Auch wenn Kirchheimbolanden keine turbulente Großstadt ist, so ist die Ruhe innerhalb der Mauern doch wohltuend. Die Gartengestaltung, geplant und ausgeführt durch die Gebrüder Siesmayer, die auch den Frankfurter Palmengarten angelegt haben, orientiert sich am englischen Landschaftsgarten des 19. Jh. Die Setzlinge der Atlaszedern und Coloradotannen, die Heinrich Ritter von Brunck pflanzen ließ, sind heute Bäume von stattlicher Größe.

Paulskirche: Die um 1740 erbaute frühere Hofkirche ist sehenswerter Teil des schönen barocken Ensembles aus Mauern und Treppen. Leider ist sie außerhalb der Gottesdienstzeiten geschlossen, sodass man zur richtigen Zeit kommen muss, um auch den schönen Innenraum betrachten zu können. Prunkstück im Inneren ist eine der besterhaltenen Barockorgeln Deutschlands, die um 1745 durch Johann Michael Stumm gebaut wurde. Die Orgeln von Stumm und seinen Nachfahren waren von wesentlicher Bedeutung für den Pfälzer Orgelbau, bis ins 19. Jh. hinein entstanden über 380 der teils großartigen Instrumente. Besondere Berühmtheit erlangte die Orgel der Paulskirche durch ein Gastspiel von Wolfgang Amadeus Mozart. Er konzertierte 1778 auf Einladung der Fürstin Caroline, selbst eine ausgebildete Musikerin, an der Orgel. Deshalb wird das Instrument heute als *Mozartorgel* bezeichnet. Trotz des berühmten Namens und eindrucksvollen, schönen Klanges wären die Pfeifen am Ende des Zweiten Weltkrieges beinahe eingeschmolzen und zu Waffen verarbeitet worden.

Der Eiswoog – Idylle im Nirgendwo

Am südlichen Rand des Donnersbergkreises, zwischen Alsenborn und Ramsen, liegt tief im Stumpfwald versteckt der Eiswoog. Der Stausee des Eisbaches, der von sieben kleinen Quellen gespeist wird und daher selbst im Hochsommer erfrischend kühl ist, stellt besonders an heißen Sommertagen ein beliebtes Ausflugsziel dar.

Seinen Namen verdankt der Eiswoog aber nicht nur den niedrigen Temperaturen, sondern auch seiner einstigen damit verbundenen Funktion: Früher wurde hier nämlich noch spät im Winter Eis für Brauereien und Metzgereien der Umgebung gebrochen, was seit Erfindung der Kältemaschine allerdings überflüssig ist. Heute bietet der Woog (= Stausee) Badevergnügen und Fahrten mit dem Ruderboot, und auch Eisenbahnfreunde kommen in der Umgebung auf ihre Kosten: Sie werden außer dem deutlich sichtbaren, nicht mehr befahrenen Eistal-Viadukt, der mit 250 m längsten Eisenbahnbrücke der Pfalz, auch die Stumpfwaldbahn schätzen. Die allesamt aus der Region stammenden alten Gruben- und Sägewerkloks ziehen an Sonn- und Feiertagen ihre offenen Wagen von Ramsen durch den Stumpfwald über den Bahnhof Bockbachtal 4 km weit zum Eiswoog. Im Winter findet eine Fackelfahrt statt, bei der die Strecke komplett mit Fackeln ausgeleuchtet und auf dem Eiswoog ein gigantisches Bengalisches Feuer entzündet wird. Ganz neu ist der 3 km

Baden am Eiswoog

lange, auch für Rollstuhlfahrer und Kinderwagen zugängliche Naturerlebnispfad. Verschiedene umwelt- und naturpädagogische Stationen bringen den Besuchern die Tier- und Pflanzenwelt des Sees und des Ufers nahe.

• *Anfahrt* Per Auto ist der Eiswoog über Ramsen oder Alsenborn zu erreichen, die Abfahrten an der A 6 heißen Wattenheim bzw. Enkenbach-Alsenborn.

An Sonn- und Feiertagen ist ab Frankenthal über Freinsheim, Grünstadt, Eisenberg und Ramsen die Anfahrt per Regionalbahn möglich. Die Bahn endet hoch über dem See kurz vor dem Viadukt.

Die Züge der **Stumpfwaldbahn** fahren von Ende April bis Anfang Okt. an fast allen Sonn- und Feiertagen. Der genaue Fahrplan ist auf der Homepage des Vereins Stumpfwaldbahn Ramsen e. V. einzusehen. Erwachsene hin und zurück 4,50 €, Kinder bis 3 J. frei, bis 12 J. 3,50 €. Weitere Infos erteilt der in Ebertsheim ansässige Verein: Riedstr. 9, ☏/℻ 06356/8035, www.stumpfwaldbahn.de.

• *Einkaufen* **Fischzucht Schneider**, neben Forellen werden auch Saiblinge, Karpfen, Flusskrebse und anderes Wassergetier verkauft. Sa/So 10–17 Uhr sowie Fr 14–17 Uhr. ☏ 06301/9671, ℻ 32287, www.forellenwoog.de.

• *Übernachten/Essen & Trinken* **Seehaus Forelle Haeckenhaus**, ob auf der Terrasse oder drinnen – einen tollen Blick über den See hat man von nahezu jedem Tisch aus. Direkt hinter dem Seehaus, unterhalb der Staumauer, liegen die Teiche der Fischzucht Schneider, welche ihre Fische artgerecht züchtet. So kann man sicher sein, dass die im Seehaus verarbeiteten Forellen nicht nur frisch, sondern auch zufrieden groß geworden sind. Was es dazu oder darüber hinaus noch gibt, ist ebenso frisch, stammt meist aus der Region und teilweise aus ökologischem Landbau bzw. ökologischer Tierhaltung. Wer möchte, kann hier in modernen Zimmern mit Seeblick nächtigen. Hauptgerichte 10–25 €. Tägl. 11.30–21 Uhr. DZ ab 95 €. Ramsen, Eiswoog 1, ☏ 06356/60880, ℻ 5245, www.landgasthof-forelle.de.

Verlagsprogramm

Ägypten
- Ägypten
- Niltal
- Sinai & Rotes Meer

Australien
- Australien – der Osten

Baltische Länder
- Baltische Länder

Belgien
- *MM-City* Brüssel

Bulgarien
- Schwarzmeerküste

China
- *MM-City* Shanghai

Cuba
- Cuba

Dänemark
- *MM-City* Kopenhagen

Deutschland
- Allgäu
- *MM-Wandern* Allgäuer Alpen
- Altmühltal & Fränkisches Seenland
- Bayerischer Wald
- *MM-Wandern* Bayerischer Wald
- *MM-City* Berlin
- Berlin & Umgebung
- Bodensee
- *MM-City* Dresden
- Fehmarn
- Franken
- Fränkische Schweiz
- *MM-City* Hamburg
- Harz
- *MM-City* Köln
- *MM-City* Lübeck
- Mainfranken
- Mecklenburgische Seenplatte
- Mecklenburg-Vorpommern
- *MM-City* München
- *MM-Wandern* Münchner Ausflugsberge
- Nürnberg, Fürth, Erlangen
- Oberbayerische Seen
- Ostfriesland und Ostfriesische Inseln
- Ostseeküste – von Lübeck bis Kiel
- Ostseeküste – Mecklenburg-Vorpommern
- *MM-Wandern* Östliche Allgäuer Alpen
- Pfalz
- Rügen, Stralsund, Hiddensee
- Südschwarzwald
- Schleswig-Holstein Nordseeküste
- Schwäbische Alb
- Sylt
- Usedom
- *MM-Wandern* Westliche Allgäuer Alpen und Kleinwalsertal
- *MM-Wandern* Zentrale Allgäuer Alpen

Dominikanische Republik
- Dominikanische Republik

Ecuador
- Ecuador

Frankreich
- Bretagne
- Côte d'Azur
- Elsass
- *MM-Wandern* Elsass
- Haute-Provence
- Korsika
- *MM-Wandern* Korsika
- *MM-Wandern* Korsika Fernwanderwege
- Languedoc-Roussillon
- Normandie
- *MM-City* Paris
- Provence & Côte d'Azur
- *MM-Wandern* Provence
- Südfrankreich
- Südwestfrankreich

Griechenland
- Athen & Attika
- Chalkidiki
- Griechenland
- Griechische Inseln
- Karpathos
- Kefalonia & Ithaka
- Korfu
- Kos
- Kreta
- *MM-Wandern* Kreta
- Kykladen
- Lesbos
- Naxos
- Nord- u. Mittelgriechenland
- Nördl. Sporaden – Skiathos, Skopelos, Alonnisos, Skyros
- Peloponnes
- Rhodos
- Samos
- Santorini
- Thassos & Samothraki
- Zakynthos

Großbritannien
- Cornwall & Devon
- England
- *MM-City* London
- Schottland
- Südengland

Indonesien
- Bali & Lombok

Irland
- *MM-City* Dublin
- Irland

Island
- Island

Italien
- Abruzzen
- Apulien
- Adriaküste
- Cilento
- Dolomiten – Südtirol Ost
- Elba
- Friaul-Julisch Venetien
- Gardasee
- Golf von Neapel
- Italien
- Kalabrien & Basilikata
- Lago Maggiore
- Ligurien – Italienische Riviera, Genua, Cinque Terre
- *MM-Wandern* Ligurien & Cinque Terre

- Liparische Inseln
- Marken
- Mittelitalien
- Oberitalien
- Oberitalienische Seen
- Piemont & Aostatal
- *MM-Wandern* Piemont
- *MM-City* Rom
- Rom & Latium
- *MM-Wandern* Rund um Meran
- Sardinien
- *MM-Wandern* Sardinien
- Sizilien
- *MM-Wandern* Sizilien
- Südtirol
- Südtoscana
- Toscana
- *MM-Wandern* Toscana
- Umbrien
- *MM-City* Venedig
- Venetien

Kanada

- Kanada – der Osten
- Kanada – der Westen

Kroatien

- Istrien
- Kroatische Inseln & Küste
- Mittel- und Süddalmatien
- Nordkroatien – Kvarner Bucht

Malta

- Malta, Gozo, Comino

Marokko

- Südmarokko

Montenegro

- Montenegro

Neuseeland

- Neuseeland

Niederlande

- *MM-City* Amsterdam
- Niederlande

Norwegen

- Norwegen
- Südnorwegen

Österreich

- Salzburg & Salzkammergut
- Wachau, Wald- u. Weinviertel
- *MM-City* Wien

Polen

- *MM-City* Krakau
- Polnische Ostseeküste
- *MM-City* Warschau

Portugal

- Algarve
- Azoren
- *MM-City* Lissabon
- Lissabon & Umgebung
- Madeira
- *MM-Wandern* Madeira
- Nordportugal
- Portugal

Russland

- *MM-City* Moskau
- *MM-City* St. Petersburg

Schweden

- Südschweden

Schweiz

- Genferseeregion
- Graubünden
- Tessin

Slowakei

- Slowakei

Slowenien

- Slowenien

Spanien

- Andalusien
- *MM-Wandern* Andalusien
- *MM-City* Barcelona
- Costa Brava
- Costa de la Luz
- Gomera
- *MM-Wandern* Gomera
- Gran Canaria
- Ibiza
- Katalonien
- Lanzarote
- La Palma
- *MM-Wandern* La Palma
- *MM-City* Madrid
- Mallorca
- *MM-Wandern* Mallorca
- Menorca
- Nordspanien
- Spanien
- Teneriffa
- *MM-Wandern* Teneriffa

Tschechien

- *MM-City* Prag
- Südböhmen
- Tschechien
- Westböhmen & Bäderdreieck

Türkei

- *MM-City* Istanbul
- Türkei
- Türkei – Lykische Küste
- Türkei – Mittelmeerküste
- Türkei – Südägäis von İzmir bis Dalyan
- Türkische Riviera – Kappadokien

Tunesien

- Tunesien

Ungarn

- *MM-City* Budapest
- Westungarn, Budapest, Pécs, Plattensee

USA

- *MM-City* New York

Zypern

- Zypern

Michael Müller Verlag GmbH, Gerberei 19, 91054 Erlangen
Tel. 0 91 31 / 81 28 08-0; Fax 0 91 31 / 20 75 41; E-Mail: info@michael-mueller-verlag.de

An der Weinstraße bei Albersweiler

REGISTER

Villa Ludwigshöhe

Was haben Sie entdeckt?

Haben Sie eine gemütliche Gaststätte gefunden, ein freundliches Hotel mit Atmosphäre, einen schönen Wander- oder Radweg?

Wenn Sie Ergänzungen, Verbesserungen oder Tipps zum Buch haben, lassen Sie es uns bitte wissen.

Stefanie und Ansgar Schmitz-Veltin
Stichwort „Pfalz"
Michael Müller Verlag GmbH
Gerberei 19
91054 Erlangen
E-Mail: ansgar.schmitz-veltin@michael-mueller-verlag.de